激動するアジア経営戦略

中国・インド・ASEANから
中東・アフリカまで

安積敏政 著

日刊工業新聞社

—はじめに—

　日本企業の経営者にとって今日までのグローバルな経営環境の変化は，そのスピードと質において絶えず想定以上のものであった。また，中国の登場と今日の世界経済へのインパクト，1997年のアジア通貨危機に端を発した経済危機，2008年の米国の金融危機に起因する世界経済の失速など，想定すらしなかった経営環境の発生は枚挙にいとまがない。

　個々の企業が過去直面してきた経営環境の変化とそれらへの対応策の延長線上に次のビジネスチャンスとリスクが起きるとは限らない。むしろ過去の事象とは不連続に起きるケースが圧倒的に多いというのが今の日本の経営者の実感ではないかと思われる。したがって，過去の経済事象・経営環境への分析力や洞察力（insight）も一面重要ではあるが，今日のグローバルな経営環境は企業経営者へ先見力（foresight）の重要性を示唆している。先見し得なかった事象には，経営の現場での実践対応力や解決の知恵（wisdom）が要求される。単なる基礎理論や基礎知識ではなく，知識（knowledge）と多様な過去の経験を融合したしたたかな知恵である。

　アジアに目を転ずると一連の不連続な経営環境の中でスピーディな構造変化が起こっている。この変化は，筆者が研究の世界に転身する前に30数年間にわたり身を置いた国際ビジネスの世界で肌に感じてきた変化である。また，年20数回に及ぶ企業や経済団体での講演会，フォーラム，セミナー，企業の役員研修会へ招聘される中で，参加者の皆様自身のアジアへの関心事項が大きく変化していることや，それに対する危機感を深刻に感じ取っておられる様子を通して実感していることでもある。

　日本企業の最近30年間のアジア事業を経営視点から見ると，3つの構造的な変化が起こっている。1つ目は，持続的な成長性と収益性を求めてアジアへ関心を持つ「業種の変化」であり，2つ目は，アジア進出企業が関心を持つ「経

はじめに

営機能の変化」であり，3つ目は，ASEAN（東南アジア諸国連合）から中国へ，そしてインドへといった「進出国の変化」である。

まず，1つ目のアジアへ関心を持つ業種の構造的な変化は，4つの段階を経て今日に至っている。第1段階は，主要な製造業の代表的企業のアジア事業展開である。エレクトロニクス業界の松下電器産業（現・パナソニック），東芝，日立製作所，ソニー，自動車業界のトヨタ，ホンダなどメジャーな日本の多国籍企業である。第2段階は，同じ製造業の中でもアジアへの本格的な事業進出が遅れていた食品，医薬品，化粧品，日用品といった業種のアジア事業展開である。第3段階は，小売業，卸売業そして倉庫・陸運などのロジスティクス業，損保，外食，教育，観光といった非製造業のアジア事業進出である。この背景にはASEAN，中国，インドなどアジア各国の所得向上に伴う市場拡大と，第1，第2段階の製造業のアジア進出をサポートするサービス産業に大きなビジネスチャンスが出てきたことがある。第4段階は，鉄道業，都市開発業，港湾・空港関連業，不動産業などに代表される内需型産業やサービス産業である。これらの業種は有形固定資産が日本にあることから自らアジアへ事業進出はできないが，アジアの経済ダイナミズムを日本に引き込むことを狙っている。

第1段階から第3段階までは日本から直接アジアに進出し，成長著しいアジアのダイナミズムを現地で獲得しようとしているのに対して，第4段階はアジア各国の人，物，金，情報を日本に取り込むことにより，日本での事業拡大や活性化を意図している。以上の4つの段階が進むごとに日本企業が共通して強く認識しているのは，少子高齢化と人口減から起きている日本国内の構造的な需要停滞や減少をアジアのダイナミズムを取り込んで補完しようとしていることである。

2つ目は，前述の業種別に見た4つの段階の流れの中に各企業が関心を払う経営機能の構造的変化である。当初，輸出ベースのマーケティング・販売に対して持たれた関心が，日本からの生産シフトによる直接投資ベースの生産拠点の立地，生産，資材調達へ移っていった。生産・販売の事業拠点の増加と事業

規模の拡大の中で,資金調達など地域全体のファイナンスの在り方が問われた。そして,純利益やキャッシュフロー経営の重要性が増すと,現地法人別,進出国別,アジア地域全体での税務戦略の重要性が認識されるようになった。この一連の経営機能の関心事は,アジア域内の開・製・販のオペレーショナル・レベルの戦術的側面から,アジアと日米欧先進国間のグローバルなリンケージを意識した財務,税務の戦略的な側面や各国間の相互依存度を増すアジアの地域戦略そのものが意識されてきたことが特徴である。

3つ目の日本企業のアジアの関心国や事業進出国の構造的な変化は,1970年代のASEANから80年代の中国へ,そして90年代のインドという一連の流れである。その背景には1967年のASEANの創設,1978年の中国の改革開放政策,1997年のアジア通貨危機,2000年代に入って加速化したFTA(自由貿易協定)やEPA(経済連携協定)の締結など企業を取り巻く多くの政治的・経済的環境の変化がある。

以上の日本企業によるアジア事業の3つの構造的変化を踏まえて,本書では日本企業のアジアにおける収益性の実態を直近の10年間(1998年度〜2007年度)にフォーカスして定量的かつ定性的に見てみた。この分析では全産業ベースとそれをブレークダウンした代表的10業種を製造業と非製造業から選んで対象とする。アジアの収益性は,日本,米州,欧州を含むグローバル連結ベースでどの程度の重要性を持ち,その重要性は今後どのような期待を抱かせるものかを検証してみる。

本書では日本企業が今日までアジアの収益性を実現してきた「これまでのアジア戦略」に対して,21世紀の次の10年間,つまり2010年代の「これからのアジア戦略」はどうあるべきかを探ってみたい。少子高齢化と人口減から経済成長の制約が危惧される日本,ボーダレスで熾烈な国際競争を強いられる日本企業,そうした中にあってグローバル視点から持続的な成長性と収益性を追い求める日本企業の「これからのアジア戦略」とその具体的な対応策とは何か

はじめに

を模索する。

　折しも多くの日本企業は2010年代の長期ビジョンや中期計画の策定に取り組むタイミングを迎えている。米国の金融危機に端を発した世界経済の失速や円高進行による日本の輸出産業への深刻な影響，そして少子高齢化・人口減による構造的な内需停滞に苦しむ日本企業にとり，その生き残りと勝ち残りは「これからのアジア戦略」の巧拙にかかっていると言っても過言ではないだろう。本書が国内，海外の最前線で活躍している企業の皆様や日夜政策立案にいそしむ中央・地方の官公庁の皆様，そして国際ビジネス・国際経営を研究する皆様に対していささかなりともお役に立てれば幸いである。

2009年8月

安　積　敏　政

● 目　次 ●

——はじめに——……………………………………………………………………… *i*

第1章　経営視点からの世界の注目市場の変遷 ……………………… 1

1.1　1970年代のNICs ……………………………………………………… 2
1.2　1980年代の中国 ………………………………………………………… 4
1.3　1990年代のインド ……………………………………………………… 7
1.4　2000年代のBRICs ……………………………………………………… 10

第2章　日本企業のアジアの収益性実態 ……………………………… 17

2.1　アジアの収益性実態 …………………………………………………… 18
　　2.1.1　欧米を凌ぐアジアの収益性 …………………………………… 18
　　2.1.2　製造業が牽引するアジアの収益性 …………………………… 19
　　2.1.3　66社が100億円超の営業利益を計上 ………………………… 20
2.2　アジアにおける製造業の業種別収益性 ……………………………… 22
2.3　アジアの業種別営業利益ランキング ………………………………… 23
2.4　アジアの収益源—所在国・地域と事業形態のマトリックス— …… 27

第3章　業界別アジアの成長性と収益性実態—代表的10業種の事例— …… 31

3.1　製造業 …………………………………………………………………… 32

v

目 次

- 3.1.1 自動車 ……………………………………………………… 32
  - 事例1 スズキ ………………………………………………… 32
  - 事例2 デンソー ……………………………………………… 38
- 3.1.2 電機 ……………………………………………………… 44
  - 事例1 パナソニック ………………………………………… 45
  - 事例2 ローム ………………………………………………… 50
- 3.1.3 化学 ……………………………………………………… 53
  - 事例1 東レ …………………………………………………… 55
  - 事例2 住友化学 ……………………………………………… 60
- 3.1.4 機械 ……………………………………………………… 65
  - 事例1 コマツ ………………………………………………… 66
  - 事例2 牧野フライス製作所 ………………………………… 73
- 3.1.5 化粧品 …………………………………………………… 79
  - 事例1 資生堂 ………………………………………………… 79
  - 事例2 マンダム ……………………………………………… 86
- 3.1.6 日用品 …………………………………………………… 91
  - 事例1 ユニ・チャーム ……………………………………… 92
  - 事例2 ピジョン ……………………………………………… 99
- 3.1.7 食料品 …………………………………………………… 104
  - 事例1 味の素 ………………………………………………… 110
  - 事例2 キリンホールディングス …………………………… 114
- 3.1.8 医薬品 …………………………………………………… 120
  - 事例1 エーザイ ……………………………………………… 122
  - 事例2 テルモ ………………………………………………… 127

3.2 非製造業 ……………………………………………………… 134
- 3.2.1 小売業 …………………………………………………… 134
  - 事例1 イオン ………………………………………………… 135
  - 事例2 ファミリーマート …………………………………… 142

        3.2.2　輸　送 …………………………………………………… 147
            事例1　日本通運………………………………………… 148
            事例2　近鉄エクスプレス……………………………… 153

    3.3　インプリケーション ― 10業種の事例研究を通して ― ……… 158

第4章　これからのアジア戦略を視野に入れた注目地域 …… 169

    4.1　アジアの新たな注目国・地域 …………………………………… 170
        4.1.1　3つの有望国調査 ………………………………………… 170
            (1)　A.T. カーニーの定期調査 ………………………… 170
            (2)　国際協力銀行の定期調査…………………………… 171
            (3)　関西生産性本部の定期調査 ……………………… 172
        4.1.2　NEXT 11 の対象国と概要 ……………………………… 174
        4.1.3　様々な成長期待国 ………………………………………… 176

    4.2　南アジア ………………………………………………………… 179
        4.2.1　南アジアの地域協力の実態 ……………………………… 179
            (1)　南アジア地域協力連合（SAARC）………………… 179
            (2)　ベンガル湾多分野技術経済協力イニシアティブ（BIMSTEC）… 182
        4.2.2　南アジア域内の貿易実態 ……………………………… 183
        4.2.3　南アジアへの直接投資 ………………………………… 185
        4.2.4　日本企業の南アジアへの進出実態 …………………… 187
        4.2.5　南アジアの人の往来 …………………………………… 190
        4.2.6　経営視点からの南アジアの潜在力 …………………… 193

    4.3　中東　― アジアにおける中東戦略の幕開けを探る ― ……… 198
        4.3.1　GCC 創設の背景と意義 ………………………………… 198

目次

- 4.3.2 GCC諸国の貿易実態 …………………………………… 201
- 4.3.3 ドバイの航空ハブ機能―GCCの人の移動実態― ……… 204
- 4.3.4 日本企業の中近東ビジネスの実態 …………………… 206
  - (1) エンジニアリング（千代田化工建設，日揮，三井造船）… 207
  - (2) プラント用設備（西島製作所，トーヨーカネツ）… 209
  - (3) 重電・重機（三菱重工業） ……………………… 211
  - (4) 海運（飯野海運，共栄タンカー，新和海運）……… 212
  - (5) 建設機械（コマツ） ……………………………… 214
  - (6) 自動車部品（デンソー） ………………………… 216
  - (7) 日用品（ユニ・チャーム，ピジョン） ………… 217
- 4.3.5 GCC諸国における日本企業のビジネスチャンスとリスク ……………………………………………………… 219
  - (1) ビジネスチャンス ……………………………… 219
    - ① 成長市場としてのGCC諸国 ……………… 219
    - ② 生産拠点・輸出拠点としてのGCC諸国 …… 221
    - ③ 研究開発拠点としてのGCC諸国 ………… 222
  - (2) ビジネスリスク ………………………………… 224

- 4.4 アフリカ―中東の先に続くビジネス― ……………………… 227
  - 4.4.1 中東とアフリカの人的往来 ………………………… 227
  - 4.4.2 日本企業のアフリカビジネスの実態 ……………… 229
    - (1) エンジニアリング（日揮） ……………………… 231
    - (2) 重電・重機（三菱重工業） ……………………… 232
    - (3) 造船（佐世保重工業） …………………………… 233
    - (4) 油田開発（三井海洋開発） ……………………… 234
    - (5) 車両（近畿車輛） ………………………………… 235
    - (6) 建設技術の総合コンサルティング（日本工営）… 236
  - 4.4.3 アフリカの自動車輸出 ……………………………… 237
  - 4.4.4 アフリカの半導体輸出 ……………………………… 242

4.4.5　アフリカの切り花輸出 ………………………………… 245
　　　4.4.6　日本企業の今後のアフリカ戦略 …………………… 248

第5章　これまでのアジア戦略，これからのアジア戦略 …… 253

5.1　これまでのアジア戦略 ……………………………………………… 254

5.2　これからのアジア戦略 ……………………………………………… 257
　　5.2.1　拡大アジア戦略　（Greater Asia Strategy） ………… 257
　　5.2.2　更なる拡大アジア戦略　（Extended Greater Asia Strategy）… 260
　　5.2.3　インドをゲートウェイとする更なる拡大アジア戦略
　　　　　（Extended Greater Asia Strategy through the Gateway of India）… 268

5.3　持続的な成長性・収益性確保のための地域経営機能の強化
　　　―更なる拡大アジア戦略の成功のために― ……………………… 272
　　5.3.1　地域生産戦略 …………………………………………… 272
　　　　　（1）更なる拡大アジア戦略下での生産拠点の抜本的な再編・統合 … 272
　　　　　（2）海外生産シフトに伴う対価回収 ……………………… 275
　　5.3.2　地域マーケティング戦略 ……………………………… 282
　　　　　（1）主戦場の設定 …………………………………………… 282
　　　　　（2）モノづくりから売りづくりへ ………………………… 285
　　　　　（3）SCMによる鮮度管理 ………………………………… 288
　　5.3.3　地域研究開発戦略 ……………………………………… 291
　　　　　（1）研究開発のアジアシフト誘因 ………………………… 291
　　　　　（2）研究開発のアジア域内分業 …………………………… 297
　　5.3.4　地域人事戦略 …………………………………………… 300
　　　　　（1）デンソーの豪亜における雇用実態 …………………… 301
　　　　　（2）経営の現地化 …………………………………………… 303

目 次

　　　　　　(3) 教育訓練のアジア分業……………………………………307
　　　　　　(4) 事業撤退時における人事施策…………………………310
　　　5.3.5 地域財務戦略………………………………………………312
　　　　　　(1) グローバル・キャッシュ・マネジメント・システムの高度化 … 312
　　　　　　(2) アジアにおける国際会計基準への対応………………316
　　　5.3.6 地域税務戦略………………………………………………318
　　　　　　(1) 法人税の実効税率の戦略的な引き下げ………………318
　　　　　　(2) 配当課税とタックスヘイブン対策税制………………325
　　　5.3.7 地域広報戦略………………………………………………327
　　　　　　(1) 個別現地法人広報からカントリー広報・リージョナル広報へ … 328
　　　　　　(2) "標準装備機能"から"戦略機能"としての広報へ … 329
　　　　　　(3) 広報機能の高度化・多様化─アジアの証券広報……331
　　　　　　　　① マレーシア証券取引所……………………………332
　　　　　　　　② インドネシア証券取引所…………………………333
　　　　　　　　③ シンガポール取引所………………………………334
　　　　　　　　④ タイ証券取引所……………………………………336
　　　　　　　　⑤ イオンのアジア現地法人の株式上場……………337
　　　5.3.8 地域統括戦略………………………………………………338
　　　　　　(1) ASEAN の地域統括 ……………………………………338
　　　　　　(2) 中国の地域統括…………………………………………340
　　　　　　(3) インドの地域統括………………………………………342
　　　　　　(4) アジアの地域統括展望…………………………………346

─おわりに─……………………………………………………………355
参考文献……………………………………………………………………359
図表一覧……………………………………………………………………377
索　引………………………………………………………………………387

第1章

経営視点からの
世界の注目市場の変遷

1.1　1970年代のNICs

　戦後60年間のアジアは，ダイナミックに変貌した。そして背景は異なるが今日もダイナミックに変貌し続けている。戦後，アジア各国の中で，世界の関心を呼んだのはまず日本である。戦後の復興，高度成長の時代を経て，一気に米国に次ぐ世界第2位のGDP（国内総生産）の国に駆け登ったからである。日米間では1960年代の繊維から始まり鉄鋼，カラーTV，半導体，自動車などが次々と通商摩擦の対象となり，強すぎる日本の国際競争力が俎上に載った。
　そのことは，1979年にはハーバード大学東アジア研究所のエズラ・ヴォーゲル教授が日本の強さの秘密を解説した『Japan as No.1』を執筆し，また，通産省（当時）を中核とする日本政府と民間企業の連携という官民一体による国際競争力の強さが『Japan Inc.』（日本株式会社論）という本などで書かれた。総じて右肩上がりの高成長を遂げていた日本企業にとり，アジアにおける最大の注目国は台湾であった。製造業の場合，1970年時点でアジアで最大の事業規模（売上高，生産高，投資金額）を誇る国は台湾という企業が多かったのである。

　次いで，1967年にASEAN（東南アジア諸国連合）がインドネシア，マレーシア，シンガポール，タイ，フィリピンの5カ国（原加盟国）により結成された。その後，1984年にブルネイ，90年代にベトナム，ミャンマー，ラオス，カンボジアが加盟し，今日のASEAN10カ国となった。1960年代後半から1970年代は日本企業によるインドネシア，マレーシア，シンガポール，タイ，フィリピンへの直接投資が増加した。
　このように，多くの日本企業にとり1960年代と70年代はアジアへの関心は台湾プラスASEAN5カ国というものであった。1970年代に日本企業により注目を浴びたアジアの市場は，韓国，台湾，香港，シンガポールの4カ国である。

中南米では"御三家"と言われたブラジル，メキシコ，アルゼンチンである。一方，欧州では当時10カ国未満の欧州共同体（EC）加盟国が増える兆しを見せ，国境がますます低くなることによるビジネスチャンス拡大が期待された。

1979年，OECD（経済協力開発機構）がNICs（ニックス）という名称および概念を発表する。NICsはNewly Industrializing Countriesの略で，日本では新興工業国群と訳された。世界は1973年〜74年の第1次オイルショックと1978年〜79年の第2次オイルショックを経験したが，OECDは，オイルショック以降も工業製品の輸出をてこに急成長を遂げる発展途上国（当時）の中から10カ国を選びNICsと名づけた。

具体的には，アジアから韓国，台湾，香港，シンガポールの4カ国を，中南米からブラジルとメキシコの2カ国を，欧州からギリシャ，ポルトガル，スペイン，ユーゴスラビアの4カ国を選んだ。日本の企業の中には，韓国，台湾，香港，シンガポールを"アジアNICs"または単に"NICs"，ブラジル，メキシコを"ラテンNICs"，ギリシャ，ポルトガル，スペイン，ユーゴスラビアを"ヨーロピアンNICs"と呼んで自社のビジネスチャンスを検討した企業が多かった。

アジアと中南米のNICsは当時のOECDの選択基準を振り返るとき，今日においても，想像しうる国々である。しかし，欧州のNICsは，その後の冷戦構造の崩壊やハンガリー，チェコなどかつての東側諸国にあった中東欧の国々までが参加した今日の27カ国からなる欧州連合（EU）を考えるとき，隔世の感がするのは筆者だけではないであろう。世界の政治・経済のダイナミックな変化を感じざるを得ない。また，アジアNICsは，当時の"発展途上国"から中進国へと変貌し，シンガポールのように一人当たりのGDPが日本を追い越し"先進国"に発展している国さえある[注1]。

表1.1.1は，当時（1979年）のNICs 10カ国の今日（2007年）のGDPと一人当たりのGDP一覧である。国家の経済規模と国民の所得という両面で，30年弱の間に，ラテンNICsやヨーロピアンNICsと比較してアジアNICsの急成長振りが目立つ。この急成長が後に"Four Dragons"，"Four Tigers"の名

称で更に新興市場として，成長市場として世界の注目を浴びた。なお，NICsの名称は，1988年にトロント・サミットが開催された際にNIEs（Newly Industrializing Economies）と変更され，邦訳も新興工業経済群または新興工業経済地域と改称されている。

表1.1.1　NICsのGDPと一人当たりのGDP（2007年）

国名	国際通貨基金（IMF）発表		世界銀行（World Bank）発表	
	GDP（億ドル）	一人当たりのGDP（ドル）	GDP（億ドル）	一人当たりのGDP（ドル）
（参考）米国	138,076	45,778	137,514	45,592
日本	43,845	34,318	43,843	34,313
ドイツ	33,209	40,392	33,174	40,324
韓国	10,493	21,655	9,698	20,014
台湾	3,848	16,760	—	—
香港	2,070	29,775	2,072	29,912
シンガポール	1,670	36,384	1,613	35,163
ブラジル	13,335	7,043	13,134	6,855
メキシコ	10,254	9,742	10,228	9,715
ギリシャ	3,128	28,057	3,134	27,995
ポルトガル	2,237	21,109	2,228	20,998
スペイン	14,400	32,088	14,369	32,017
ユーゴスラビア	NA	NA	NA	NA

注）：・世銀は台湾のデータを公表していない。
　　　・IMF、世銀とも香港はPRC領と付記の上、公表。
　　　・ユーゴスラビアはその後の分離独立により数字の公表不可。

出所：両機関の発表数字より筆者作成

1.2　1980年代の中国

　1972年，当時の日本首相，田中角栄氏の訪中により日中国交が回復した。その後，1979年の鄧小平氏の日本訪問と同氏による鉄鋼，自動車，電機などの主要企業訪問を契機に，日中間の貿易が拡大し始めると同時に，日本から中

国への直接投資が動き出した。当時，中国政府が打ち出した産業政策や外資政策の中には，家電を中心としたエレクトロニクス分野への注力があった。日本からのカラーテレビなどの完成品輸出に加えて，技術援助を伴うプラント輸出が増大していった。1970年代後半に改革開放政策が打ち出され，1980年代から世界の企業が中国へ関心を持ち始めた。

　1980年代は，日本企業の中国を見る目にはかなりの差があった。中国とのビジネスに懐疑的だった企業，注意深く慎重に成り行きを見守りながら日本からの完成品輸出だけに限定した企業，プラント輸出にまで踏み込んで対応した企業，中国のビジネスリスクが不透明な中，日立製作所や松下電器産業（現・パナソニック）のように直接投資に踏み切った企業というように中国への対応が分かれた。1980年代に入って，本格的に日中間の貿易，直接投資，人の往来が動き出して約30年が経過し，日中間の経済関係や日本企業の中国依存度は今や構造的に変化した。

　表1.2.1は2008年の日本の貿易相手国を輸出，輸入別に上位15カ国で表している。輸出金額合計約81兆円のトップは米国，次いで中国である。一方，輸入金額合計約79兆円のトップは中国で第2位の米国の1.8倍強である。輸出，輸入を合計した対中国・対米国の貿易金額では図1.2.1が示すとおり2007年に中国が米国を抜き，日本の最大の貿易相手国となった。同図は，日中間の貿易が短期間に急増し，対米依存度の高かった貿易が中国に取って代わられていることを示している。同時に，2008年の輸出，輸入を合計した中国との貿易金額27.8兆円は，日本の貿易総額159.9兆円の17.3%を占め，2009年以降は20%台に達するものと思われる。これは単に日本の最大の貿易相手国が中国に取って代わられただけでなく，日本の貿易の対中依存度が構造的に深まっていることを示している。

　一方，個々の企業で見ると，例えばパナソニックは1987年の合弁設立第1号から数えて約20年間で，中国に1,000億円台の直接投資を行い現地法人60社を設立，従業員数も9万人を数えている。2008年3月の同社の決算短信によると連結売上高9兆689億円のうち，中国が9,417億円を占めている。低迷

表 1.2.1　日本の貿易に占める中国の地位（2008 年）

輸　出			輸　入		
1.	米国	14 兆 2,143 億円	1.	中国	14 兆 8,304 億円
2.	中国	12 兆 9,498 〃	2.	米国	8 兆　395 〃
3.	韓国	6 兆 1,682 〃	3.	サウジアラビア	5 兆 2,927 〃
4.	台湾	4 兆 7,815 〃	4.	オーストラリア	4 兆 9,215 〃
5.	香港	4 兆 1,777 〃	5.	アラブ首長国連邦	4 兆 8,719 〃
6.	タイ	3 兆　514 〃	6.	インドネシア	3 兆 3,780 〃
7.	シンガポール	2 兆 7,575 〃	7.	韓国	3 兆　520 〃
8.	ドイツ	2 兆 4,837 〃	8.	カタール	2 兆 7,522 〃
9.	オランダ	2 兆 1,851 〃	9.	マレーシア	2 兆 3,976 〃
10.	オーストラリア	1 兆 7,932 〃	10.	台湾	2 兆 2,582 〃
11.	ロシア	1 兆 7,142 〃	11.	ドイツ	2 兆 1,590 〃
12.	イギリス	1 兆 7,069 〃	12.	タイ	2 兆 1,522 〃
13.	マレーシア	1 兆 7,054 〃	13.	イラン	1 兆 8,965 〃
14.	インドネシア	1 兆 3,035 〃	14.	クウェート	1 兆 5,840 〃
15.	パナマ	1 兆 1,317 〃	15.	ロシア	1 兆 3,893 〃
	合　計	81 兆　181 億円		合　計	78 兆 9,547 億円

出所：日本財務省　貿易統計より筆者作成

図 1.2.1　日本の対中国・対米国貿易推移

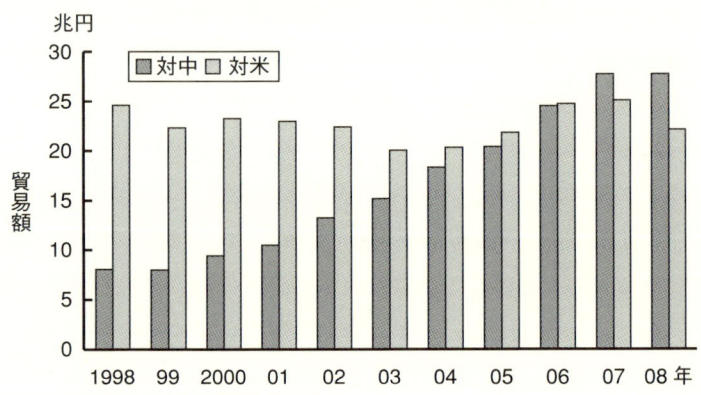

出所：日本財務省　貿易統計より筆者作成

する同社の売上高の中で売上増分を牽引しているのは米州や欧州ではなく中国である。この中国の急激な台頭は，マクロベースで見ると，世界の生産・販売

システムを構造的に変容させている。日本企業に限らず、世界の企業にとっても1980年代に予想できなかった中国の高成長は、グローバルな市場で自社の持続的な成長性や収益性を確保する上で、生命線となったのである。

1.3　1990年代のインド

　1990年代に入ると、今度はインドが脚光を浴びる。日本企業にとりインドとの貿易、インドへの直接投資の面で業種、企業によってスタートした年代は異なる。大手商社、銀行、メーカーの中では、駐在員事務所や支店設置も含めて1960年代、70年代、80年代に早期参入した例も見られる。1972年の日中国交回復の年には、例えばパナソニックは既にインドに2社合弁で現地法人を設立している。同社の場合、中国に初めて製造現地法人を設立したのが1987年であり、インド進出が15年も先行していたことになる。また日本企業の中では、1990年代に入って初めてインドへの事業進出を検討した企業もある。さらに後述のインドを含むBRICsの4カ国が注目を浴びた中で、初めてインドへの事業参入を本格的に検討した企業もある。また、1970年代からインドへの事業進出検討がなされてきたが、その都度方針がふらつき、10年ごとに検討プロジェクトが"社内行事化"した企業もある。

　インドが1990年代に世界から注目を浴びた背景を理解するためには、少しインドの歴史を遡る必要がある。インドは独特な経済体制を取ってきた。1947年に長年の英国植民地から独立後、ネール首相は当時のソビエトの社会主義計画経済を模範として国家運営を行った。重化学工業中心の輸入代替工業政策を採用し、国有企業が経済発展の担い手となり、インド国内の民間企業には厳しい事業ライセンス規制を課した。また、外資の参入にはブランドの使用を認めないなどあらゆる制約を課した。一方では、人口の7割を占める貧しい農村人

1.3　1990年代のインド

口が存在していた。結果として，経済成長の牽引力となる工業部門が停滞し長期間インド経済は低迷してきた。ある面では，社会主義国家である中国が外資に対して改革開放政策を取りはじめる前の計画経済ベースの国内経済状況と当時のインドは似ていたと考えられる。すなわちインドは独立後は政治面では旧宗主国イギリスの議院内閣制を取り入れた"世界最大の民主国家"であったが，一方，経済面では計画経済的色彩が強い混合経済を志向していたのである。

　インド政府が従来の経済政策の舵取りを大きく転換したのが1991年である。1990年の湾岸戦争で原油価格が高騰し，インドの貿易収支は一挙に悪化し外貨準備高は底をつき，国家経済破綻の危機に陥る。1991年に発足したラオ政権は国際通貨基金（IMF）や世界銀行からの借款を受けて，一連の経済改革を打ち出した。国内投資の自由化，貿易の自由化，外国投資の規制緩和，財政改革，金融改革，国有企業の改革と続いた。つまり競争原理の働かない計画経済から，外資への開放を含む市場経済への転換を行ったのである。社会主義国家，中国がかつて計画経済から今日の市場主義的経済に舵を切ったのと同様の現象がインドにも起こったという見方ができる。中国とインドはその後，若干の跛行性を見せながらも今日まで高い経済成長を見せている。

　1990年代にインドが脚光を浴びたのは，インドが中国同様，国土が広く人口が多いので経済発展するのではないかという単純な議論ではない。インドの過去の経済成長や産業発展パターン，そして都市と農村の経済格差などのマイナスが，外資への開放も含めた一連の経済自由化で大きくプラスに変化するのではないかというところに，世界中からインドへの期待が高まったのである。

　1990年以降のインド経済の高成長の下で，果たして日本企業はインドにどれだけ進出しているのであろうか。在インド日本国大使館およびムンバイ，チェンナイ，コルカタにある在インド3総領事館が，ジェトロやインド主要都市の日本商工会議所などの関係機関の情報をもとにまとめた資料によると，2005年4月時点で日本企業のインド事業拠点数は267社の328カ所であった。場所は首都デリーをはじめグルガオン，ムンバイ，プネ，コルカタ，ハイデラバー

ド，チェンナイ，バンガロールなどである。2008年1月時点では事業拠点数は438社555カ所に急増している。進出企業の主な業種は，先行した自動車・自動車部品・二輪車，家電，ソフトウェアなどに加えて，建設機械，工作機械，化学，インキ，ガラス，食品，製薬に広がっている。製造業の進出に伴い，非製造業の金融，商社，海運，陸運の事業拡大や新規事業進出も顕著である。2008年10月現在で取りまとめられた最新の資料では，インド進出企業数550社，事業拠点838カ所と報じられている。

　図1.3.1は，日本企業の主要都市別の進出状況を示している。1990年頃までは100カ所未満にとどまっていたインド事業拠点数が2000年代に入り急増し，2008年秋以降の世界経済危機によりややスピードは落ちるものの，2010年代前半の早い時期には1,000事業拠点に達するものと推定される。進出形態もインド事業の先行きを探る駐在員事務所や支店レベルから，ホンダ，デンソー，パナソニックのように1社で複数の製造現地法人を持つ本格的投資を行った企

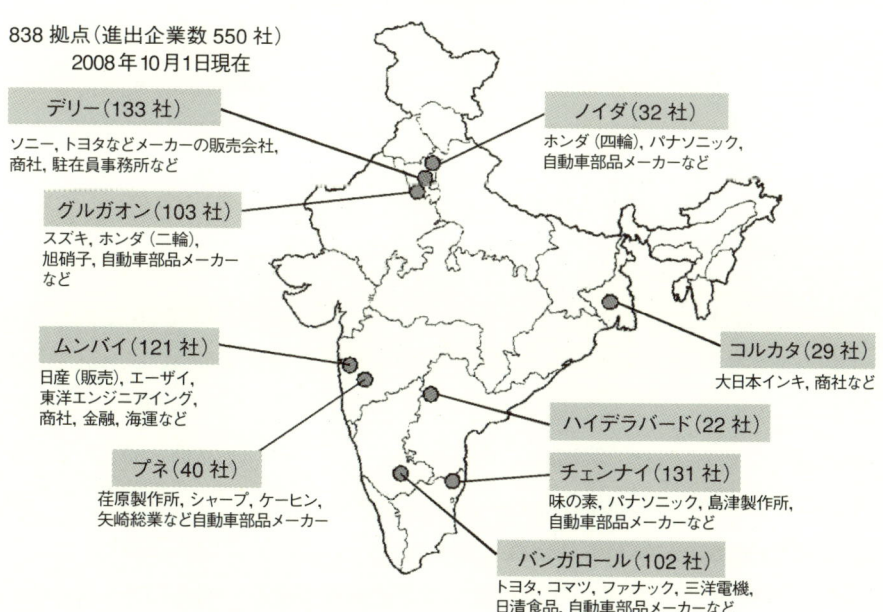

図1.3.1　インド進出日系企業

出所：在インド日本国大使館資料より筆者作成

業まで様々ある。この日本企業のインド事業拠点数の伸び方は，1980年代半ばの中国と似ているところがある。当時の中国では，沿岸部の開放都市を中心に数十カ所できた事業拠点が，90年代前半に数百カ所と急増し，その後進出地域も広がり数千カ所と伸び，今日では合計2万5,000事業拠点となっている。投資環境や産業政策の異なるインドと中国を同列のアナロジー（類推）で見ることはできないが，ビジネスチャンスを意識した日本企業のインド進出が今後も増え続ける可能性は極めて高いものと思われる。

1.4 2000年代のBRICs

　21世紀初頭の世界経済は，BRICsブームの様相を呈した。2003年秋に米国の投資銀行ゴールドマン・サックスのエコノミスト，ルーパ・プルショサーマン女史などが発表した投資家向け経済予測レポート "Dreaming with BRICs: The Path to 2050" がきっかけとなり，「BRICs」が世界的に脚光を浴びた。このレポートではブラジル（Brazil），ロシア（Russia），インド（India），中国（China）の4カ国が21世紀中盤に向かって世界の成長を牽引し経済大国になるというものである。

　表1.4.1は2007年のBRICsのGDPと一人当たりのGDPを示している。GDPの世界ランキングは2007年時点では，1位から5位までは，米国，日本，ドイツ，中国，イギリスの順である。BRICsのブラジル，ロシア，インドはIMFおよび世界銀行の両機関の調査でも同ランキングで10位，11位，12位を占めている。一方，一人当たりのGDPはBRICsの中でロシアが最大で9,000ドル[注2)]を超え，インドの9倍強である。次いで，ブラジルの7,043ドル，中国の2,560ドル[注3)]である。中国は経済の急成長の中で，一人当たりのGDPの伸びが短期間に急上昇したのが目立つ。中国の沿岸部と内陸部，都市部と農村

表1.4.1　BRICsのGDPと一人当たりのGDP（2007年）

国　名	国際通貨基金（IMF）発表		世界銀行(World Bank)発表	
	GDP（億ドル）	一人当たりのGDP（ドル）	GDP（億ドル）	一人当たりのGDP（ドル）
ブラジル	13,335	7,043	13,134	6,855
ロシア	12,944	9,103	12,901	9,079
インド	11,024	939	11,769	1,046
中国	33,825	2,560	32,055	2,432
（参考）日本	43,845	34,318	43,843	34,313
南アフリカ	2,834	5,922	2,830	5,914
インドネシア	4,321	1,921	4,328	1,918
韓国	10,493	21,655	9,698	20,014

出所：両機関の発表数字より筆者作成

部に分けると，北京，天津，上海，広州など主要都市部の一人当たりのGDPは，額が大きい上に顕著な伸び率を示している。

　世界の主要な多国籍企業においては，自社の持続的な成長性と収益性を求めて，ゴールドマン・サックスの"BRICsレポート"が公表される以前より，中長期的な有望国はマクロレベルでもミクロレベルでも検討されてきた。しかしながらこの"BRICsレポート"が成長市場（Growing Market），新興市場（Emerging Market）と言われる有望国検討に拍車をかけたと同時に，世界の目をブラジル，ロシア，インド，中国の4カ国に一層フォーカスさせたという意義は大きいと考えられる。日本企業の中からはBRICsという用語が脚光を浴びた後，"変型BRICs"が10種類近く出現している。建機メーカーからは南アフリカ（South Africa）の重要性を反映して，BRICsの複数形（plural）を意味する小文字の"s"が大文字の"S"になった「BRICS」が，エレクトロニクス・メーカーからは韓国（Korea）の重要性を反映して「BRICKs」が，そして機械メーカーからはインドネシア（Indonesia）の重要性に鑑み，「BRIICs」が出てきた。また，パナソニックは，株主，従業員を含めた世界のステークホルダーに対して自社の注力国・地域は「BRICs + V」と公表し

1.4 2000年代のBRICs

ている。「V」はベトナム (Vietnam) を意味している[注4]。

これらのBRICsバリエーションづくりは，日本企業の従来からの器用さの一端でもあるが，むしろその本質は，図1.4.1「BRICsへの期待」にあるとおり，21世紀初頭の自社の成長性と収益性をどこの国・地域で確保するのかという戦略の差である。ターゲット市場を定める際には，市場性，熾烈な国際市場における自社の競争力や経営資源の配分能力などを十分検討した上で，選択と集中を行うからである。BRICsの各種バリエーションが出るのは当然であろう。

以上のように，自社の持続的な成長性と収益性を確保するためにどこの国・地域に狙いを定めるかというターゲット地域の選択と集中に加えて，ターゲット事業の選択と集中という課題がある。現実の経営では，図1.4.2「事業と地域のマトリックス経営」が示すように，事業軸と地域軸の中に各社の経営がある。地域軸には日本，米州，欧州，アジア，その他地域があるが，本稿ではアジアに焦点を定め，「これまでのアジア戦略」を振り返り「これからのアジア戦略」を模索してみることとする。

以上，世界の注目市場の変遷を経営視点から年代ごとに概観した。1945年の第2次大戦後から今日までの60年間，経済成長という側面に目を向けると，

図 1.4.1　BRICsへの期待

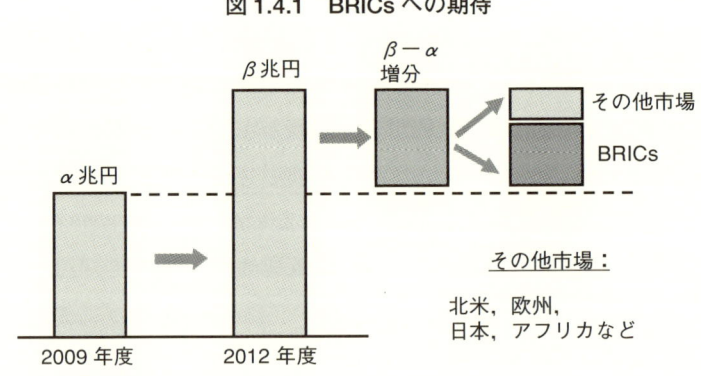

出所：筆者作成

図 1.4.2 事業と地域のマトリックス経営

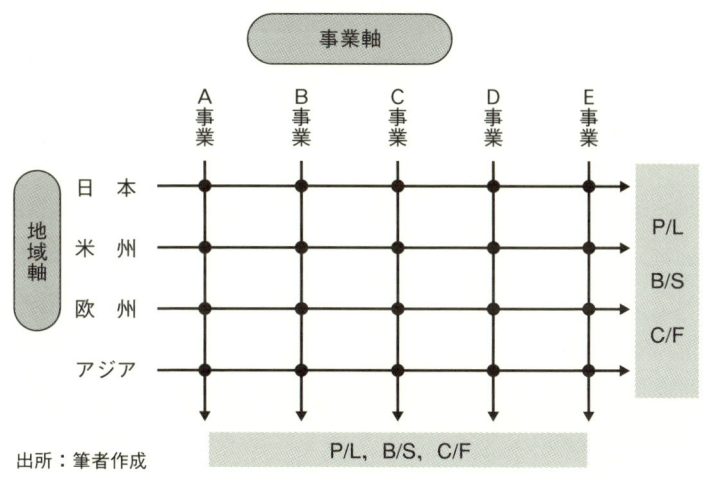

出所：筆者作成

戦後の復興から高度成長を実現した日本から始まって ASEAN, NICs, 中国, インドというアジアの国々が世界の注目を浴びてきた。日本自身が成長地域アジアの一員であり，その中にいる日本企業の経営視点からアジアを見る目やかかわり方も変化してきた。中国には，パナソニックのように 2008 年 3 月期に売上高 9,000 億円台で 1 兆円の大台を視野に入れている企業が，そしてインドにはスズキ，ホンダグループのように売上高 5,000 億円を上回り 2010 年代前半に 1 兆円を目指す企業が出現している。

図 1.4.3 は日本の経営視点からのアジアを示している。自社の売上高成長を実現する"成長市場としてのアジア"，当該国へインサイダー化して市場優位性を築くため，また日本円の為替の変化を踏まえ本国からの輸出をアジアからの輸出へシフトした"生産拠点としてのアジア"，そして"研究開発拠点としてのアジア"の 3 つのアジアである。この 3 つのアジアは 1960 年代から今日に至るまで世界を取り巻く経営環境の変化の中でタイムラグを置きながら発生し進化してきた。そして今日では同図の右図にあるとおり，3 つのアジアの円が重なり合い融合，または統合しないと自社の持続的な成長性や収益性の確保が難しくなっている。すなわち，アジアにおける域内（intra-region）分業や

1.4 2000年代のBRICs

図1.4.3　経営視点から見た3つのアジア

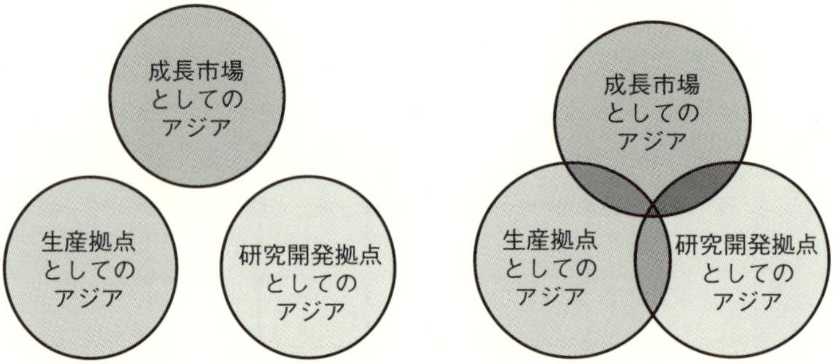

出所：筆者作成

日米欧先進国との緊密なリンケージを踏まえたアジアの域外（inter-region）分業の重要性が認識されてきたのである。

注　釈

1）IMF発表ベースでは、2007年の日本の一人当たりのGDPは3万4,318ドルで、シンガポールの同3万6,384ドルが日本を追い越した。さらにブルネイの3万1,900ドル、香港の2万9,775ドルが日本を追い上げている。同発表の2008年は、シンガポール3万8,972ドル、日本3万8,559ドル、ブルネイ3万7,053ドル、香港3万755ドルの順である。

2）本稿で「ドル」表示されているものは、特段の記載がなければ「米ドル」を意味する。

3）2009年3月の人民日報・海外版では、中国・国家統計局が2008年の中国の一人当たりのGDPが3,000ドルを突破したことを公表したと報じている。その計算根拠は、2008年のGDP30兆670億人民元（速報値）を同年の平均為替レート1ドル＝6.948元で換算すると4兆3,274億ドルとなる。これを2008年の人口13億2,465万で割ると一人当たりのGDPが3,266.8ドルとなる。中国の一人当たりのGDPは、2003年に1,000ドル台となり2006年に2,000ドル台に乗せ、その2年後の2008年に一挙に3,000ドル台になったことになる。なお、IMF公表の数字では、中国の一人当たりのGDPは2007年の2,560ドルから2008年3,315ドルとなり、3,000ドル台に入ったことを示しており、人民日報

の報じる数字に近い。また、IMF の推定では、中国の一人当たりの GDP は、2011 年 4,300 ドル、2013 年 5,259 ドルである。

4）パナソニックは 2009 年 6 月の株主総会において「BRICs ＋ V」に続いて、次のターゲットとなる新興国候補としてメキシコ、インドネシア、ナイジェリア、バルカン諸国（トルコ等）などを挙げている。

第2章

日本企業の アジアの収益性実態

2.1 アジアの収益性実態

2.1.1 欧米を凌ぐアジアの収益性

図 2.1.1 は東京証券取引所一部に上場している企業の地域別営業利益を 1998 年度から 2007 年度（2007 年 4 月～2008 年 3 月期）までの 10 年間の推移で示したものである。従来，トヨタ，ホンダ，日産といった自動車会社の米国での躍進もあり，北米，中南米を合計した「米州」の営業利益がトップであり，日本企業の海外の営業利益を力強く牽引していた。対象企業 1,748 社の 2007 年度の連結ベースの営業利益 21 兆円のうち，日本国内が約 14 兆円，海外が約 7 兆円であり，日本対海外の地域構成比は 2 対 1 である。2007 年度は海外営業利益の内で，中国，ASEAN，インドを中心としたアジア（3 兆 716 億円）が，初めて米州（2 兆 2,342 億円）を上回った。これは象徴的な出来事である。この背景には右肩上がりのアジアの経済成長の中で，現地の事業規模を拡大し競

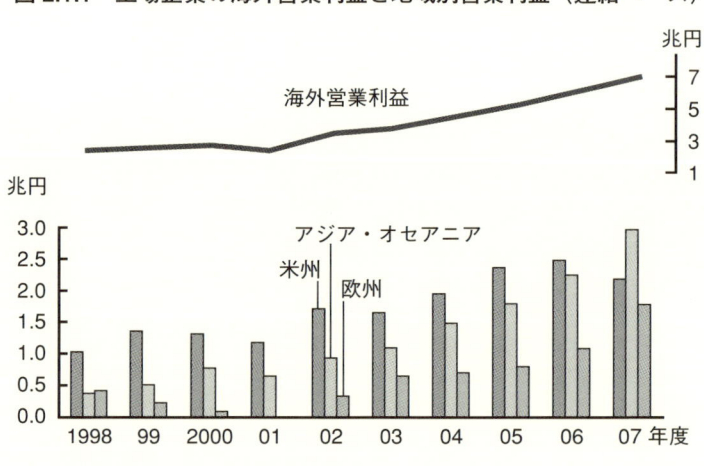

図 2.1.1 上場企業の海外営業利益と地域別営業利益（連結ベース）

出所：日経 NEEDS-FQ より筆者作成

第 2 章　日本企業のアジアの収益性実態

争力をつけてきた日本企業に対して，サブプライムローンに端を発した金融危機の中であえぐ米国での日本企業という構図がある。今後は，連結営業利益の地域構成比が日本対海外が 2 対 1 であったものから，アジアをてこに海外の比重が高まり，この比率は更に接近するものと推定される。

2.1.2　製造業が牽引するアジアの収益性

図 2.1.2 は図 2.1.1 からアジアだけを取り出し，2007 年度の業種別の営業利益を示したものである。営業利益 3 兆 716 億円の 84.8% が製造業で，残りが鉱業，卸売業，海運業，小売業などの非製造業である。非製造業の営業利益トータル 4,661 億円の内，約 6 割を鉱業が占めるが，これは国際石油開発帝石 1 社の営業利益 2,867 億円そのものであるので，これを除くとサービス産業を主体とした非製造業の営業利益全体への貢献度はまだ小さい。世界の景況により年度によって跛行はするものの自動車，電機，化学，機械に代表される製造業が産業としてアジアで収益力を確かなものとしてきたのに対して，サービス業，流通業などの非製造業がアジアで確固たる収益基盤をまだ築けていないことを意味する。内需不振，消費低迷という試練の中で，非製造業に対してアジアでの新たなビジネスモデル構築の必要性を突きつけている。

かつて製造業は，日本で成功した工場のデッドコピーをアジアに移転したり，また日本での製造の成功モデルをそのままアジアに導入した。その後，様々な

図 2.1.2　アジアの業種別営業利益（2007 年度）

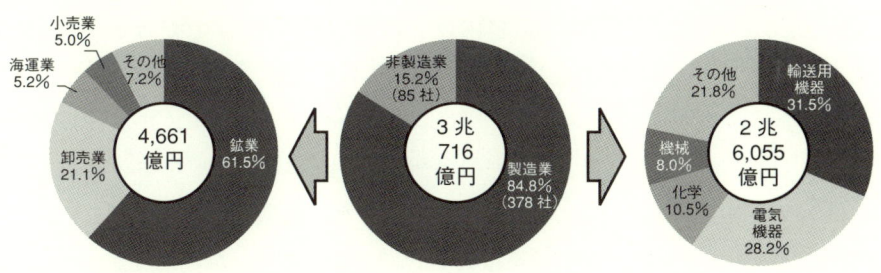

非製造業
小売業 5.0%
海運業 5.2%
その他 7.2%
卸売業 21.1%
鉱業 61.5%
4,661 億円

全業種
非製造業 15.2%（85 社）
製造業 84.8%（378 社）
3 兆 716 億円

製造業
その他 21.8%
輸送用機器 31.5%
機械 8.0%
化学 10.5%
電気機器 28.2%
2 兆 6,055 億円

出所：日経 NEEDS-FQ より筆者作成

2.1 アジアの収益性実態

困難に直面しつつ，失敗という高い授業料を払いながら，今日の事業形態やビジネスモデルを構築してきた。為替，ホストカントリーの産業政策や外資政策の変化，韓国，中国などの新たなライバルの登場といった経営環境の変化にランニングチェンジしながら試行錯誤の中で作り上げたものである。しかしそれも今日，十分なものでないことは明白であろう。

一方，日本の非製造業は，アジアに進出して40年以上の歴史を持つ製造業と比べて本格的進出の歴史が浅い。製造業の経験に見られるように日本の成功事例をそのまま，またはマイナーチェンジをして中国やインドに導入しても成功は難しいのである。非製造業が日本の新たな期待の産業としてアジアでどのような付加価値の高いビジネスモデルを作るかは喫緊の課題と言えよう。製造業では自動車・二輪車・自動車部品などの輸送用機器，および電子・電化機器・電子部品などの電気機器の2業種で製造業の営業利益の約6割を占めている。次いで化学，機械が2割近くを占めている。これはアジアだけでなく日本，米州，欧州を含む世界連結ベースの営業利益合計を見ても，国際競争力があり海外への事業進出規模の大きい上記4業種の占める構成比は非常に高い。

2.1.3　66社が100億円超の営業利益を計上

図2.1.3は，図2.1.2のアジアの全業種（営業利益合計3兆716億円）の中から営業利益の多い順に上位20社を並べたものである。前述の輸送用機器，電機機器，化学，機械の4業種の中にある企業が圧倒的に多い。これら20社の営業利益は合計1兆5,705億円となり，全アジアの51％を占めている。これら20社に加えて21位から40位，41位から60位の企業を並べたのが図2.1.4と図2.1.5である。アジアで100億円以上の営業利益を計上した企業を取り上げると図2.1.3～図2.1.5の60社を含め合計66社となり，その総額は2兆3,439億円で全体の76％を占めている。一方，赤字会社は三菱ケミカルホールディングス（損失46.1億円），日本水産（損失20.8億円），ユニデン（損失20.3億円），フジクラ（損失14.3億円）など31社を数えるが，大半の企業はアジアの高い経済成長の中で着実に営業利益を増大させていることがうかがえる。

第 2 章　日本企業のアジアの収益性実態

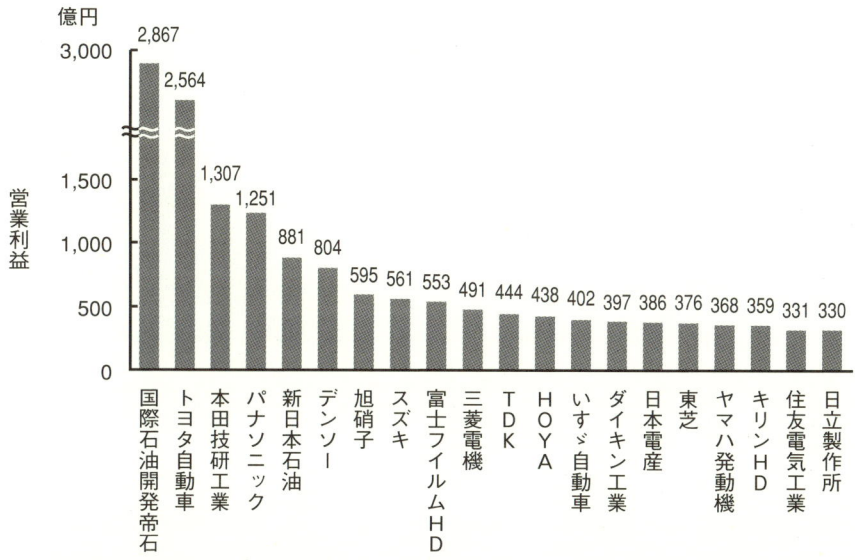

図 2.1.3　アジアの営業利益ベスト 20 社（2007 年度）

出所：日経 NEEDS-FQ より筆者作成

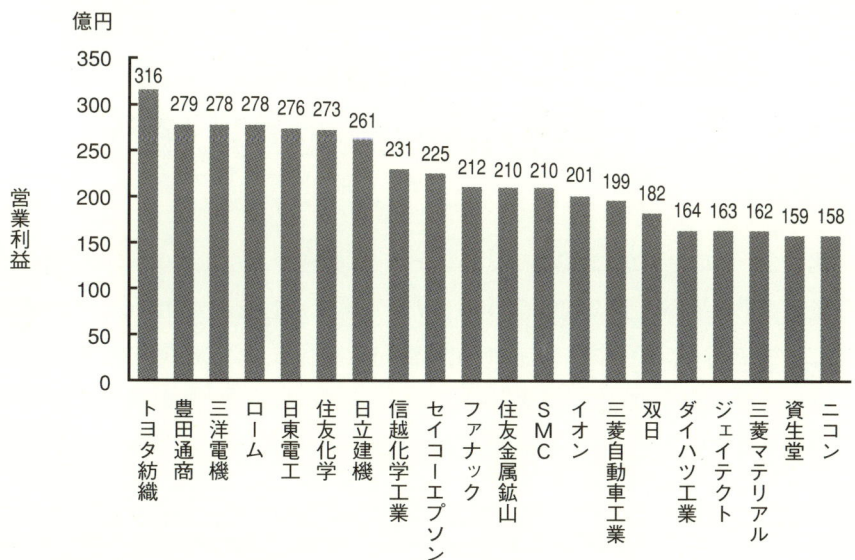

図 2.1.4　アジアの営業利益ベスト 21 社～ 40 社（2007 年度）

出所：日経 NEEDS-FQ より筆者作成

図 2.1.5　アジアの営業利益ベスト 41 社〜 60 社（2007 年度）

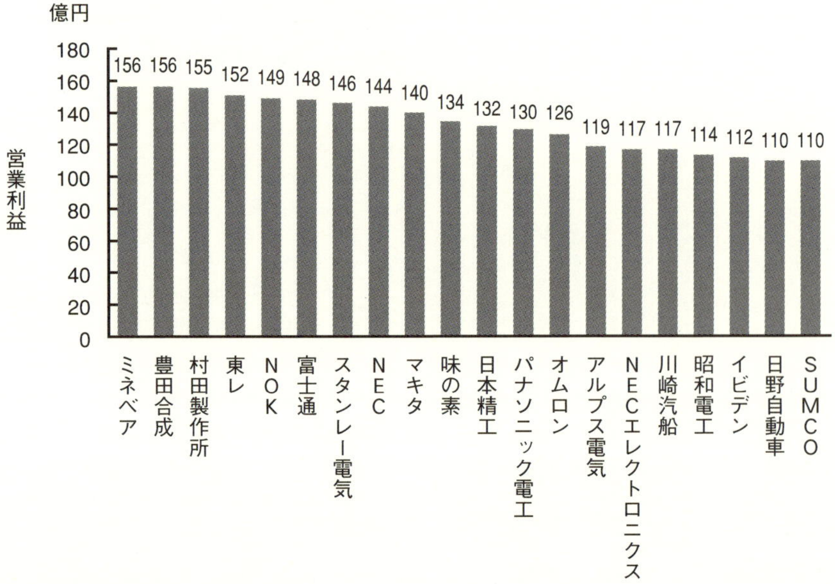

営業利益（億円）: ミネベア 156, 豊田合成 156, 村田製作所 155, 東レ 152, NOK 149, 富士通 148, スタンレー電気 146, NEC 144, マキタ 140, 味の素 134, 日本精工 132, パナソニック電工 130, オムロン 126, アルプス電気 119, NECエレクトロニクス 117, 川崎汽船 117, 昭和電工 114, イビデン 112, 日野自動車 110, SUMCO 110

出所：日経 NEEDS-FQ より筆者作成

2.2　アジアにおける製造業の業種別収益性

　図 2.2.1 は，アジアにおける製造業から 16 業種を選び，2007 年度の業種別収益性を営業利益と営業利益率のマトリックスで示したものである。対象企業は 378 社であり，そのアジアの所在地別売上高合計は 44 兆 5,362 億円，同営業利益合計 2 兆 6,005 億円，営業利益率は 5.8％である。営業利益率は 16 業種の加重平均であるが，その平均を下回るのが電気機器 3.6％，繊維 4.6％，その他製品 4.9％，非鉄金属製品 5.2％の 4 業種である。とりわけ営業利益額が自動車に次いで大きい電気機器が 3.6％と低く，長期的な低収益構造の中にある。1990 年代から始まった電気機器のアジアへの構造的な生産シフトは，日本か

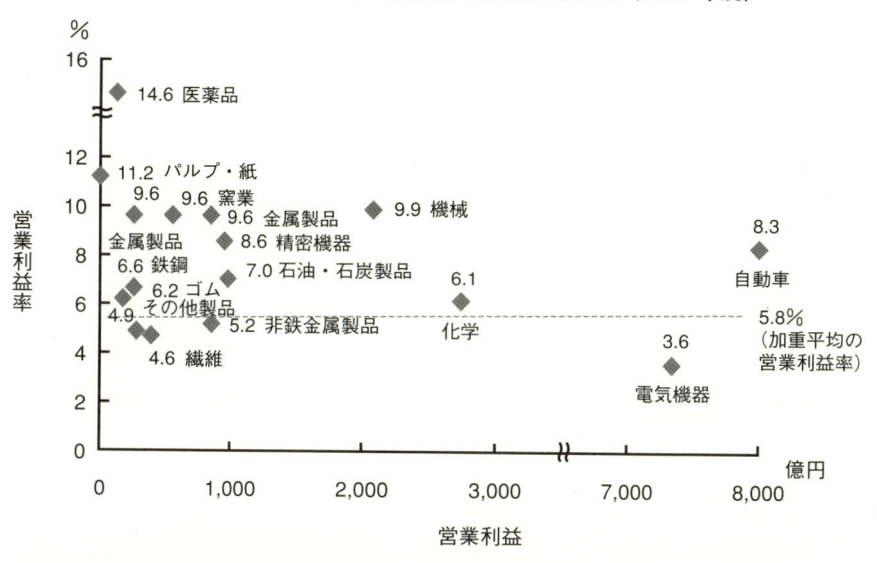

図 2.2.1　アジアにおける製造業の業種別収益性（2007 年度）

```
%
16
14.6 医薬品
12
11.2 パルプ・紙
9.6  9.6 窯業        9.9 機械
金属製品  金属製品                    8.3
6.6 鉄鋼  8.6 精密機器              自動車
6.2 ゴム  7.0 石油・石炭製品   6.1
4.9 その他製品                      化学         5.8%
        5.2 非鉄金属製品                    （加重平均の
4.6 繊維                                       営業利益率）
                                    3.6
                                  電気機器
0   1,000  2,000  3,000    7,000  8,000  億円
                営業利益
```
縦軸：営業利益率

出所：日経 NEEDS-FQ より筆者作成

らアジアへのプロフィットセンターの移転を意味し，その結果，アジアの営業利益の絶対金額が増大したものの，熾烈な競争下で営業利益率は低く，他業種と比べて低収益性にあえいでいる。

2.3　アジアの業種別営業利益ランキング

　前掲図 2.1.2 が示すとおり，2007 年度のアジアの製造業の営業利益は 2 兆 6,055 億円であり，その内 78.2%が輸送用機器，電気機器，化学，機械の 4 業種により占められている。この主要 4 業種の各々の上位 20 社を並べたのが図 2.3.1 〜図 2.3.4 である。

23

2.3 アジアの業種別営業利益ランキング

図 2.3.1 は，自動車，自動車部品，二輪車などを含む「輸送用機器」の営業利益上位 20 社を示している。上位 20 社で合計 7,817 億円を占めるが，特に中国，ASEAN，インドにおける生産額が上昇しているトヨタ自動車，本田技研工業，デンソー，スズキの 4 社の構成比が高い。これらの会社のアジアの現地法人は合弁会社も多く，必ずしも連結子会社となっておらず，持分法適用会社も多いことから，実質的なアジアでの営業利益は，更に大きいものと推定される。

図 2.3.2 は冷蔵庫，エアコン，洗濯機といった家庭電化機器，カラー TV，DVD といった AV 機器を中心とした電子機器，そして半導体や液晶といった電子部品を包含する「電気機器」の営業利益上位 20 社である。パナソニックを筆頭に上位 20 社で合計 5,623 億円を占め，IC パッケージで世界的な強みを発揮する第 20 位のイビデン（2007 年度海外売上高比率 68％）が 100 億円を超す営業利益を計上するなど，上位と下位の格差が大きい輸送用機器のランキングと大きく異なる。各年度とも薄型 TV，DVD，音響機器を中心としたデジタ

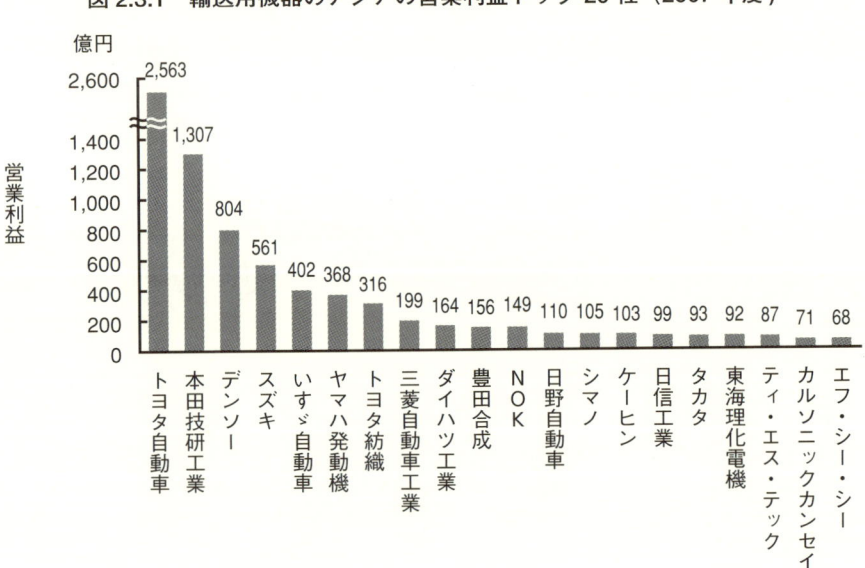

図 2.3.1　輸送用機器のアジアの営業利益トップ 20 社（2007 年度）

順位	会社名	営業利益（億円）
1	トヨタ自動車	2,563
2	本田技研工業	1,307
3	デンソー	804
4	スズキ	561
5	いすゞ自動車	402
6	ヤマハ発動機	368
7	トヨタ紡織	316
8	三菱自動車工業	199
9	ダイハツ工業	164
10	豊田合成	156
11	NOK	149
12	日野自動車	110
13	シマノ	105
14	ケーヒン	103
15	日信工業	99
16	タカタ	93
17	東海理化電機	92
18	ティ・エス・テック	87
19	カルソニックカンセイ	71
20	エフ・シー・シー	68

出所：日経 NEEDS-FQ より筆者作成

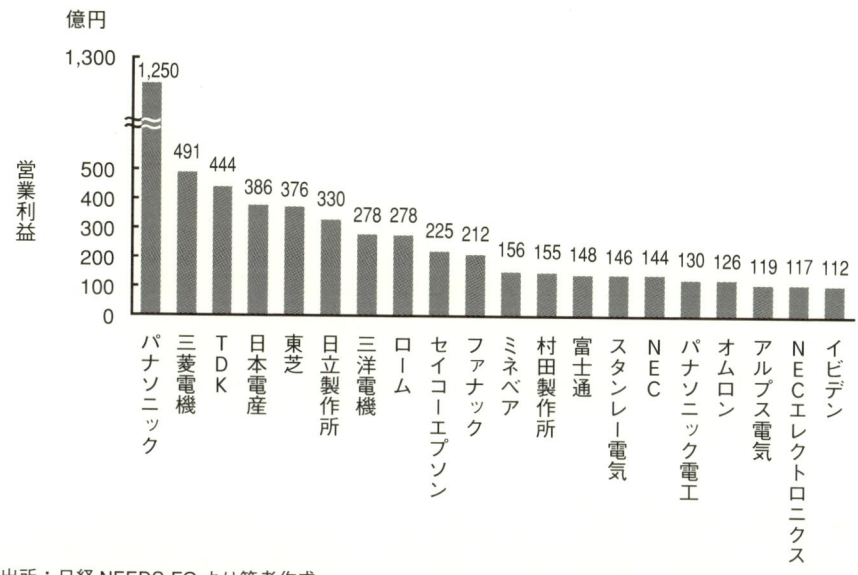

図 2.3.2 電気機器のアジアの営業利益トップ 20 社（2007 年度）

（単位：億円、営業利益）

企業	営業利益
パナソニック	1,250
三菱電機	491
TDK	444
日本電産	386
東芝	376
日立製作所	330
三洋電機	278
ローム	278
セイコーエプソン	225
ファナック	212
ミネベア	156
村田製作所	155
富士通	148
スタンレー電気	146
NEC	144
パナソニック電工	130
オムロン	126
アルプス電気	119
NECエレクトロニクス	117
イビデン	112

出所：日経 NEEDS-FQ より筆者作成

ル家電の市況とそれに伴う半導体，液晶など電子部品の価格下落により，営業利益額は大きな影響を受けているが，現地生産金額の大きい上位 20 社の顔ぶれは比較的安定している。

図 2.3.3 は，石油化学，医薬品，塗料，半導体ウェハなど広範な分野をカバーする「化学」の営業利益の上位 20 社である。上位 20 社で合計 2,492 億円を占める。2006 年秋に持株会社化したトップの富士フイルムホールディングスは，写真用フィルムから液晶用フィルムや医療画像などに事業構造を転換中である。また複写機も事業の大きな一角を占める。

図 2.3.4 は，建設機械，工作機械，ベアリング，金型など広範な分野をカバーする「機械」の営業利益の上位 20 社である。上位 20 社で合計 1,826 億円を占める。トップのダイキン工業は，業務用および家庭用エアコンが主力の企業であるが，業種区分としては「電気機器」ではなく「機械」に属している。なお，

2.3 アジアの業種別営業利益ランキング

図 2.3.3　化学のアジアの営業利益トップ 20 社（2007 年度）

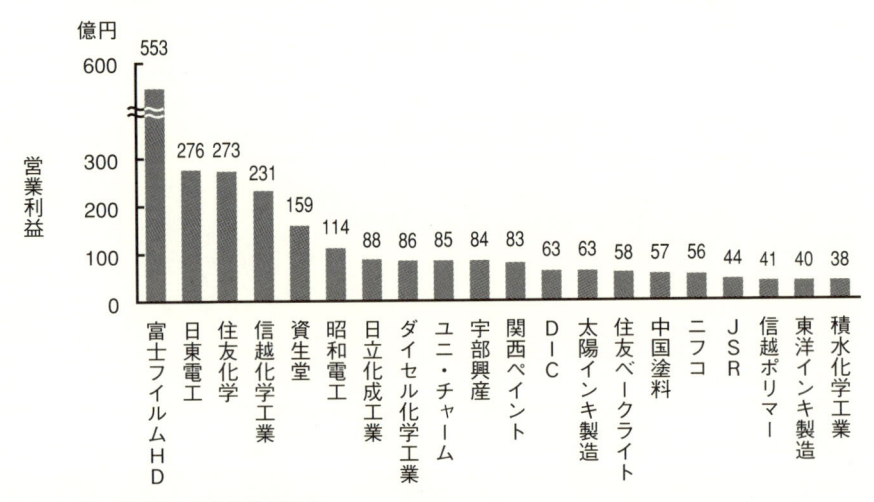

営業利益（億円）：富士フイルムHD 553、日東電工 276、住友化学 273、信越化学工業 231、資生堂 159、昭和電工 114、日立化成工業 88、ダイセル化学工業 86、ユニ・チャーム 85、宇部興産 84、関西ペイント 83、DIC 63、太陽インキ製造 63、住友ベークライト 58、中国塗料 57、ニフコ 56、JSR 44、信越ポリマー 41、東洋インキ製造 40、積水化学工業 38

出所：日経 NEEDS-FQ より筆者作成

図 2.3.4　機械のアジアの営業利益トップ 20 社（2007 年度）

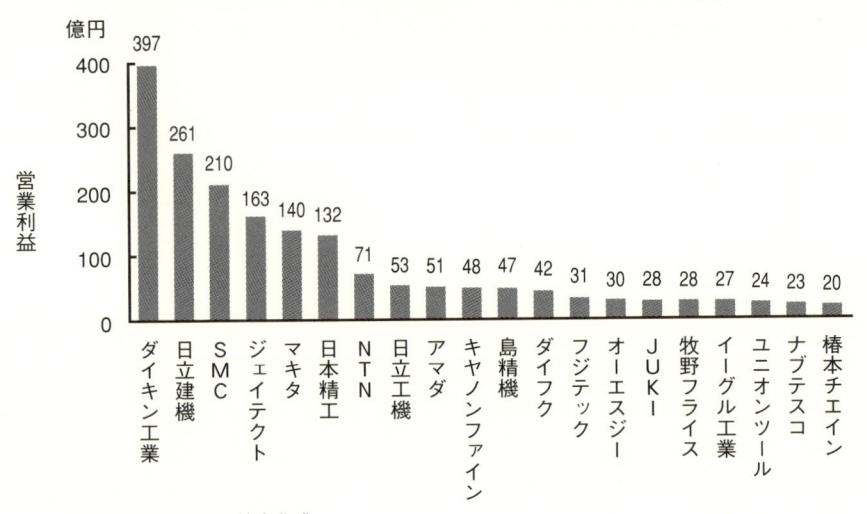

営業利益（億円）：ダイキン工業 397、日立建機 261、SMC 210、ジェイテクト 163、マキタ 140、日本精工 132、NTN 71、アマダ 53、日立工機 51、キヤノンファイン 48、島精機 47、ダイフク 42、フジテック 31、オーエスジー 30、JUKI 28、牧野フライス 28、イーグル工業 27、ユニオンツール 24、ナブテスコ 23、椿本チエイン 20

出所：日経 NEEDS-FQ より筆者作成

建設機械で世界第 2 位のコマツは，地域別営業利益を日本，欧州・CIS，米州，その他の地域と 4 区分表示し，その他の地域にアジア，オセアニア，中近東，アフリカの 4 地域を合算して開示しているため，アジア単独の営業利益は不明

である。そのため図 2.3.4 の上位 20 社に入ってこない。ちなみに，同社の2007年度のその他地域の営業利益額は，前年度の 380 億円から急増して 682 億円である。

2.4 アジアの収益源
―所在国・地域と事業形態のマトリックス―

　以上のアジアにおける各社の営業利益はどこから生み出されるのであろうか。1つの切り口は現地法人の所在地別の営業利益である。具体的には，シンガポール，マレーシア，タイ，インドネシア，フィリピン，ベトナムを中心とした ASEAN（構成国 10 カ国），中国，そしてインドの 3 カ国・地域で生み出されている。主たる営業利益が 80 年代は ASEAN からであったが，90 年代には中国が加わり，2000 年代に入ってインドのマルチスズキ（自動車）の事例を挙げるまでもなくインドが加わってきた。上場企業各社の有価証券報告書の中にも，**表 2.4.1** が示すように地域セグメントデータの中で『アジア地域』を「東南アジア」「中国」や「北東アジア」「東南アジア」と2区分する企業や，「アセアン」「香港・中国」「台湾・韓国」のように3区分して公表する企業が徐々に増えてきたことからも，利益の根源がアジア内で分散化してきたことがうかがえる。特に経営上，中国のインパクトが増す中で中国を独立セグメントで表示する企業が増えている。

　もう1つの切り口は，現地法人の事業形態別の営業利益である。製造業を例に取ると，現地法人には製造会社，販売会社，研究開発会社，ロジスティクス会社，ファイナンス会社，地域統括会社などがある。営業利益の基となるプロフィットセンターが製造会社や販売会社であり，研究開発会社などその他の会社は基本的にはコストセンターである。日本の製造業において主たる利益源が事業部，事業本部，工場，製造主体の分社，関係会社などに置かれていること

2.4 アジアの収益源

表 2.4.1 アジア地域のセグメント複数国公表企業（2007年度）

	企業名	業種	公表セグメント 1	2	3
1	スタンレー電気	電気機器	アジア・大洋州	中国	
2	オムロン	電気機器	東南アジア他	中華圏	
3	大和工業	鉄鋼	韓国	タイ国	
4	長瀬産業	卸売業	北東アジア	東南アジア	
5	近鉄エクスプレス	倉庫・輸送関連業	東アジア・オセアニア	東南アジア・中近東	
6	スミダコーポレーション	電気機器	アセアン	香港・中国	台湾・韓国
7	郵船航空サービス	倉庫・輸送関連業	東アジア	南アジア・オセアニア	
8	稲畑産業	卸売業	東南アジア	北東アジア	
9	千代田インテグレ	電気機器	東南アジア	中国	
10	フジテック	機械	東アジア	南アジア	
11	富士電機ホールディングス	電気機器	アジア（除く中国）	中国	
12	大気社	建設業	東南アジア	東アジア	
13	高千穂電気	卸売業	その他アジア	中国	
14	ペガサスミシン製造	機械	その他のアジア	中国	
15	シスメックス	電気機器	アジア・パシフィック	中国	
16	日本電産コパル電子	電気機器	韓国	中国	
17	トプコン	精密機器	アジア・オセアニア	中国	
18	オーハシテクニカ	卸売業	タイ	中国	
19	日本電産トーソク	輸送用機器	ベトナム	中国	
20	カナレ電気	非鉄金属製品	韓国	中国	台湾
21	酒井重工業	機械	インドネシア	中国	
22	ユシロ化学工業	石油・石炭製品	マレーシア	中国	
23	日本CMK	電気機器	東南アジア	中国	
24	ルック	繊維	韓国	香港	
25	神栄	卸売業	東南アジア	中国	
26	岩谷産業	卸売業	東アジア	東南アジア	

注）国名，地域名は各社の発表している表現を記載している。
出所：各社有価証券報告書より筆者作成

を考えると，アジアの現地法人のプロフィットセンターは単独の販売会社よりはむしろ製造会社または社内に販売部門を持つ製・販会社であると考えられる。

　以上2つの切り口から，各社のアジアの営業利益は，分解すればASEAN・中国・インドという3つの国・地域とそこにある製造会社・販売会社・研究開発などのコストセンター会社の3つの事業形態のマトリックス9事業（3×3）の中から生み出されていることになる。ここで初めて，熾烈な競争下にあるアジアでいかに持続的な成長性（growth）と収益性（profitability）の最大化と最適化を実現するかが問われる。したがって，日本企業が21世紀の次の10年間（2010年〜20年）にアジアにおいて，多岐にわたる国と事業をどのように地域統括していくかが経営戦略上極めて重要となる。

第3章

業界別アジアの成長性と収益性実態

―代表的10業種の事例―

3.1 製造業

3.1.1 自動車

　日本を代表する産業のひとつに「輸送用機器」がある。そのカテゴリーには乗用車，トラック，バスなどの自動車や自動車部品，そして二輪車などが含まれる。自動車産業は，日本からの輸出額や海外直接投資額，海外生産高，海外雇用人員など様々な指標で，電機産業と並んでそのインパクトは大きい。2000年代に入って，製造業で世界最強と言われたトヨタ自動車，そしてホンダ，日産など完成車メーカーが中国，ブラジル，ロシア，インドなど新興国BRICsを中心にその生産高や売上高を急増させた。これら自動車メーカーの海外での躍進を支えてきたのが自動車部品メーカーであり，自動車メーカーの海外事業展開に呼応して積極的に海外進出を図ってきた。特にタイ，中国，インド，インドネシアなどアジア各国での事業展開をてこに成長性や収益性を確保してきた。2008年秋以降，米国発の世界不況により，世界最大の自動車市場である米国での販売の急落，日本国内の需要の低迷，そして急激な円高による輸出の減速などグローバル市場での需要構造は大きく変化している。自動車産業において急ピッチで進められてきた生産・販売のグローバル化が見直しを求められている。本節では，アジアをてこに成長性と収益性を実現してきた軽自動車のスズキと自動車部品のデンソーの2社の事例を取り上げて，その実態の一端を探る。

『事例1　スズキ』

●会社概要

　スズキ（本社・静岡県浜松市，資本金1,202億円）は，1920年に設立され，1949年に東京証券取引所に株式を上場している。軽自動車に強みを発揮する

第3章　業界別アジアの成長性と収益性実態

と同時に二輪車でも4強の中の一角を占める。ハンガリーやインド進出など積極的な海外事業展開で業容を拡大し、今日、4兆円規模の売上高がターゲットになっている。スズキの事業構成は、小型二輪・軽二輪などの「二輪車事業」、軽自動車・小型自動車・普通自動車などの「四輪車事業」、船外機などの「その他事業」の3部門から成る。2007年度の連結売上高3兆5,024億円の中で四輪車事業が80.9％、二輪車事業が16.9％を占める。

● 連結の成長性を牽引する海外売上高

図3.1.1は、1998年度から2007年度までの10年間の連結売上高と海外売上高比率を表している。1998年度の連結売上高1兆4,600億円が年平均成長率10.2％で伸び、2007年度に3兆5,000億円へ急拡大した。この連結の伸びを牽引しているのが海外売上高であり、同期間に7,300億円から2兆5,200億円へと実に3.4倍の急拡大を見せた。この結果、海外売上高比率は同期間に50.3％から72.0％へ21.7％上昇した。2008年3月現在、スズキの連結売上高は新興

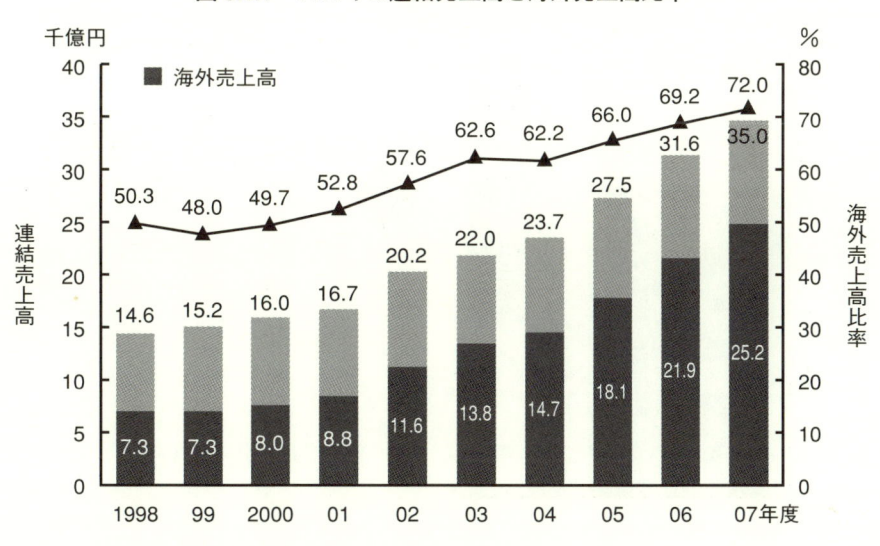

図3.1.1　スズキの連結売上高と海外売上高比率

年度	連結売上高（千億円）	海外売上高（千億円）	海外売上高比率（％）
1998	14.6	7.3	50.3
99	15.2	7.3	48.0
2000	16.0	8.0	49.7
01	16.7	8.8	52.8
02	20.2	11.6	57.6
03	22.0	13.8	62.6
04	23.7	14.7	62.2
05	27.5	18.1	66.0
06	31.6	21.9	69.2
07年度	35.0	25.2	72.0

出所：スズキの有価証券報告書各年度版より筆者作成

3.1 製造業

国を中心に，海外市場に7割以上依存している状況にある。この同社の急成長を二輪車，四輪車別に見ると，1998年の9,400億円から2007年度2兆8,300億円へ3倍拡大した四輪車の寄与度が圧倒的に高い。軽自動車・小型自動車を中心とした海外市場が，今日までの同社の連結成長を大きく牽引してきた。

● **アジアが牽引する成長性**

スズキの海外売上高比率が上昇する中で，どこの地域が成長を牽引しているかを示しているのが**図3.1.2**の同社の連結売上高増分の地域別構成である。1998年度の連結売上高1兆4,600億円は，日本と海外が半分ずつである。海外の内訳はハンガリー事業を含む欧州が22.2%であり，アジアはわずか8.0%を占めるに過ぎない。一方，2007年度の連結売上高3兆5,000億円の内訳は，日本28.0%，欧州26.3%，アジア25.3%，北米・その他地域20.4%である。インド，インドネシア，タイ，パキスタン，中国などを含むアジアの構成比が急上昇し

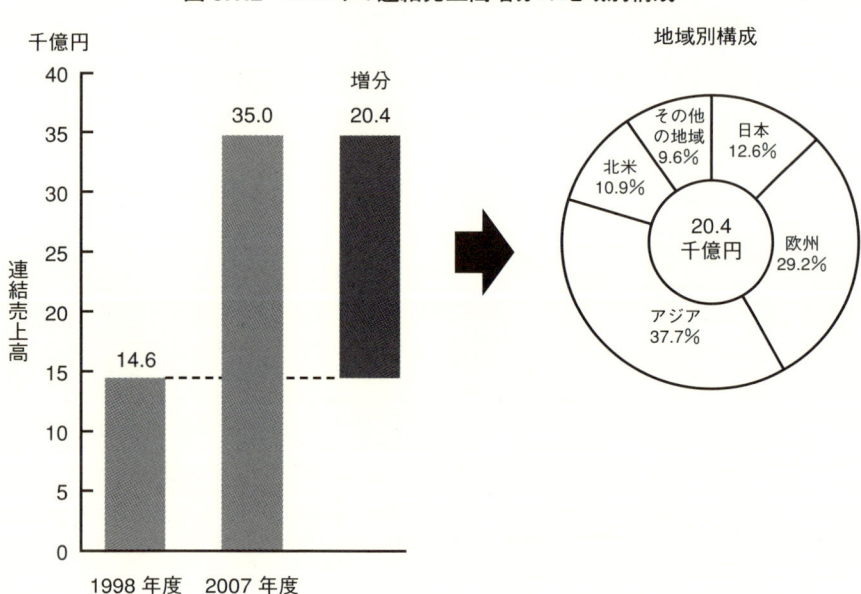

図3.1.2　スズキの連結売上高増分の地域別構成

千億円
- 1998年度: 14.6
- 2007年度: 35.0
- 増分: 20.4

地域別構成（20.4千億円）
- その他の地域 9.6%
- 日本 12.6%
- 北米 10.9%
- 欧州 29.2%
- アジア 37.7%

出所：前掲図3.1.1およびスズキの有価証券報告書1998年度，2007年度版より筆者作成

た。1998年度から2007年度までの10年間の連結売上高の増分は2兆400億円となるが、同図の円グラフが示すように、この増分の87.4%は海外であり、日本本国の増分寄与率はわずか12.6%に過ぎない。海外の増分の中ではインドを中心としたアジアの増分が37.7%を占める。過去10年間の同社の成長性はアジアが牽引しているのである。

● **収益性もアジアが牽引**

それではスズキの収益性はどの地域が源泉となっているのであろうか。同社の1998年度から2007年度までの連結営業利益増分の地域別構成を示しているのが図3.1.3である。1998年度の営業利益473億円の内訳は、日本84.4%（399億円）、欧州9.9%（47億円）、北米・アジアを含むその他地域5.7%（27億円）であり、圧倒的に日本本国への利益依存度が高かった。一方、2007年度の営業利益1,506億円の内訳は、1998年度の所在地別セグメント基準に合わせれ

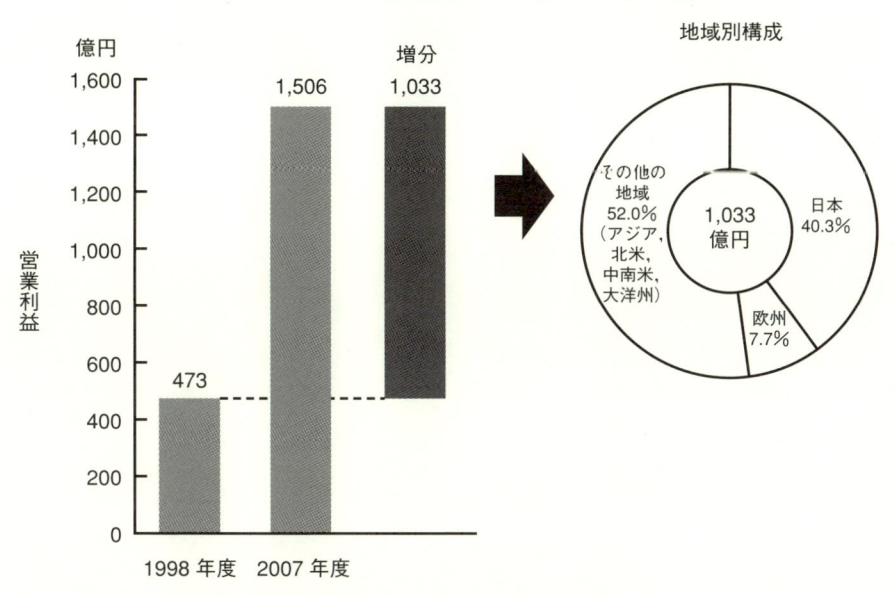

図3.1.3　スズキの連結営業利益増分の地域別構成

出所：スズキの有価証券報告書1998年度、2007年度版より筆者作成

3.1 製造業

ば^{注1)}，日本 56.4%，欧州 8.9%，その他地域 34.7% であり，海外の構成比が大きく上昇した。その他の地域では，北米が 86 億円の損失に対してアジアが 561 億円の黒字であるため，アジア単独の構成比は実質的には 34.7%を上回る。

以上から，1998 年度から 2007 年度までの連結営業利益増分 1,033 億円の地域別構成を算出すると，同図の円グラフのとおりになる。増分寄与度は日本 4 割に対して海外 6 割となるが，海外の中でもアジアを含むその他地域が半分以上を占めている。1998 年度の「その他地域」の営業利益 27 億円の北米，アジア，その他国の内訳は不明であるが，2007 年度の「その他地域」の中のアジアの営業利益が 561 億円であることから，過去 10 年間の増分 1,033 億円の 50%強がアジアであることが推定される。以上から，成長性同様，収益性においてもアジアが牽引していることが明らかである。

● **連結へのインパクトが急上昇するインド事業**

スズキのグローバルな成長性と収益性が，日本本国よりもアジアに大きく依存していることが前項より明らかになった。それでは，アジアにおいてドライビングフォースとなっている国と事業はどこにあるのであろうか。

スズキのインド進出は，1982 年にマイノリティ出資の合弁でスタートした四輪車事業のマルチウドヨグに始まる。その後，出資比率の変化があったが 2002 年 5 月に子会社化し，2007 年 9 月に社名もマルチスズキ・インディア^{注2)}と変更している。スズキのマルチスズキ・インディア（資本金 14 億 4,455 万ルピー）の持株比率は，2008 年 3 月期現在で 54.2%であり，連結対象子会社である。表 3.1.1 はこのマルチスズキ・インディアの 2006 年度および 2007 年度の業績推移を示している。2007 年度の売上高は 5,136 億円であり既に 5,000 億円台の規模となっており，親会社スズキの連結売上高の 14.7%を占めている。当期純利益は 510 億円（利益率 9.9%）で連結純利益 803 億円の 63.5%を占めている。インド自動車市場で 5 割近い占有率を持つマルチスズキ・インディアの業績はアジアの地域業績を支えるのみならず，今やグローバルな連結業績を

第 3 章　業界別アジアの成長性と収益性実態

表 3.1.1　マルチスズキ・インディアの業績

単位：億円

	2006 年度	2007 年度
売上高（A）	3,857	5,136
連結構成比（A）／（C）	12.2%	14.7%
税引前当期純利益	607	735
当期純利益（B）	416	510
連結構成比（B）／（D）	55.5%	63.5%
純資産額	1,906	2,174
総資産額	2,781	3,114

スズキ　連結売上高（C）	31,637	35,024
スズキ　連結純利益（D）	750	803

出所：スズキの有価証券報告書各年度版より筆者作成

図 3.1.4　スズキの地域別営業利益

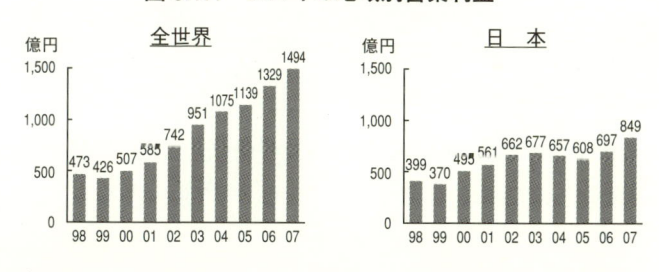

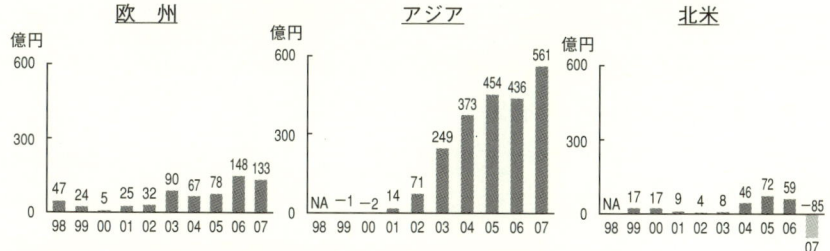

全世界（億円）
- '98: 473
- '99: 426
- '00: 507
- '01: 585
- '02: 742
- '03: 951
- '04: 1075
- '05: 1139
- '06: 1329
- '07: 1494

日本（億円）
- '98: 399
- '99: 370
- '00: 495
- '01: 561
- '02: 662
- '03: 677
- '04: 657
- '05: 608
- '06: 697
- '07: 849

欧州（億円）
- '98: 47
- '99: 24
- '00: 5
- '01: 25
- '02: 32
- '03: 90
- '04: 67
- '05: 78
- '06: 148
- '07: 133

アジア（億円）
- '98: NA
- '99: −1
- '00: −2
- '01: 14
- '02: 71
- '03: 249
- '04: 373
- '05: 454
- '06: 436
- '07: 561

北米（億円）
- '98: NA
- '99: 17
- '00: 17
- '01: 9
- '02: 4
- '03: 8
- '04: 46
- '05: 72
- '06: 59
- '07: −85

注）　02～07 は「日本」，「欧州」，「北米」，「アジア」，「その他」の 5 区分。
　　　00～01 は「日本」，「欧州」，「北米」，「その他」の 4 区分。

出所：　スズキの有価証券報告書各年度版より筆者作成

37

左右する重要な事業となっている。2008年度インドの販売台数は約70万台となり，日本の国内販売を上回った。

　以上の分析を踏まえてスズキの収益性を時系列的に見てみる。**図3.1.4**は同社の1998年度から2007年度までの10年間の営業利益を地域別に鳥瞰したものである。全世界（連結）ベースで順調に伸びてきた営業利益は，今や日本の営業利益に迫る勢いのアジアの営業利益に支えられていることが改めて分かる[注3)]。一方，欧州と北米の利益貢献度は構造的に低く，特に北米の07年度は85億円の損失を計上している。この図には掲載されていない大洋州，中南米など「その他の地域」の営業利益（2007年度46億円）も連結営業利益へのインパクトは小さい。表3.1.1および図3.1.4はスズキの収益性がインド事業に大きく依存していることを示唆し，同社にとってはインド事業の今後の戦略的事業展開とそれに伴うリスク管理が改めて問われている。

『事例2　デンソー』

●会社概要

　デンソーは，トヨタ自動車が筆頭株主（持株比率22.5%, 2008年3月末時点）の日本最大の自動車部品メーカーである。事業は，自動車分野と新事業分野の2分野から構成されており，前者が連結売上高の97%を占める。自動車分野は，カーエアコン・ラジエータなどの「熱機器」，点火コイル・排気センサ・各種バルブ・フューエルポンプなどの「パワートレイン機器」，エンジン制御コンピュータ・トランスミッション制御コンピュータ・半導体センサ・リレーなどの「電子機器」，スタータ・インバータなどの「電気機器」，メータ・カーナビゲーションシステム・エアバッグ用各種センサ＆コンピュータなどの「情報安全」，ワイパシステム・パワーウィンドモータなどの「モータ」の6部門から成り立っている。2007年度連結売上高4兆251億円のうち，熱機器とパワートレイン機器で55%を占める。得意先別売上高はトヨタグループが49.2%と最大であり，次いで本田技研7.2%，GM 4.1%，フィアット3.0%，スズキ2.9%

第 3 章　業界別アジアの成長性と収益性実態

と続く。

● 海外が牽引する成長性

　1998 年度から 2007 年度の 10 年間にわたるデンソーの連結売上高と海外売上高を示しているのが図 3.1.5 である。新興国が押し上げる世界的な自動車産業の成長とこの動きに呼応するトヨタ自動車の海外事業の急速な展開および 2007 年度まで 6 年連続の前年越えとなった日本からの完成車輸出に支えられ，デンソーの連結売上高は 1998 年度 1 兆 7,600 億円が年平均成長率 9.6％で伸び，2007 年度は 4 兆 300 億円となった。この急成長を牽引したのが同社の海外売上高で，1998 年度 6,500 億円が 2007 年度 2 兆 500 億円と 3 倍強の伸びを見せた。この結果，同図の折線グラフが示すとおり，海外売上高比率は 1998 年度の 37.2％から 2007 年度 50.9％と上昇し，海外の売上高が国内の売上高を超えた。

　この背景には，同社の長期経営方針「DENSO VISION 2005」の活動の柱である「競争力を高めるグループ経営」を掲げグローバル化・ボーダレス化・スピード化を先取りした経営を積極的に推進してきたことが挙げられる。また，

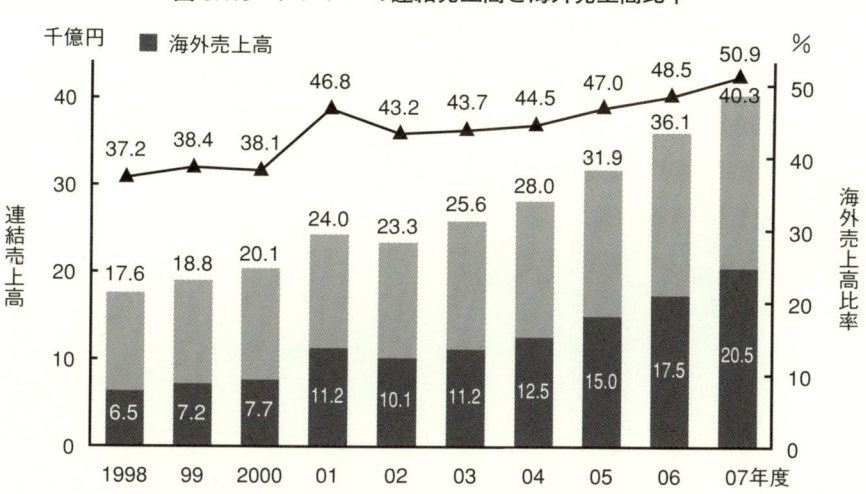

図 3.1.5　デンソーの連結売上高と海外売上高比率

年度	連結売上高（千億円）	海外売上高（千億円）	海外売上高比率（％）
1998	17.6	6.5	37.2
99	18.8	7.2	38.4
2000	20.1	7.7	38.1
01	24.0	11.2	46.8
02	23.3	10.1	43.2
03	25.6	11.2	43.7
04	28.0	12.5	44.5
05	31.9	15.0	47.0
06	36.1	17.5	48.5
07	40.3	20.5	50.9

出所：デンソーの有価証券報告書各年度版より筆者作成

3.1 製造業

その後に策定された「DENSO VISION 2015（平成27年）」の中では「真のグローバル企業に向けた変革の推進」が打ち出され，グローバルなモノづくりの強化に取り組んでいる。具体的には，国内では自動車における電子制御の高度化・複雑化に伴う車載用半導体製品の需要拡大への対応であり，海外では排ガス規制が進む中国において，燃費向上と排出ガス中の有害物質低減を実現するディーゼル車用燃料噴射装置，コモンレールシステムの需要拡大への対応である。

● アジアが牽引する海外の成長性

デンソーの1998年度から2007年度の10年間における連結売上高増分の地域別構成を示したものが図3.1.6である。1998年度の連結売上高1兆7,600億円の内訳は，国内63％，海外37％であり，とりわけ米国，カナダ，メキシコ，ブラジルを中心とする北中南米地域が25％を占めている。一方，2007年度の連結売上高4兆300億円の内訳は，前述のとおり国内49.1％，海外50.9％であ

図3.1.6　デンソーの連結売上高増分の地域別構成

地域別構成

1998年度　17.6（千億円）
2007年度　40.3
増分　22.7

その他の地域　0.5％
豪亜　23.4％
日本　38.5％
欧州　20.1％
北中南米　17.5％
22.7千億円

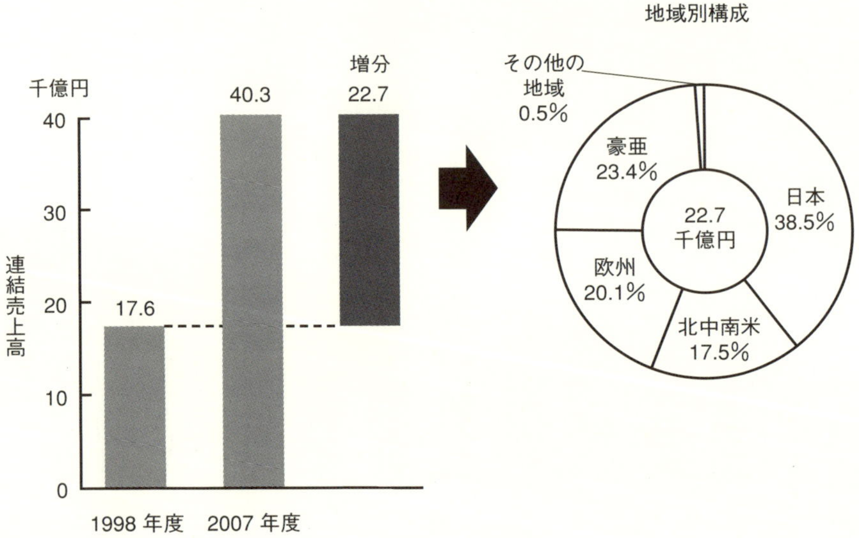

出所：前掲図3.1.5およびデンソーの有価証券報告書1998年度，2007年度版より筆者作成

るが，北中南米の売上高 8,300 億円に対して，欧州と，中国・ASEAN・インド・オーストラリアからなる豪亜が各々 6,000 億円前後の売上高となり，米州，欧州，アジア・大洋州の 3 地域の売上高が接近している。

　この結果，1998 年度から 2007 年度までの連結売上高増分 2 兆 2,700 億円の地域別構成は，日本 38.5％に対して海外が 61.5％と海外の寄与率が本国を大きく上回っている。海外の中でも豪亜が 23.4％を占め，北中南米と欧州のそれを上回っている。中近東・アフリカを意味する「その他の地域」は同期間，18 億円から 126 億円へと年平均成長率 24％の高い伸びを示したが，絶対金額が小さいため増分寄与率は 0.5％にとどまっている。デンソーの海外の成長性はアジアが牽引している。

● 50 拠点で構成されるアジアの事業

　デンソーの豪亜の売上高推移を示しているのが図 3.1.7 である。1998 年度売上高 672 億円が年平均成長率 27.5％で急成長し，2007 年度には 5,983 億円に達した。この売上高を支える同社のアジア拠点数[注4)]は，生産拠点が 41，地域統括／販売拠点 8，テクニカルセンター 1 の合計 50 である。内訳は ASEAN18,

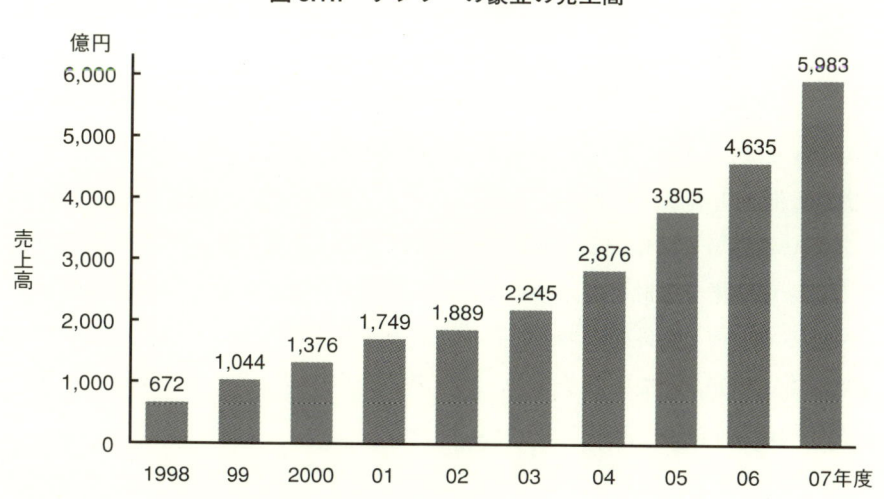

図 3.1.7　デンソーの豪亜の売上高

年度	売上高（億円）
1998	672
99	1,044
2000	1,376
01	1,749
02	1,889
03	2,245
04	2,876
05	3,805
06	4,635
07年度	5,983

出所：デンソーの有価証券報告書各年度版より筆者作成

3.1 製造業

インド7, 中国25拠点である。アジアをASEAN・インドを一くくりとし, もう1つを中国とする2つの枠組みで事業展開を行っている。ASEANは域内相互補完体制の整備の役割を担っている。

一方, 中国は, 独資による進出をベースに小型・機能部品の集中生産を行う。アジアの主要な生産子会社には, タイのデンソー・タイランド（2006年度売上高681億円, 従業員数2,847人）, サイアム・デンソー（同・533億円, 2,307人）, 韓国のデンソー豊星（同・511億円, 1,560人）, インドネシアのP.T.デンソー・インドネシア（同・268億円, 1,675人）, マレーシアのデンソー・マレーシア（同・418億円, 1,259人）がある。また中国には, 電装（広州南沙）有限公司（2007年度従業員数1,020人）, 天津電装電子有限公司（同・941人）が, そしてベトナムにはデンソー・ベトナム（同・1,319人）などがある。

● **アジアが牽引する海外の収益性**

デンソーの収益性をどの地域が押し上げているかを図3.1.8の連結営業利益増分の地域別構成で見る。1998年度の連結営業利益1,007億円の内訳は日本が76.7%, 北中南米が20.0%を占め, 残り3.3%が欧州と豪亜である。アジアの主要な生産拠点をタイに置くデンソーにとって, 1997年夏のタイに端を発したアジア通貨危機の影響は深刻で, 豪亜のトータルの営業利益は大きく下落した。アジア通貨危機発生から3カ年の同地域の営業利益は1997年度13億円, 98年度7億円, 99年度33億円である。

一方, 2007年度の連結営業利益3,460億円の内訳は, 日本57.1%, 海外42.9%と海外の構成比が大きく上昇している。1998年度と2007年度の間の連結営業利益の増分2,453億円の地域別構成は, 国内と海外が逆転しており, とりわけ豪亜が増分合計の3分の1を占めている。一方, 世界の主要な自動車市場である北中南米と欧州の増分寄与率が各々1割を切っている。今や収益性においてもASEAN, 中国, インド, オーストラリアのアジア大洋州地域が連結の営業利益を牽引している。

デンソーの1998年度から2007年度の10年間の連結営業利益を再度整理し

第 3 章　業界別アジアの成長性と収益性実態

図 3.1.8　デンソーの連結営業利益増分の地域別構成

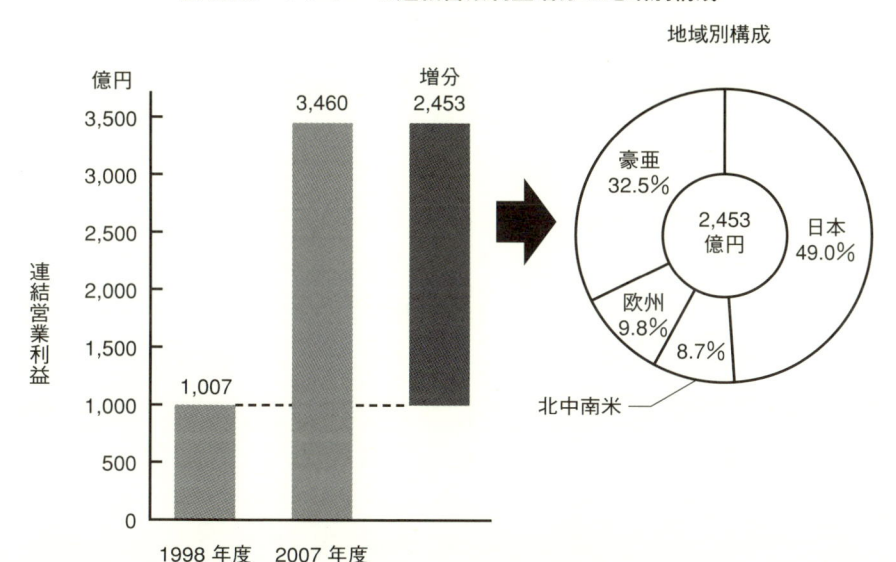

（1998年度：1,007億円、2007年度：3,460億円、増分：2,453億円）

地域別構成（2,453億円）
- 日本 49.0%
- 豪亜 32.5%
- 欧州 9.8%
- 北中南米 8.7%

出所：デンソーの有価証券報告書1998年度、2007年度版より筆者作成

図 3.1.9　デンソーの地域別営業利益

連結（億円）
- 1998: 1017
- 99: 1167
- 2000: 1235
- 01: 1333
- 02: 1599
- 03: 1887
- 04: 2139
- 05: 2666
- 06: 3031
- 07: 3487

日本（億円）
- 1998: 772
- 99: 848
- 2000: 988
- 01: 1135
- 02: 1232
- 03: 1535
- 04: 1800
- 05: 2077
- 06: 2153
- 07: 1975

北中南米（億円）
- 1998: 202
- 99: 267
- 2000: 271
- 01: 183
- 02: 282
- 03: 248
- 04: 236
- 05: 219
- 06: 292
- 07: 415

欧州（億円）
- 1998: 26
- 99: 23
- 2000: -63
- 01: -59
- 02: -40
- 03: -43
- 04: -88
- 05: 15
- 06: 122
- 07: 265

豪亜（億円）
- 1998: 7
- 99: 33
- 2000: 43
- 01: 76
- 02: 124
- 03: 149
- 04: 201
- 05: 367
- 06: 349
- 07: 804

出所：デンソーの有価証券報告書各年度版より筆者作成

て，地域別に表したのが図 3.1.9 である。前掲図 3.1.5 が示すとおり，同期間の連結売上高が右肩上がりの成長を遂げてきたが，連結営業利益もまた着実な伸びを見せている。ただし，その地域別利益構造は明らかに変化している。国内の軽自動車を含む自動車需要の減退や，それまで好調だった完成車の輸出の先行きに影響を受ける日本，低燃費，環境対応の自動車に対する旺盛な消費マインドが米国発の金融危機で冷える北米，売上増に伴う操業度差益や合理化努力により赤字または低収益から脱却しつつある欧州，そして自動車生産が急上昇する中国，ASEAN，インドを中心とするアジアという 4 地域の差が顕著となりつつある。2008 年度（09 年 3 月期）以降は世界的な経済不況の中で更に深刻な変化に直面するであろう。

3.1.2 電機

　電機というカテゴリーには，重電，電気機器，電子機器，電子部品など幅広い分野の製品が含まれる。重電には発電，変電，配電，ガスタービン，産業用制御機器などがあり，電気機器には家庭電化機器に代表されるように，冷蔵庫・洗濯機・エアコン・電子レンジなどが含まれる。電子機器にはパソコンのような情報機器，携帯電話のような無線通信機器，ファックス，PPC（複写機）のような有線通信機器，プラズマ TV，デジタルカメラ，DVD のような AV 機器，CT スキャナのような医療用電子機器などが含まれる。電子部品には，半導体，液晶のような能動部品や，コンデンサやキャパシタのような受動部品が含まれる。それぞれの分野が国際市場において熾烈な競争下にある。欧米企業が主たるライバルである分野や，韓国企業との厳しい戦いにある分野や，中国の新興企業の追い上げに直面している分野など様々である。本節では，電気機器，電子機器と電子部品分野の 10 企業の事例研究の中から，アジアへの売上高および利益依存度の高まるパナソニックと半導体のロームの 2 社を取り上げてみる。

第3章　業界別アジアの成長性と収益性実態

『事例1　パナソニック』

●会社概要

　パナソニックは，1918年，創業者 松下幸之助氏により大阪に設立された企業である。業種は電子・電気機器の研究開発，製造，販売であり，2007年度（2008年3月期）の連結売上高9兆689億円，フォーチュン・グローバルランキング500社では売上高で世界第72位である。従業員数は30万人強で海外の構成比が国内より高い。海外現地法人数は200社を超え，北米・中南米，欧州・アフリカ，アジア・大洋州，中近東，ロシアなど全世界に事業を展開している。海外現地法人は，地域統括会社，製造会社，販売会社，研究開発会社，ファイナンス会社，ロジスティクス会社などから構成され，現地法人数の内，製造会社が6割を占める。同社の事業内容は，プラズマテレビやDVDレコーダーなどの「映像・音響機器」，パソコン・携帯電話といった「情報・通信機器」，冷蔵庫・洗濯機・エアコンを中心とする「家庭電化機器」，半導体・液晶などの「電子デバイス」，そして「電材・住設建材・住宅事業」などから成り立っている。2007年度の連結売上高の約半分を占めるのが映像・音響・情報・通信機器のエレクトロニクス分野である。

●成長鈍化が続く売上高

　パナソニックの成長性を図3.1.10の連結売上高と海外売上高比率の推移で見る。同社の1998年度の連結売上高7兆4,600億円が2007年度9兆700億円と1兆6,100億円の増加を見せている。しかしながらこの間，連結売上高の対象会社に大きな変化が見られる。2002年度に子会社 日本ビクターの海外子会社などを連結対象にしたこと，また2004年度にグループ企業で，当時売上高約1兆3,000億円の松下電工（現・パナソニック電工）を連結子会社化したこと，そして2007年度8月より日本ビクターグループを持分法適用関連会社化したことである。

　ちなみに，同社のバブル崩壊年1991年の連結売上高は7兆4,000億円，海外売上高比率は48％である。2004年度に松下電工を連結子会社化するまでの

45

3.1 製造業

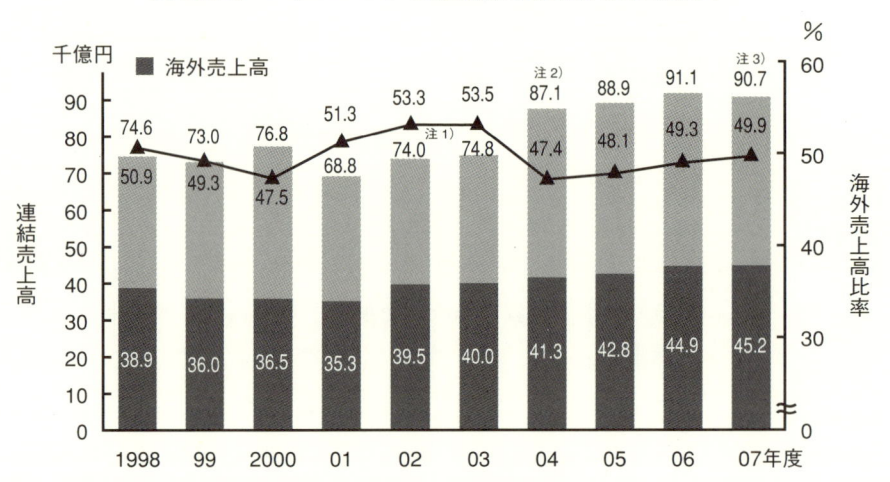

図 3.1.10　パナソニックの連結売上高と海外売上高比率

年度	連結売上高（千億円）	海外売上高（千億円）	海外売上高比率（％）
1998	74.6	38.9	50.9
99	73.0	36.0	49.3
2000	76.8	36.5	47.5
01	68.8	35.3	51.3
02	74.0	39.5	53.3 注1)
03	74.8	40.0	53.5
04	87.1 注2)	41.3	47.4
05	88.9	42.8	48.1
06	91.1	44.9	49.3
07	90.7 注3)	45.2	49.9

注1) 2002年度に日本ビクターの海外子会社などを連結対象会社化。
注2) 2004年度は，1兆円の売上高を超す松下電工を連結対象会社化。
注3) 2007年8月より日本ビクターグループを持分法適用関連会社化。
出所：パナソニックの有価証券報告書各年度版より筆者作成

　13年間は，売上高は7兆4,000億円前後で推移してきた。直近の2007年度の連結売上高9兆700億円から同社の事業セグメントデータ「電工・パナホーム」1兆8,500億円を差引くと7兆2,200億円である。上記「電工・パナホーム」にはその後，旧・松下電器産業の事業セグメントからの移管売上高が含まれるため2007年度の「電工・パナホーム」の売上高は2004年度の松下電工の売上高と同一ベースではないものの，1997年度の連結売上高ベースに置き換えると，依然7兆円台の売上高にあるものと推定される。1991年度のバブル崩壊年から2007年度に至る17年間，連結子会社の出入りを除けばパナソニックは実質的な成長性を確保できていない。

　これを同図の国内外の成長寄与度で見てみる。1998年度の海外売上高比率50.9％が，2002年度に日本ビクターの海外子会社等を連結子会社化したことに伴い53.3％に上昇した。2004年度に国内売上高が9割を占めると推定される松下電工が連結子会社化されると，この海外売上高比率は47.4％に急低下し，その後漸増し，2007年度に国内外の売上が半々の49.9％を記録している。パ

ナソニックの海外売上高比率は，1991年の48％からピーク時は2003年の53.5％，ボトム時は1995年45％であり，2007年度に至るまで17年間50％前後で推移していることが分かる。

以上から，同社の連結売上高が長期にわたって実質的な成長性を確保できず，また海外売上高比率が長期にわたって50％前後ということは，熾烈な競争下にあるとはいうものの，成熟化しつつある国内市場でも成長が期待される海外市場でも，十分な成長の機会を見いだせなかったことを示唆している。

● 低成長下の売上高を牽引する中国

パナソニックの海外売上高の地域別構成が大きく変化している。図3.1.11は1998年度から2007年度までの10年間における米州（北米および中南米）とアジア（ASEAN,中国,オーストラリアなど）の売上高の推移を示している。世界最大の市場，米国を擁する米州は1998年度1兆5,100億円の売上高が2007年度には1兆2,500億円と長期低落傾向にある。一方，アジアはこの間，米州を追い抜き，1998年度の1兆3,600億円から2007年度2兆600億円と年

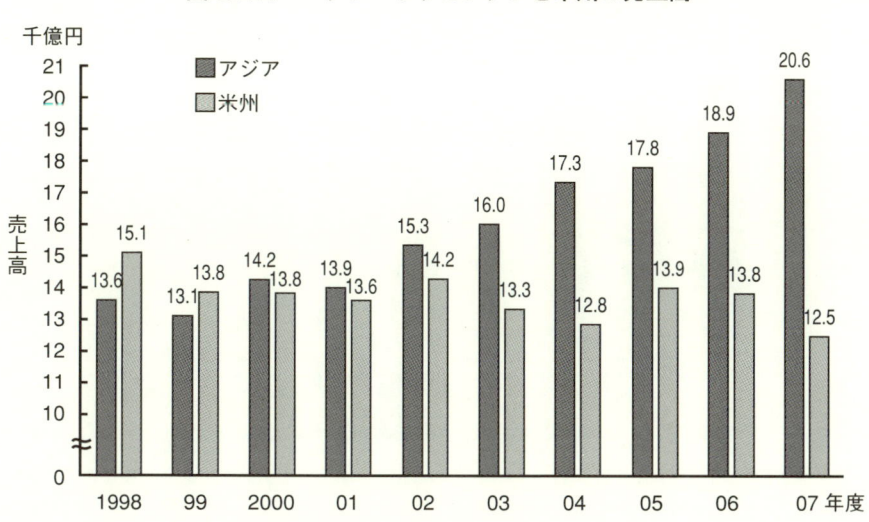

図3.1.11　パナソニックのアジアと米州の売上高

年度	アジア	米州
1998	13.6	15.1
99	13.1	13.8
2000	14.2	13.8
01	13.9	13.6
02	15.3	14.2
03	16.0	13.3
04	17.3	12.8
05	17.8	13.9
06	18.9	13.8
07年度	20.6	12.5

（単位：千億円）

出所：パナソニックの有価証券報告書各年度版より筆者作成

3.1 製造業

平均成長率4.5%で売上高を伸ばしてきた。アジアの伸びを牽引しているのはASEANではなく中国である。同社の公表済み決算短信補足資料によると，中国の売上高は2004年度6,698億円，2005年度6,754億円，2006年度8,245億円，2007年度9,417億円であり，アジアの中での構成比は2004年度の38.8%から2007年度45.7%と上昇している。同補足資料によると，「2008年度（09年度3月期）の中国売上高見通し9,850億円」が明記されている。同社の見通し発表後，世界の景況は深刻さを増し，見通しの達成は極めて困難となったが，同社にとり2008年度は海外売上高4兆5,000億円超の中で中国売上高1兆円近くを目指していたことになる。同社のターゲット市場である"BRICs（ブラジル，ロシア，インド，中国）＋ベトナム"の中でも，とりわけ中国への成長依存度は今後も高まるものと思われる。

● **アジアが牽引する海外利益**

パナソニックの連結営業利益を地域別にブレイクダウンしたものが図3.1.12

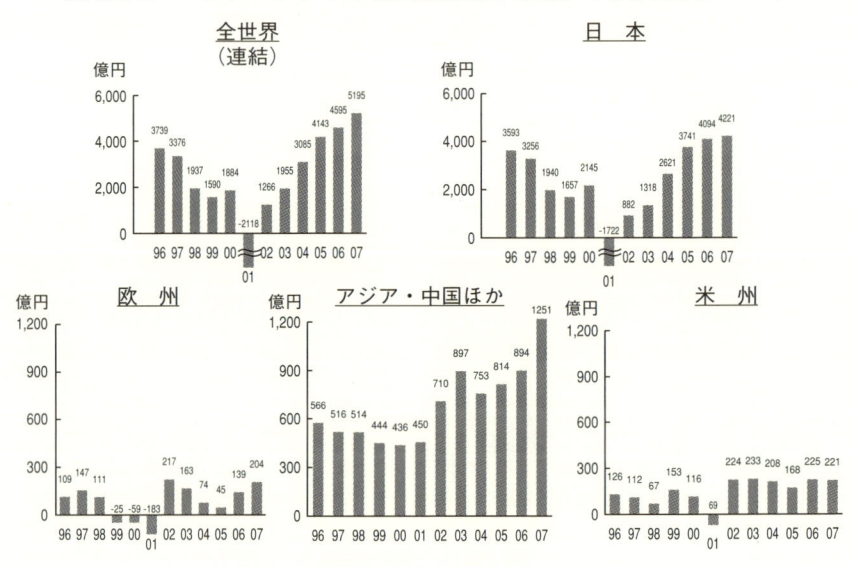

図3.1.12 パナソニックの地域別営業利益（連結 出荷所在地ベース）

出所：パナソニックの有価証券報告書各年度版より筆者作成

である。この図は1996年度から2007年度の12年間の出荷所在地ベースの地域別営業利益を「日本」「米州」「欧州」「アジア・中国他」に4区分し，この4地域の営業利益合計から全社・内部取引分を相殺したのが「全世界」（連結）である。同社の連結営業利益はITバブル崩壊の2001年度，2,118億円の赤字に転落，その後2005年度4,143億円（利益率4.6%），2007年度5,195億円（同5.7%）と急速に改善した。このV字型回復の要因は，プラズマTVなど先端デジタルAV商品への経営資源の傾斜投入とSCM（サプライ・チェーン・マネジメント）を駆使した世界同時立上げの成功，付加価値の高い市場先行型の白物家電の発売などである。さらに，大幅な人員削減を伴う経営合理化や経営スピードの向上などである。同社の2007年度連結営業利益を担うのは日本が7割，海外3割である。海外の中でも米州，欧州と比べるとアジア・中国他の利益貢献度の高さが顕著である。1996年度から2007年度までの10年間の累計海外営業利益1兆970億円の中でアジア・中国他が75.1%を占め，その構成比は今後も高まっていくであろう。同社のアジアの営業利益は例年，電機の業種ではトップであり，また，日本の全企業の中でも上位にランクされている。しかしながらこの背景にあるのは，同社の生産が日本から中国，ASEANへ大規模なシフトがなされていることにある。アジアへの生産シフトは国内からのプロフィットセンターのシフトを意味し，シフト自体がアジアにおける営業利益の絶対額を増大させているからである。同社の海外生産高が1991年度の9,000億円から2007年度3兆円レベルに増大し，その増分の大半が中国，ASEANを中心としたアジアで発生したと推定すれば，アジアの営業利益の増加に帰結する。課題はこのアジアの営業利益率が3%〜4%台のトレンドにあり，自動車，化学，エレクトロニクスなど，日本の全業種のアジアの営業利益上位20社の中に入ると，例年下位グループの利益率となっていることである。

　パナソニックの連結営業利益に占めるアジアの構成比が今後も上昇することを考えると，アジアの低収益性をいかに筋肉質の高収益体質に転換させ，同社が目指す「グローバルエクセレンス」指標の1つである営業利益率10%以上に向うのか，それとも更に長期低落傾向を見せるのかという岐路に立たされて

いる。BRICs＋ベトナムを全社の成長エンジンと標榜する同社にとって，特に40年の事業歴史を持つASEAN，持続的高成長の中国，ポスト中国の期待のかかるインドからなるアジア地域でいかに高収益体質を作るかが喫緊の経営課題であろう。

『事例2　ローム』

●会社概要

　ロームは，半導体を主力とする電子部品メーカーである。事業内容は，デジタルAV機器，携帯電話，パソコン，自動車向けのカスタムICや各種LSIからなる「集積回路」，トランジスタ・ダイオード・発光ダイオード・半導体レーザーなどの「半導体素子（ディスクリート）」，抵抗器・コンデンサなどの「受動部品」，液晶・サーマルヘッド・イメージセンサヘッド・LEDディスプレイなどの「ディスプレイ」の4事業部門から構成されている。2007年度連結売上高3,734億円のうち，集積回路が43.6％，半導体素子が41.6％を占める。

●6割を超す海外売上高比率

　図3.1.13は1998年度から2007年度までの10年間にわたるロームの連結売上高と海外売上高比率の推移を示している。市況変動の激しい半導体業界において，同期間の売上高のピークは2001年のITバブル崩壊前年の2000年度の4,093億円である。これ以外の年度は3,000億円台の連結売上高であるが，2008年10月に沖電気工業の半導体事業（2007年度売上高1,416億円）を900億円で買収したことから2008年度（2009年3月期）は再び連結売上高が上昇するものと見られたが，世界的な消費低迷の影響を受け，電子機器生産に急ブレーキがかかり3,171億円にとどまった。同期間の海外売上高比率は，市況の悪化，価格低下のプレッシャー，為替変動などにより連結売上高が伸びない中で着実に上昇し，1998年の52.7％が2007年度には63.1％と10％以上の増加を見せている。また，海外売上高比率が上昇する中で，生産が国内からアジアへ構造的にシフトしたため，海外生産比率は1996年度には30％台だったが，

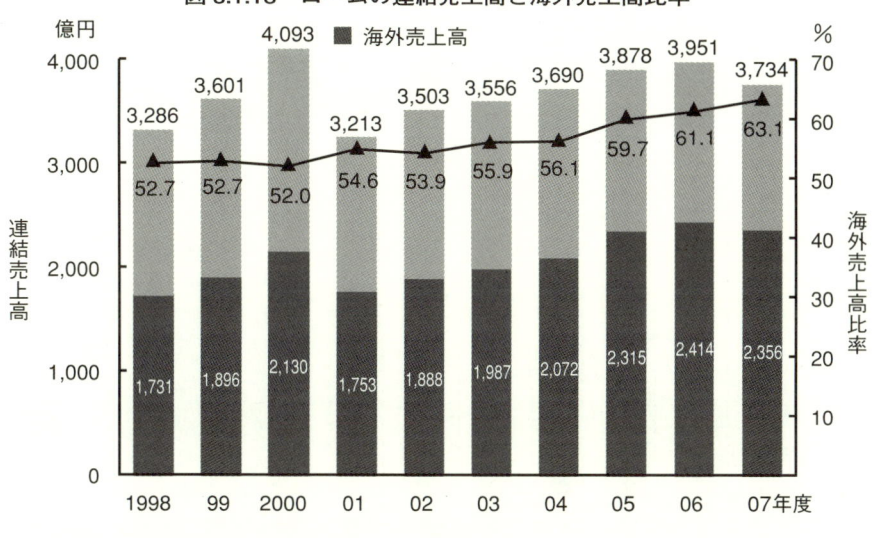

図 3.1.13 ロームの連結売上高と海外売上高比率

年度	連結売上高（億円）	うち海外売上高（億円）	海外売上高比率（%）
1998	3,286	1,731	52.7
99	3,601	1,896	52.7
2000	4,093	2,130	52.0
01	3,213	1,753	54.6
02	3,503	1,888	53.9
03	3,556	1,987	55.9
04	3,690	2,072	56.1
05	3,878	2,315	59.7
06	3,951	2,414	61.1
07	3,734	2,356	63.1

出所：ロームの有価証券報告書各年度版より筆者作成

1998年度40％台,2002年度50％台,2006年度60％台へと大幅に上昇している。直近の2007年度は62.0％である。

● アジアが牽引する連結営業利益

一方,連結営業利益の海外依存度はどのようになっているのであろうか。ボーダレスな半導体事業においては,通常,市況の変動は売上高以上に営業利益への影響が大きい。同社の連結営業利益は,1998年度901億円,1999年度1,223億円,2000年度1,377億円と推移し,ITバブル崩壊前年の2000年度が過去最高額を記録している。図3.1.14は,同社の1998年から2007年度までの「日本」と「アジア」の営業利益の推移を示している。同期間における「アメリカ」と「ヨーロッパ」の累計利益寄与率は合わせても1％未満のためここでは割愛している。1998年度から2000年度の3カ年は日本本国の営業利益がアジアを上回っていたが,2001年度から2006年度は,逆に世界のエレクトロニクス製品の半分強を生産するアジアでの利益が本国を上回っている。2007年度は,アジア地域において,欧米地域からアジア地域へ継続的な生産シフトが進んだこ

3.1 製造業

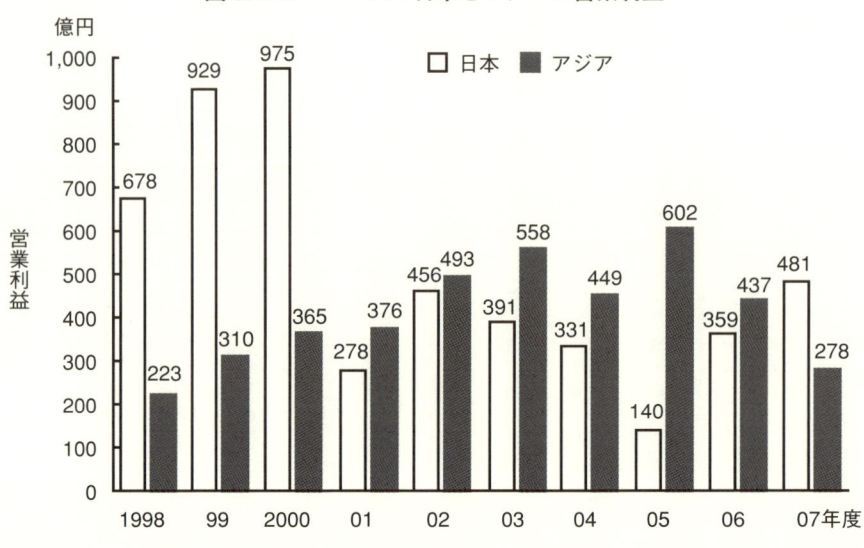

図 3.1.14 ロームの日本とアジアの営業利益

年度	日本	アジア
1998	678	223
99	929	310
2000	975	365
01	278	376
02	456	493
03	391	558
04	331	449
05	140	602
06	359	437
07年度	481	278

出所：ロームの有価証券報告書各年度版より筆者作成

とに加え，新興国向けの低価格帯携帯電話端末の生産が好調だったが，後半は世界的な景気減速の影響を受け急激にブレーキがかかった。この結果，日本本国の営業利益が再度アジアを上回った。ロームにとっては，収益面でもアジアと日本本国が車の両輪となっている。

● ますます高まるアジア依存度

図 3.1.15 は，ロームの連結売上高および営業利益におけるアジアの構成比を時系列的に折線グラフで示したものである。アジアの売上高は好・不況の市場の荒波の中で，既に連結売上高の半分を超え，アジアが主戦場となっている。営業利益は，2007 年度は世界的な景気の悪化の始まりから連結の 3 分の 1 強に急落したものの，2001 年度以降の基調は連結の半分を占めている。これらの背景には，日本，米国，欧州などのエレクトロニクス機器メーカーの ASEAN，中国を中心としたアジア地域への生産シフトがある。特に自動車関連機器，液晶テレビなどのデジタル AV 機器，携帯電話，ノートパソコンを

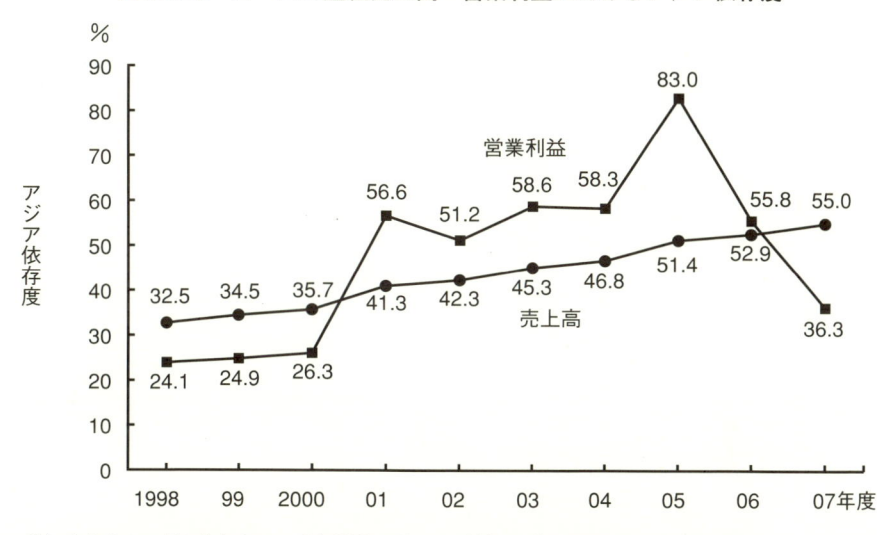

図 3.1.15 ロームの連結売上高・営業利益におけるアジア依存度

[グラフ: 営業利益 1998年度から2007年度: 32.5, 34.5, 35.7, 56.6, 51.2, 58.6, 58.3, 83.0, 55.8, 36.3
売上高 1998年度から2007年度: 24.1, 24.9, 26.3, 41.3, 42.3, 45.3, 46.8, 51.4, 52.9, 55.0]

注) 売上高のアジア依存度は、所在地別セグメント情報の「外部顧客に対する売上高」から算出。営業利益のアジア依存度は、同セグメント情報の「日本」「アジア」「アメリカ」「ヨーロッパ」の4地域営業利益合計額を100として算出。

出所: ロームの有価証券報告書各年度版より筆者作成

中心としたパソコンの各市場の好・不調が半導体需要に大きな影響を与えている。

3.1.3 化学

　主要化学メーカーの中から合繊3社、総合化学5社、事業に特徴のあるその他3社の計11社を選び、2007年度の各社の連結売上高と海外売上高比率をプロットしたものが図 3.1.16 である。海外売上高比率が一番高いのは、半導体用シリコンウェハや塩化ビニール樹脂で世界トップの信越化学工業の68%である。直径300mmのウェハは、パソコン、携帯電話、自動車、記憶装置の世界の需要の伸びの中で、半導体メーカー向け拡販に成功した。直径450mmの次世代半導体用ウェハでも実用化に成功すると、寡占化しているシリコンウェハ業界だけに更に海外売上高比率が上昇する可能性がある。

3.1 製造業

図 3.1.16 主要化学メーカーの連結売上高と海外売上高比率（2007 年度）

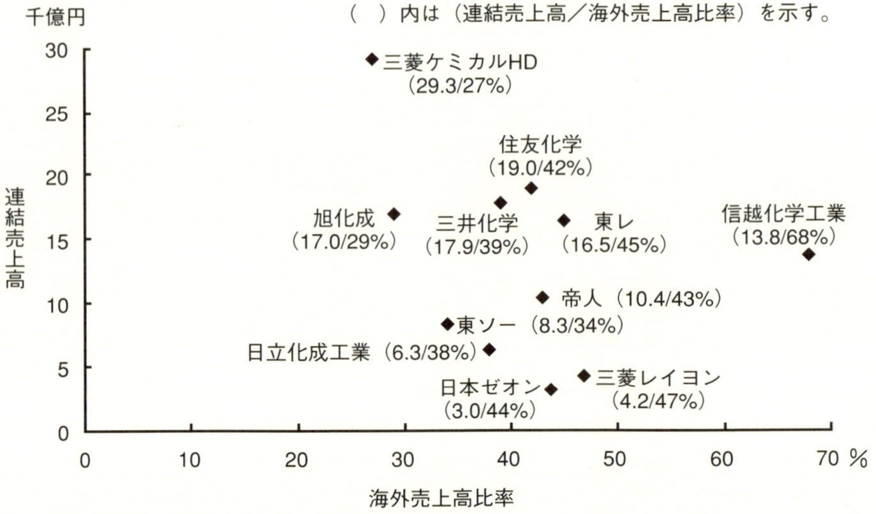

（　）内は（連結売上高／海外売上高比率）を示す。

- 三菱ケミカルHD（29.3/27%）
- 住友化学（19.0/42%）
- 旭化成（17.0/29%）
- 三井化学（17.9/39%）
- 東レ（16.5/45%）
- 信越化学工業（13.8/68%）
- 帝人（10.4/43%）
- 東ソー（8.3/34%）
- 日立化成工業（6.3/38%）
- 日本ゼオン（3.0/44%）
- 三菱レイヨン（4.2/47%）

縦軸：連結売上高（千億円）
横軸：海外売上高比率（%）

出所：各社の有価証券報告書2007年度版より筆者作成

　三菱ケミカルホールディングス，住友化学，三井化学，旭化成，東ソーの総合化学5社の海外売上高比率は，20%台から40%台に分布している。20%台は，化学業界で連結売上高2兆9,300億円でトップの三菱ケミカルホールディングス[注5]の27%と，化成品・住宅・エレクトロニクス事業へ多角化を図る旭化成の29%である。30%台は，塩ビ・ウレタン原料の一貫生産・電子材料など機能商品に特徴を持つ東ソーの34%とポリプロピレンで国内首位の三井化学の39%である。40%台は，1980年代からシンガポールに重点的に投資をし，その後，インド，中国，サウジアラビアに積極的に事業展開を図る住友化学の42%である。日立化成工業は樹脂加工大手で，電気・電子向け用途が主であるが，現状，海外売上高比率は38%にとどまっている。同社は，2010年度までに中国に注力して50%を目指している。耐油性特殊ゴムで世界でトップクラスの合成ゴム大手の日本ゼオンは40%台である。また東レ，帝人，三菱レイヨンの合繊3社の海外売上高比率はいずれも40%台であり，海外への事業進出の歴史は古い。

第 3 章　業界別アジアの成長性と収益性実態

　以上 11 社の事例研究の中から，ここでは，マレーシアやインドネシアを中心に歴史的にアジアへの事業展開が長い合繊の東レと総合化学の住友化学の 2 社を選び，詳細に成長性と収益性のアジア依存度を見てみる。

『事例 1　東レ』

●会社概要

　東レは合成繊維分野では最大手の企業である。事業内容は，合成繊維製品などの「繊維事業」，樹脂・フィルム・ケミカル製品などの「プラスチック・ケミカル事業」，樹脂・フィルム・電子回路・印写材料・液晶用カラーフィルタ・光ファイバーなどの「情報通信材料・機器事業」，「炭素繊維複合材料事業」，機能膜および同機器，住宅・建築・土木材料などの「環境・エンジニアリング事業」，医薬・医療関連製品・オプティカル製品などの「ライフサイエンスその他」の 6 部門から構成されている。2007 年度の連結売上高 1 兆 6,497 億円の中で繊維事業が最大であり，次いで大きいプラスチック・ケミカル事業と合わせて 63％を占める。

●海外が牽引する成長

　東レの 1998 年度から 2007 年度までの連結売上高と海外売上高比率の推移を示しているのが図 3.1.17 である。同期間の 1998 年度の連結売上高 1 兆円が 1.6 倍強伸び，2007 年度 1 兆 6,500 億円となっている。この伸びを支えているのが海外の売上高であり，1998 年度の 3,700 億円が 2 倍強の伸びを示し，2007 年度に 7,500 億円を記録している。この結果，海外売上高比率は同期間に 37.0％から 45.5％へ上昇している。

　東レは，2004 年度から中期経営課題"プロジェクト NT－Ⅱ"（"NT－Ⅱ"）を推進し，目標達成に向けて取り組んできた。2006 年 10 月からは，より高い目標を掲げた新しい中期経営課題"プロジェクト Innovation TORAY 2010"（"IT－2010"）をスタートさせ，企業体質の強化と事業構造改革による事業

3.1 製造業

図 3.1.17　東レの連結売上高と海外売上高比率

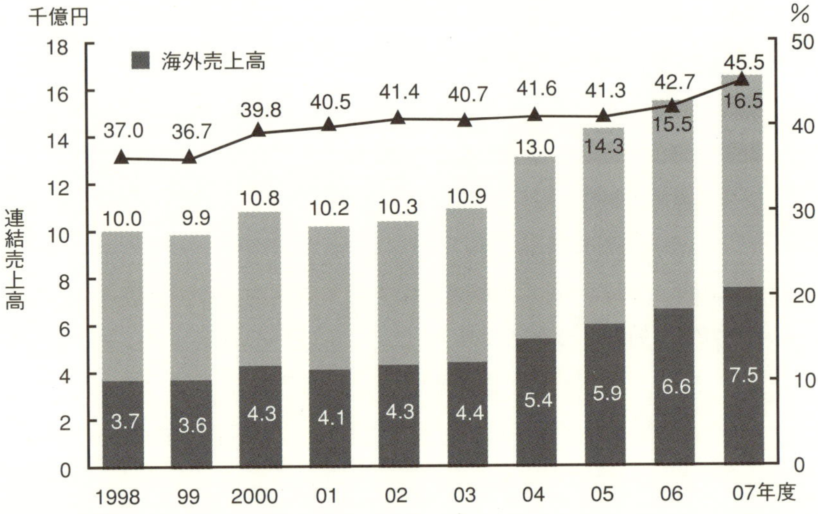

年度	連結売上高(千億円)	海外売上高(千億円)	海外売上高比率(%)
1998	10.0	3.7	37.0
99	9.9	3.6	36.7
2000	10.8	4.3	39.8
01	10.2	4.1	40.5
02	10.3	4.3	41.4
03	10.9	4.4	40.7
04	13.0	5.4	41.6
05	14.3	5.9	41.3
06	15.5	6.6	42.7
07年度	16.5	7.5	45.5

出所：東レの有価証券報告書各年度版より筆者作成

拡大・収益拡大に取り組んできた。この結果，2007年度は，売上高は5年連続，営業利益は4年連続で過去最高を更新した。"IT－2010"は同社の長期経営ビジョン"AP（アクション・プログラム）－Innovation TORAY 21"の下での取り組みである。同社の発表によると，「"IT－2010"の基本戦略の第1は，『高収益企業への転換』である。繊維，プラスチック・ケミカルに代表される『基盤事業』で安定収益を確保しながら，情報通信材料・機器，炭素繊維複合材料などの『戦略的拡大事業』で収益拡大を牽引し，並行してライフサイエンス，水処理，環境配慮型製品などの『戦略的育成事業』を育成して，事業構造の改革を推進する」としている。基本戦略の第2としては，21世紀に大きな成長が見込まれる「重点4領域への先端材料の拡大」を掲げている。この"IT－2010"では上記の2つの基本戦略の下，全社横断的な8つのプロジェクトが組まれ，その中の1つに「海外事業強化」があり，海外事業の収益拡大がターゲットになっている。

第 3 章　業界別アジアの成長性と収益性実態

●海外成長を牽引するアジア

　同社の 1998 年度から 2007 年度までの 10 年間の連結売上高の増分を地域別に表したものが図 **3.1.18** である。1998 年度の連結売上高 1 兆円が 2007 年度 1 兆 6,500 億円へ 6,500 億円の増分となったが，それを実現しているのは，中国，インドネシア，タイ，マレーシア，韓国といったアジアであり，増分の半分近くを占めている。同業の帝人は同期間に 4,600 億円の増分を見たが，その地域別寄与率は日本 38.6％，アジア 31.1％，欧米他 30.3％である。帝人も東レ同様，海外の増分寄与率は約 6 割と高い。

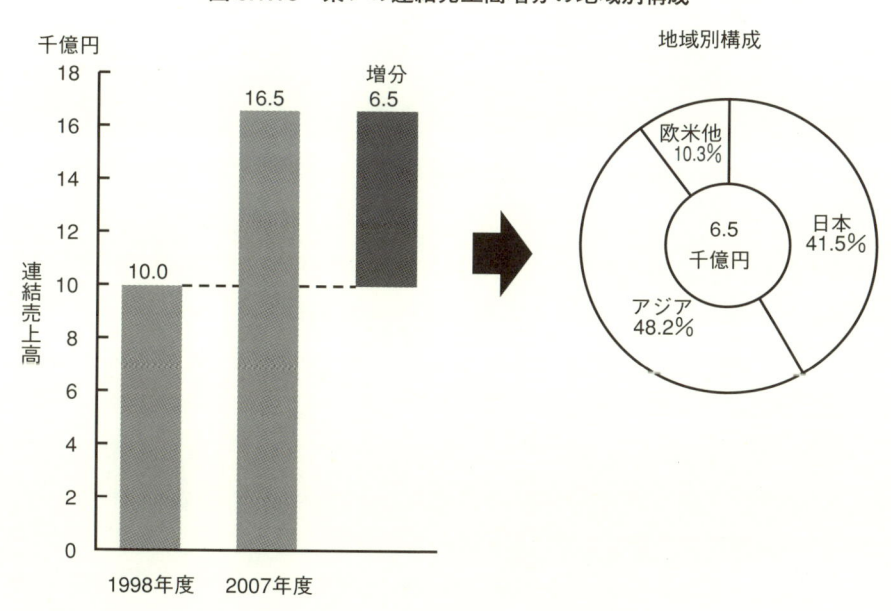

図 3.1.18　東レの連結売上高増分の地域別構成

出所：前掲図3.1.17および東レの有価証券報告書1998年度，2007年度版より筆者作成

●収益性は日本本国の寄与率が圧倒的

　東レの収益性はどの地域に依存しているのであろうか。図 **3.1.19**「東レの連

3.1 製造業

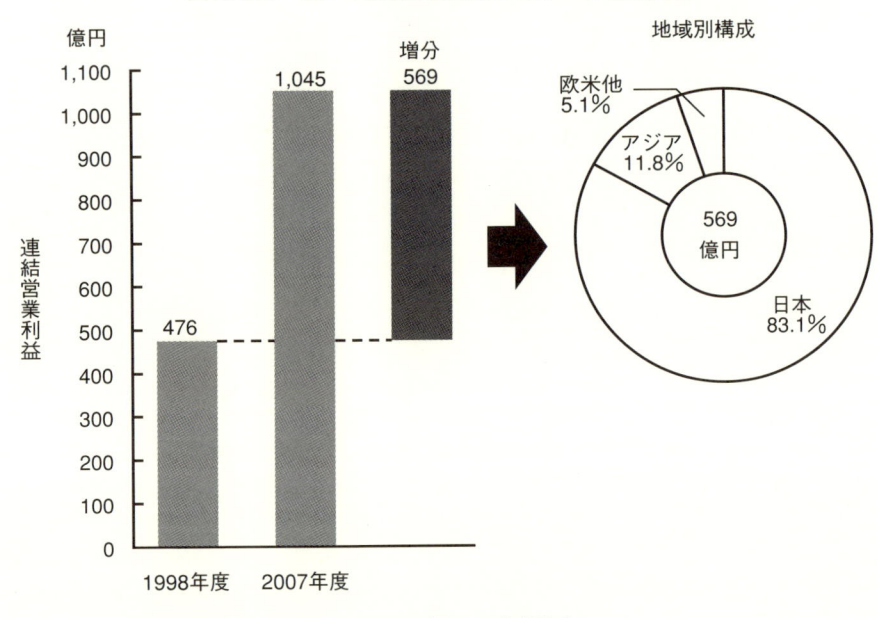

図 3.1.19　東レの連結営業利益増分の地域別構成

（棒グラフ：1998年度 476億円、2007年度 1,045億円、増分 569億円）

（円グラフ 地域別構成　569億円：日本 83.1%、アジア 11.8%、欧米他 5.1%）

出所：東レの有価証券報告書1998年度，2007年度版より筆者作成

結営業利益増分の地域別構成」に示すとおり，1998年度の同社の日本，アジア，欧米他の3地域の営業利益の合計額476億円が2007年度は同1,045億円へ拡大している。この間の増分569億円のうち日本本国の寄与率は83.1%と圧倒的に高い。直近の5カ年間（2003年度～2007年度）の各年度の営業利益においても日本の構成比は各年とも70～80%を占めている。これは同社がアジアで売上高は伸びているが同地域の収益貢献度はまだ小さいことを意味している。東レの中期経営計画の中で「海外事業強化」を掲げている大きな理由であろう。

図 3.1.20 は東レのアジアの営業利益の推移を示している。営業利益のピーク年はITバブルのピーク年2000年度の153億円（営業利益率8.1%）であり，その後はアジア市場の急成長の中で額・率ともピーク年の水準を回復していない。アジアの売上高および営業利益に及ぼす要因として，インドネシア，マレーシア，タイなどの東南アジアや中国のポリエステル短繊維，長繊維，ポリエス

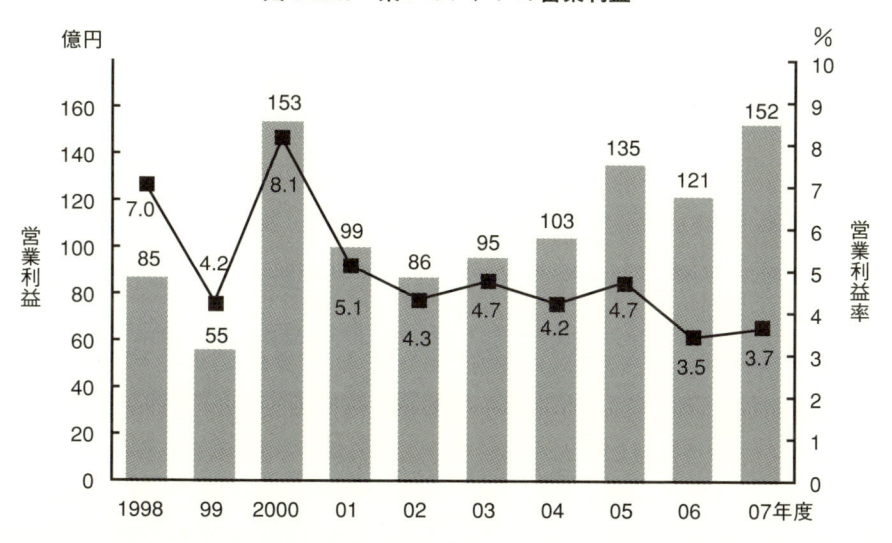

第 3 章　業界別アジアの成長性と収益性実態

図 3.1.20　東レのアジアの営業利益

年度	営業利益（億円）	営業利益率（%）
1998	85	7.0
99	55	4.2
2000	153	8.1
01	99	5.1
02	86	4.3
03	95	4.7
04	103	4.2
05	135	4.7
06	121	3.5
07	152	3.7

出所：東レの有価証券報告書各年度版より筆者作成

テル長繊維織物，ポリエステル・綿混織物などの事業がある。加えて東南アジアの樹脂事業，韓国の液晶ディスプレイ用カラーフィルタや回路材料，TABテープ事業，磁気材料用フィルム事業，ポリプロピレン・スパンボンド事業などが挙げられる。いずれの事業も世界的な原燃料価格の高騰や同業ライバル社との熾烈な競争の下にある。直近の 2007 年度は，タイのエアバッグ用繊維・織物事業や韓国のポリプロピレン長繊維不織布事業，中国の長繊維織物事業およびポリエステル・綿混織物事業などの繊維事業およびプラスチック・ケミカル事業で売上げを伸ばし，前年比 2 桁台の成長率を確保した。同時に営業利益は，インドネシア，中国，韓国の繊維子会社で収益が改善したことなどにより，前年度比 26.1％増の 152 億円となった。

3.1 製造業

『事例2 住友化学』

●会社概要

　住友化学は，住友系の総合化学メーカーで，三菱ケミカルホールディングス，三井化学とともに日本の化学産業の基礎を礎いてきた重要な一角をなす企業である。住友化学の事業は7部門から構成されている。無機薬品，有機薬品，合繊原料などの「基礎化学」，石油化学品，合成樹脂，合成ゴムなどの「石油化学」，機能性材料，添加剤，染料，医薬化学品などの「精密化学」，光学製品，カラーフィルタ，半導体プロセス材料，電子材料などの「情報電子化学」，農業，肥料，農業資材，家庭用・防疫用殺虫剤などの「農業化学」，医療用医薬品，放射性診断薬などの「医薬品」，電力・蒸気，化学産業設備の設計・工事監督などの「その他事業」である。2007年度の連結売上高1兆8,965億円の内，構成比が最大のものは石油化学の32%であり，次いで基礎化学の17%，情報電子化学の16%と続く。

●上昇する海外売上高比率

　図3.1.21は，住友化学の1998年度から2007年度までの10年間の連結売上高と海外売上高比率を示している。1998年の連結売上高9,300億円が2007年度には2倍強の1兆9,000億円と急成長している。同期間に国内が年平均成長率5.3%で伸びたのに対して，海外は同14.7%の高い伸びを示している。この結果，海外売上高比率が1998年度25.0%から2007年度41.6%へと急上昇している。

●アジアが牽引する売上高成長

　図3.1.22は，住友化学の1998年度から2007年度までの10年間の連結売上高増分の地域別構成を示している。同社の増分9,700億円の半分弱がシンガポールや中国などのアジアで計上されており，日本の増分構成比を上回っている。米州，欧州を加えると，同社の売上高増分の6割弱を海外が担ってきたことになる。

第3章　業界別アジアの成長性と収益性実態

図3.1.21　住友化学の連結売上高と海外売上高比率

年度	連結売上高（千億円）	海外売上高（千億円）	海外売上高比率（%）
1998	9.3	2.3	25.0
99	9.5	2.3	23.9
2000	10.4	2.8	26.6
01	10.2	2.9	28.2
02	11.1	3.3	29.5
03	11.6	3.6	31.4
04	13.0	4.9	37.5
05	15.6	6.1	39.2
06	17.9	7.5	41.8
07年度	19.0	7.9	41.6

出所：住友化学の有価証券報告書各年度版より筆者作成

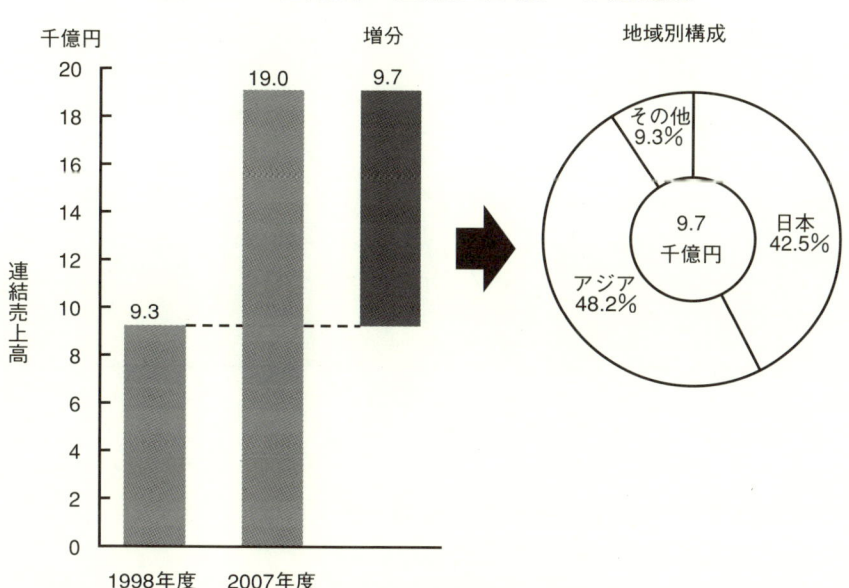

図3.1.22　住友化学の連結売上高増分の地域別構成

1998年度：9.3千億円
2007年度：19.0千億円
増分：9.7千億円

地域別構成（9.7千億円）
- 日本　42.5%
- アジア　48.2%
- その他　9.3%

出所：前掲図3.1.21および住友化学の有価証券報告書1998年度、2007年度版より筆者作成

3.1 製造業

　海外の中でも特にアジアに焦点を置いて，その売上高推移を見たものが**図3.1.23**である。1998年度売上高1,250億円が，2002年度以降，右肩上がりの急速な伸びを示し，2007年度5,917億円と，この間4,667億円の売上増を実現している。アジアの売上高の過去最高を記録した2007年度は，合成樹脂の販売が市況の上昇により増加したことに加え，液晶ディスプレイ材料である偏光フィルムの販売が韓国や台湾，中国での需要増に対して生産能力の向上が寄与し，売上高は前年比484億円の増加となった。住友化学のアジアの売上高は，同社主力の基礎化学部門や石油化学部門の製品構成が大きい。また，情報電子化学部門は韓国や台湾の特定顧客向けの販売が大きな比重を占め，精密化学部門の一部製品は特定顧客へカスタムメードで製品の供給がなされている。

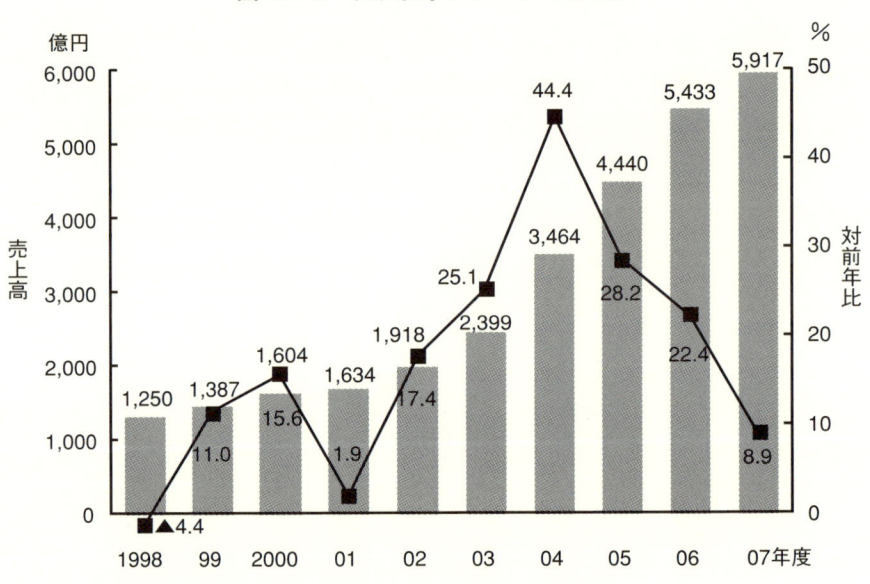

図3.1.23　住友化学のアジアの売上高

年度	売上高（億円）	対前年比（%）
1998	1,250	▲4.4
99	1,387	11.0
2000	1,604	15.6
01	1,634	1.9
02	1,918	17.4
03	2,399	25.1
04	3,464	44.4
05	4,440	28.2
06	5,433	22.4
07	5,917	8.9

注）1998年度のマイナス成長はアジア通貨危機の影響を受けている。

出所：住友化学の有価証券報告書各年度版より筆者作成

第 3 章　業界別アジアの成長性と収益性実態

● 営業利益も海外が牽引

　住友化学の成長性に対して収益性の源泉を見てみる。図 3.1.24 は同社の連結営業利益の地域別増分構成[注6] を示している。1998 年度の連結営業利益 607 億円の内訳は国内が 91％，海外が 9％を占め，圧倒的に日本依存度が高かった。2007 年度の同 1,035 億円の内訳は国内が 67％，海外が 33％を占め，海外の寄与率が大幅に上昇した。同年の海外の営業利益額 339 億円の内，アジアが 273 億円を占めている。以上の結果，1998 年から 2007 年までの連結営業利益の増分 428 億円は同図の円グラフが示すとおり，シンガポールや中国が牽引するアジアを核として，海外の寄与率が全体の 3 分の 2 を占め，日本本国を大きく上回っている。住友化学の直近の 10 年間は成長性，収益性ともアジアが牽引してきたことが明らかである。

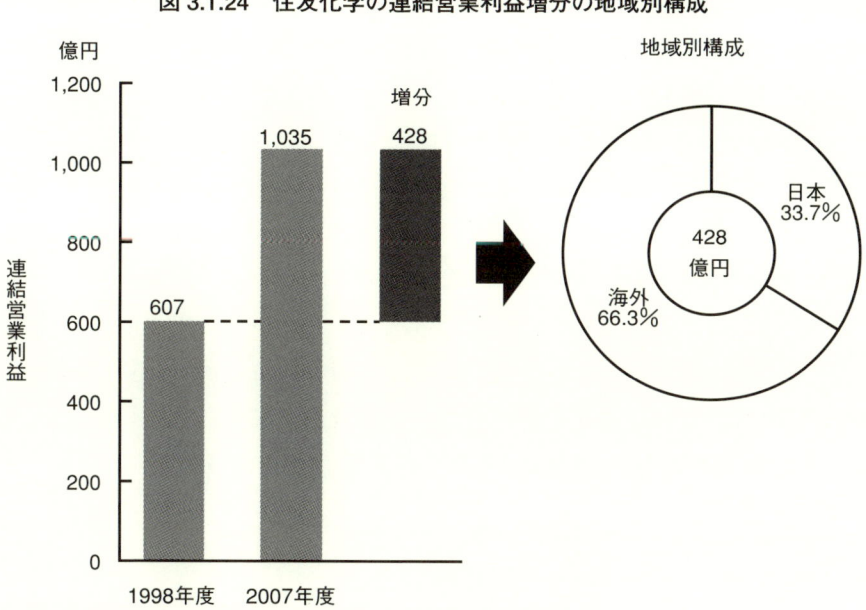

図 3.1.24　住友化学の連結営業利益増分の地域別構成

出所：住友化学の有価証券報告書1998年度，2007年度版より筆者作成

3.1 製造業

● シンガポール中心のアジア事業

　1984年3月に住友化学が中心になり進めた日本とシンガポールの経済協力事業である「シンガポール石油化学コンビナート」の操業が開始された。このプロジェクトは，ペトロケミカル・コーポレーション・オブ・シンガポールおよびザ・ポリオレフィン・カンパニー（シンガポール）（2008年3月現在資本金5,169万米ドル）などで構成された。ザ・ポリオレフィン・カンパニー（シンガポール）は，日本シンガポール・ポリオレフィン（同・資本金84億円本社・東京）により出資されており，低密度ポリエチレンおよびポリプロピレンの製造販売を行っている。なお，この事業は1997年4月に第2期の設備増強分が操業を開始した。また，1998年12月に，同社が中心になり進めたシンガポールでの「アクリル酸・MMAプロジェクト」が操業を開始した。このプロジェクトは完全子会社の住友化学シンガポール（同・資本金1億9,967万米ドル）などにより構成された。このほか，シンガポールには，持分法適用関連会社のシェブロン・フィリップス・シンガポール・ケミカルズ（同・資本金2億8,286万シンガポールドル）と連結子会社の住友化学アジア（同・資本金4,856万米ドル）がある。前者は高密度ポリエチレンの製造販売を行っており，住友化学の出資比率は20%である。後者は化学品の販売並びに市場調査・情報収集が主たる事業内容である。シンガポール以外では，インドのムンバイ市に，農薬，家庭用・防疫用殺虫剤の開発・販売を行う完全子会社・住友化学インディア（同・資本金7億6,231万ルピー）を有している。中国には広東省珠海市にポリプロピレン コンパウンドの製造・販売を行う連結子会社，珠海住化複合塑料有限公司（同・資本金7,277万人民元，出資比率55%）を有する。また無錫市に情報電子化学の住化電子材料科技（無錫）有限公司を有する。

● 中東を跳躍台とする次期成長戦略

　住友化学は2007年度からの中期経営計画の基本方針に基づき，最重点課題として位置づけているサウジアラビアでの「ラービグ計画[注7]」において2008年秋頃，商業運転を開始予定である。「ラービグ計画」とは，サウジアラビア

の国営石油企業であるサウジ・アラムコと合弁で，既存の製油所の高度化と石油化学プラントの新設により，石油精製から石油化学までの統合コンプレックスを実現する計画である。この計画の総事業費は98億ドルの見込みであり，そのうち58億ドルは，ラービグ・リファイニング・アンド・ペトロケミカルケミカル（略称：ペトロ・ラービグ，資本金87億6,000万サウジリアル[注8]）が国際協力銀行をはじめとする銀行団とプロジェクト・ファイナンス契約を締結し，銀行借入れにより調達している。住友化学はその50％について工事完成にかかる保証を行っている。

以上の事業がサウジ・アラムコとの第一期合弁事業とすれば，続いて第二期の合弁事業も計画されている。世界的な景気低迷の中で，2009年に入り，住友化学は，前述のサウジアラビア・コンビナートの隣接地に，総投資額3,000億～5,000億円で自動車部品に使う樹脂やその原料，液晶テレビ用材料などに使う高機能樹脂や原料を量産する工場を建設する動きを見せている。販売先は，今後需要が回復すると見られる中国，そしてインド，欧州向けである。

以上のように住友化学の海外事業は，シンガポールとサウジアラビアへの巨額の投資を軸として展開している。この背景には，中長期的には日本の国内需要は今後成長が見込みにくいため，海外市場の開拓を強化したいという思惑がある。

3.1.4　機械

　機械産業は，建設機械，産業機械，工作機械，ボールベアリングなどカバーする領域は極めて広範にわたる。ここでは，建設機械と工作機械の代表的2業種に焦点を当てる。前者の建設機械ではコマツ，日立建機，コベルコ建機などの建材メーカーの事例研究の中からコマツを取り上げる。そして後者の工作機械では，アジアをはじめとする海外事業に積極的な企業の中から牧野フライス製作所を取り上げる。

3.1 製造業

『事例 1　コマツ』

●会社概要

　コマツ（登記社名：株式会社 小松製作所）は建設機械の生産では米国のキャタピラー（イリノイ州ピオリア市本社，2007年連結売上高450億ドル）に次いで世界第2位である。事業構成は，「建設・鉱山機械」と「産業機械・車両他」の2部門から成り立っている。前者の「建設・鉱山機械」には，油圧ショベルなどの掘削機械，ホイールローダーなどの積込機械，ブルドーザーなどの整地・路盤用機械，ダンプトラックなどの運搬機械，ハーベスタなどの林業機械，シールドマシンなどの地下建設機械，これらのほかにディーゼルエンジン，油圧機器など幅広い商品群がある。後者の「産業機械・車両ほか」には，各種プレスの鍛圧機械，レーザー加工機，プラズマ加工機などの板金機械，トランスファーマシン，研削盤などの工作機械，フォークリフトなどの産業車両，サーモモジュールなどの温度制御機器がある。

●飛躍的に伸びた海外売上高比率

　1998年度から2007年度までの10年間に，コマツの連結売上高は1兆600億円から2兆2,400億円へと倍増している。図 **3.1.25** は，この期間の同社の連結売上高と海外売上高比率の推移を示している。1998年度の海外売上高比率50.6％が2007年度には77.5％と飛躍的に伸びている。かつて国内外の売上高が半々だったものが，現在では海外が連結売上高の4分の3強を占めるようになったという事実は，同期間に年平均成長率8.7％で伸びた同社の連結売上高の牽引車は海外市場であったということを意味している。

　図 3.1.25 よりコマツの日本国内だけの売上高を取り出したのが図 **3.1.26** である。1997年度は6,000億円を超す売上高があったが，アジア通貨危機の影響などにより1998年度に5,000億円台と落ち込んだ。さらに2001年度には，公共投資の抑制，経済低迷による民間建設投資の縮小，大手建設会社の経営破綻などによる先行き不透明感から投資意欲が深刻な影響を受け，建機需要が前年

第 3 章　業界別アジアの成長性と収益性実態

図 3.1.25　コマツの連結売上高と海外売上高比率

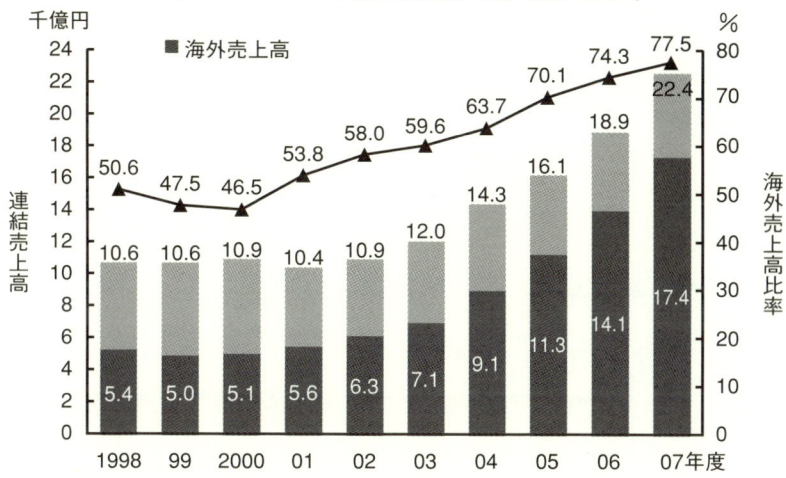

年度	連結売上高（千億円）	うち海外売上高（千億円）	海外売上高比率（%）
1998	10.6	5.4	50.6
99	10.6	5.0	47.5
2000	10.9	5.1	46.5
01	10.4	5.6	53.8
02	10.9	6.3	58.0
03	12.0	7.1	59.6
04	14.3	9.1	63.7
05	16.1	11.3	70.1
06	18.9	14.1	74.3
07	22.4	17.4	77.5

出所：コマツの有価証券報告書各年度版より筆者作成

図 3.1.26　コマツの日本売上高

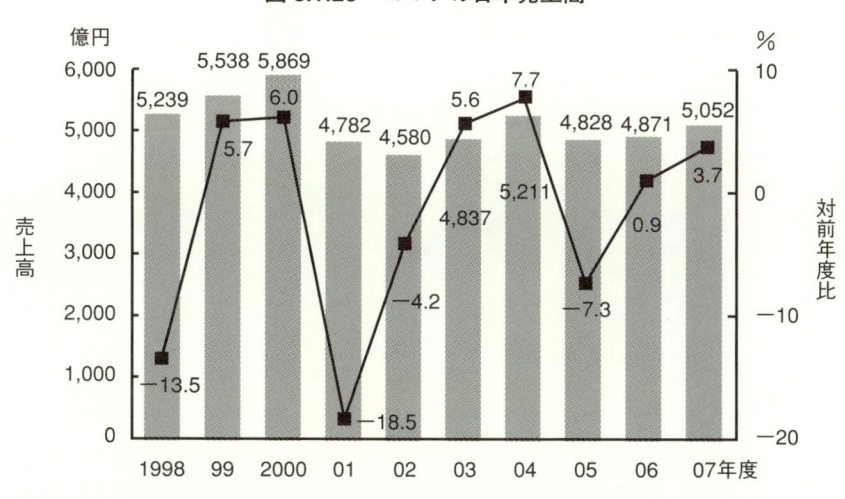

年度	売上高（億円）	対前年度比（%）
1998	5,239	−13.5
99	5,538	5.7
2000	5,869	6.0
01	4,782	−18.5
02	4,580	−4.2
03	4,837	5.6
04	5,211	7.7
05	4,828	−7.3
06	4,871	0.9
07	5,052	3.7

出所：コマツの有価証券報告書各年度版より筆者作成

3.1 製造業

度を大きく下回ったため，同社の売上高は4,000億円台（前年度比マイナス18.5％）に低下した。その後も国内の景況に左右され国内の売上高は大きく回復せず，2007年度5,052億円と再び5,000億円台となったものの1998年度の売上高に及ばないという結果になっている。つまり，図3.1.26は国内の建機需要の低迷の中で，国内で首位のコマツでさえも日本市場で成長性を確保することが極めて困難であったことを示している。

● すべて海外市場で実現される売上高増分

　それでは，コマツの海外売上高の急成長を支えている地域はどこであろうか。図3.1.27は1998年度から2007年度までの10年間の同社の連結売上高増分の地域別構成[注9]を示している。1998年度の連結売上高1兆600億円の内訳は，日本本国が5,200億円，海外5,400億円であり，国内外がほぼ半々の構成比である。2007年度の連結売上高2兆2,400億円の内訳は日本本国が5,000億円，

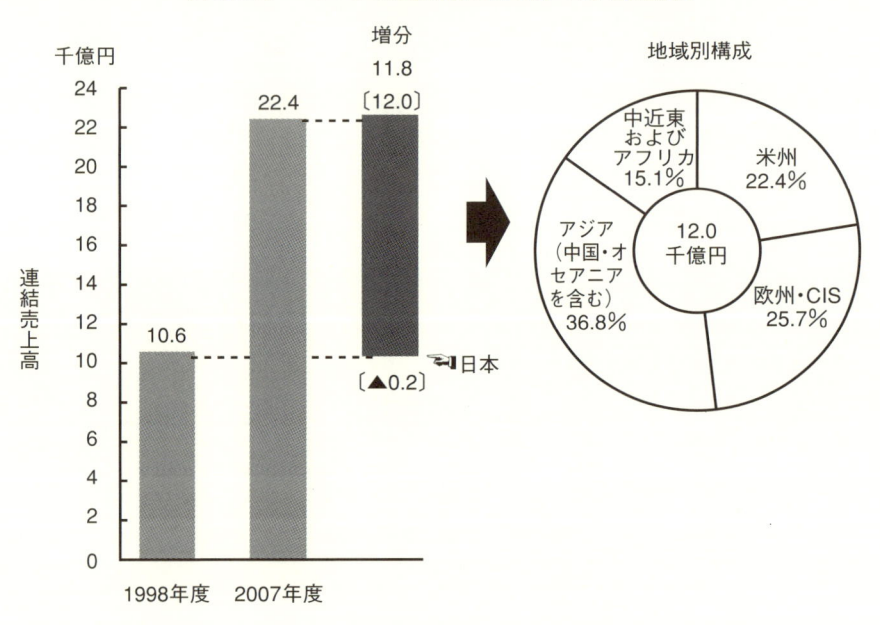

図3.1.27　コマツの連結売上高増分の地域別構成

地域別構成
- 中近東およびアフリカ 15.1%
- 米州 22.4%
- 欧州・CIS 25.7%
- アジア（中国・オセアニアを含む）36.8%
- 中央：12.0千億円

連結売上高（千億円）
- 1998年度：10.6
- 2007年度：22.4
- 増分：11.8　〔12.0〕
- 日本〔▲0.2〕

出所：前掲図3.1.25およびコマツの有価証券報告書1998年，2007年度版より筆者作成

第 3 章　業界別アジアの成長性と収益性実態

海外 1 兆 7,400 億円で，日本は 1998 年度の 5,200 億円を下回るマイナス成長である。1998 年度と 2007 年度の間の連結売上高の増分 1 兆 1,800 億円は海外 1 兆 2,000 億円，日本は増分寄与マイナス 200 億円から来ている。海外増分の内訳は同図の円グラフに示すとおり，中国，オセアニアを含むアジアが最大の 36.8％，UAE，サウジアラビアなど，中東の建設ブームが続いた中近東・アフリカが 15.1％を占め，アジア中近東地域で増分の半分を占めた。

この中で，**図 3.1.28** が示すように，中国の売上高が独立した数字として初めて公表されたのは 2002 年度であるが，この年の 525 億円から 2007 年度には 1,899 億円へと急拡大した。1998 年度の中国の売上高を 300 億円前後と推定すると，2007 年度までの中国の増分寄与は 1,500 億円以上に上るものと思われる。増分の残り半分は，米国，ブラジルを中心とした米州が 22.4％，堅調な建機需要に支えられた西欧，需要の拡大した東欧，石油価格の高騰に支えられたロシアなど欧州・CIS 地域が 25.7％を占めている。同社の 10 年間の売上高増分は，需要が構造的に停滞している日本本国市場ではなく，すべて海外市場で実現されたことになる。

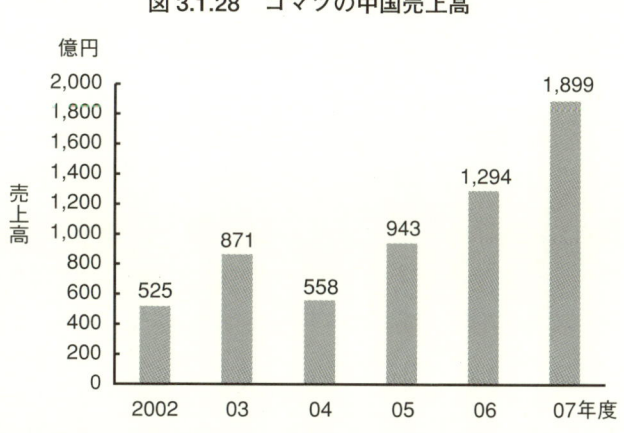

図 3.1.28　コマツの中国売上高

年度	売上高（億円）
2002	525
03	871
04	558
05	943
06	1,294
07	1,899

出所：コマツの有価証券報告書各年度版より筆者作成

3.1 製造業

● 営業利益も海外が牽引

図 3.1.29 はコマツの 1998 年から 2007 年度までの 10 年間の地域別営業利益を時系列で示している。1998 年度の連結営業利益 43 億円が 2007 年度には 3,346 億円と 78 倍に急増している。1998 年度は，日本経済は長引く不況下にあって景気低迷が続き，実質 GDP は 2 年連続のマイナス成長となった。建設機械への需要も民間の設備投資の大幅な抑制で低迷し，コマツは日本では 100 億円の営業損失となった。一方，海外は，1999 年度まで米国が 7 年連続好況を維持し，欧州も拡大基調にあった。しかし，アジアは 1997 年度の通貨危機以降低迷が続き，営業利益はわずか 5 億円を計上するにとどまった。一方，2007 年度の連結営業利益 3,346 億円の内訳は国内外が半々で，日本が 5 割，欧米 3 割，アジア・中近東が 2 割を占める。日本の利益寄与率は 2002 年度に約 7 割あったが，2007 年度では 5 割強へと低下し，近い将来，国内外が逆転する可能性がある[注10]。

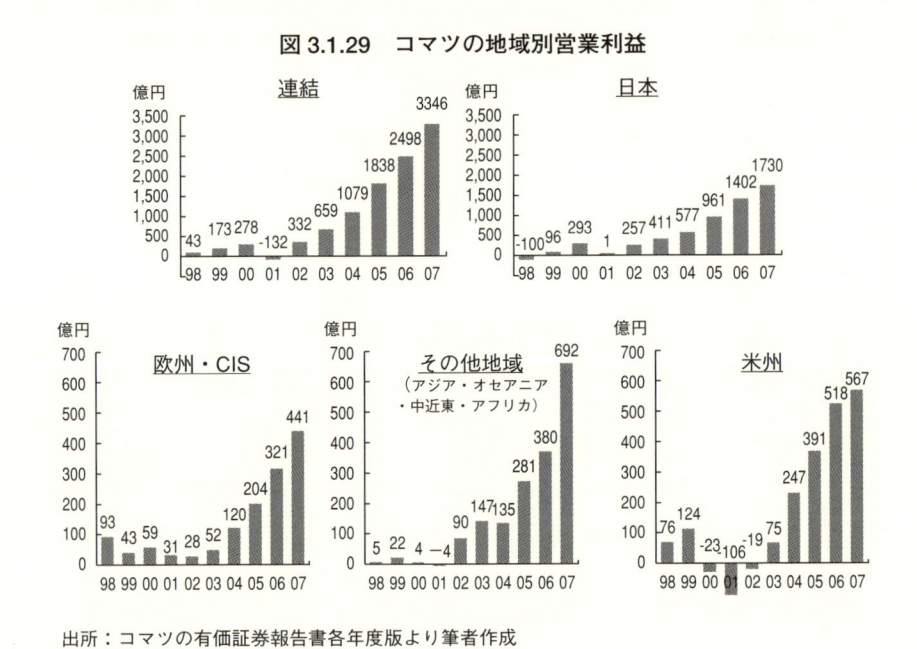

図 3.1.29 コマツの地域別営業利益

出所：コマツの有価証券報告書各年度版より筆者作成

第 3 章　業界別アジアの成長性と収益性実態

● 海外に成長を求める日立建機とコベルコ建機

　以上，コマツの地域別業容を詳細に見たが，建機業界の他社の事例として，図 3.1.30 にコマツと日立建機とコベルコ建機の 3 社の地域別売上高構成の比較を示す。日立建機とコベルコ建機の売上高規模はコマツより小さいが，アジア・オセアニア，中近東を中心に海外市場で成長性を確保しようとする戦略は基本的にはコマツと同じである。日立建機の海外売上高比率は 1998 年度の 43.0％ から 2002 年度には 56.2％ となり国内外の売上が逆転し，2007 年度は 73.6％ となった。日立建機もコマツも連結売上高の 4 分の 3 前後を海外市場が占めており，市場構成比にも類似性が見られる。ここではコベルコ建機のアジア事業展開を概観する。

　コベルコ建機（本社 東京，資本金 160 億円，非上場）は 1999 年 10 月に設立され，神戸製鋼所の連結対象子会社である。株主は神戸製鋼所 80％，CNH Global N.V. 20％である。CNH Global N.V. はイタリアのフィアット傘下の農業機械・建設機械メーカーであり，建設機械部門ではキャタピラー，コマツに次いで世界第 3 位の規模を持つ。コベルコ建機の事業は建設機械の中でも油圧ショベルなどショベル系製品が主力である。同社の 2005 年度から 2007 年度の

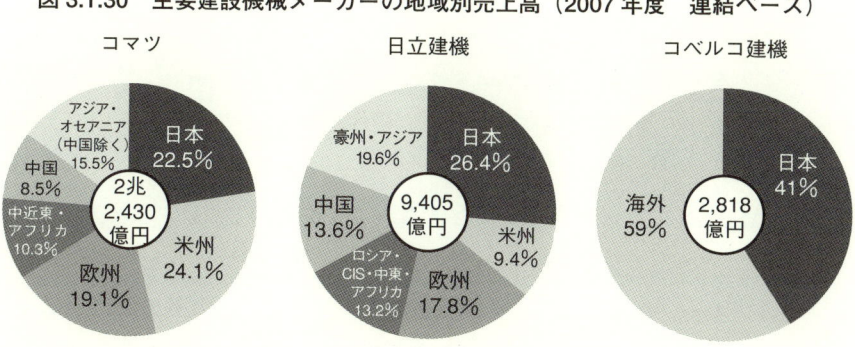

図 3.1.30　主要建設機械メーカーの地域別売上高（2007 年度　連結ベース）

コマツ　2兆2,430億円
- 日本 22.5％
- 米州 24.1％
- 欧州 19.1％
- 中近東・アフリカ 10.3％
- 中国 8.5％
- アジア・オセアニア（中国除く）15.5％

日立建機　9,405億円
- 日本 26.4％
- 米州 9.4％
- 欧州 17.8％
- ロシア・CIS・中東・アフリカ 13.2％
- 中国 13.6％
- 豪州・アジア 19.6％

コベルコ建機　2,818億円
- 日本 41％
- 海外 59％

出所：コマツ，日立建機の有価証券報告書2007年度版およびコベルコ建機のNEWS RELEASEより筆者作成

3.1 製造業

　連結売上高は,各々1,942億円,2,347億円,2,818億円であり,前年度比は11.3%,20.8%,20.0%増と2桁台の急成長を遂げている。同期間の連結売上高から海外売上高のみを取り出すと,各々917億円,1,272億円,1,653億円であり,前年度比は12.9%,38.8%,29.9%増と同社の急成長を牽引している。連結売上高の詳細な地域別構成は公表されていないが,日本と海外の売上高が公表されている。それによると2005年度の海外売上高比率47.2%が,2006年度54.2%と国内外が逆転し,2007年度は58.7%と更にその海外売上高比率を高めている。

　コベルコ建機の海外売上高急成長の背景には,2006年度から2008年度の3カ年を対象に策定した中期経営計画がある。新スローガン「さすがコベルコ」が旗印のこの中期経営計画が検討された2005年度は,住宅投資などで建機への需要旺盛な米国市場,堅調に推移する欧州市場,中国を中心に需要が拡大基調のアジア市場という世界的に旺盛な建機需要の拡大が背景にあった。この中期経営計画では,特に中国事業の積極的推進策として製販両面での強化に取り組むことが掲げられている。中国の内陸・沿岸部の2拠点体制として中国第1生産工場「成都神鋼建設機械有限公司」(四川省成都市)と第2生産工場「杭州神鋼建設機械有限公司」(浙江省杭州市)の生産が順調に推移した結果,成長著しい中国市場の需要の伸びをとらえることに成功している。2007年度は中国で過去最高の現地生産・販売台数を達成した。また,成長が期待されるインド市場においても販売会社コベルコ・コンストラクション・イクイプメント・インディアを現地に設立し,2007年1月より業務をスタートした。販売代理店網のゼロからの整備や日本製最新モデルの油圧ショベルの投入準備などに注力している。

　一方,ASEANでは最大市場のインドネシアとタイの2カ国に注力している。インドネシアでは,事業強化策として2007年4月に現地合弁会社ダヤ・コベルコへのグループ出資比率を49%から95%に引き上げ,東南アジア全域での自主流通による販売ネットワーク強化を図るなど,現地でのプレゼンス拡大に取り組んでいる。タイにおいては,1996年にタイ・コベルコ・コンストラクショ

ン・マシナリーを設立し，ショベルの製缶部品を製造してきた。東南アジア地域の事業強化策として進めてきたタイの第2工場となる油圧ショベル一貫生産工場が完成し，2008年4月に完成機第1号機を出荷した。そして同年夏より本格的に生産を開始している。また，次の新興国として期待のかかるベトナムにおいては，2005年7月にハノイ支店を開設した。

『事例2　牧野フライス製作所』

● 工作機械業界

　牧野フライス製作所をはじめとする主要工作機械メーカー10社を選び，各社の2007年度の連結売上高と海外売上高比率をプロットしたのが図3.1.31である。工作機械と言っても大中小型のプレスマシンから数値制御旋盤やマシニングセンター（MC）[注11]まで幅広い。連結売上高200億円台のツガミなどか

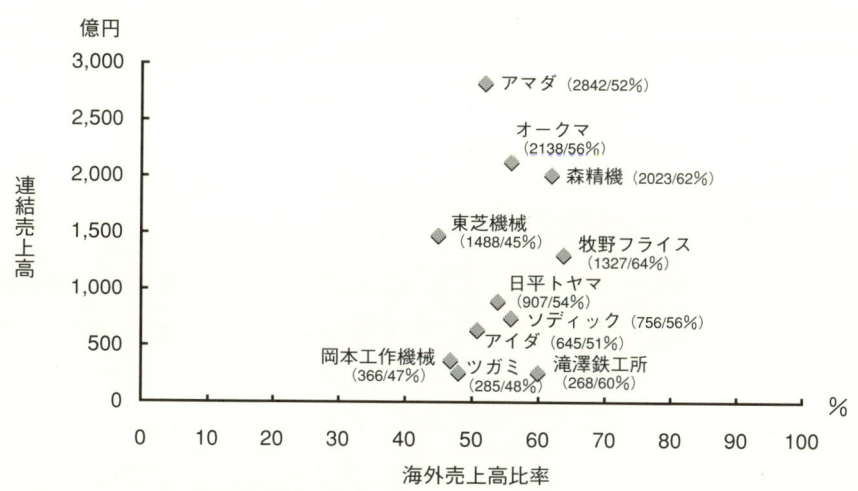

図3.1.31　主要工作機械メーカーの連結売上高と海外売上高比率（2007年度）

- アマダ（2842/52%）
- オークマ（2138/56%）
- 森精機（2023/62%）
- 東芝機械（1488/45%）
- 牧野フライス（1327/64%）
- 日平トヤマ（907/54%）
- ソディック（756/56%）
- アイダ（645/51%）
- 岡本工作機械（366/47%）
- ツガミ（285/48%）
- 滝澤鉄工所（268/60%）

注1）ヤマザキマザック（本社愛知県丹羽郡）は工作機械分野では大手であるが，非上場かつ業績非公開のためにここでは取り上げていない。
注2）日平トヤマは2008年8月1日コマツの完全子会社となった。

出所：各社の有価証券報告書2007年度版より筆者作成

3.1 製造業

ら2,800億円台のアマダまで売上規模も大きく異なり，海外売上高比率も40%台から60%台に分布する。中国，シンガポールなどのASEANへの生産事業展開や日本やアジアの生産拠点からアジアや欧州への輸出により海外売上高比率が50%を超えている企業が多いことが特徴である。日本企業のアジアへの生産シフトが進み，またアジアの地場企業が生産規模を拡大する中で，日本の工作機械メーカーにとり現地でのビジネスチャンスが増え，継続的な売上高成長と収益性を確保する機会となった。以下，牧野フライス製作所に焦点を当てて事業推移を見る。

●会社概要

牧野フライス製作所は，1951年に設立された工作機械メーカーで，株式を1964年に東京証券取引所・第二部市場に，1971年に東証と大証・第一部市場に上場した。1958年に日本最初の磁気テープによる"数値制御立フライス盤"を，1966年にマシニングセンター国産第1号機を開発するなど，今日まで先端の工作機械の開発に強みを発揮してきた。2007年度連結売上高1,327億円の事業構成は，マシニングセンター67%，放電加工機9%，フライス盤1%，その他23%である。売上高は，日本，アジアおよびアメリカの製造業における設備投資に大きく依存している。とりわけ自動車，IT，デジタル家電，建設機械などの好不況が同社の需給環境に大きな影響を与える。

●海外が牽引する売上高の高成長

牧野フライス製作所の1998年度から2007年度までの10年間の連結売上高と海外売上高比率の推移を示しているのが図3.1.32である。日本経済の不況が深刻化し，アジア経済が低迷している中で，欧米からの堅調な受注が続いた1998年度の連結売上高は600億円であり，その後，売上高の跛行はあるものの2007年度1,327億円と2.2倍に増加した。この間，2001年度，2002年度はIT産業の不振による工作機械の需要減やアメリカ経済の回復の遅れ，ヨーロッパ経済の低調により売上高が大幅に落ち込んでいる。また，2007年度に，前年度比3.5%減と落ち込んだのは，それまで輸出によって支えられてきた売上

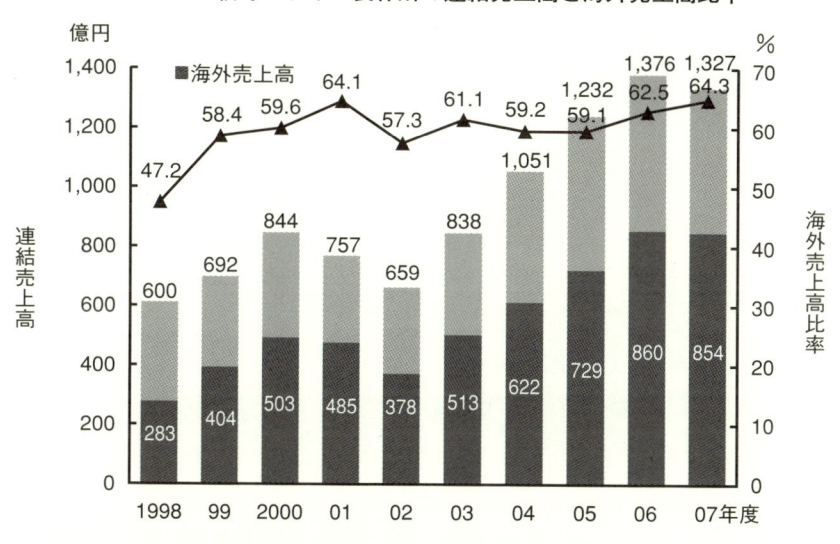

第 3 章　業界別アジアの成長性と収益性実態

図 3.1.32　牧野フライス製作所の連結売上高と海外売上高比率

増が 2 年連続で前年を割り込んだ国内需要の低迷による影響を受けたものである。特に同社の主要市場である金型産業からの需要が落ち込んだ。

　同社の年平均成長率 9.2％という高い売上高成長を支えたのは海外売上高である。1998 年度 47.2％の海外売上高比率は 2007 年度 64.3％と 17.1％の増加を見せている。ちなみに 1997 年度の海外売上高比率は 41.4％であり，90 年代の 30％台から短期間に今日の 60％台に急伸長したことになる。同社の高成長を牽引してきたのは積極的に打って出た海外市場である。その背景には，日本の電機，自動車，機械，金型などのメーカーのアジアへの構造的な生産シフトがある。また，アジア地域の高成長を背景とした韓国，台湾，中国，タイ，インドなどの地場メーカーの生産拡大が挙げられる。そうした経営環境下で，保守・点検・補修などのサービス体制が充実した同社の先端志向の高級機種や中級機種への需要が拡大したものと考えられる。

75

3.1 製造業

●売上高成長はアジアの寄与率が最大

それではこの海外売上高の増加はどこの地域で実現されているのであろうか。図 3.1.33 は 1998 年度から 2007 年度までの 10 年間における同社の連結売上高増分の地域別構成を示している。この期間の増分 727 億円は海外が 78.4%，日本本国が 21.6% であり，海外の中でも中国，インド，韓国，シンガポールなどの「アジア」の寄与率が 45.1% で最大である。次いでアメリカ，カナダ，メキシコを含む「アメリカ」が 20.5%，ドイツ，イタリア，イギリスなどを含む「ヨーロッパ」が 11.0% である。残りが「その他地域」の 1.8% である。アジアでの売上拡大がなければ同社の高い成長率の確保は困難であったことを示している。

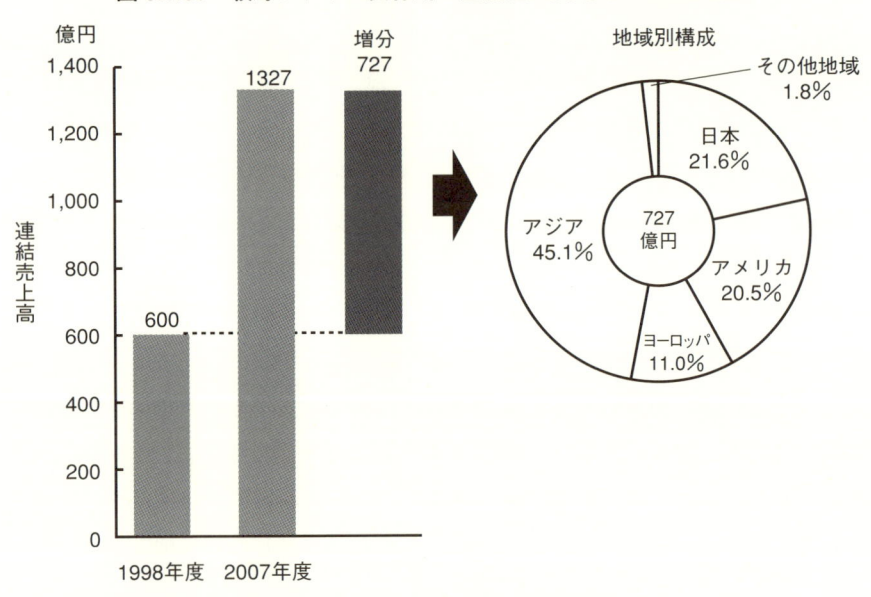

図 3.1.33　牧野フライス製作所の連結売上高増分の地域別構成

出所：前掲図3.1.32および牧野フライス製作所の有価証券報告書1998年度，2007年度版より筆者作成

第 3 章　業界別アジアの成長性と収益性実態

● 海外が半分を占める収益性への寄与度

　牧野フライス製作所の収益性の源泉はどこにあるのであろうか。図 3.1.34 は同社の連結営業利益増分の地域別構成[注12]を示している。1998 年度の連結営業利益 34 億円の内，日本が 92％を占めていた。2007 年度の同 142 億円は日本が 61％，海外が 39％を占め，日本への利益依存度が大幅に低下した。この間の連結営業利益増分 108 億円は同図の円グラフにあるように日本と海外でほぼ半々ずつとなっており，特に海外の中でもシンガポールを中心とするアジアの寄与度が高い。

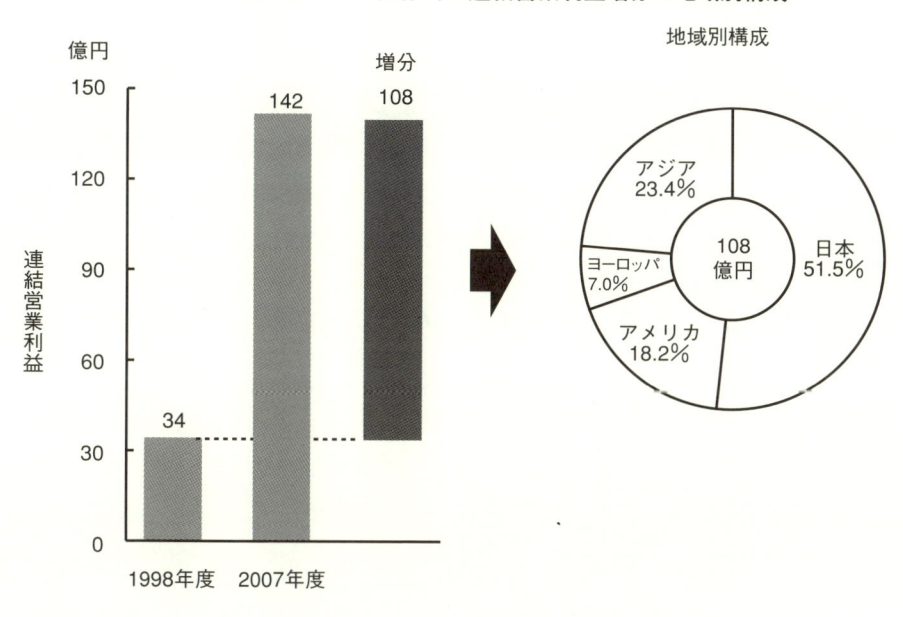

図 3.1.34　牧野フライス製作所の連結営業利益増分の地域別構成

出所：牧野フライス製作所の有価証券報告書 1998 年度，2007 年度版より筆者作成

● シンガポール，インド，中国中心のアジア展開

　牧野フライス製作所の高成長，高収益を支えているアジアの 3 拠点はシンガ

3.1 製造業

ポール，インド，中国であるが，ここではシンガポールの事業に焦点を当てて以下に概観する。1987年にシンガポールにあるレブロンド・マキノ・アジアに出資し，子会社化した。この会社は1992年にMAKINO ASIA PTE LTD（資本金164万1,000シンガポールドル）と改称し，連結子会社の対象会社である。2008年3月現在，従業員数は1,179名である。また，シンガポールには，原材料・部品の調達と販売のために完全子会社のMAKINO RESOURCE DEVELOPMENT PTE LTD（資本金80万シンガポールドル）と鋳物の製造販売のためのPACIFIC PRECISION CASTING PTE LTD（資本金80万シンガポールドル）がある。後者はシンガポールのMAKINO ASIA PTE LTDが100％出資している。

表3.1.2は，同社のアジアの中核会社MAKINO ASIA PTE LTDの過去5カ年の業績推移を示している。2007年度の売上高288億円は，日本の親会社の連結売上高1,327億円の21.7％を占め，また経常利益22.3億円は連結経常利益137億円の16.3％を占めている。2007年度の業績は，IT関連業種の設備投資が一服した影響に加え，販売網拡充に伴う付随費用が増加したこともあり，売上高，利益ともに前年を下回った。なお，2001年にシンガポールの

表3.1.2　MAKINO ASIA PTE LTDの業績

単位：億円，（　）は利益率

	2003	2004	2005	2006	2007年度
売上高	132	188	250	314	288
経常利益	11.2 (8.4)	22.6 (12.0)	32.3 (13.0)	38.4 (12.2)	22.3 (7.7)
当期純利益	11.1 (8.4)	21.9 (11.7)	32.2 (13.0)	36.1 (11.5)	20.3 (7.0)
純資産額	53	79	32	165	174
総資産額	122	164	120	267	286
連結売上高	838	1,051	1,232	1,376	1,327
連結経常利益	30	67	116	169	137

出所：牧野フライス製作所の有価証券報告書各年度版より筆者作成

MAKINO ASIA PTE LTD が出資して，インドのバンガロール市に現地法人 MAKINO INDIA PRIVATE LIMITED[注13] を設立した。2007年度，インドの工業化が全国に広がり，同社の営業活動が活発化した。

3.1.5 化粧品

　少子高齢化が進み人口減少に転じている日本では，国内市場の成長性に限界が見られる。化粧品業界も後掲の日用品業界同様，国内市場の再活性化を図ると同時にアジアを中心とした世界市場にその持続的な成長性を求めて積極的に進出している。化粧品メーカーの海外進出は，大手，中堅，中小企業でそれぞれターゲット市場やターゲット製品は異なる。ターゲット市場には中国，台湾，香港，韓国，ASEAN主要6カ国（インドネシア，タイ，シンガポール，マレーシア，フィリピン，ベトナム），インドなどのアジア，サウジアラビア，UAEなどの中東，そして欧州，ロシアといった広範な地域が含まれるが，中長期的には中国などアジア地域を中心に据えている企業が多い。また，ターゲット商品は口紅，リップライナー，アイシャドウなどのメーキャップ商品，スキンケア商品，ヘアケア商品と様々である。資生堂，コーセー，カネボウ化粧品，アルビオン，マンダム，ウテナなど大中小の化粧品メーカーの事例研究の中から，ここではグローバルなブランド戦略を展開する国内トップの資生堂と男性用化粧品ではトップクラスのマンダムの2社を選び，そのアジア事業展開を事例として取り上げる。

『事例1　資生堂』

●会社概要

　資生堂は国内首位，世界で第4位の化粧品メーカーである。事業は，化粧品，化粧用具，トイレタリー製品などの「化粧品事業」，理・美容製品の「プロフェッショナル事業」，美容食品，一般用医薬品の「ヘルスケア事業」および「その他事業」から構成されている。

3.1 製造業

● 海外が牽引する成長

　資生堂の連結売上高は 2001 年以降着実に伸びている。1998 年度から 2007 年度までの 10 年間の連結売上高と海外売上高比率の推移を示したものが**図 3.1.35** である。直近の 2007 年度の連結売上高 7,235 億円の内，海外売上高は 2,642 億円であり，海外比率は 36.5％である。この 10 年間海外比率は 1998 年度の 15.5％から 20％以上伸び，海外売上高が連結売上高の 3 分の 1 以上を占めるまで成長した。同社の積極的なグローバル展開と「SHISEIDO」のグローバルブランドの浸透が功を奏している。"リッチ"，"ヒューマンサイエンス"，"おもてなし"の 3 つが同社のグローバル展開のキーワードである。

　資生堂の海外売上高比率が着実に上昇する中で，一番寄与度の高い地域はどこであろうか。**図 3.1.36** は同社の 1998 年度から 2007 年度までの 10 年間の売上高増分を地域別構成で示したものである。10 年間の増分 1,192 億円の中で，日本はマイナスの増分 515 億円であり，海外のプラスの増分 1,707 億円がそれ

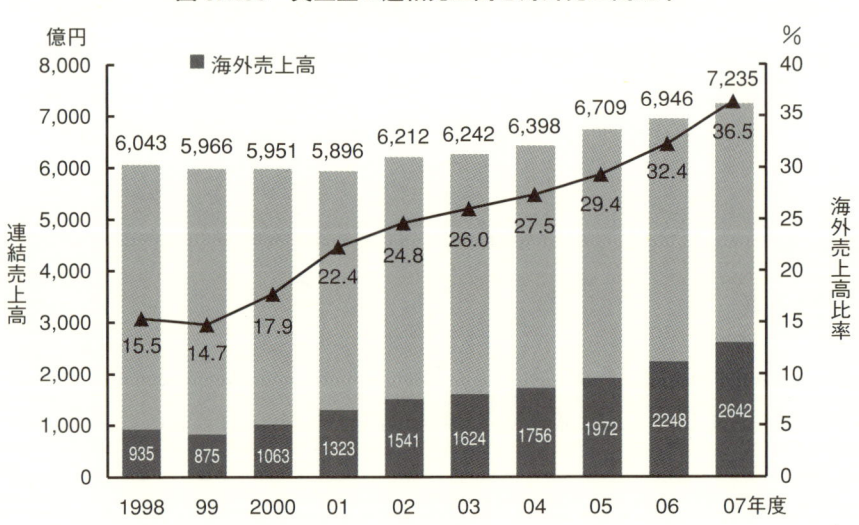

図 3.1.35　資生堂の連結売上高と海外売上高比率

年度	連結売上高(億円)	海外売上高(億円)	海外売上高比率(%)
1998	6,043	935	15.5
99	5,966	875	14.7
2000	5,951	1063	17.9
01	5,896	1323	22.4
02	6,212	1541	24.8
03	6,242	1624	26.0
04	6,398	1756	27.5
05	6,709	1972	29.4
06	6,946	2248	32.4
07年度	7,235	2642	36.5

出所：資生堂の有価証券報告書　各年度版より筆者作成

第 3 章　業界別アジアの成長性と収益性実態

図 3.1.36　資生堂の連結売上高増分の地域別構成

億円

連結売上高

6,043（1998年度）　7,235（2007年度）　増分 1,192

地域別構成
1,707億円
アメリカ 18.1%
欧州 29.4%
アジア・オセアニア 52.5%

注）日本は515億円のマイナス増分。海外3地域の増分合計1,707億円を100として構成比を計算。

出所：前掲図3.1.35および資生堂の有価証券報告書1998年，2007年度より筆者作成

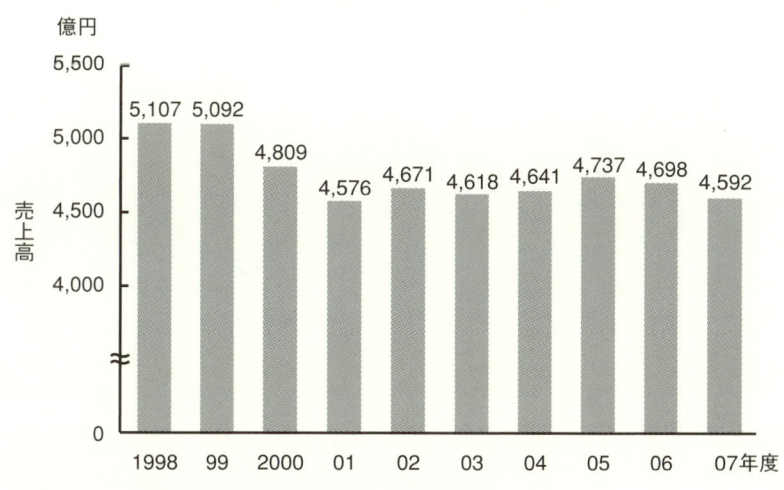

図 3.1.37　資生堂の日本の売上高推移

億円　売上高

年度	売上高
1998	5,107
99	5,092
2000	4,809
01	4,576
02	4,671
03	4,618
04	4,641
05	4,737
06	4,698
07年度	4,592

出所：資生堂の有価証券報告書各年度版より筆者作成

81

3.1 製造業

を補っている状況にある。アジア・オセアニア，アメリカ，欧州の3地域の増分1,707億円の中で，中国，台湾，韓国，ASEAN，オーストラリアからなるアジア・オセアニアが半分強を占め，同社の連結売上高の伸びを牽引している。

一方，国内に焦点を当てると国内トップブランドの資生堂は，日本本国市場での売上高が長期低落傾向にある。図 3.1.37 は1998年度から2007年度までの10年間にわたる同社の日本の売上高である。ピーク年が1998年度の5,107億円であり，その後5,000億円を割り2001年以降4,600億円前後の売上高で推移している。少子高齢化や人口減の日本の社会構造の中で，不況に強いと言われる化粧品業界ではあるが，国内トップブランドの資生堂の売上高は伸びておらず，むしろ低落傾向にある。資生堂は売上高成長を海外市場に求めざるを得ない状況にある。

●高い収益のアジア・オセアニア

図 3.1.38 は資生堂の地域別営業利益率[注14]を示している。アジア・オセア

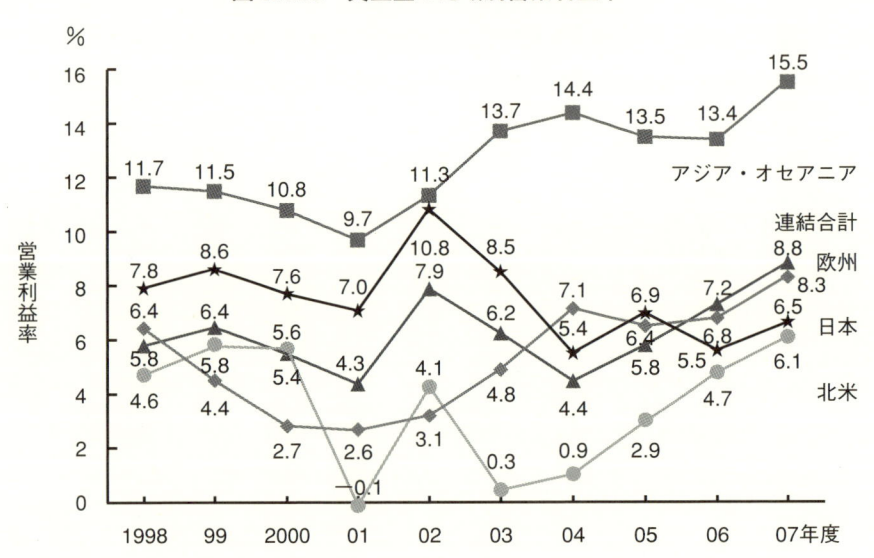

図 3.1.38　資生堂の地域別営業利益率

出所：資生堂の有価証券報告書 各年度版より筆者作成

ニアは2桁台の営業利益率が基調であり，2007年度は過去最高の15.5%を記録した。この背景には，香港を含む中国が4期連続30%増収という高成長を持続したほか，中国を除くアジア・オセアニア各国についても，韓国やタイを中心に堅調に推移したことが挙げられる。また営業利益は中国における戦略的マーケティング投資や人件費の増加を，売上増や原価低減により吸収したことが挙げられる。2007年度のアジア・オセアニアの営業利益は前年度比41.6%増益の159億円である。

● 日本から海外へシフトする利益依存度

資生堂の地域別利益依存度は直近の10年間でどのように変化したのであろうか。図3.1.39が示すように1998年度の営業利益の85.6%が日本本国市場で生み出されたが，2007年度には52.4%までに低下し，海外の営業利益合計47.6%と拮抗してきた。海外の中でもアジア・オセアニアが26.2%と全体の4分の1強を占めている。前掲図3.1.35で見たとおり海外売上高比率が上昇しているため，海外の営業利益が日本のそれを逆転する時期がまもなく来るものと

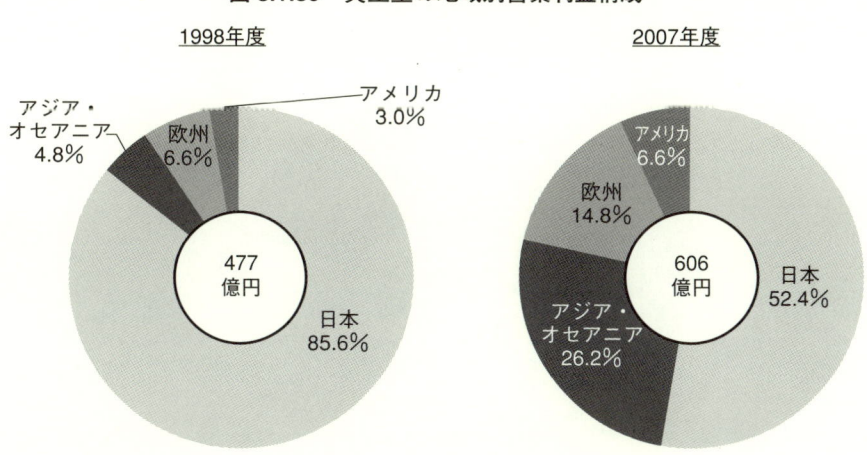

図3.1.39　資生堂の地域別営業利益構成

1998年度

- アジア・オセアニア 4.8%
- 欧州 6.6%
- アメリカ 3.0%
- 日本 85.6%
- 477億円

2007年度

- アメリカ 6.6%
- 欧州 14.8%
- アジア・オセアニア 26.2%
- 日本 52.4%
- 606億円

注）地域別営業利益合計は4地域合計であり「消去または全社」項目を相殺する前の数字である。
出所：資生堂の有価証券報告書1998年度および2007年度版より筆者作成

3.1 製造業

予測される。

●中国市場がターゲット

資生堂は 2009 年で創業 137 年を迎える。漢方が薬の主役だった明治初期のスタートであった資生堂の社名は，中国の古典「易経」の一節"万物資生"に由来している。社名の由来へのこだわりではないが，同社の中国への関心は早かった。同社の中国展開は 1991 年であり，日本の同業他社と比べてかなり早いものであった。

図 3.1.40 世界の国別人口（2007 年）が示すとおり，世界最大の人口を有する国は中国の 13.2 億人であり，次いでインドの 11.7 億人である。この 2 つの人口大国にタイ，ベトナム，フィリピンといった人口 6,000 万～8,000 万人の国で構成される ASEAN の約 6 億人などを含めると，日本を含むアジアの総人口は 35 億人となり世界総人口の半分強を占める。日本を除くアジア各国は中長期的には人口増加基調の国と「一人っ子政策」を取った中国のように人口減少基調の国があるが，いずれも経済成長を背景とした中間所得層の増加によ

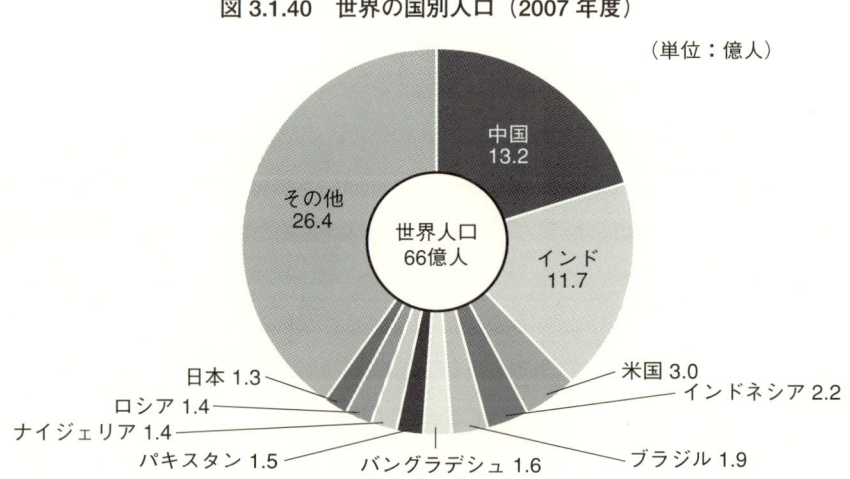

図 3.1.40 世界の国別人口（2007 年度）

（単位：億人）

- 中国 13.2
- インド 11.7
- 米国 3.0
- インドネシア 2.2
- ブラジル 1.9
- バングラデシュ 1.6
- パキスタン 1.5
- ナイジェリア 1.4
- ロシア 1.4
- 日本 1.3
- その他 26.4
- 世界人口 66 億人

出所：IMF:World Economic Outlook Databook, April 2009

り需要が拡大している。

　世界の人口を男性，女性が二分していると仮定すると，アジアの女性の潜在的な"化粧人口"は17億人強となる。資生堂が最大のターゲットとしている市場は，中国の女性人口6億5,000万人である。その中で今日，上海など沿岸都市部に住む化粧をしている人口（顕在需要）は，わずか1割強の7,000万人であり，残りの潜在需要は極めて大きい。中国の経済成長は従来のように右肩上がりの2桁成長から今後，1桁成長にスローダウンしたり跛行することもあると考えられるが，国民の可処分所得の増大の中で，化粧品に対する需要が都市部から農村へ，沿岸部から内陸部へ，そして若年層から中高年層へと拡大するものと予想される。今日，人口1億2,000万人の日本における"化粧人口"を中国のそれが既に追い越していることになる。今後は，金額ベースの"化粧品の消費市場規模"が中国と日本でどのような推移を見せるかが興味深い。

　中国の化粧品市場は約1兆5,000億円と言われ，ほぼ日本と同じ規模である。市場占有率の首位は米国のプロクター・アンド・ギャンブル（P&G），2位はフランスのロレアルであり，日本の資生堂が3位につける。ちなみに，資生堂の2007年度中国売上高は前年比37％増の610億円であり，営業利益率は17％である。P&Gとロレアルは北京，上海など大都市の百貨店で強みを発揮している。一方，資生堂は大都市の百貨店に加えて地方都市にも浸透し，地方の専門店，約3,000店に商品を供給している。同社は2008年夏の北京オリンピック開催前に中国の主要都市で開催したメーキャップの実践講座，得意とするきめ細かな顧客対応の対面販売，美容部員の養成，そして北京での研究所の開設など中国市場で着々と手を打っている。

　なお，資生堂は中国に続いてベトナムにも注目している。拡大するアジア市場に対する主力工場の建設を目的として，2008年4月にベトナム　ドンナイ省ビエンホワ市に全額出資の資生堂ベトナムを設立した。資本金約40億円で事業内容は化粧品などの製造であるが，同年12月着工，2009年10月竣工，12

月稼働というのが計画概要である。

『事例2 マンダム』

●会社概要

マンダムは，1927年大阪に創業した男性化粧品でトップクラスの企業である。1970年にチャールズ・ブロンソンをブランドキャラクターにしたマンダムラインを発売して一世を風靡し，その後，着実に業績を伸ばしている。1978年に発売した高級男性整髪料「ギャツビー」が今日においても同社の最大のブランドである。2007年度のマンダムの連結売上高563億円の商品構成は，「ギャツビー」を主力とする頭髪用化粧品58%，皮膚用化粧品22%，その他化粧品17%，その他3%である。

1982年に5カ年の第1次中期経営計画がスタートしたが，1987年の第2次中期経営計画の策定以降は3カ年を対象とした中期経営計画を積み重ねることで変化の激しい国内外の市況を乗り越えてきた。2008年4月にスタートした第9次中期経営計画が直近の計画であり，計画策定後に起こった米国発の世界的金融危機の真っただ中にある。この中期経営計画では，将来のグループ売上高1,000億円を視野に入れるため，「新たな安定成長領域づくりにより，今後の持続的成長を軌道に乗せるための中期経営計画」という位置づけをしている。

●アジアが牽引する売上高成長

マンダムの1998年度から2007年度までの10年間の連結売上高は**図3.1.41**が示すとおり，355億円から563億円へ年平均成長率5.3%で伸びた。この期間の海外売上高比率も1998年度の13.7%から2007年度33.4%と20%近い伸びを示している。2007年度の海外売上高比率33.4%は同年度の資生堂の36.5%と双壁である。急成長する海外の売上高がマンダムの高成長を牽引している。一方，この期間の売上高増分の地域別構成を表しているのが**図3.1.42**である。増分208億円の62.2%をインドネシアや中国を中心とするアジアが，32.7%を

第 3 章　業界別アジアの成長性と収益性実態

図 3.1.41　マンダムの連結売上高と海外売上高比率

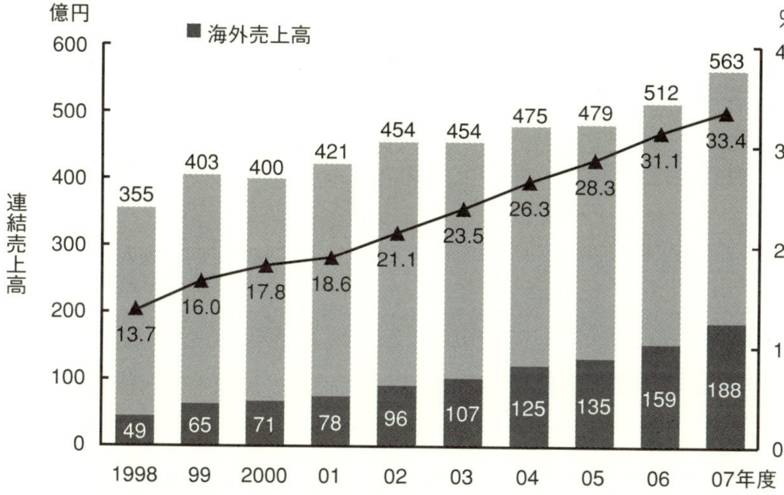

年度	連結売上高（億円）	海外売上高（億円）	海外売上高比率（%）
1998	355	49	13.7
99	403	65	16.0
2000	400	71	17.8
01	421	78	18.6
02	454	96	21.1
03	454	107	23.5
04	475	125	26.3
05	479	135	28.3
06	512	159	31.1
07	563	188	33.4

出所：マンダムの有価証券報告書各年度版より筆者作成

図 3.1.42　マンダムの連結売上高増分の地域別構成

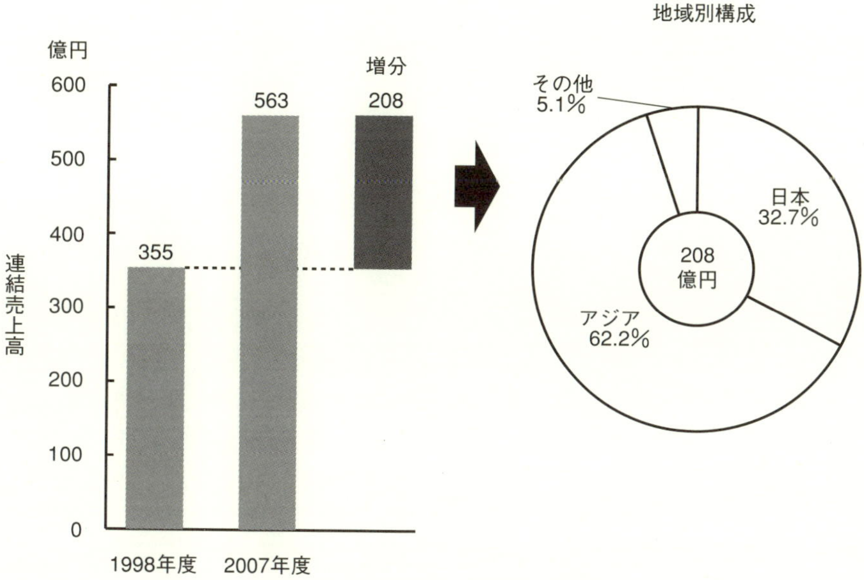

1998年度：355億円　→　2007年度：563億円　増分：208億円

地域別構成（208億円）
- 日本　32.7%
- アジア　62.2%
- その他　5.1%

出所：前掲図3.1.41およびマンダムの有価証券報告書1998年度，2007年度より筆者作成

3.1 製造業

日本本国が，残りの5.1%をアラブ首長国連邦，ブラジル，北米などのその他海外市場が占めている。マンダムの売上高増分の3分の2が成長著しい海外市場で，3分の1が成熟化した本国市場で実現されている。同図から過去10年間，マンダムが売上高成長をアジアに求めたことが業績面から明らかである。

● 高収益を誇るアジア事業

マンダムの売上高成長性を担うのがアジアであり，前掲図3.1.41のとおり，現在では海外売上高比率が30%台となった。一方，収益性は1998年から2007年度までの10年間にどのように変化してきたのだろうか。**図3.1.43**はマンダムの地域別営業利益率の推移を示している。10%台の連結営業利益率を支えるのは，日本本国とアジアの両地域であるが，市況や為替など経営環境変化の激しいアジア事業の営業利益率が本国を上回っている。次に連結営業利益のうちアジアの占める地域別構成比を見ると1998年度はわずか14.6%（6.3億円）であったが2000年度に21.2%（10.7億円），2006年度36.6%（19億円），2007年

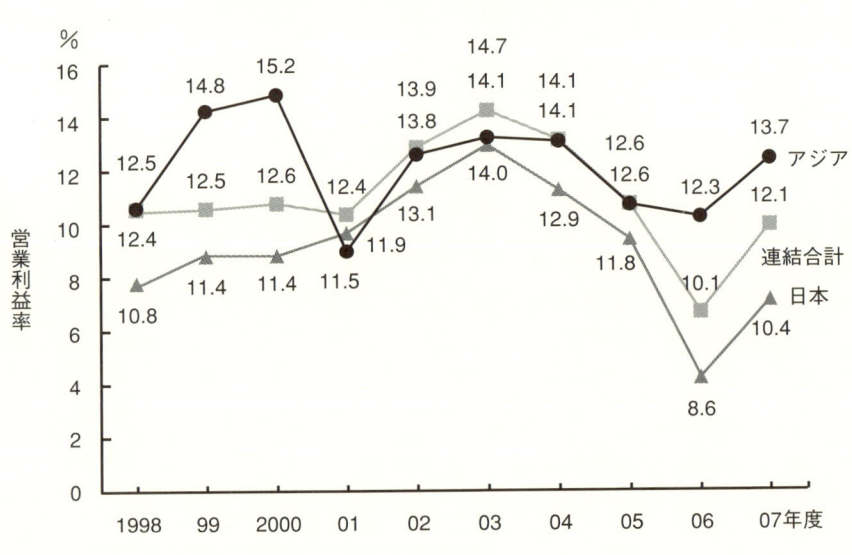

図3.1.43　マンダムの地域別営業利益率

出所：マンダムの有価証券報告書各年度版より筆者作成

第 3 章　業界別アジアの成長性と収益性実態

度 38.0%（26 億円）とコンスタントに上昇している。成長著しいアジア地域の営業利益が成熟市場の日本のそれと拮抗する年が早晩来るものと推定される。

● アジアの中核事業はインドネシア

　マンダムのアジア進出の第 1 歩は，1958 年にフィリピン・マニラ市に稼働した技術提携会社 TANCHO CORPORATION である。これ以降マンダムはアジアの主要国にすべて合弁形態で現地法人を設立していった。その進出の歴史は，1969 年インドネシア，1988 年シンガポール，1989 年台湾，1992 年フィリピン，1997 年マレーシア，1999 年韓国での現地法人の設立である。これらのアジア現地法人の中で，中核となっているのが，1969 年にインドネシア・ジャカルタ市に合弁で設立した P.T. TANCHO INDONESIA（現・PT MANDOM INDONESIA Tbk[注15]）である。同社は事業拡大の中で 1993 年 9 月ジャカルタ証券取引所（現・インドネシア証券取引所）へ P.T. TANCHO INDONESIA の商号で上場し，その後 2001 年に PT MANDOM INDONESIA Tbk に商号を変更している。同社は今日，インドネシアの有力地場企業の 1 つとしての地位を築き上げている。

　表 3.1.3 はマンダムのインドネシア現地法人 PT MANDOM INDONESIA Tbk の 2003 年度から 2007 年度までの 5 年間の公表された業績推移である[注16]。2007 年度は売上高 131 億円，経常利益 20 億円であり，マンダムのアジア売上高の 7 割前後を占めている。また，上記公表数字は経常利益であり，営業利益は不明であるが経常利益率から推定すると，やはりマンダムのアジア営業利益の 7 割前後を占めていると考えられる。以上のようにマンダムのインドネシアの業績は長期の現地事業経験から安定はしているものの，アジアの中で余りにも突出した大きな比重を占めている。今後はタイ，フィリピン，マレーシアなどのほかの ASEAN 諸国や韓国，中国への事業展開を加速化させることにより，インドネシアへの高依存度リスクを回避できるであろう。

89

3.1 製造業

表 3.1.3　PT MANDOM INDONESIA Tbk の業績

単位：百万円

	2003年度	2004年度	2005年度	2006年度	2007年度
売上高（A）	8,729	9,767	10,314	12,085	13,136
経常利益	1,242 (14.2%)	1,464 (15.0%)	1,478 (14.3%)	1,811 (15.0%)	2,037 (15.5%)
当期純利益	856 (9.8%)	1,006 (10.3%)	1,058 (10.3%)	1,271 (10.5%)	1,434 (10.9%)
純資産額	4,384	4,454	5,512	8,020	8,151
総資産額	4,945	5,290	6,548	8,872	8,774
海外売上高（B）	10,073	12,455	13,208	15,481	18,982
構成比（A）／（B）	86.7%	78.4%	78.1%	78.1%	69.2%

注1）表中，経常利益と当期純利益欄の（ ）内の数字は各々の利益率を表す。
注2）表中，下段の「海外売上高」は所在地別セグメント情報の"アジア"の売上高
　　（（1）外部顧客に対する売上高と（2）セグメント間の内部売上高または振替高の合計金額）
　　を採用。
出所：マンダムの有価証券報告書各年度版より筆者作成

● 中国市場への本格進出

　マンダムは第7次中期経営計画に引き続き第8次中期経営計画においても，海外事業を成長のエンジンとして位置づけ事業拡大を図ろうとしている。狙う市場は中国を最重点国とし，マレーシア・フィリピン・タイのASEAN 3カ国と韓国を重点国としている。これに加えてアジア未参入地域の新規開拓やアジア以外の地域への流通網の拡大にも積極的に取り組み，海外売上高比率を2007年度の33.4%から40%以上に高める計画である。

　過去，マンダムのアジア事業展開はインドネシアが主体であったが，2008年秋から男性頭髪用化粧品「ギャツビー」を中国に投入している。中国で男性を対象に，同社の主力商品「ギャツビー」を中国人特有のシンプルな髪形やライフスタイルに合わせた中国専用品として開発する。そのヘアワックスの価格は，1本80g入りで30元（約430円）と値ごろ感を出し中間所得者層を取り

込む狙いである。なお，この製品はすべて広東省中山市にある中山工場で生産し，北京，上海など都市部のドラッグストアやスーパーで販売する。2009年以降は，消費者の新しいニーズを探るため，日本やインドネシアの工場で生産した商品も中国に順次投入する。市場性が大きければ中国専用品を開発し，地場で生産する。中国での現地生産により，日本やインドネシアから輸入するよりもコストを抑え，市場競争で価格優位性を築く戦略である。また，中国市場では，女性を対象にヘアスタイリングの「ルシードエル」ブランドからパーマヘア商品の充実を目的とした追加発売を行っている。今後も中国女性のパーマヘアスタイルは流行が続くと予想されるため，日本商品の水平展開のみならず，中国の生活者のニーズに対応した新製品の開発強化を計画している。

日本国内では少子高齢化や人口減で化粧品市場が構造的に縮小する一方で，その市場のパイを巡って価格や新製品開発で企業間競争が厳しさを増す。高い成長を示すアジア市場では，マンダムはその先行優位性を築いてきたが，やはり日米欧・地場企業との競争が熾烈化する。マンダムにとり本格参入を開始した中国でのマーケティングの成否が今後の連結ベースの成長性と収益性の大きな鍵を握っている。

3.1.6　日用品

洗剤・石鹸，口腔用品といった日用品や，紙オムツ，生理用品といったトイレタリー商品を含む日用品業界も前項の化粧品業界と同様，少子高齢化，人口減に直面している日本市場では，持続的な成長性と収益性の獲得は困難となろう。この業界の企業の生き残り，勝ち残りは，縮小気味の国内市場でどれだけマーケットシェアを高められるかという戦略と，アジアを中心とする海外の成長市場でどれだけ市場浸透が図れるかという戦略の2つにかかっている。国内市場でも海外市場でもブランドを前面に押し出したマーケティング戦略の巧拙が企業の持続的成長性や収益性を大きく左右する。ここでは，中国をはじめとするアジアへの積極的な事業展開を図るユニ・チャーム，ピジョンの2社の事例を取り上げる。

3.1 製造業

『事例 1　ユニ・チャーム』

●会社概要

　ユニ・チャームは，1961年創業の生理用品，ベビー用・大人用紙オムツの分野でトップ企業である。事業は，ベビーケア，フェミニンケア，ヘルスケア関連製品などの「パーソナルケア事業」，ペットフード，ペットトイレタリー製品などの「ペットケア事業」，食品包材製品，産業資材製品などの「その他事業」の3部門で構成されている。成熟市場の日本の再活性化と成長市場の海外での積極的な事業拡大を推進し，グローバルなサプライチェーンの構築により持続的な成長性と収益性を確保しようとしている。

●企業成長を海外売上高が牽引

　ユニ・チャームの売上高の成長を牽引しているのはアジアを中心とした海外である。図 3.1.44 は同社の連結売上高と海外売上高比率の推移を1998年度から2007年度までの10年間にわたって示している。1998年度の海外売上高は

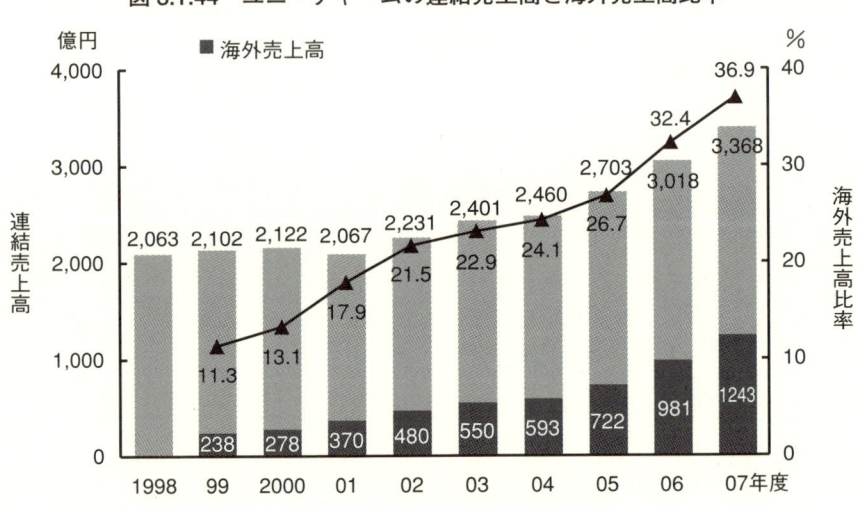

図 3.1.44　ユニ・チャームの連結売上高と海外売上高比率

年度	連結売上高（億円）	海外売上高（億円）	海外売上高比率（%）
1998	2,063	—	—
99	2,102	238	11.3
2000	2,122	278	13.1
01	2,067	370	17.9
02	2,231	480	21.5
03	2,401	550	22.9
04	2,460	593	24.1
05	2,703	722	26.7
06	3,018	981	32.4
07年度	3,368	1243	36.9

注）1998年度の海外売上高は，連結売上高の10%未満のため未公表。
出所：ユニ・チャームの有価証券報告書各年度版より筆者作成

連結売上高 2,063 億円の 10％未満のため有価証券報告書[注17]に公表していないが，翌年度は 11.3％ と 2 桁の比率になり，それ以降は海外売上高を公表している。1999 年度の売上高 2,102 億円に対して 2007 年度 3,368 億円と過去 9 年間の売上増分は 1,266 億円である。同期間に海外売上高は 1999 年度 238 億円から 2007 年度 1,243 億円と 1,005 億円の増分を見せている。この結果，海外売上高比率は 11.3％ から 36.9％ と飛躍的な伸びを示している。

● 海外の中でも貢献度が急上昇するアジア

ユニ・チャームの急成長を支えている市場はどこであろうか。図 3.1.45 は，海外売上高の地域別データの分かる 1999 年度から 2007 年度までの連結売上高増分の地域別構成を示している。1999 年度には連結売上高 2,102 億円の 9 割弱を日本が占めていたが，2007 年度の同 3,368 億円では 6 割強と日本の構成比が

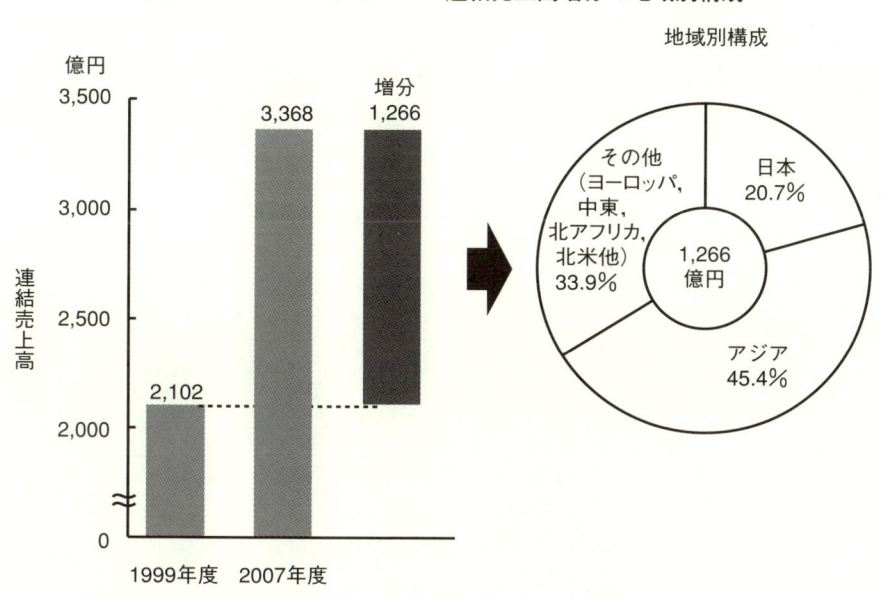

図 3.1.45　ユニ・チャームの連結売上高増分の地域別構成

地域別構成

- 1999年度：2,102 億円
- 2007年度：3,368 億円
- 増分：1,266 億円

- 日本 20.7％
- アジア 45.4％
- その他（ヨーロッパ，中東，北アフリカ，北米他）33.9％

出所：前掲図3.1.44およびユニ・チャームの有価証券報告書1999年度，2007年度版より筆者作成

3.1 製造業

低下した。ちなみに，2007年度の地域別売上高は，日本2,125億円，アジア725億円，ヨーロッパ362億円，中東・北アフリカ・北米156億円である。この間の連結売上高増分1,266億円の地域別寄与度は，同図の円グラフが示すように海外が8割，日本本国が2割である。海外の中でもインドネシア，タイ，中国，台湾，韓国などのアジアが最大の45.4%を占め，残りはオランダ，スウェーデンなどのヨーロッパ，サウジアラビアなどの中東，エジプトなどの北アフリカ，そして北米を入れたその他地域が33.9%を占める。

次に海外の業績を1998年度および2007年度所在地ベースの営業利益で示したものが図3.1.46である。同社の2007年度の営業利益337億円（営業利益率10.0%）の地域セグメントは日本71.2%，海外28.8%である。1998年度と比較すると，ヨーロッパ・中東の利益貢献度はまだ低いもののアジアを中心とした海外が営業利益の3割弱を占めるまでに成長している。安定的な収益源である国内が7割強を占めるが，今後，国内市場の環境はますます厳しくなる中で利益源としてのアジアの重要性は高まっていく。中国，インドネシア，タイなどのアジアの吸収体市場[注18]の成長が，アジアに浸透した同社の売上増加を牽引し続ける限り，アジアの収益性は今後も安定的に伸びるものと予想される。

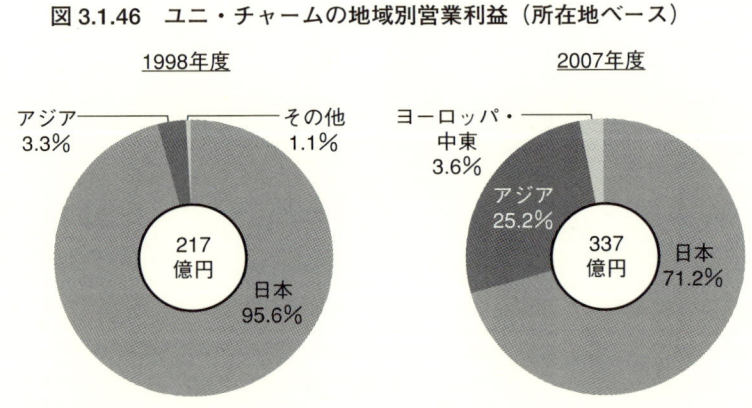

図3.1.46 ユニ・チャームの地域別営業利益（所在地ベース）

1998年度
- アジア 3.3%
- その他 1.1%
- 日本 95.6%
- 217億円

2007年度
- ヨーロッパ・中東 3.6%
- アジア 25.2%
- 日本 71.2%
- 337億円

注）その他はオランダとアメリカ

出所：ユニ・チャームの有価証券報告書1998年度，2007年度版より筆者作成

●アジア・中東への積極的な事業進出

　ユニ・チャームは1980年代以降，アジアに積極的に進出し，人口の多い国を中心にオムツや生理用品の製造や販売を行う現地法人を設立した。1984年に台湾の台北市に嬌聯股份有限公司，1987年にタイのバンパコンにUni-Charm (Thailand) Co., Ltd, 1994年に韓国にUni-Charm Co., Ltdを設立した。続いて，1995年に中国に上海尤妮佳有限公司，1997年にインドネシアの首都ジャカルタにPT Uni-Charm Indonesia，2001年に中国に尤妮佳生活用品（中国）有限公司，翌2002年に尤妮佳生活用品服務（上海）有限公司を設立した。また2007年にはベトナムにUni-Charm (Vietnam) Co., Ltdを設立した。

　中東では，2005年12月にサウジアラビアの現地資本100%のGulf Hygienic Industries Ltd (GHI) から51%の株式を約44億円で取得し，Unicharm Gulf Hygienic Industries (UGHI) とし連結子会社化した。なお，GHIは1992年にサウジアラビアでベビー用紙オムツの製造・販売を目的に設立された企業であり，ユニ・チャームの技術ライセンス先であった。GHIは2005年には中東地域第2位の市場シェアを獲得するまでに成長した。ユニ・チャームはGHIの買収により中東・北アフリカ17カ国，人口約3億4,000万人の市場を一気に商圏として確保したことになる。GHIは買収される前の2004年12月の売上高が約60億円であり，この金額がユニ・チャームの連結対象金額となったものと推定される。

　このように一連のアジア進出の中で売上高，生産高の業容が拡大していったが，図3.1.47「ユニ・チャームの地域別営業利益率」が示すとおり，進出国におけるコスト構造の抜本的改革により営業利益率も確実に向上していった。2007年度はアジアの営業利益率は11.3%と初の2桁台となり，日本を含む3地域の中で最も高い収益性を上げた。今後は為替レートの変動による原材料価格や需要の変化，進出国の政府による規制や経済環境の変化などのリスクは生じるが，同社のアジアに対する成長性と収益性への期待度は益々高まるものと

3.1 製造業

図 3.1.47　ユニ・チャームの地域別営業利益率

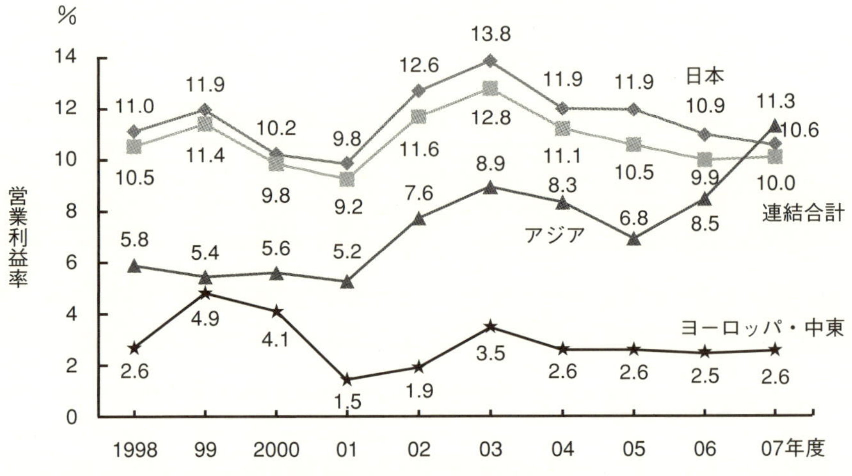

出所：ユニ・チャームの有価証券報告書各年度版より筆者作成

思われる。

●アジア事業が業績を牽引

　ユニ・チャームは 2008 年 4 月に第 7 次の中期 3 カ年経営計画「グローバル 10 計画」をスタートした。「グローバル 10 計画」とは 2010 年度（11 年 3 月期）に世界の紙オムツ，生理用品などの吸収体市場で 10％のシェアを獲得するための行動計画である。同社によると，世界の吸収体市場は 2007 年度 4 兆 4,500 億円であり，新興国の経済発展が寄与して 2010 年度には 5 兆 7,000 億円に成長する。この市場の 7 割強を西欧，北米，アジアが占めている。ユニ・チャームの戦略としては，生活水準が向上しつつある最大市場のアジアで足場を固め，その後，将来の成長が見込める市場を開拓していく計画である。

　同社のアジア進出の中で最も成功したのが，プレミアム商品によるブランド確立に注力したインドネシアである。まず子供用紙オムツを中心としたベビーケア市場の 1 割を占めるプレミアム市場に「マミーポコパンツ」を投入し，一

定の所得を持ち教育水準の高い主婦層に歓迎されてトップのシェアを確保した。まず高所得者層の間で認知度を高めブランドの確立を図り，その後，値ごろ感のあるエコノミー商品を市場投入することにより地域ナンバーワンのブランドとして成長させた。エコノミー商品は開発段階から売上原価率が従来品より約4割低くなるよう設計・縫製された。通常，日用品市場ではスタンダード商品やエコノミー商品から市場参入すると直ぐに価格競争に巻き込まれ，どのブランドも赤字になりがちな弊害がある。しかしこのようなユニ・チャームのプレミアム商品から参入する2ブランドによるマーケティング戦略は，低価格品を売る地場メーカーに対する一種の差別化戦略でもあり，収益性確保の上からも重要である。

一方，タイでは，ユーザーの意識改革を通して市場浸透を図った。子供にパンツタイプをはかせることで夜中に紙オムツの交換をなくす。母親が熟睡できてこそ愛情のこもった育児ができるという啓発活動を通じてベビーケア市場の拡大を図っていった。

アジア市場への参入が遅れた日本の日用品メーカーは，市場参入に先行し，既に大きなマーケットシェアを確保している欧米ライバル企業と熾烈な競争の中に置かれている。ユニ・チャームはインドネシアとタイにおけるマーケティング戦略が功を奏し，両国では米国のプロクター・アンド・ギャンブル（P&G）のシェアを抜きトップに躍り出たと言われる。このようなインドネシアやタイでの成功事例を踏まえて，同社では今後ASEAN全域を強化していく計画である。"一人当たりのGDPが1,000ドルを超すと生理用品が，3,000ドルを超すと紙オムツが普及する"というユニ・チャームの経験則が今後のアジアの中でどのように生かされるかが興味深い。

中国は子供用紙オムツなどのベビーケア，生理用品などのフェミニンケア，そして大人用紙オムツなどのヘルスケアにとって最も有望な市場と言われる。同社は，これまで北京や上海などの大都市圏と地方の主力都市でブランド確立

3.1 製造業

と販路拡大を行ってきた。今後は更に地方都市の市場開拓を地元の有力卸売業者と組んで行う計画である。

中東，北アフリカ地域においては，需要の拡大に合わせて市場開拓を積極的に行っている。中東での同社の生産拠点は，サウジアラビアの首都リヤドに設立したUnicharm Gulf Hygienic Industries Ltd.である。資本金9,400万サウジリアルでユニ・チャームが51％を出資する合弁会社でベビーケアやフェミニンケア関連製品などの製造・販売を行っている。従業員数は2008年3月現在811名である。2007年度には生理用ナプキンの生産を開始し，テレビコマーシャルによる広告展開を実施し，「Sofy」ブランドの浸透強化を図っている。また，ベビー用紙オムツではプレミアムブランド「Moony」とエコノミーブランド「Babyjoy」を導入し売上を拡大した。

ユニ・チャームの海外展開は，2008年度に入って，更に加速化している。特に中国に次ぐ人口大国インドへの本格的な進出である。同社は2008年9月にデリー市郊外に完全子会社の販売会社ユニ・チャーム インディア（資本金7億円）を設立した。タイ，インドネシア，中国に続くアジアのメイン市場に対して，どのような現地生産や販売展開がなされるかが注目される。

ユニ・チャームの今日までの海外事業の成功要因は，極めてオーソドックスなやり方である。同社にとって世界の中で成長が見込める市場を見極め，そこに自社の経営資源を集中投下し，生産や営業の基盤固めを地道に行うというものである。その上で商品，営業力，店頭での商品の価値を伝えるコミュニケーションの3つの差別化を図ってブランドの認知度を高め，圧倒的なシェアを獲得することにある。少子高齢化で人口減が進む日本では，明らかに同社の主戦場であるベビー用オムツと生理用品の需要が減少する。それをカバーするのが消費者の所得水準が向上し，人口増が著しいアジアを中心とした海外市場の拡大である。

『事例2　ピジョン』

●会社概要

　ピジョンは1957年設立された育児用品のトップメーカーである。哺乳器の製造販売からスタートし，その後，育児用品全般へと事業領域を拡大，更にそれまで培ってきた育児用品のノウハウを生かして介護用品分野に進出した。1993年には新たに子育て支援サービス事業を開始し，保育所，託児所の運営も行っている。

●売上高成長を海外が牽引

　ピジョンは，主戦場の日本国内の育児用品市場においては，出生数や婚姻数の減少が今後も構造的に続くことと，世界的な原材料価格の高騰が続くことから厳しい経営環境の中にある。国内では育児のリーディング企業としてのブランド戦略に努め，海外では中国，アメリカでの増販に注力している。

　同社の連結売上高と海外売上高比率の推移は**図3.1.48**の示すとおりである。1998年から2007年度（2008年1月決算）までの10年間で連結売上高は320億円から492億円と1.5倍強に拡大し，同期間の年平均売上高成長率は4.9%と高成長を見せている。この期間の海外売上高比率は7.8%から29.1%へ21.3%の急上昇を見せている。その結果，ここ10年間の連結売上高増分の内，3分の2強が海外売上高の寄与によるものである。

　ピジョンは，2005年度（2006年1月期）から2007年度（2008年1月期）までの3カ年間を対象として第2次中期経営計画を策定した。中核事業の育児用品関連事業の独自性・競争優位性の強化と，成長分野と位置づける海外事業，子育て支援事業，HHC[注19]・介護関連事業の積極的展開によるグローバルな企業価値の向上を骨子としている。図3.1.48 ピジョンの連結売上高と海外売上高比率の推移が示すように，この第2次中期経営計画の期間，海外売上高は57億円から143億円と2.5倍に拡大し，同期間の連結売上高の増分すべてを海

3.1 製造業

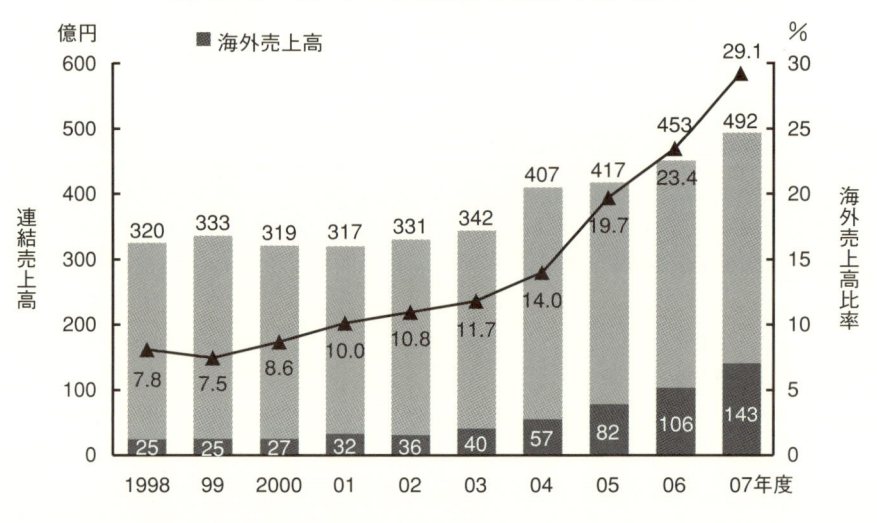

図 3.1.48 ピジョンの連結売上高と海外売上高比率

年度	連結売上高(億円)	海外売上高(億円)	海外売上高比率(%)
1998	320	25	7.8
99	333	25	7.5
2000	319	27	8.6
01	317	32	10.0
02	331	36	10.8
03	342	40	11.7
04	407	57	14.0
05	417	82	19.7
06	453	106	23.4
07	492	143	29.1

出所：ピジョンの有価証券報告書各年度版より筆者作成

外売上高が実現した姿になっている。

　同社は2008年3月に，新たなスローガン『GLOBAL Companyへの飛躍－チャレンジ，そして自立』を掲げ，2008年度（2009年1月期）から2010年度（2011年1月期）までの第3次中期経営計画を策定した。その中では「育児用品事業における一層のグローバル化の推進＝海外事業の一層の強化」と「国内既存事業の基盤維持および新たな成長事業の育成」を基本方針としている。

　ピジョンの連結売上高増分の地域別構成を示しているのが図 3.1.49 である。1998年度から2007年度までの10年間の増分172億円は海外の寄与度が68.7％と国内の増分を大きく上回る。さらに海外増分の地域別構成は，中国，シンガポール，韓国を中心とした「東アジア」が37.9％と最も高く，次いでアメリカ，カナダ等の北米，欧州，オセアニア，アフリカの「その他」[注20]が27.3％を占めている。アラブ首長国連邦などの「中近東」は1998年度の5.4億円から2007年度の11.4億円と2倍強伸びたが，増分寄与率は3.5％にとどまる。

第 3 章　業界別アジアの成長性と収益性実態

図 3.1.49　ピジョンの連結売上高増分の地域別構成

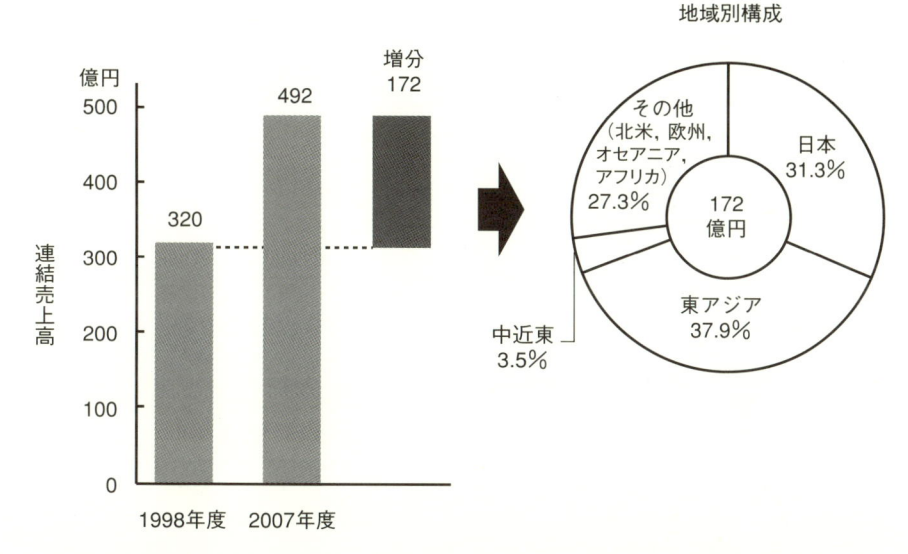

[図：1998年度320億円、2007年度492億円、増分172億円。地域別構成（172億円）：日本31.3%、東アジア37.9%、中近東3.5%、その他（北米、欧州、オセアニア、アフリカ）27.3%]

出所：前掲図3.1.48およびピジョンの有価証券報告書1998年および2007年度版より筆者作成

● 収益性の高いアジア事業

　ピジョンの 2007 年度（2008 年 1 月期）の営業利益は，事業分野別には育児事業が約 9 割を占め，残りが介護用品などのヘルスケア，その他事業である。地域別[注21]には，国内が約 6 割，海外が約 4 割を占めている。同社の地域別営業利益率のトレンドを示したのが，図 3.1.50 である。日本および東アジアの営業利益率が 2 桁台にもかかわらず連結合計が 6％台で推移しているのは，地域合計から差し引かれる「消去または全社」項目の金額が大きいためである。シンガポール，タイ，中国を中心とした東アジアの営業利益率が 1 桁台から 10％台となり 2007 年度には 20％台に大きく伸びている。この要因としては，海外連結子会社間の生産・販売の役割分担が明確でその相乗効果が発揮されていること，育児事業の売上高伸長による増収効果がもともとコスト競争力が強く売上総利益率の高い現地事業を更に押し上げていること，高級品市場への新たな参入により売価設定にアドバンテージがあることなどが推測される。ただ

101

3.1 製造業

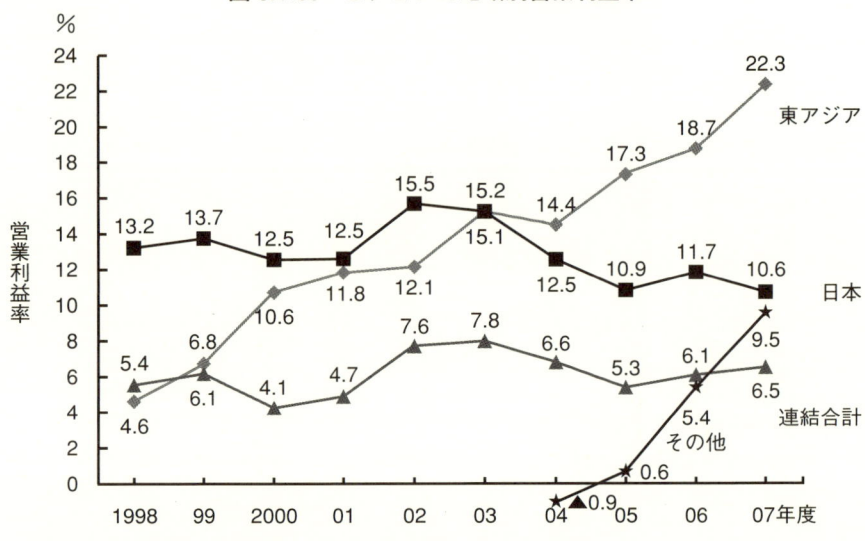

図 3.1.50 ピジョンの地域別営業利益率

営業利益率 (%)

東アジア: 5.4, 6.8, 10.6, 11.8, 12.1, 15.1, 14.4, 17.3, 18.7, 22.3
日本: 13.2, 13.7, 12.5, 12.5, 15.5, 15.2, 12.5, 10.9, 11.7, 10.6
連結合計: 4.6, 6.1, 4.1, 4.7, 7.6, 7.8, 6.6, 5.3, 6.1, 6.5
その他: ▲0.9, 0.6, 5.4, 9.5

(1998〜07年度)

出所：ピジョンの有価証券報告書 各年度版より筆者作成

し，今後は，営業利益率が為替レートの変動や原油価格の高騰による原材料価格の変化や需要減により影響を受けるおそれがある。

● **積極的なアジア展開**

　ピジョンのアジア事業展開は 30 年以上の歴史を持つ。1978 年にシンガポールに販売会社 PIGEON SINGAPORE PTE. LTD を，1990 年にタイに乳首，哺乳びん製造の THAI PIGEON CO., LTD を設立した。1996 年にはタイのチョンブリに母乳パッドとウェットティッシュ製造の PIGEON INDUSTRIES (THAILAND) CO., LTD を設立した。さらに 2000 年代に入り中国進出を開始した。2002 年に上海に販売会社 PIGEON (SHANGHAI) CO., LTD を，2006 年に同じく上海に乳首，トイレタリー製品製造の PIGEON MANUFACTURING (SHANGHAI) CO., LTD を設立した。その後，ピジョンは中国における保育，託児，幼児教育事業にも参入している。2006 年，PIGEON (SHANGHAI) CO., LTD の傘下に独資企業 PIGEON LAND (SHANGHAI) CO., LTD（資本

金300万人民元）を，翌年には同じく傘下に独資企業SHANGHAI CHANGNING PIGEON LAND EDUCATION TRAINING CENTER（資本金20万人民元）を設立している。なお，ピジョンは，持分法適用関連会社としてインドネシアのジャカルタ市に製造会社P. T. PIGEON INDONESIA（ピジョン側出資比率35%）を有している。

　ピジョンは特に，人口13.2億人の中国では，哺乳器，乳首，トイレタリー商品などを中心に，主力商品の拡大と新商品の積極的な投入により，売上高を順調に伸ばしている。その背景には沿岸部の主要都市から内陸部の地方都市への市場拡大が順調に進行していることや，高級品市場への参入，そしてピジョンブランドの認知度向上を目的として，新たなブランド戦略によるピジョンコーナーづくりに取り組んできたことがある。さらに，スキンケア・トイレタリー商品，乳首などの新生産工場を竣工しており，中国市場へ向けたより安定的な商品供給体制が整備されている。なお，同社は海外事業の更なる拡大のために，新規市場進出を検討してきたが，人口11.7億人のインドに着目し，市場性と事業進出可能性のフィージビリティ・スタディを開始している。

　以上，日用品産業においてユニ・チャーム，ピジョンの2つの代表的企業を事例として取り上げた。図3.1.51は以上の2社に花王，ライオンを加えた4社の2007年度の海外売上高と海外売上高比率を表している。非婚，晩婚，少子高齢化，人口減といった日本の社会構造の中で，成長の活路をアジアを中心とした海外市場に求めてきた企業と，そうでない企業の差が業績に明確に表れてくる。今回の事例として取り上げなかった企業を含めて，国内でのブランド力や事業基盤が強い企業ほど今後成長が制約される日本市場へのこだわりがあり，スピーディかつ大胆に経営資源を海外にシフトできない傾向が見られる。個人所得が伸びてきたアジアの人口大国，中国（13.2億人），インド（11.7億人），インドネシア（2.2億人），タイ（6,500万人），ベトナム（8,500万人）への市場参入の早さや市場深耕の程度が，日本の日用品企業の今後の持続的成長性や収益性にも大きく影響するものと推定される。

図 3.1.51　主な日用品企業の海外売上高と海外売上高比率（2007 年度）

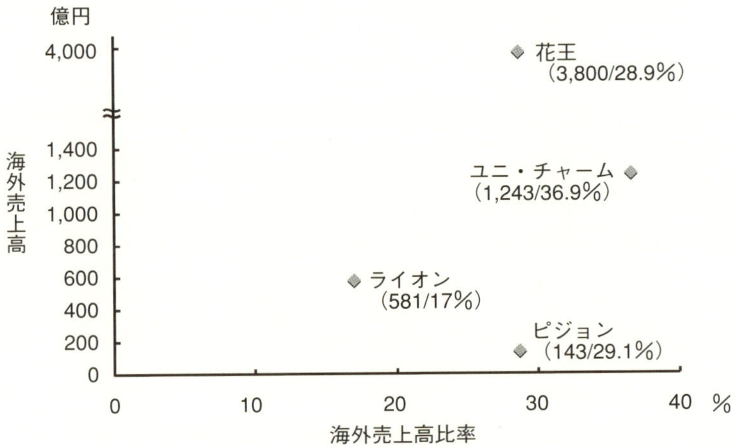
億円
4,000
1,400
1,200
1,000
800
600
400
200
0
海外売上高
花王
（3,800/28.9%）
ユニ・チャーム
（1,243/36.9%）
ライオン
（581/17%）
ピジョン
（143/29.1%）
0
10
20
30
40
%
海外売上高比率

出所：各社の有価証券報告書2007年度版より筆者作成

3.1.7　食料品

自動車，電機，化学，機械といった業種と比べて食品業界の海外進出の出遅れは顕著である。食品業界と言っても，そのカテゴリーは**図 3.1.52** に示すとおり幅広く，調味料からビール，加工・レトルト食品，水産・冷凍食品，即席メン，乳製品，パン・菓子，そして食品素材の粉・油に至るまで及んでいる。その中でも，従来より海外進出に積極的だった企業は，調味料の味の素，キッコーマン，乳酸飲料のヤクルト，即席メンの日清食品ホールディングスなどであり，日本固有の調味料や日本で開発した“日本初”の製品を武器に世界市場に展開していったのである。これらの企業以外は 1 億 2,000 万人の人口を擁し，一人当たりの GDP 3 万 4,000 ドル（2007 年）の豊かさを持つ日本の国内市場を中心に事業展開を行ってきた。

化粧品や日用品業界と同様，食品業界も今後，日本の少子高齢化や人口減から起きる国内需要の停滞は避けられない。企業が国際競争力を維持発展させながら持続的な成長性と収益性を確保しようとすれば，規模の経済や事業の効率

第3章 業界別アジアの成長性と収益性実態

図 3.1.52　日本の食品業界のアジア鳥瞰図

日本の食品業界

調味料	ビール	加工・レトルト食品	水産・冷凍食品
・味の素 ・キユーピー ・キッコーマン ・カゴメ ・ミツカンG	・キリンHD ・アサヒビール ・サッポロHD ・サントリーHD	・日本ハム ・伊藤ハム ・プリマハム ・丸大食品 ・ハウス食品 ・ヱスビー食品	・マルハニチロHD ・日本水産 ・ニチレイ ・加ト吉

即席メン	乳製品	パン・菓子	粉・油
・日清食品HD ・東洋水産 ・エースコック ・サンヨー食品 ・明星食品	・明治乳業 ・森永乳業 ・ヤクルト本社 ・雪印乳業 ・日本ミルク 　コミュニティ	・山崎製パン ・敷島製パン ・ロッテ ・明治製菓 ・江崎グリコ ・森永製菓	・日清製粉G本社 ・日本製粉 ・日清オイリオG ・不二製油 ・昭和産業 ・J.オイルミルズ

↓ 参入

アジア市場（人口　計36.3億人）

	日本	中国	インド	ASEAN	その他*
人口（人）：	1.3億	13.2億	11.7億	6億	4.2億
GDP（ドル）：	4.4兆	3.4兆	1.1兆	1.3兆	1.3兆

＊韓国, モンゴル, パキスタン, バングラデシュ, スリランカ, ネパール

↑ 参入

海外ライバル企業

米国企業	欧州企業	アジア地場企業
例：・コカコーラ 　　・ペプシコ 　　・クラフトチーズ 　　・ゼネラルフーズ	例：・ネスレ（スイス） 　　・ユニリーバ（英・蘭） 　　・ダノン（フランス） 　　・インベブ（ベルギー）	

出所：筆者作成

3.1 製造業

化を狙った国内企業同士の合併・再編，または海外進出・展開の本格化が必要であろう。前者の合併には，乳業2位の森永乳業（2008年3月期連結売上高5,868億円）と菓子4位の森永製菓（同1,707億円）の統合事例と乳業最大手の明治乳業（同7,070億円）と菓子2位の明治製菓（同4,047億円）の統合事例がある。統合が実現すれば，森永乳業と森永製菓の売上高の単純合計は7,575億円と業界9位の規模となり，また明治乳業と明治製菓の同売上高1兆1,117億円は日本ハムの1兆323億円を抜いて業界5位に浮上する。2つの統合事例の背景に共通するのは，人口減による国内市場の縮小，景気悪化に伴う経営体力の低下，原材料の共同調達によるコスト削減，生産・物流拠点の相互活用による事業の効率化，海外事業展開や既存海外拠点の拡売強化，企業買収（M&A）の共同歩調などがある。また2009年7月には国内食品最大手のキリンホールディングス（2008年12月期連結売上高2兆3,035億円）と同2位のサントリーホールディングス（同・1兆5,129億円）の経営統合の動きが報じられている。

これらの経営統合は国内の収益基盤を強化すると同時に成長戦略の軸足を海外に置こうとしているものと思われる。後者の海外進出で日本の各社が狙うのは，人口が多く成長途上にある中国，インド，ASEANのアジアである。世界の人口66億人の半分強を占めるアジアの各家庭の可処分所得が増大している。しかしながら図3.1.52が示すとおり，ネスレ，コカコーラ，ユニリーバなど世界の食品多国籍企業は各国の様々な規制を乗り越えながら，そのブランド力を武器に顕在市場や潜在市場の大きさを狙って既に中国，ASEANに早くから進出し，市場に深く浸透している。そして今，次の潜在市場インドに着々と手を打っている。日本の各カテゴリーの食品会社は，欧米ライバル社が先行した事業環境下で後発組という形で市場参入への挑戦を強いられる。

表3.1.4は，日本の食品会社の2007年度売上高ランキング上位20社である。売上高1兆円を超す企業は，キリンホールディングス，サントリー，アサヒビール，味の素，日本ハムの5社にすぎない。例えば世界の食品最大手のネスレ（スイス）の2007年12月期の連結売上高は11兆2,390億円であり，日本でトッ

表3.1.4 日本の食品会社の業績（2007年度）

	企業名	カテゴリー	連結売上高(億円)	営業利益(億円)	営業利益率(%)
1	キリンホールディングス	酒類,飲料	1兆8,012	1,206	6.7
2	サントリー	酒類,飲料	1兆4,948	753	5.0
3	アサヒビール	酒類,飲料	1兆4,641	870	5.9
4	味の素	食品	1兆2,166	605	5.0
5	日本ハム	食肉加工	1兆 323	175	1.7
6	山崎製パン	食品	7,732	206	2.7
7	明治乳業	食品	7,070	163	2.3
8	森永乳業	食品	5,868	78	1.3
9	伊藤ハム	加工食品	5,180	61	1.8
10	キユーピー	食品	4,680	158	3.4
11	ニチレイ	加工食品	4,636	174	3.8
12	サッポロホールディングス	酒類,飲料	4,490	124	2.8
13	日清製粉グループ本社	製粉	4,319	192	4.4
14	キッコーマン	食料品	4,139	239	5.8
15	コカ・コーラウエストホールディングス	飲料	4,095	161	3.9
16	明治製菓	フード	4,047	127	3.1
17	日清食品ホールディングス	即席メン	3,855	277	7.2
18	伊藤園	飲料	3,281	192	5.9
19	ヤクルト本社	飲料	3,173	225	7.1
20	東洋水産	加工食品	3,147	202	6.4
	20社 合計		13兆9,802	6,188	4.4

注）サントリーは非上場企業，キリンHDの決算期は12月，
　　営業利益率20社合計欄は加重平均値。

出所：各社の有価証券報告書2007年度版より筆者作成

プのキリンホールディングスの売上高1兆8,012億円の6倍強である。企業買収（M&A），戦略的提携，自前進出（Green Field）の3種類の経営戦略をてこに全世界に積極果敢に進出した欧米の食品会社と比べて，日本の食品会社の長年にわたる国内市場への引きこもり現象は，少子高齢化・人口減に向かう今日，各社の成長性に大きな課題を突き付けている。今，日本の食品会社に求められているものとは，具体的にはコストとスピードが重要となる材料調達力，国際展開を図る人材，ボーダレスな世界での国際マーケティング能力，異文化経営力，M&Aによる事業展開能力，買収防衛力などである。

3.1 製造業

●日本の食品業界の海外売上高比率の低さ

　日本の主要食品会社の海外売上高（2007年度）と海外売上高比率をマトリックスで示したものが図 3.1.53 である。トップは連結売上高1兆円企業の味の素で，その海外売上高は4,175億円と突出して大きく，海外売上高比率も34%でトップである。海外売上高比率が30%台にあるのは，味の素以外にキッコーマンの31%，油脂最大手の不二製油の30%である。20%台にあるのは，ヤクルト本社の26%，家庭用食用油最大手の日清オイリオグループの24%の2社である。キリンホールディングス，サントリーなどそれ以外の企業はいずれも10%台である。食品業は，熾烈な国際競争の下，海外市場で成長性を確保してきた自動車，電機，建設機械，工作機械などの業種と比較して，国内中心に事業を拡大してきたため，海外売上高比率の低さが特徴的である。

　それでは，日本の主要食品メーカーのアジアにおける業績はどのようになっ

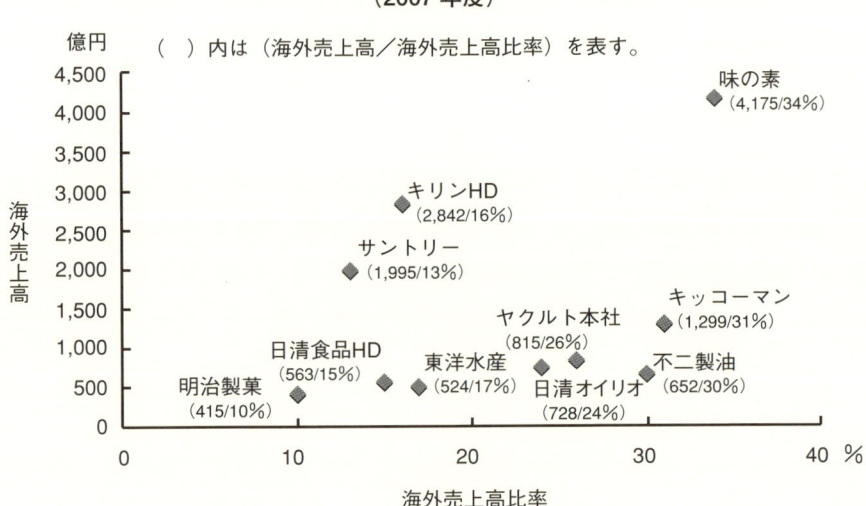

図 3.1.53　日本の主要食品企業の海外売上高と海外売上高比率
（2007年度）

縦軸：海外売上高（億円）　横軸：海外売上高比率（%）
（ ）内は（海外売上高／海外売上高比率）を表す。

- 味の素（4,175/34%）
- キリンHD（2,842/16%）
- サントリー（1,995/13%）
- キッコーマン（1,299/31%）
- ヤクルト本社（815/26%）
- 日清オイリオ（728/24%）
- 不二製油（652/30%）
- 日清食品HD（563/15%）
- 東洋水産（524/17%）
- 明治製菓（415/10%）

出所：各社の有価証券報告書2007年度版より筆者作成

第 3 章　業界別アジアの成長性と収益性実態

ているのであろうか。図 3.1.54 は，東証一部上場企業で，2007 年度のアジアのセグメントデータを開示している食品関連会社の所在地ベースの売上高と営業利益を示している。トップがキリンホールディングスで売上高 2,127 億円，営業利益 359 億円（利益率 16.9％），第 2 位が味の素で売上高 1,840 億円，営業利益 134 億円（同 7.3％）であり，この 2 社がアジア事業では突出している。キッコーマン，日清食品とも，アジア単独のセグメントデータは開示していないので，開示している欧州とアジアの合計額を参考値として紹介するのにとどめる。キリンホールディングスと味の素の 2 社以外の企業の売上高・営業利益は，キリンホールディングスや味の素と比較して 1 桁小さな規模となっており，連結決算におけるインパクトは小さい。ここでは図 3.1.53 の 10 社の事例研究の中から独自のアジア戦略を打ち出し，アジアの売上高が 1,000 億円を超す味の素とキリンホールディングスの 2 社を取り上げてみる。

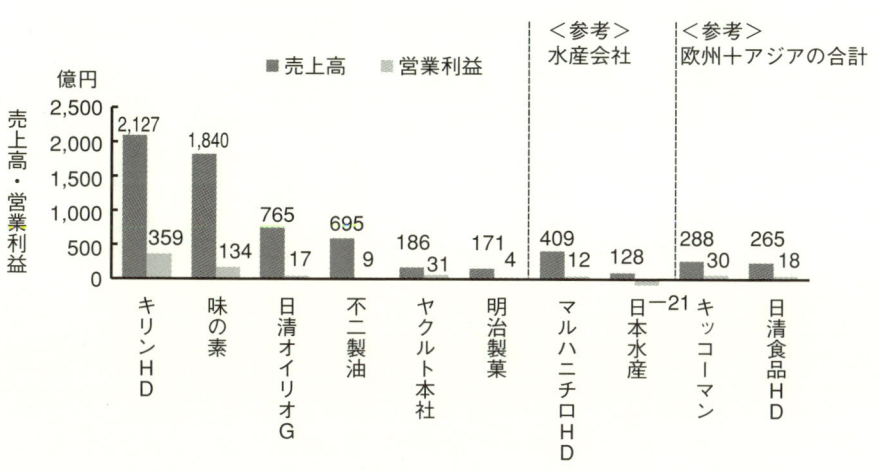

図 3.1.54　日本の主要食品会社のアジアの業績（2007 年度　出荷所在地ベース）

会社	売上高（億円）	営業利益（億円）
キリンHD	2,127	359
味の素	1,840	134
日清オイリオG	765	17
不二製油	695	9
ヤクルト本社	186	31
明治製菓	171	4
＜参考＞水産会社 マルハニチロHD	409	12
＜参考＞水産会社 日本水産	128	−21
＜参考＞欧州＋アジアの合計 キッコーマン	288	30
＜参考＞欧州＋アジアの合計 日清食品HD	265	18

注）日清食品HDは「日本」，「北米」を除く「その他地域」の数字で欧州・アジアを示す。
　　キッコーマンは「日本」，「北米」を除く「その他地域」の数字で欧州・アジア・オセアニアを示す。

出所：各社の有価証券報告書 2007年度版より筆者作成

3.1 製造業

『事例1 味の素』

●会社概要

　味の素は1925年設立の老舗で調味料では国内最大手である。事業構成は「国内食品」，「海外食品」，「アミノ酸」，「医薬」，「その他」の5部門からなる。連結売上高の半分以上を占める国内食品は「味の素」，「ほんだし」，スープ類，マヨネーズ，冷凍食品，コーヒー，飲料などが主力商品である。海外食品は「味の素」，風味調味料，即席麺，飲料などを扱う。強みのアミノ酸は，食品加工業向け「味の素」，核酸系調味料，飼料用アミノ酸，医薬用・食品用アミノ酸などを含む。以上の3事業（「国内食品」，「海外食品」，「アミノ酸」）で2007年度連結売上高の9割弱を占める。

●急伸する海外売上高比率

　味の素の1998年度から2007年度までの10年間の連結売上高と海外売上高比率の推移を示したものが図3.1.55である。1998年度連結売上高8,100億円が年平均成長率4.7%で伸び2007年度は1兆2,200億円になっている。この成長を牽引しているのが海外売上高であり，1998年度1,528億円が2007年度4,175億円と2,647億円の増分を見せている。海外売上高比率も同期間に18.8%から34.3%へ15.5%伸びている。

　同社の連結売上高の増分にどの地域が寄与しているかを示しているのが図3.1.56である。1998年度から2007年度の間の増分4,100億円の実現に日本，アジア，欧米が各々3分の1ずつ寄与していることが分かる。すなわち同社の成長を牽引したのは，少子高齢化や人口減少で成長が制約される日本よりも人口規模が大きく成長著しいアジアと欧米先進国の海外市場である。

　味の素グループは2005年度より中長期経営計画，「A-dvance 10～次の百年の礎を築く～」を推進している。この計画は，"グローバル経営"，"創造経営"，"グループ経営"および企業の社会的責任を意識した"CSR経営"を基本戦略

第 3 章　業界別アジアの成長性と収益性実態

図 3.1.55　味の素の連結売上高と海外売上高比率

年度	連結売上高(千億円)	海外売上高(千億円)	海外売上高比率(%)
1998	8.1	1.5	18.8
99	8.3	1.5	18.2
2000	9.1	2.1	22.8
01	9.4	2.4	25.8
02	9.9	2.5	24.8
03	10.4	2.7	25.6
04	10.7	3.0	27.8
05	11.1	3.3	29.5
06	11.6	3.7	32.1
07	12.2	4.2	34.3

出所：味の素の有価証券報告書各年度版より筆者作成

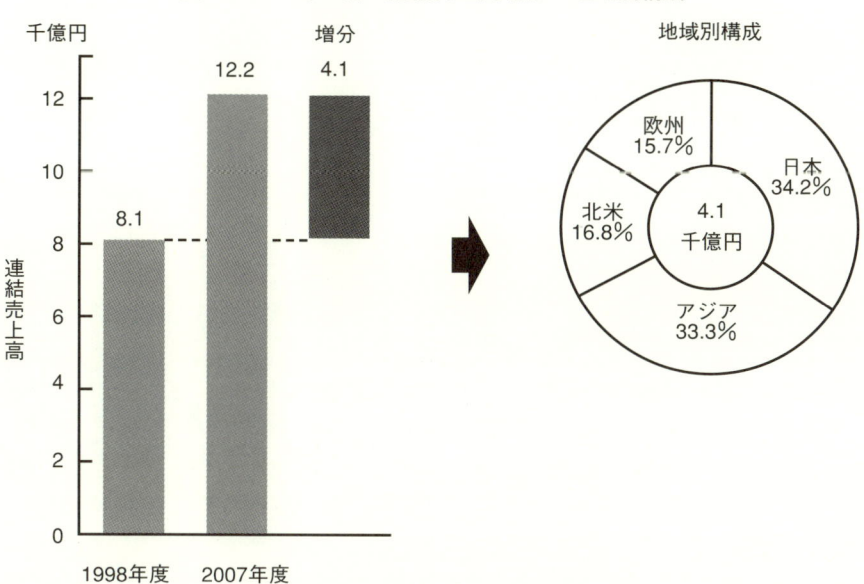

図 3.1.56　味の素の連結売上高増分の地域別構成

連結売上高：1998年度 8.1千億円、2007年度 12.2千億円、増分 4.1千億円

地域別構成（4.1千億円）
- 日本 34.2%
- アジア 33.3%
- 北米 16.8%
- 欧州 15.7%

出所：前掲図3.1.55および味の素の有価証券報告書1998年度、2007年度版より筆者作成

3.1 製造業

としている。しかし同社を取り巻く経営環境は，策定時と比べて，大きく変化している。原油価格の高騰に端を発したエネルギー価格の上昇，原材料価格の上昇，国内食品市場の予想以上の成長鈍化，為替変動による海外生産拠点の輸出競争力の低下，米国の金融危機に端を発した世界的な景気後退などが挙げられる。これらの厳しさを増す経営環境を打破し，競争に打ち勝つべく，グループ全体であらゆるレベルでの革新活動を推進し，コストダウンや企業体質の強化に取り組んでいる。

次に味の素の収益性を地域別に見たのが図 3.1.57 である。最近 10 年間の連結営業利益率は日本の収益性以上に海外の収益性が高い。とりわけアジアの収益性の高さが顕著であり，連結営業利益への寄与度が大きい。ちなみに 2007 年度の連結営業利益 605 億円は，売上高構成比で 3 分の 2 を占める日本と同 3 分の 1 の海外でほぼ半分ずつ構成されており，アジアの寄与度は 22%（134 億円）である。

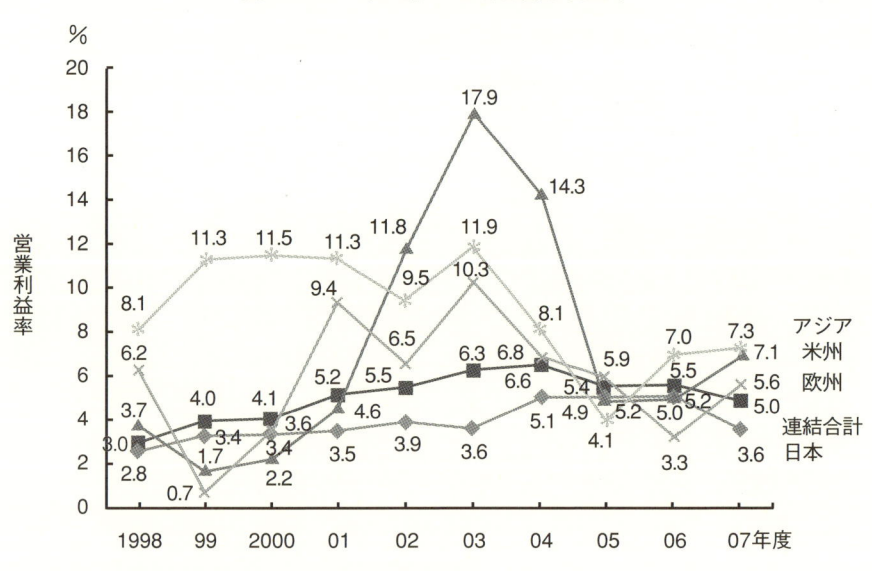

図 3.1.57　味の素の地域別営業利益率

出所：味の素の有価証券報告書各年度版より筆者作成

第3章　業界別アジアの成長性と収益性実態

●急成長するアジアの売上高

　1998年度から2007年度までの味の素のアジアの売上高の推移を示したものが図 3.1.58 である。1998年度473億円が2007年度1,812億円と10年間で1,339億円増加し，年平均成長率16.1%という高い伸びを見せた。アジアの売上高は基本的には海外食品事業とアミノ酸事業の2つからなり，その内訳は不明であるが，両事業とも成長の牽引車になっていると推定される。なお同図で1998年度がマイナス7.1%の成長率となっているのは1997年夏にタイに端を発したアジア通貨危機の影響でタイをはじめとする ASEAN 諸国の市場が急激に縮小した結果である。また，2007年度に前年比20.5%と2桁の高い伸びを示したのは，家庭用・外食市場向け「味の素」が大幅に伸長したこと，家庭用風味調味料も前年度の売上高を大きく上回ったことに加え，アミノ酸事業の中の飼料用アミノ酸が大きく伸びたためである。

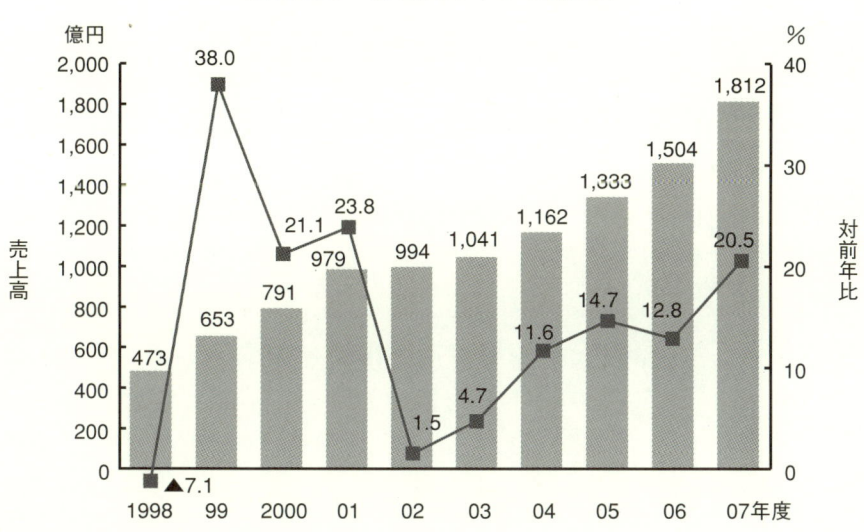

図 3.1.58　味の素のアジアの売上高

年度	売上高（億円）	対前年比（%）
1998	473	▲7.1
99	653	38.0
2000	791	21.1
01	979	23.8
02	994	1.5
03	1,041	4.7
04	1,162	11.6
05	1,333	14.7
06	1,504	12.8
07	1,812	20.5

出所：味の素の有価証券報告書各年度版より筆者作成

3.1 製造業

●歴史が古いアジア進出

　味の素は，今日，日本を含め全世界で 22 の国・地域に拠点を持ち，そのうち 15 の国・地域の 101 工場で生産活動を展開し，年々海外の比重を高めている。味の素の海外展開は 1956 年のニューヨーク味の素（現・アメリカ味の素）の設立から始まる。アジア展開は 1958 年ユニオンケミカルズ（現・フィリピン味の素）を設立したことに始まり，1960 年代にアジア各国に進出した。1960 年タイ味の素，1961 年マラヤ味の素（現・マレーシア味の素），1969 年折半出資の合弁会社インドネシア味の素の設立と続いた。特にタイは製造・販売の両面にわたり ASEAN の拠点国であり，2008 年 3 月現在，同国に連結子会社 8 社を有する。

　中国への本格進出は 1994 年に四川省の川化集団公司と提携，川化味の素（資本金 5,339 万ドル）を合弁で設立したことに始まる。1996 年には味の素（中国）（資本金 1 億 283 万ドル）を設立した。2008 年 3 月現在，中国に連結子会社 9 社を有する。2006 年にフランスのダノン・グループから香港の食品会社アモイ・フードおよびコンビニエンス・フーズ・インターナショナルの全株式を取得した。また，1991 年に完全出資でベトナム味の素（出資金 4,525 万ドル）を設立した。味の素はこのようにアジアに根を下ろした半世紀の事業基盤を持っており，それが今日のアジアにおける持続的な成長性と収益性を実現している理由であろう。

『事例 2　キリンホールディングス』

●会社概要

　キリンホールディングスは，2007 年 7 月に導入されたキリングループの純粋持株会社である。2008 年 12 月末現在，傘下に 371 社の連結子会社を持ち，国内酒類のキリンビール，メルシャン，清涼飲料のキリンビバレッジ，医療のキリンファーマ，協和発酵などが主力のグループ企業である。中核のキリンビー

ルは1907年に設立された1世紀の歴史を持つ飲料メーカーの老舗である。ビール業界で2位,発泡酒で首位である。キリンホールディングスは医薬品などのビール以外の事業を拡大している。また,積極的なM&Aでアジア・オセアニアの事業拡大を図っている。事業構成は,4事業部門からなり,ビール,発泡酒,洋酒などの「酒類」,清涼飲料などの「飲料」,医薬品の「医薬」,健康・機能性食品などの「その他」である。2007年の連結売上高では「酒類」が66.0%を占めたが,2008年には51.3%まで低下している。

● アジア・オセアニアでのリーディングカンパニーを目指す成長戦略

1998年から2008年までのキリンホールディングスの連結売上高(決算期12月)と海外売上高比率[注22)]を示しているのが図 3.1.59 である。1998年の連結売上高1兆4,800億円が2006年同1兆6,700億円と伸びたが,その間の年平均成長率はわずか1%台と低迷していた。この間,海外売上高比率が上昇し,低

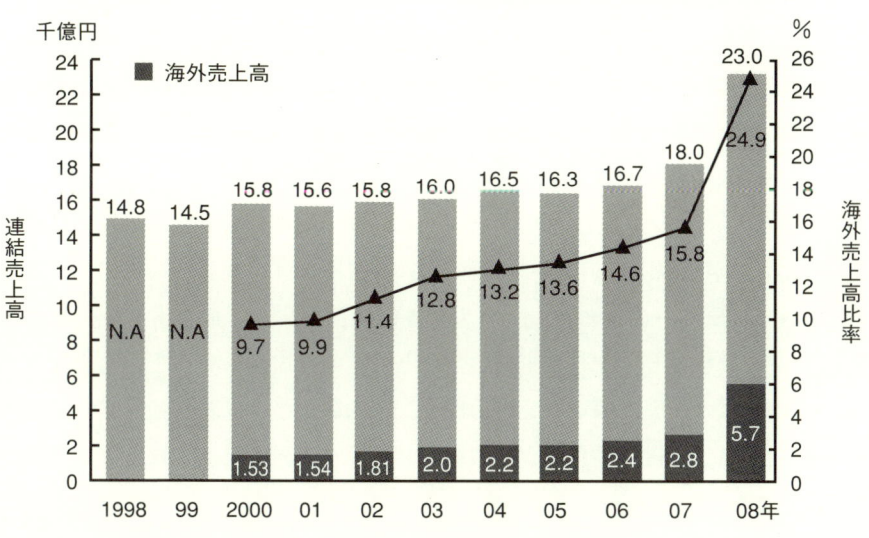

図 3.1.59　キリンホールディングスの連結売上高と海外売上高比率

注) 1998年度,1999年度は海外売上高は連結売上高の10%未満のため開示されていない。
　　2000年度,2001年度も同様に10%未満であるが開示されている。

出所：キリンホールディングスの有価証券報告書各年度版より筆者作成

3.1 製造業

成長下の売上増を海外が補完していたものの，この低迷は一過性ではなく構造的な成長の限界に直面していた。このトレンドが大きく変化したのは2007年からであり同年の連結売上高は前年比8.1%増の1兆8,000億円，2008年が同27.9%増の2兆3,000億円と急増した。また，海外売上高比率は，2007年は前年比1.2%増の15.8%，2008年は同9.1%増の24.9%に上昇した。この転換点になったのは，ビール市場が主戦場である同社が「脱ビール」を志向し，日本とオーストラリアで企業買収作戦に打って出たことが挙げられる。2007年に医薬品大手の協和発酵および売上高2,000億円超の乳製品・果汁飲料大手である豪ナショナルフーズを，そして2008年には豪デアリーファーマーズを買収している。

キリンホールディングスは，主戦場の国内のビール市場が今後，少子高齢化・人口減少や若者の酒離れの中で縮小が見込まれていることから，中長期的には業態の転換や海外への積極的な事業展開で持続的な成長性や収益性を確保せざるを得ないと考えている。キリングループは，2006年5月に，2015年に向けたキリングループ長期経営構想「キリン・グループ・ビジョン2015」（略称：KV2015）を発表した。このビジョンは，従来の延長線上にとどまらない飛躍的な成長の実現を目指し，着地年の2015年に連結売上高3兆円，営業利益は2,500億円，海外売上高比率約30%を達成するという数値目標を公表している。KV2015のステージⅠとしての「2007年～2009年中期経営計画」に続いて「2010年～2012年中期経営計画」が策定される。同社は，「事業会社の自律的成長」，「グループシナジーによる成長」，「大胆な資源配分による成長」という3つの成長パターンを軸とした基盤事業の強化と飛躍的な成長の実現を打ち出している。具体的には，国内酒類事業の再成長，国内および国際綜合飲料グループ戦略の推進，健康・機能性食品事業の展開，医薬事業の成長加速などである。

海外酒類事業については，「アジア・オセアニア地域を中心とした綜合飲料グループ戦略を推進する。中国では麒麟（中国）投資社を中心に更なる発展を目指し，また，豪州ライオンネイサンでは，過去3年間にわたるブランド強化・

第3章　業界別アジアの成長性と収益性実態

設備投資などでより強固になった事業基盤を生かし，長期的な成長を目指す。フィリピンにおいてはサンミゲルとの戦略的提携を強化する。」（同社2008年12月期 決算短信）としている。なお，キリンホールディングスによるフィリピンのビール最大手サンミゲルビール（SMB）への43.25％の出資合意（株式取得額1,000億円前後）が2009年2月に報じられている[注23]。この報道ではフィリピンのビール市場で9割以上のシェアを持つSMBへの追加出資による子会社化の可能性についても言及している。

また海外飲料・食品事業については，「2009年下期よりベトナムで高付加価値商品の製造・販売を開始するなど，これまでの中国・タイと同様にプレミアム戦略を展開し，成長著しいアジア市場における飲料ビジネスを推進する。豪州ナショナルフーズでは，2008年に買収が完了した豪州デアリーファーマーズとの統合に向けた取り組みに着手し，製造設備の統廃合や原材料調達の効率化によるコストダウンなどのシナジー創出と，全乳製品カテゴリーでの強力なブランドポートフォリオの確立を目指す」（同・決算短信）としている。

●アジア・オセアニアが成長性を牽引

キリンホールディングスは海外売上高比率を急上昇させているが，どの地域の寄与度が高いかを示しているのが図3.1.60である。地域別売上高を初めて公開した2000年連結売上高1兆5,800億円の内訳は「日本」が90.3％，海外が「アジア・オセアニア」6.7％，米国・欧州の「その他」3.0％を合わせた9.7％であり，圧倒的に本国市場への依存度が高かった。一方，2008年の連結売上高2兆3,000億円の地域別内訳は，日本75.1％，海外24.9％（アジア・オセアニア20.2％，その他4.7％）であり，海外の構成比が急速に高まっている。とりわけアジア・オセアニアの構成比が2000年比の3倍になっている。この結果，同図の地域別増分構成の円グラフが示すように2000年から2008年までの連結売上高の増分7,200億円はアジア・オセアニアが49.7％（3,600億円）を占め，日本本国の増分寄与度を大きく上回った。これは同社が買収した豪州ナショナルフーズ，豪州ライオンネイサン，豪州ジェイ・ボーグ・アンド・サンの連結

117

3.1 製造業

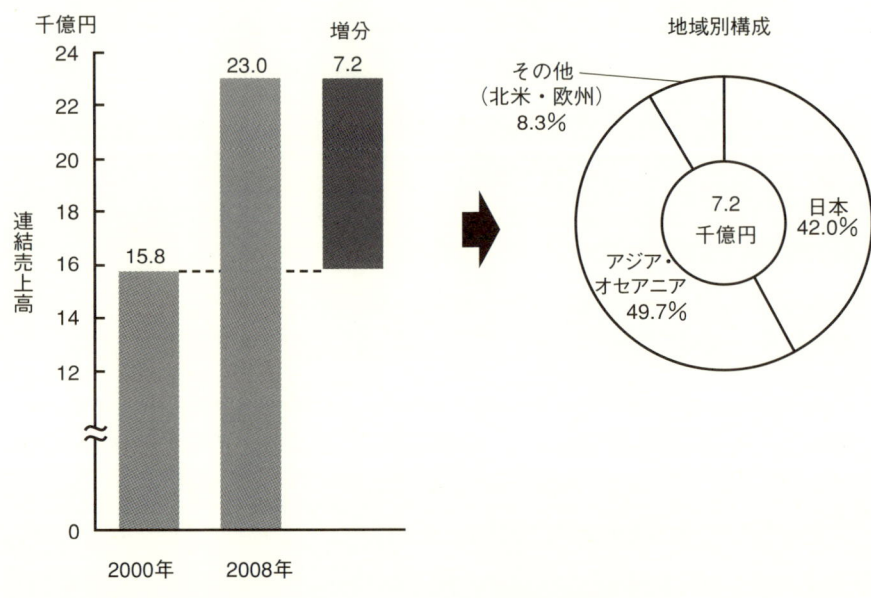

図3.1.60 キリンホールディングスの連結売上高増分の地域別構成

出所：前掲図3.1.59およびキリンホールディングスの有価証券報告書2000年，2008年度版より筆者作成

によるものである。

● **収益性もアジア・オセアニアが牽引**

　一方，キリンホールディングスの連結営業利益を押し上げているのがどこの地域かを示しているのが**図3.1.61**である。同社の2000年の連結営業利益991億円の地域別内訳は日本が849億円（構成比85.7%），アジア・オセアニアが116億円（11.7%），米国・欧州のその他26億円（2.6%）であり，本国の構成比が圧倒的に高い。一方，2008年の連結営業利益1,633億円の地域別内訳は，日本1,196億円（73.2%），アジア・オセアニア358億円（21.9%），その他79億円（4.9%）で，海外利益の構成比がほぼ倍増している。この間の増分642億円の構成は，同図の地域別増分構成の円グラフが示すように国内，海外がほぼ半々であり，とりわけアジア・オセアニアが37.7%を占め，同社の連結営業利益を牽引している。

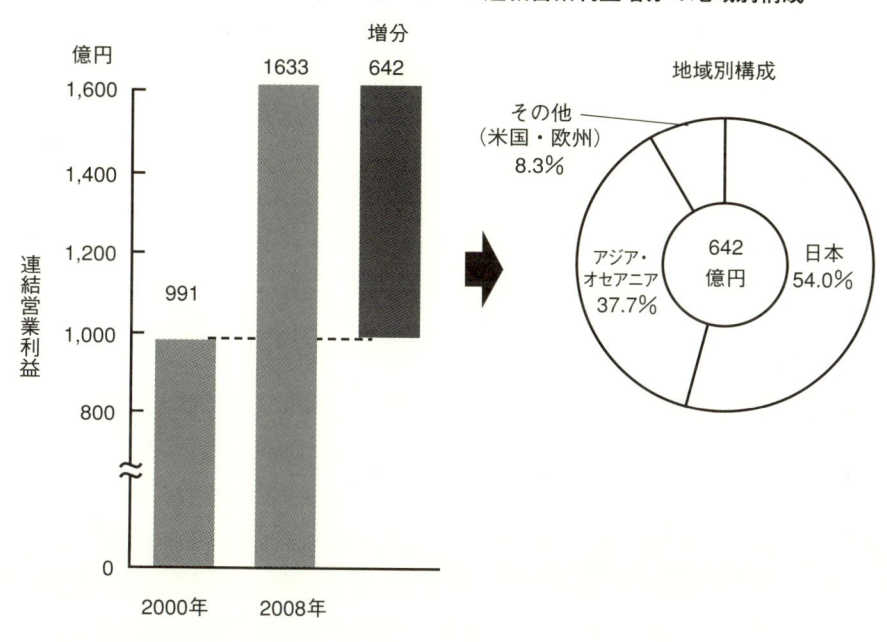

図 3.1.61　キリンホールディングスの連結営業利益増分の地域別構成

連結営業利益（億円）
- 2000年：991
- 2008年：1633
- 増分：642

地域別構成（642億円）
- 日本　54.0%
- アジア・オセアニア　37.7%
- その他（米国・欧州）　8.3%

注）連結営業利益は地域セグメントデータの「消去または全社」項目を相殺する前の数字。
出所：キリンホールディングスの有価証券報告書2000年，2008年度版より筆者作成

●日本食品メーカーのアジアにおける今後の課題

　日本の食品メーカーにとり，中長期的な成長性と収益性を確保するため，海外の同業種や関連業種の企業を買収することは1つの選択肢であるが，ほかに発展の手段はないのであろうか。これには日本の小売業と連携した進出や現地での共同での食材開発，品揃えや食品開発など両業種の現地での連携プレーによる相乗効果が考えられる。各国ごとに民族，人種，宗教，文化などが異なり，食生活・食文化も異なる。食品業も国ごと，地域ごとに地域性が強い業種である。今後，日本における小売業との協業の成功ノウハウを出遅れたアジア市場でも発揮できるチャンスがある。

また今後，所得が向上するアジアでは嗜好の多様化や高級品の選択が進む。日本発の従来型商品，醬油，「味の素」，即席メンなどに加えて，日本酒，日本ワイン，味噌，日本茶（緑茶飲料），和菓子など日本のオリジナル食品の市場開拓は，少子高齢化で頭打ちとなる日本市場のリカバリー策として大きな期待が持てる。海外，とりわけ中国などのアジア市場に活路を求めなければ，日本の食品業界の展望は明るくないであろう。

3.1.8 医薬品

日本の製薬産業もほかの産業同様，国内市場の縮小に直面している。人口減少や2年に一度の国内の薬価（医薬品の公定価格）引き下げによる医療費抑制で，国内の医薬品市場は今後縮小を続ける公算が大きい。米国，欧州の先進国市場や人口が多く所得が伸びている中国，インドといった新興国市場の需要を取り込まなければ，持続的な成長性や収益性が確保できない状況にある。

日本の製薬企業が，焦点を当てる市場（製品および国・地域）がどこかは各社ごとに異なるが，グローバル戦略の加速化を否応なしに求められている。そのグローバル戦略と資金力，研究開発力，人材といった企業の体力によって手段が異なるが，海外企業の買収（M&A），海外企業との資本提携・共同研究開発・販売提携・生産提携といった戦略的企業提携（Strategic Alliance），そして自前進出（Green Field）の3種類がある。また，大手製薬企業は，膨大な研究開発費の投入による新薬の開発と特許期間中でのグローバルな回収は可能であるが，中堅企業にとっては縮小する国内市場にとどまっての生き残りを模索することは長期的にはかなり困難であろう。後発医薬品（ジェネリック医薬品）メーカーにとっては，特許が切れた新薬の有効成分を使った薬を製造する国内での設備投資を拡大することによって生産能力を確保する戦略に打って出ることになる。このように同じ製薬業界の中にあって，各社の資金力，研究開発力，製造力，国際人材は大きく異なるものの，積極的な海外市場の開拓は勝ち残りのための大きな選択肢の1つである。

第3章　業界別アジアの成長性と収益性実態

● 大手企業の海外売上高比率が M&A で上昇

　日本の主要製薬会社8社の2007年度の連結売上高と海外売上高比率をプロットしたものが図3.1.62である。日本最大の売上高を誇る武田薬品工業の連結売上高1兆3,748億円の半分が海外売上高である。売上高7,000億円以上の武田薬品工業，アステラス製薬（旧・山之内製薬と旧・藤沢薬品が2005年合併），第一三共（旧・第一製薬と旧・三共が2005年合併），エーザイの上位4社の海外売上高比率は欧米での企業買収により大きく上昇している。一方，連結売上高2,000億円台から3,000億円台の田辺三菱製薬，大日本住友製薬，大正製薬，塩野義製薬の中位4社は，海外売上高比率が1桁台または10％台と総じて低いのが特徴である。

　ここでは，製薬大手8社と言われる武田薬品工業，アステラス製薬，第一三

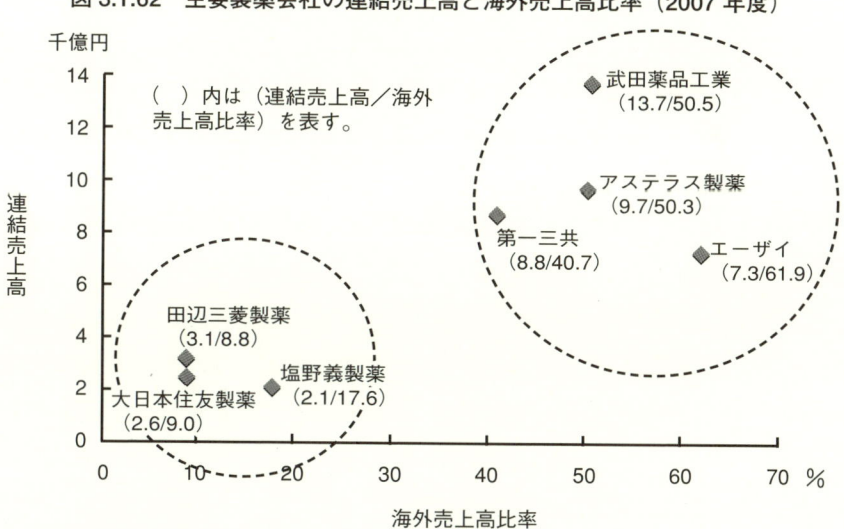

図3.1.62　主要製薬会社の連結売上高と海外売上高比率（2007年度）

（　）内は（連結売上高／海外売上高比率）を表す。

- 武田薬品工業（13.7/50.5）
- アステラス製薬（9.7/50.3）
- 第一三共（8.8/40.7）
- エーザイ（7.3/61.9）
- 田辺三菱製薬（3.1/8.8）
- 塩野義製薬（2.1/17.6）
- 大日本住友製薬（2.6/9.0）

縦軸：連結売上高（千億円）
横軸：海外売上高比率（％）

注）大正製薬は，連結売上高（2,497億円）に占める海外比率が10％未満のため海外売上高を公表していない。

出所：各社の有価証券報告書2007年度版より筆者作成

3.1 製造業

共,エーザイ,田辺三菱製薬,大日本住友製薬,大正製薬,塩野義製薬の事例研究の中から海外売上高比率が高くアジアの事業展開に特徴を持つエーザイと,積極的な海外展開で成果を上げている医療商品分野のテルモの2社を取り上げる。

『事例1　エーザイ』

●会社概要

　エーザイは,1941年に「日本衛材株式会社」として設立され,1955年に現社名の「エーザイ株式会社」に変更し,1961年に東京証券取引所第一部に上場した。自社品比率が高く,神経系・消化器系の薬に強い。アルツハイマー型認知症治療薬「アリセプト」やプロトンポンプ阻害型抗潰瘍薬「パリエット」を世界に展開している。

　事業構成は,「医薬品分野」と「その他の分野」の2部門から成り立っている。前者は医療用医薬品,一般用医薬品,診断用医薬品などであり,後者は食品添加物,化学品,製薬用機械等である。2007年度の連結売上高の内,「医薬品分野」が97%,「その他の分野」が3%を占める。また連結営業利益は前者が91%,後者が9%を占める。なお,エーザイは,平成18年度をスタート年度,平成23年度を最終年度とする第Ⅴ期中期戦略計画「ドラマティック リープ プラン」を策定し実践中である。この計画では「ベストな人のベストな場所でのベストなストラクチャーによる価値創造」を基本に,最も妥当性の高い国や地域に製薬企業の重要な機能を設置するとともに,地域ごとの状況やニーズを踏まえたグローバルなビジネスを展開するとしている。そしてグローバルな事業活動を推進するために,「日本」,「米国」,「欧州」,「中国」,「アジア・大洋州・中東」の5リージョン体制を構築し,それぞれのリージョンにおける基盤整備,機能強化を進めている。

第3章　業界別アジアの成長性と収益性実態

●海外売上高比率が急上昇

　エーザイの1998年度から2007年度までの連結売上高と海外売上高比率を表したものが図3.1.63である。1998年度の連結売上高2,848億円が年平均成長率11.1％で伸び，2007年度には7,343億円となった。この高い成長を実現したのが，海外売上高であり，同期間に6.5倍の伸び（年平均成長率23.1％）を見せた。この結果，海外売上高比率が1998年度の24.5％から2007年度には61.9％に急上昇し，欧米地域を中心とする海外売上高が連結売上高の6割強を占めるに至った。

　この連結売上高の拡大を牽引しているのが前掲の認知症治療薬「アリセプト」や抗潰瘍薬「パリエット」であり，2007年度の売上高は前者が2,909億円，後者が1,759億円であった。この2つの商品の売上高合計4,668億円は同年度の連結売上高の63.5％を占める基幹商品である。なお，「アリセプト」と「パリエッ

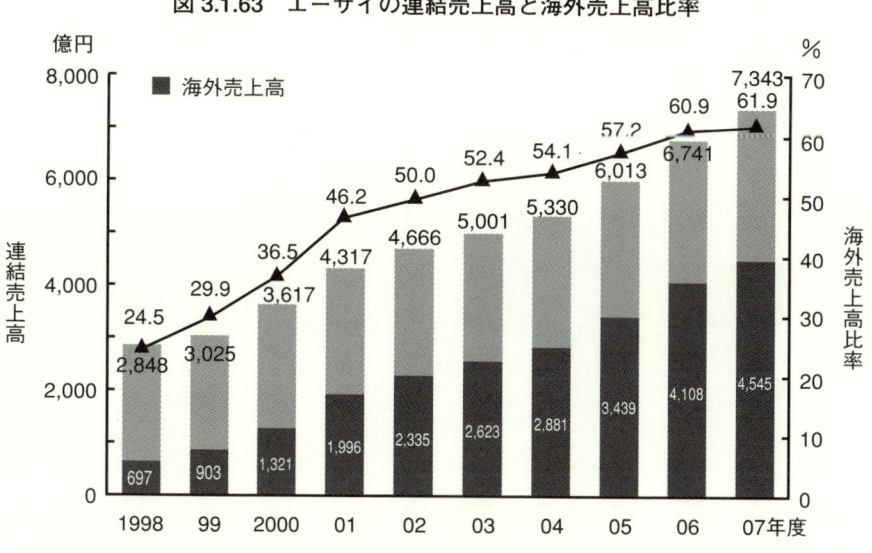

図3.1.63　エーザイの連結売上高と海外売上高比率

出所：エーザイの有価証券報告書各年度版より筆者作成

3.1 製造業

ト」の売上高合計の地域別内訳は，北米3,116億円，日本994億円，欧州418億円，アジア他140億円であり，北米での売上規模が突出して大きい。

● 欧米依存度の高い企業成長

エーザイの連結売上高増分の地域別構成を示しているのが図3.1.64である。1998年度の連結売上高2,848億円が2007年度は7,343億円と急拡大し，その間の増分は4,495億円である。北米が増分合計の3分の2を占め，次いで欧州の13.1％が続く。増分を牽引したのは欧米市場である。この間，日本の売上高は1998年度2,151億円から2007年度2,797億円へ646億円増えたに過ぎず，増分構成比も1割台にとどまっている。また，中国，台湾，韓国などの東アジア，ASEANを中心とする東南アジア諸国，そして中南米諸国等を含む「アジア他[注24]」は，1998年度の58億円が2007年度には310億円と5.3倍の急増を見せたが，増分寄与率は5.6％にとどまった。

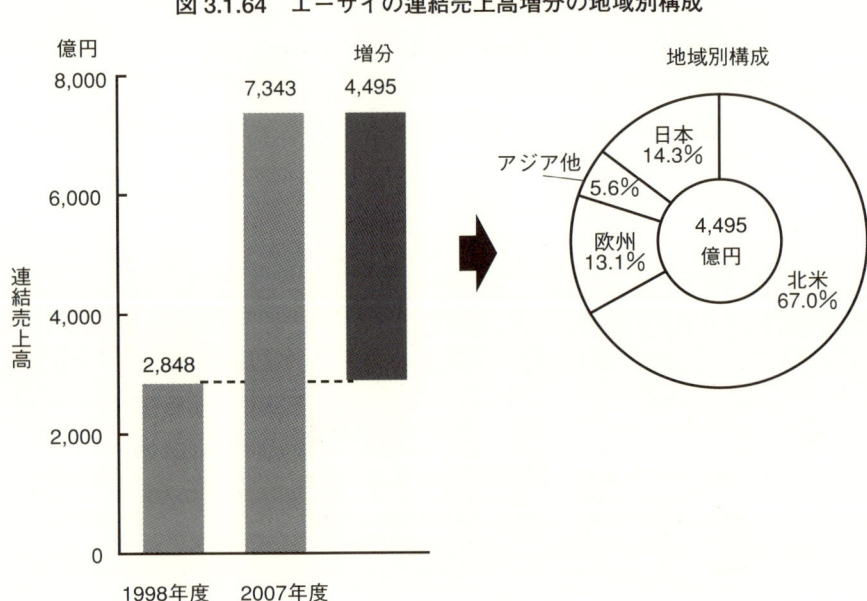

図3.1.64 エーザイの連結売上高増分の地域別構成

出所：前掲図3.1.63およびエーザイの有価証券報告書1998年度，2007年度版より筆者作成

第 3 章　業界別アジアの成長性と収益性実態

欧米依存度が高いのはエーザイだけではない。主要製薬 4 社の 1998 年度から 2007 年度までの 10 年間の連結売上高の増分を見ると，エーザイを含めて共通しているのは北米，欧州で増分の大半を実現していることである。例えば，業界トップの武田薬品は 1998 年度の連結売上高 8,446 億円の内訳は日本 6,694 億円（構成比 79.3％），海外 1,752 億円（同 20.7％）と圧倒的に日本の構成比が高かった。一方，2007 年度の連結売上高 1 兆 3,748 億円の内訳は，日本 6,806 億円（同 49.5％），海外 6,942 億円（同 50.5％）と国内外が逆転した。同期間の売上増分 5,301 億円の内，日本のそれはわずかに 112 億円（増分寄与率 2.1％）である。これは同期間に日本市場では毎年成長に制約があったことを意味している。一方，増分の 7 割を北米が，3 割弱を欧州が実現していたことになる。

● **大手 4 社は欧米中心の海外展開**

日本の主要製薬 4 社の 2007 年度連結売上高の地域別構成を示したものが図

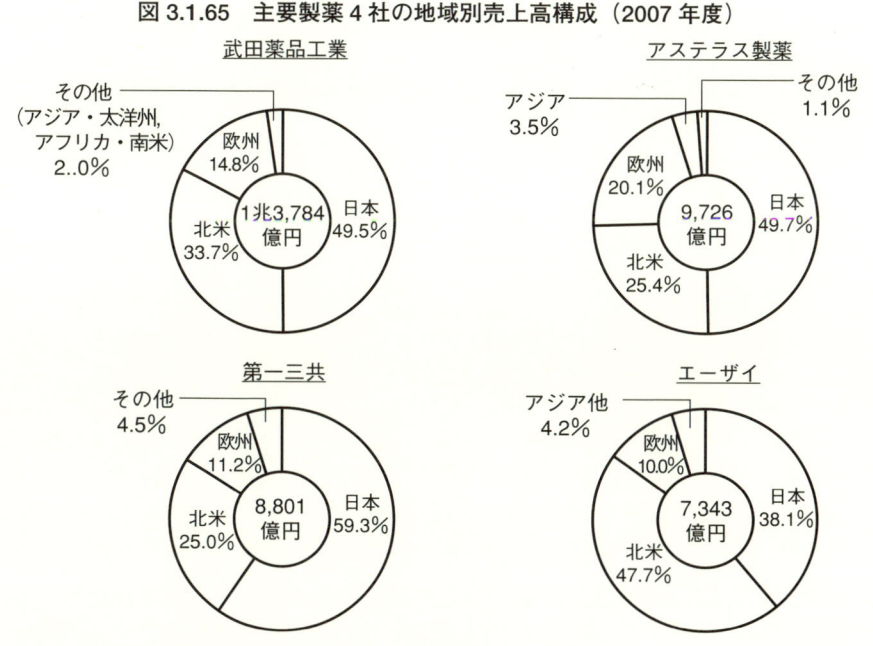

図 3.1.65　主要製薬 4 社の地域別売上高構成（2007 年度）

武田薬品工業：1兆3,784億円
- その他（アジア・太洋州，アフリカ・南米）2.0％
- 欧州 14.8％
- 北米 33.7％
- 日本 49.5％

アステラス製薬：9,726億円
- その他 1.1％
- アジア 3.5％
- 欧州 20.1％
- 北米 25.4％
- 日本 49.7％

第一三共：8,801億円
- その他 4.5％
- 欧州 11.2％
- 北米 25.0％
- 日本 59.3％

エーザイ：7,343億円
- アジア他 4.2％
- 欧州 10.0％
- 北米 47.7％
- 日本 38.1％

出所：各社の有価証券報告書2007年度版より筆者作成

3.1 製造業

3.1.65 である。4社の連結売上高合計は3兆9,618億円である。4社とも海外売上高は北米市場が最大であり次いで欧州市場である。北米欧州の構成比合計は武田薬品工業48.5%，アステラス製薬45.5%，第一三共36.2%，エーザイ57.7%であり，いずれも本国市場に匹敵する重要なポジションを占めている。一方，人口13.2億人の中国と11.7億人のインドを擁するアジアは，4社とも連結売上高の5%未満の「その他」市場であり，ほかの業界と比べてアジアの市場開拓の遅れが顕著である。

●中国，インドを中心としたアジア展開が次なるターゲット

エーザイのアジア他の地域は，北米，欧州と比べると売上規模が1桁小さいが，図3.1.66 エーザイのアジア他の売上高が示すように順調に伸びている。1998年度の売上高の対前年比がマイナス12.1%と落ち込んでいるのは，前年に起きたアジア経済危機の影響によるものである。1999年度にアルツハイマー型認知症治療薬「アリセプト」を中国など4カ国で，プロトンポンプ阻害型抗潰瘍薬「パリエット」をタイなど4カ国で新発売した。その後，アジア各国で

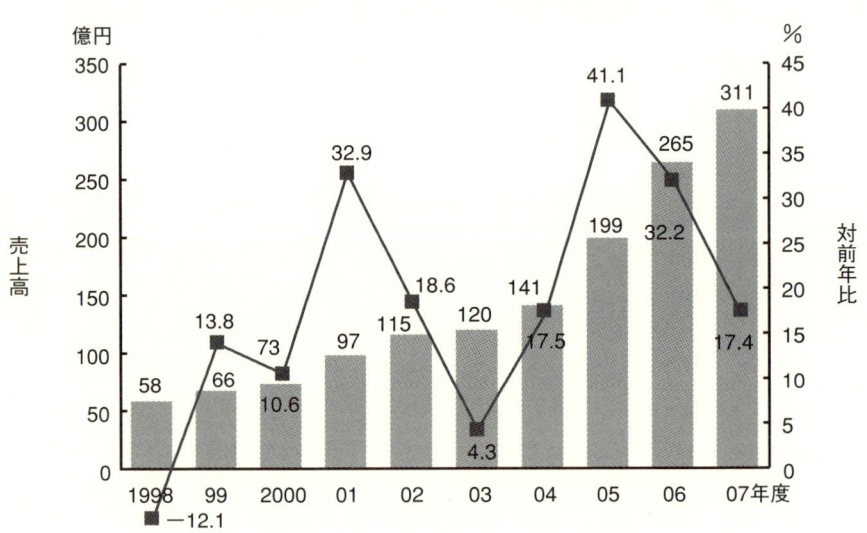

図3.1.66 エーザイのアジア他の売上高

出所：エーザイの有価証券報告書各年度版より筆者作成

は「アリセプト」と「パリエット」の売上高が拡大し，2007年度は311億円の売上高を計上した。この2つの主要商品の売上高合計は140億円で同年度の売上高の45%を占める。

● エーザイのアジア現地法人

　エーザイは，1996年に中国に独資で衛材（蘇州）製薬有限公司（現・衛材（中国）薬業有限公司）を設立，1997年に韓国のソウル市に販売会社，エーザイ・コリア・インクを設立した。2000年代に入ると，積極的にインドに進出，2004年にマハラシュトラ州に完全子会社のエーザイ・ファーマシューティカルズ・インディア（資本金1億6,000万ルピー），次いで2007年にアンドラプラデシュ州に完全子会社のエーザイ・ファーマテクノロジー・アンド・マニュファクチャリング（資本金6億400万ルピー）を設立した。このほか，アジアには医薬品の製造・販売会社としてインドネシアにP.T.エーザイ・インドネシア，タイに合弁会社エーザイ・（タイランド）・マーケティング，フィリピンのマニラ市に合弁会社ハイ・エーザイ・ファーマシューティカル，台湾の台北市に衛采製薬股份有限公司を設立している。また，医薬品の販売会社として，シンガポールにエーザイ・（シンガポール），マレーシアのペタリンジャヤにエーザイ・（マレーシア），香港にエーザイ・（ホンコン）を有する。なおシンガポールには，前掲の販売会社の他にアジアの持株会社のエーザイ・アジア・リージョナル・サービス（資本金2,640万シンガポールドル）がある。この会社は世界5リージョン体制の1つであるアジア・大洋州・中東地域における各現地法人の経営支援機能の一層の強化や一貫したガバナンス体制の整備と内部統制の推進を企図し，その統括機能を有する。また，シンガポールには，医薬品臨床研究を行うエーザイ・クリニカル・リサーチ・シンガポールがある。

『事例2　テルモ』

● 会社概要

　テルモはアジア向けなど積極的な海外市場開拓で高成長を遂げる病院向けを

3.1 製造業

中心とした医療器具メーカーである。1921年に設立，翌年，体温計を発売し，1936年に社名が「仁丹体温計株式会社」となる。創業以来40年間にわたってガラス体温計の専業メーカーとして発展，その後，1960年代に入り日本で初めて使い切り医療機器の事業に参入しその事業領域を拡大してきた。1963年「株式会社 仁丹テルモ」の社名変更を経て1974年に現在の社名「テルモ株式会社」となる。1982年東京証券取引所市場第二部に株式を上場，1985年同市場第一部に指定される。

事業構成は，「ホスピタル商品群」，「心臓・血管領域商品群」，「生活医療商品群他」の3事業部門より成り立っている。「ホスピタル商品群」は，注射筒，注射針，輸血セット，真空採血管などのホスピタル医療器，輸血剤などの医薬品類，血液バッグ，成分採血装置などの輸血関連商品である。「心臓・血管領域商品群」は，カテーテルシステム，人工心肺システム，人工血管などである。「生活医療商品群他」は，腹膜透析液，血糖測定システム，在宅輸血システム，家庭用電子体温計，家庭用電子血圧計などである。2007年度の連結売上高3,064億円は，「ホスピタル商品群」が49%，「心臓・血管領域商品群」が41%，「生活医療商品群他」が10%を占める。

●海外市場で世界的な高シェア商品を武器に高成長

テルモも前掲の医薬品会社エーザイと同様，国内では薬価（薬の公定価格）や医療機器の公定価格の引き下げなどの厳しい環境下にもかかわらず，連結ベースでは高い成長を遂げてきた。図3.1.67はテルモの1998年度から2007年度の10年間の連結売上高と海外売上高比率を示している。1998年度の連結売上高1,607億円が年平均成長率7%台の伸びで，2007年度には3,064億円となった。売上高は14期連続で，営業利益は6期連続で過去最高を更新し続けてきた。この高成長を牽引しているのが海外売上高であり，海外売上高比率は，1998年度の32.8%から2007年度の47.0%へ急伸している。国内外の売上構成が数年以内に逆転するトレンドの中にある。この高い売上高成長を支えている地域はどこであろうか。

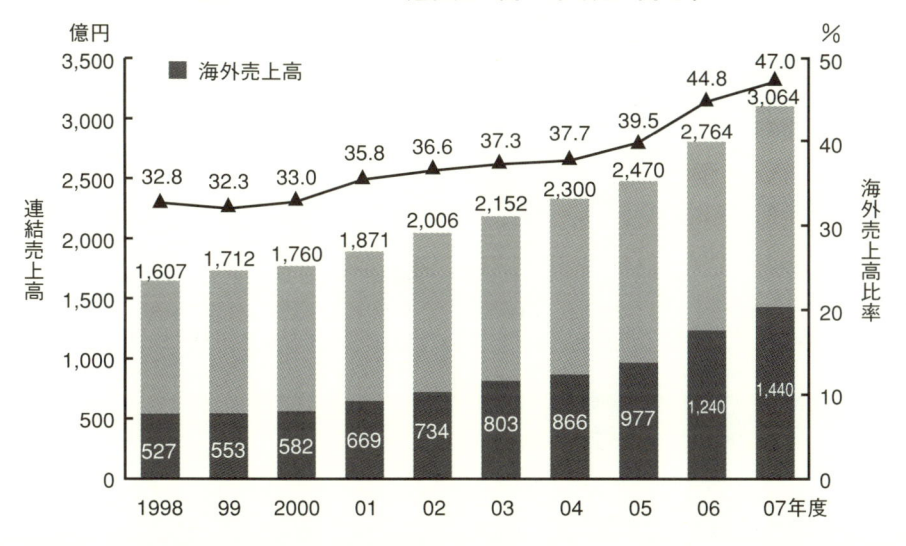

第 3 章　業界別アジアの成長性と収益性実態

図 3.1.67　テルモの連結売上高と海外売上高比率

年度	連結売上高(億円)	海外売上高(億円)	海外売上高比率(%)
1998	1,607	527	32.8
99	1,712	553	32.3
2000	1,760	582	33.0
01	1,871	669	35.8
02	2,006	734	36.6
03	2,152	803	37.3
04	2,300	866	37.7
05	2,470	977	39.5
06	2,764	1,240	44.8
07年度	3,064	1,440	47.0

出所：テルモの有価証券報告書各年度版より筆者作成

　図 3.1.68 は同社の連結売上高増分の地域別構成[注25]を示している。1998 年度から 2007 年度までの間の増分 1,457 億円の内，日本本国が 37.4％，米州，欧州，アジア他の海外が 62.6％を占めている。成長が制約される日本よりも欧米先進国市場や所得水準の向上とともに医療機器市場が拡大を続けている中国，インド，ロシア，東欧などの新興国市場が同社の成長を牽引していることが明らかである。

　テルモは 2005 年度から 3 カ年中期経営計画「STeP UP（ステップアップ）2007」をスタートさせ，「医療安全と効率化」，「新しい治療システムの開発」，「社内カンパニー制による専門性強化」の 3 つを重要戦略として掲げてきた。3 年目の 2007 年度は着地点の目標を達成したと同時に，3 年間の平均伸び率は売上高 10％増，営業利益 12％増と 2 桁成長となった。2008 年度からは次の 3 カ年中期経営計画「Phoenix2010 ～非連続への挑戦～」が始まった。この中では 3 つの戦略的取り組みを行っている。1 つ目は，「カンパニー制の進化」であり，

129

3.1 製造業

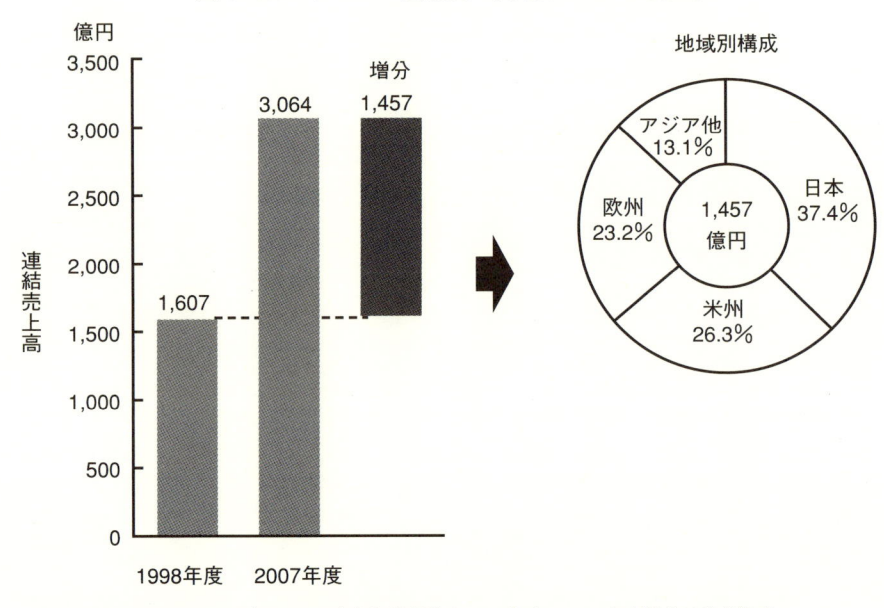

図 3.1.68　テルモの連結売上高増分の地域別構成

（棒グラフ：1998年度 1,607億円、2007年度 3,064億円、増分 1,457億円）

地域別構成（1,457億円）
- 日本 37.4%
- 米州 26.3%
- 欧州 23.2%
- アジア他 13.1%

出所：前掲図3.1.67およびテルモの有価証券報告書1998年度，2007年度版より筆者作成

事業カンパニーを「ホスピタル」「心臓血管」「血液」「ヘルスケア」の4つに再編し，各々の事業展開力を高める一方，事業間シナジーを出し総合力を強化する。2つ目は「グローバル化の推進」で，社内組織の改革などによりグローバル経営を発展させ，新興国に対しても積極的な投資を行い，スピードある事業展開を図る。3年以内に海外売上高比率が50%を超すことを目指している。3つ目は「イノベーションへの挑戦」で，「薬とデバイスの融合」のコア技術を進化させるべく研究開発に取り組む。

●収益依存度が高まるアジア

　次にテルモの収益性を**図 3.1.69**にある1998年度から2007年度の10年間の連結営業利益の増分を地域別構成で見てみる。1998年度の連結営業利益366億円の内，9割を日本，1割を欧州・米州の海外が占めた。アジア他は2億円の損失である。本国市場が圧倒的な利益源である。一方，2007年度の連結営

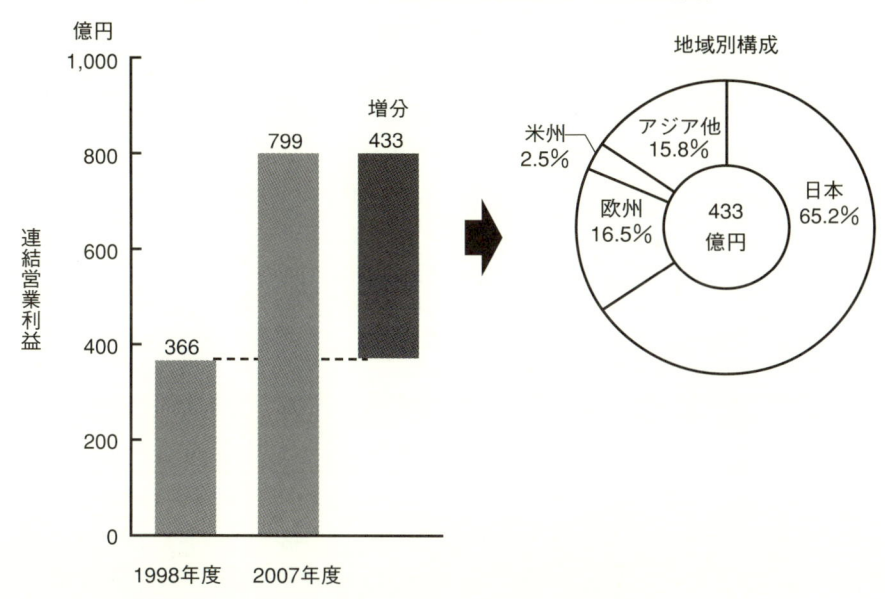

第 3 章　業界別アジアの成長性と収益性実態

図 3.1.69　テルモの連結営業利益増分の地域別構成

注）連結営業利益は，「消去または全社」を相殺する前の地域別営業利益の合計を使用。

出所：テルモの有価証券報告書1998年度，2007年度版より筆者作成

業利益799億円の3分の2を日本，3分の1を海外が占める。日本の構成比が1998年度比約24％低下し，欧州，米州，アジア他の海外の構成比が急速に高まった。とりわけアジア他の営業利益が66億円で米州の36億円を追い抜いている。

　1998年度から2007年度の間の増分433億円の地域別構成は，高収益を誇る日本の構成比は65.2％とまだ高いが，増分寄与度の高い欧州，アジア他を含む海外が34.8％を占めるに至った。次にこれらの地域別の収益性のトレンドを図 3.1.70で見る。コンスタントに20％台の高い利益率の日本のほか，過去10年間で大幅な利益率の改善が見られ競争力が増した欧州とアジア他が特徴的である。

3.1 製造業

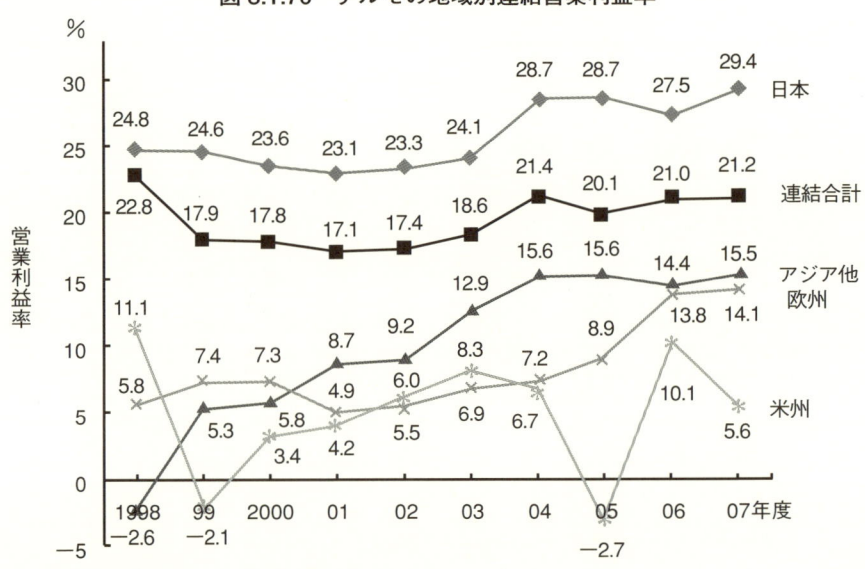

図 3.1.70 テルモの地域別連結営業利益率

[図：テルモの地域別連結営業利益率（1998～2007年度）

日本：24.8, 24.6, 23.6, 23.1, 23.3, 24.1, 28.7, 28.7, 27.5, 29.4
連結合計：22.8, 17.9, 17.8, 17.1, 17.4, 18.6, 21.4, 20.1, 21.0, 21.2
アジア他：−2.6, −2.1, 5.3, 4.9, 6.0, 12.9, 15.6, 15.6, 14.4, 15.5
欧州：5.8, 7.4, 7.3, 8.7, 9.2, 8.3, 7.2, 8.9, 13.8, 14.1
米州：11.1, 5.8, 3.4, 4.2, 5.5, 6.9, 6.7, −2.7, 10.1, 5.6]

注）連結営業利益率は、「消去または全社」項目を相殺する前の数字を使用。

出所：テルモの有価証券報告書各年度版より筆者作成

● 医療水準が向上するアジア市場の拡大

　アジアでは医療水準が徐々に向上していることから市場が拡大してきており，テルモはホスピタル商品全般，カテーテルシステム，人工心肺システムなどの心臓・血管領域商品および血糖測定器などの分野で大きく売上高を伸ばしてきた。図 3.1.71 は同社のアジアの売上高を示している。1998 年度は前年にタイに端を発した通貨危機で ASEAN を中心としたアジア全体が不況となったため，前年を大きく割り込んでいるが，その後は順調な売上高の伸びを示している。特に 2005 年度以降は 2 桁台の伸びを見せている。

第 3 章　業界別アジアの成長性と収益性実態

図 3.1.71　テルモのアジア売上高

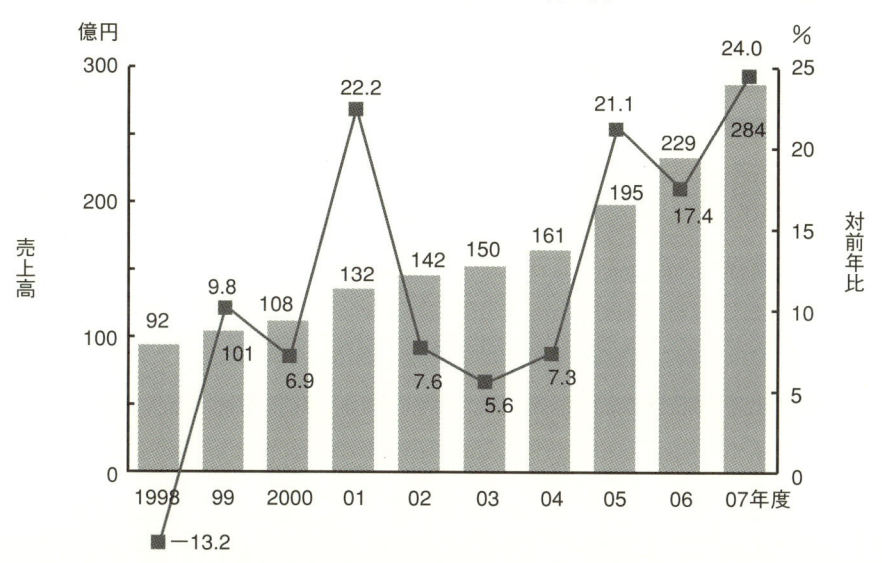

年度	売上高(億円)	対前年比(%)
1998	92	
99	101	9.8
2000	108	6.9
01	132	22.2
02	142	7.6
03	150	5.6
04	161	7.3
05	195	21.1
06	229	17.4
07	284	24.0

※1998年度の対前年比は －13.2

出所：テルモの有価証券報告書各年度版より筆者作成

3.2 非製造業

3.2.1 小売業

　小売業は幅広い業態から成り立っている。スーパーマーケット，コンビニエンスストア，百貨店から衣料品店，家電量販店，牛丼店や居酒屋といった外食に至るまで生活関連ビジネスが主体である。これらの小売業は今，アジアへ積極的に進出を図ろうとしている。その背景には2つの要因がある。1つ目は，少子高齢化や人口減という日本社会の構造変化に加えて米国発の金融危機に伴う国内消費低迷により内需が中長期的に停滞するという危惧である。2つ目は，日本からアジアに目を転ずると，中国，ASEAN，インドなどの新興国では，中間所得層が増え，購買力が高まっている。中長期的な内需の停滞をカバーするため，日本で培ってきたノウハウを中国を中心とするアジアで生かそうとする積極姿勢がうかがえる。ここでは，**表3.2.1** にあるとおりスーパーマーケットやコンビニエンスストアの代表格であるセブン＆アイ・ホールディングス，

表3.2.1　主要小売業の海外売上高（2007年度）

	売上高（億円）	海外売上高（億円）	海外比率（％）	決算期（期）
セブン＆アイHD	5兆7,524	1兆9,305	33.6	2008.2月
イオン	5兆1,674	5,764	11.2	2008.2月
ファーストリテイリング	5,252	537	10.2	2008.8月
ベスト電器	4,135	437	10.6	2008.2月
ファミリーマート	3.194	514	16.1	2008.2月
良品計画	1,628	160	9.8	2008.2月
ミニストップ	1,267	518	40.9	2008.2月

出所：各社の有価証券報告書各年度版より筆者作成

第3章　業界別アジアの成長性と収益性実態

イオン，ファミリーマート，ミニストップ，良品計画，そしてユニクロブランドのファーストリテイリング，家電量販のベスト電器の7つの事例研究の中からスーパーマーケットのイオンとコンビニエンスストアのファミリーマートを取り上げ，そのアジア事業展開を概観し，今後の成長性と収益性の課題を探ってみる。

『事例1　イオン』

●会社概要

　イオンは，1926年設立の小売業最大手の一角である。上場は1974年である。イオンの事業構成は4つの事業部門より成り立っている。1つ目は，ゼネラル・マーチャンダイズ・ストア（GMS），スーパーマーケット，コンビニエンスストア，百貨店などの「総合小売事業」である。2つ目は，婦人服，ファミリーカジュアルファッション，ヘルス＆ビューティ，靴などを販売する専門店の「専門店事業」である。3つ目は，商業施設を開発・賃貸運営する「ディベロッパー事業」である。4つ目は，金融，アミューズメント，外食，店舗メンテナンス，卸売業などの「サービス等事業」である。主力事業は「総合小売事業」で，2007年度連結売上高の79％，同営業利益の44％を占める。「ディベロッパー事業」と「サービス等事業」は合わせて連結売上高の8.5％を占めるに過ぎないが営業利益の55.8％を占める収益源である。

●国内外共に高成長

　図3.2.1のイオンの連結売上高と海外売上高比率の推移が示すとおり，イオンの連結売上高は1998年度から2007年度までの10年間に年率8.5％の伸びで急成長してきた。積極的な大型店の出店や，ダイエーの株式取得，マイカルなどの合併・買収で拡大路線を走ってきた。

　イオンの連結売上高増分の地域別構成を示したものが図3.2.2である。1998年度の連結売上高2.5兆円の地域別構成比は日本90.6％，海外9.4％であり，本

3.2 非製造業

図 3.2.1 イオンの連結売上高と海外売上高比率

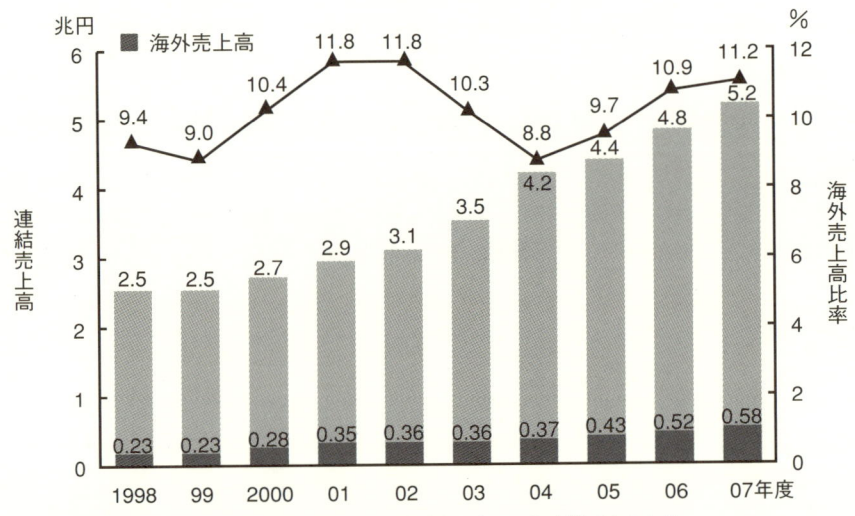

年度	海外売上高(兆円)	連結売上高(兆円)	海外売上高比率(%)
1998	0.23	2.5	9.4
99	0.23	2.5	9.0
2000	0.28	2.7	10.4
01	0.35	2.9	11.8
02	0.36	3.1	11.8
03	0.36	3.5	10.3
04	0.37	4.2	8.8
05	0.43	4.4	9.7
06	0.52	4.8	10.9
07年度	0.58	5.2	11.2

注）1998年度および1999年度の海外売上高は連結売上高の10％未満であるため有価証券報告書では記載が省略されているが，ここでは筆者の推定値を記載している。

出所：イオンの有価証券報告書各年度版より筆者作成

図 3.2.2 イオンの連結売上高増分の地域別構成

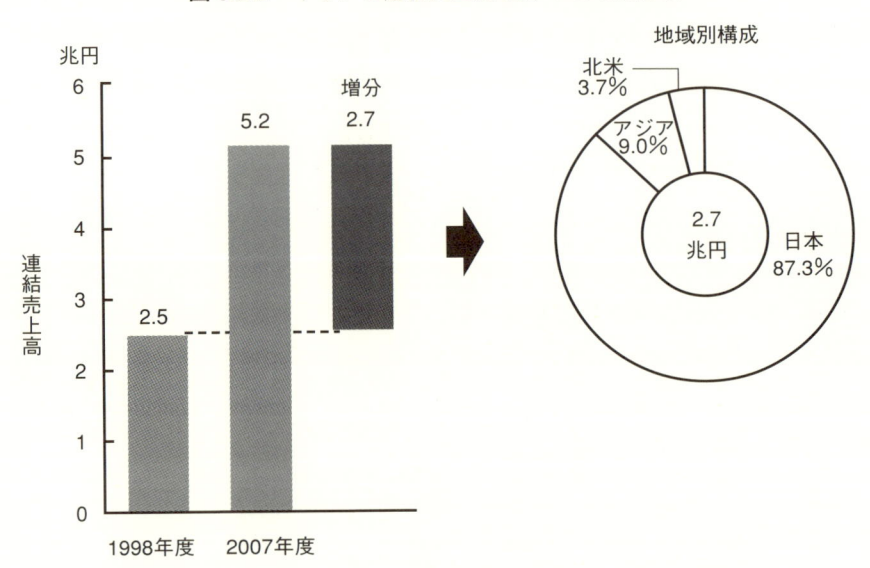

連結売上高：1998年度 2.5兆円 → 2007年度 5.2兆円（増分 2.7兆円）

地域別構成：
- 日本 87.3%
- アジア 9.0%
- 北米 3.7%
- 合計 2.7兆円

出所：前掲図3.2.1およびイオンの有価証券報告書1998年度，2007年度版より筆者作成

第3章 業界別アジアの成長性と収益性実態

国市場への依存度が圧倒的に高い。10年後の2007年度のそれは，日本が88.8％，海外11.2％である。国内9割，海外1割という基本的な地域別構成に大きな変動はない。したがって図3.2.2にあるとおり，1998年度から2007年度までの10年間の売上高増分2兆7,000億円への地域別貢献度も日本87.3％，北米およびアジアの海外合計12.7％となっている。イオンは過去10年間，平均成長率8.5％と高い伸びを示してきたが国内と海外がほぼ類似の成長率であり，日本より市場成長率の高いアジアを加速的に深耕したという結果にはなっていない。

● **アジアが牽引する海外売上高と利益**

前掲図3.2.1イオンの連結売上高と海外売上高比率にある「海外売上高」からアジアだけを取り出して，その売上高と営業利益率を示したものが図3.2.3である。イオンの所在地別セグメント情報は，「日本」，「北米」，「アジア等」に3区分表示しているが，「アジア等」は中国，韓国，台湾，マレーシア，タイ，

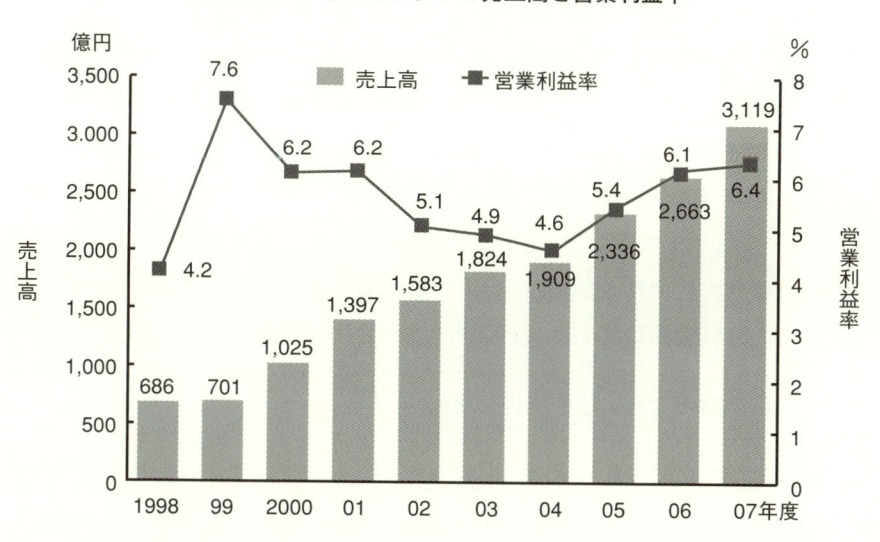

図3.2.3 イオンのアジアの売上高と営業利益率

年度	売上高（億円）	営業利益率（％）
1998	686	4.2
99	701	7.6
2000	1,025	6.2
01	1,397	6.2
02	1,583	5.1
03	1,824	4.9
04	1,909	4.6
05	2,336	5.4
06	2,663	6.1
07	3,119	6.4

注）売上高は「外部顧客に対する営業収益」を記載。
出所：イオンの有価証券報告書各年度版より筆者作成

3.2 非製造業

シンガポール，インドネシア，オーストラリアを包含している。本節では，「アジア等」をアジアとして採用している。

イオンのアジアの売上高は，マレーシア，タイ，中国などへの積極的な事業展開により1998年度686億円が2007年度には3,119億円と4.5倍に拡大し，この期間に累計で1,000億円近い営業利益を計上し，加重平均営業利益率は5.7%となっている。2007年度のアジアの売上高3,119億円，営業利益201億円の内，総合スーパーとスーパーマーケットの総合小売事業は売上高2,058億円（前期比117.5%），営業利益106億円（前期比128.4%）である。特に中国は総合スーパー1店舗，スーパーマーケット2店舗を出店し，売上高957億円（前期比114.2%），営業利益56億円（前期比146.4%）となり大幅に利益を伸ばした。一方，ASEANの主戦場，マレーシアではイオンマレーシアが，総合スーパー2店舗，スーパーマーケット3店舗を出店するとともに，既存店の改装，ショッピングセンターのテナントの充実に継続的に取り組んだ結果，増収増益となっている。

イオングループには，1980年にジャスコ（株）（現・イオン）の100%子会社として設立されたコンビニエンスストア事業のミニストップがある。同社の2007年度（2008年2月期決算）の連結売上高1,267億円の内，約1,000店舗を展開する韓国ミニストップ（2003年，韓国の大象流通（株）より買収，現・連結子会社）は517億円を占め，同社連結売上高の4割強を占めている。営業利益は，のれん代償却8.7億円の営業費用が発生するなどにより1億円弱である。ただし，経常利益は11.4億円，当期純利益は7.3億円である。

●アジア依存度の大きい成長路線を志向

イオンは国内消費の先行きを厳しくとらえ，国内では出店を抑制し国内投資の3割を減らす一方で，海外投資を4倍に増やし，中国・ASEANの店舗網を2008年2月期68店舗の3倍に当たる190店近くに増やす計画である。特に中国では，北京周辺，山東省，広東省を戦略エリアとしてモール型ショッピング

センターを中心に出店を加速する。具体的には，2008年2月期，中国23店，マレーシア30店を2011年2月期までに各々100店，90店に拡大する。海外投資金額は1,400億～1,600億円を計画している。中国では現地大手ディベロッパー，上海上実集団と店舗開発分野で提携し，上海など主要都市でショッピングセンターを開設する。少子高齢化と景気後退で国内市場の縮小に直面するイオンが，成長著しいアジア市場を重点地域と位置づけ，今後どれだけ成長性と収益性を獲得していくかが注目される。

2008年12月にイオンと三菱商事連名で「グローバル競争に打ち勝つための新たな協業」と題して両社の包括業務提携契約の締結が発表された。このプレスリリースによると三菱商事がイオンの発行済み株式の5.05%を取得するというものであり，これにより三菱商事は実質筆頭株主だったみずほコーポレート銀行を抜き筆頭株主となった。セブン&アイ・ホールディングスに次いで小売り2位のイオンが総合商社首位の三菱商事と組んで，衣料品や食料などの商品調達や，アジアを中心とした出店などの海外事業でも連携して相乗効果を出していくことが期待されている。

●先行する欧米のパワーリーテイラーとの熾烈な競争

少子高齢化・人口減の日本において，イオンの従来の国内中心の成長路線に限界が出てきた。イオンの主戦場が日本からアジアへと転換する方針が打ち出されたものの，中国そしてマレーシア，タイ，シンガポール，ベトナムなどASEAN主要国では既に米国のウォルマート，フランスのカルフール，英国のテスコ，ドイツのメトロなど欧米の巨大パワーリーテイラーが進出済みである。**図3.2.4**は，前述の4社の地域別売上高の推移を示したものである。

ウォルマートは，売上高，営業利益とも米国内（"ウォルマートストア"，"サムズクラブ"[注26]）も堅調に伸びているが，海外（"インターナショナル"）が米国内以上に伸びているため，国内の構成比は低下傾向にある。米国内でしっかりした経営基盤を構築した上に積極的な世界展開がなされてきたことを示している。カルフールは，本国フランスの売上高も堅調に伸びているが，2000

3.2 非製造業

図 3.2.4 欧米小売業 4 社の地域別売上高推移

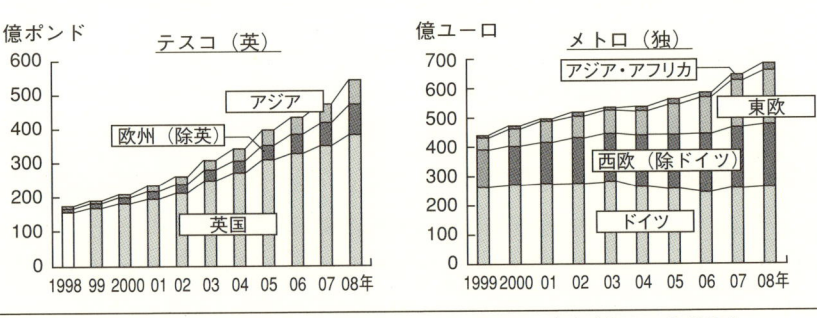

出所：カルフールはFinancial Report，ほかの3社はAnnual Report　各年度版より筆者作成

年度以降フランスを除く欧州地域への躍進が顕著であり，欧州の地域構成比が大幅に上昇している。今後，イタリア，ギリシャなどへの大規模出店が計画されている。アジア地域も売上高，営業利益とも堅調に伸びている。テスコは，本国英国の売上高，営業利益とも堅調に伸びているが，それ以上に積極展開を図ってきた英国を除く欧州とアジアの売上高が着実に伸びている。アジアではタイと韓国の店舗数が増えている。メトロは，本国のドイツの売上高は事業再編の繰り返しで，頭打ちであるが，ドイツを除く西欧の伸びと，それをはるかに上回る東欧の伸びが著しい。2007年度は西欧と東欧の両地域ともドイツ本国の税引前利益を上回っている。一方でアジア，アフリカ地域の売上増分の寄与度は小さい。以上の内容より欧米のパワーリーテイラー4社は，成長の機会を積極的に海外市場に求めていることが明らかである。

140

第3章　業界別アジアの成長性と収益性実態

　図3.2.5は欧米小売業4社の世界とアジアの店舗推移である。ウォルマート，カルフール，テスコの3社は2000年代に入ってアジアの店舗数を拡大し始めた。これまでイオンがアジアではかなりのスピードで出店してきたが，欧米のパワーリーテイラーの視点から見ればイオンのグローバルな事業展開はまだまだ大きく遅れを取っているのが現実である。アジア地域は日本の小売業にとっては，さらに成長性と収益性を確保できる潜在力を持った市場である。

　欧米のパワーリーテイラーは，中国に次いで人口の多いインドにおいてもインド政府の流通分野に対する外資政策をにらみながら本格的市場参入へ向け十分な準備を行っている。ASEAN，中国，インドのアジアの小売市場では欧米外資のみならず，地場資本による小売業も着実に力をつけている。こうした中で，イオンは中国とマレーシアにターゲットを絞って競争に挑むが品揃え，価格建て，店舗展開，セールスプロモーションのいずれを取っても国際競争力が問われている。

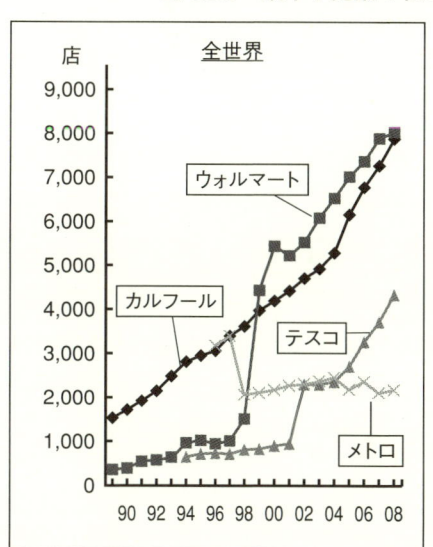

図3.2.5　欧米小売業4社の世界とアジアの店舗数推移

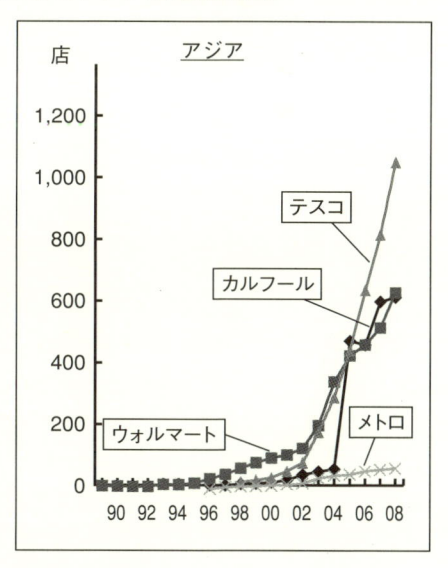

出所：　カルフールはFinancial Report，他の3社はAnnual Report 2008年度版より筆者作成

3.2 非製造業

『事例2　ファミリーマート』

●会社概要

　ファミリーマートは商社・伊藤忠系列のコンビニエンスストアで業界第3位である。1981年に当時の西友ストアーから営業と資産の譲渡を受け，同時に商号を株式会社ファミリーマートに変更して事業を開始した。上場は1987年で決算期は2月である。事業構成は，フランチャイズ方式によるコンビニエンスストア"ファミリーマート"のチェーン展開およびエリアフランチャイズ方式によるチェーン展開を行う「コンビニエンスストア事業」と，Webサイトなどによる通信販売，マルチメディア端末"Famiポート"を通じたサービスの提供および商品開発などの「EC関連事業」，そして店舗関連サービス事業，クレジットカード事業などの「その他事業」の3事業から成り立っている。その内，コンビニエンスストア事業が2007年度の連結売上高の82%，営業利益の97%を占める。なお，ファミリーマートは，前述の一部地域におけるエリアフランチャイザーから「ロイヤルティ収入」を得ている。

●厳しい経営環境下での高成長

　1998年度から2007年度の10年間に，コンビニエンスストア業界を取り巻く経営環境は，企業収益の落ち込みと緩やかな回復，個人消費の回復の遅れ，顧客の価値観の変化や多様化，少子高齢化・人口減といった社会構造の変化，ITの進化などによる消費環境の変化や業態を超えた競争の激化などにより厳しい経営環境が続いた。

　図3.2.6はファミリーマートの10年間の連結売上高と海外売上高比率の推移を示している。この間，国内外の厳しい経営環境下にあって1998年度の連結売上高1,482億円は年平均8.9%の高い成長を見せ，2007年度には3,194億円を記録している。ただし，海外売上高は2000年度の263億円から2007年度の514億円と2倍近い伸びを示したものの，海外売上高比率は国内を上回る急速な伸びを示している訳でなく，毎年15%前後を占めているに過ぎない。こ

第 3 章　業界別アジアの成長性と収益性実態

図 3.2.6　ファミリーマートの連結売上高と海外売上高比率

凡例：■ 海外売上高

連結売上高（億円）：
- 1998年度：1,482
- 99年度：1,473
- 2000年度：1,761（うち海外 263、海外売上高比率 15.0%）
- 01年度：1,956（289、14.8%）
- 02年度：2,175（332、15.3%）
- 03年度：2,290（328、14.3%）
- 04年度：2,529（359、14.2%）
- 05年度：2,764（429、15.5%）
- 06年度：2,978（484、16.3%）
- 07年度：3,194（514、16.1%）

注）1998年度，1999年度の海外売上高は連結売上高の10％未満のため開示なし。
出所：ファミリーマートの有価証券報告書各年度版より筆者作成

れを図 3.2.7 で見ると，2000 年から 2007 年度の 8 年間の売上高増分 1,433 億円の国内外の内訳は国内が 82.5％，アジアが大半を占める海外[注27] が 17.5％を占め，国内外ともにほぼ同じスピードで成長を牽引してきたことが分かる。特に同社の国内のコンビニエンスストア事業では，商品面，運営面，プロモーション面，システム面で様々な改善を図ってきた。とりわけ商品面では，幅広い年齢層の顧客を意識した「ジェネレーション」，価格訴求品から高付加価値商品までの幅広いニーズに対応した「プライス」，全国各地の地域ニーズに対応した「リージョナル」という 3 つのマーケティング戦略の下，オリジナル商品の開発に努め，品質の向上と品揃えの差別化を図ってきたことが今日までの業績を支えてきた。アジア，アメリカへの展開は，こうした国内のノウハウを輸出することで伸びてきた。

一方，収益性の面では，地域別利益貢献度を所在地別セグメント情報の中の営業利益で見ると，2006 年度，2007 年度とも日本本国が 94％を占め，台湾，

3.2 非製造業

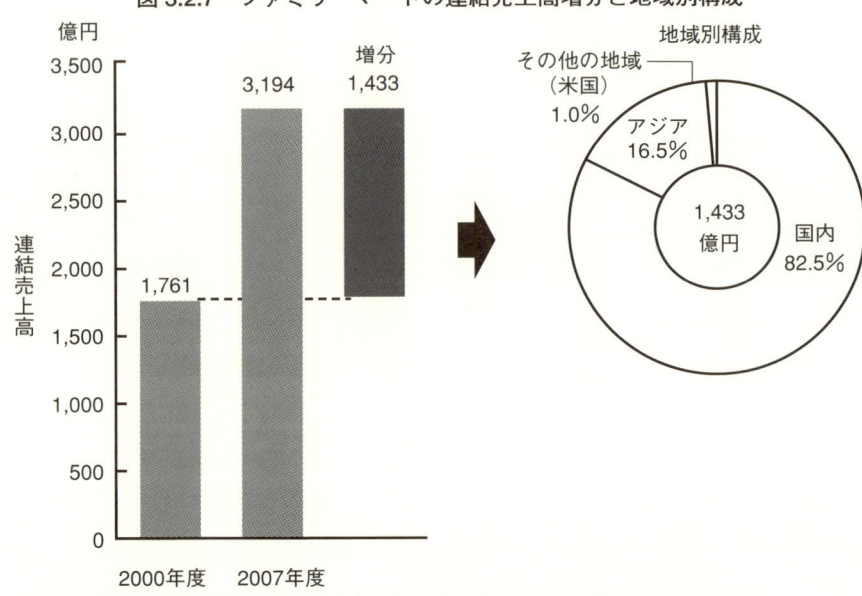

図3.2.7 ファミリーマートの連結売上高増分と地域別構成

出所：前掲図3.2.6およびファミリーマートの有価証券報告書2000年度，2007年度版より筆者作成

タイなどのアジアは各々21億円，24億円で全体の6％程度を占めるに過ぎない。なお，米国は，2006年度，2007年度の売上高は各々7億円，14億円であるが，対応する営業利益は事業展開に伴う経費先行により両年度ともマイナス7億円，10億円の大幅損失であり，まだ収益を上げるまでには育っていない。

● **アジアを中心に急増する海外店舗数**

　以上の売上高成長を支えるのは積極的な店舗展開である。ファミリーマートの国内外の店舗数を1999年度から9年間の推移を見たものが**表3.2.2**である。2007年度（2008年2月期）は，日本国内は北海道から沖縄に至るまで全国に展開し7,187店あり，海外の6,688店と合わせて13,875店がある。国内は，東京・神奈川など首都圏に2,000店を超す店舗を持っている。国内店が全店舗数の52％，海外が同48％と両者が拮抗しつつある。今後は海外の店舗数増加のピッチが早まれば，この国内外の店舗数の構成比が逆転する可能性が高い。

第3章　業界別アジアの成長性と収益性実態

表3.2.2　ファミリーマートのチェーン全店舗数推移

		1999年度	2000年度	2002年度	2004年度	2006年度	2007年度
日　　本		5,546	5,812	6,013	6,424	6,974	7,187
	ファミリーマート	4,555	5,275	5,593	5,994	6,501	6,691
	エリアフランチャイザー	991	537	420	430	473	496
海　　外		1,464	1,804	3,110	5,077	6,148	6,688
	韓国	535	659	1,528	2,817	3,471	3,787
	台湾	832	1,033	1,332	1,701	2,023	2,247
	タイ	97	112	250	509	538	507
	中国（上海）	―	―	―	50	102	118
	中国（広州）	―	―	―	―	2	11
	中国（蘇州）	―	―	―	―	―	7
	米国	―	―	―	―	12	11
ファミリーマートチェーン合計		7,010	7,616	9,123	11,501	13,122	13,875

出所：ファミリーマートの有価証券報告書各年度版より筆者作成

　海外の店舗数の内訳は，米国の11店を除くとすべてアジアであり，韓国3,787店，台湾2,247店の2カ国で，海外店数の9割を占める。中国は，大都市の上海，広州，蘇州を合わせて2008年2月現在136店と進出規模はまだ少ない。今後は，「グローバル2万店」体制の構築に向けた「パン・パシフィック構想」の下，国内，アジアでの出店が加速化されるものと思われる。

●**中国が鍵を握る今後のアジア事業**

　ファミリーマートのアジア展開は今日，台湾，韓国が中心であり，その事業の歴史を現地法人設立の経緯で概観する。1988年に台湾の國産汽車股份有限公司他と合弁で全家便利商店股份有限公司（現・連結子会社）を設立した。1990年には韓国のBOKWANG FAMILYMART CO., LTD（現・持分法適用関連会社）との間で「技術導入並びにサービスマークライセンス契約」を締結した。1992年にはタイの（株）ロビンソン百貨店，サハ・パタナピブル（株）および伊藤忠タイ会社と合弁でSiam FamilyMart Co., Ltd.（現・連結子会社）を設立した。1999年には，同じくタイに伊藤忠タイ会社と持株会社SFM Holding Co., Ltd（現・連結子会社）を設立した。SFM Holding Co., Ltdは

3.2 非製造業

Siam FamilyMart Co., Ltd の持株会社である。

　2000年代に入り，中国事業が本格化した。2004年に上海市での事業展開に向け，上海福満家便利有限公司（現・持分法適用関連会社）を設立した。続いて2006年，2007年に各々広州市と蘇州市での事業展開に向け，広州市福満家便利店有限公司と蘇州福満家便利店有限公司が設立された。両社とも現在，持分法適用関連会社として扱われている。なお，ファミリーマートは，**図3.2.8**ファミリーマートの中国事業の出資形態が示すように，日本に，中国におけるファミリーマート事業展開のライセンスを保有する連結子会社(株)ファミリーマート・チャイナ・ホールディングス（資本金14億1,500万円）を設立している。また，ファミリーマート・チャイナ・ホールディングスは軽課税国，英国領ケイマン諸島に持分法適用関連会社のChina CVS（Cayman Islands）Holding Corp. を設立し，49.5％の議決権を有している。China CVS（Cayman Islands）Holding Corp. は上海福満家便利有限公司（資本金166百万人民元）と蘇州福満家便利店有限公司（同・100万ドル）の100％の議決権を有している。さらにファミリーマート・チャイナ・ホールディングスは広州市福満家便利店有限公司（資本金6,000万人民元）の49.5％の議決権を有している。なお，同社は

図3.2.8　ファミリーマートの中国事業の出資形態

```
親会社：         （株）ファミリーマート              （日本）
                        │
                      75％（議決権所有割合）
                        │
連結子会社：  （株）ファミリーマート・チャイナ・ホールディングス  （日本）
              │           │
              │         49.5％（同）
              │           │
              │     China CVS（Cayman Islands）Holding Corp.
              │           │
              │                                      （英国領ケイマン諸島）
          49.5％（同）  100％（同）        100％（同）
持分法適用   広州市福満家    上海福満家       蘇州福満家
関連会社：   便利店有限公司  便利有限公司     便利店有限公司     （中国）
             2006年設立      2004年設立      2007年設立
```

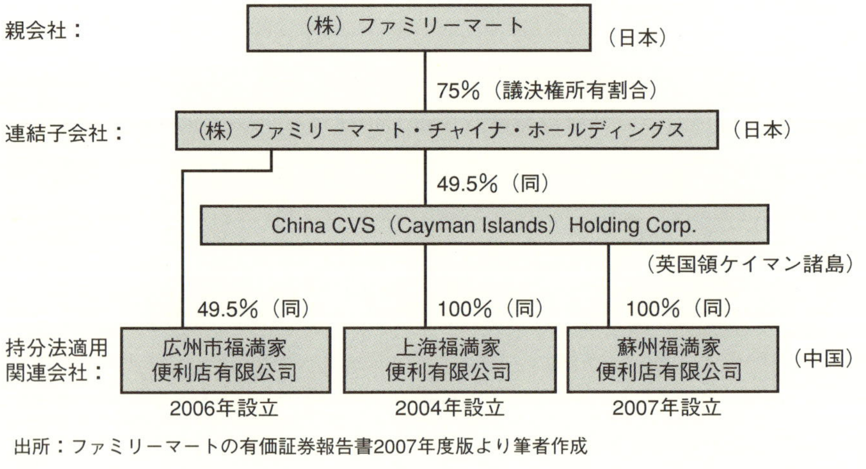

出所：ファミリーマートの有価証券報告書2007年度版より筆者作成

香港に非連結子会社のFamilyMart HongKong Limitedを有しているが，設立目的は香港における商号，商標およびサービスマーク保護のための現地法人格取得であり，事業活動は行っていない。

3.2.2　輸送

　ロジスティクスは業態としては「陸運」「海運」「空運」「倉庫」「運輸関連」に5区分される。「陸運」にはJR各社，そして関東中心の私鉄－東急，小田急，東武や関西中心の私鉄－近鉄，阪急，京阪などの鉄道会社と日本通運，ヤマトホールディングス，山九，福山通運などの陸送会社がある。「海運」には，日本郵船，商船三井，川崎汽船に代表される船会社がある。「空運」には国内外の乗客輸送と貨物輸送があるが，両者とも日本航空と全日本空輸に代表される。「倉庫」は三菱倉庫，三井倉庫，住友倉庫などが大手である。以上の4区分に加えて「運輸関連」には港湾運送，荷役などの港湾作業，通関などのターミナル業務，梱包・包装など様々なロジスティクス関連会社が多数ある。港湾総合運送でトップクラスの上組をはじめとし，神戸地盤で5大港での港湾運送が主軸のトレーディア，最大手の埠頭会社で国際物流に注力する東洋埠頭などがある。

　ロジスティクス各社は今後，日本国内での輸送・保管事業の伸びに限界があると見て，海外拠点を拡充しようとしている。国際物流への本格参入や海外既存事業の拡充・強化やネットワーク化に活路を見いだそうとしている。世界の熾烈な競争環境下で日本と海外間，三国間の輸送，通関業務，海外での倉庫・保管などのビジネスチャンスを狙っている。ここでは，10社を超すロジスティクス企業の事例研究の中から，アジアをはじめとするグローバル事業展開に注力する総合物流の日本通運と，積極的なグローバル展開を打ち出し海外売上高比率が50％を超す航空貨物の近鉄エクスプレスの2社を事例として取り上げる。

3.2 非製造業

『事例1　日本通運』

●会社概要

　日本通運は総合物流で世界トップクラスであり，陸運のみならず空・海運での輸出入など国際複合輸送で実績がある。2008年3月末時点で国内に263の支店および185の営業支店，海外37カ国に381の拠点を有する。日本通運の事業構成は，「運送事業」，「販売事業」，「その他の事業」の3部門から成り立っている。「運送事業」は，鉄道利用運送，貨物自動車運送，海上運送，港湾運送，利用航空運送や倉庫業である。「販売事業」は，物流機器・包装資材・梱包資材・車両・石油・LPガスなどの販売である。「その他の事業」は，不動産の仲介・設計・監理・管理業などである。2007年度の連結売上高1兆9,014億円の中で「運送事業」が84%を占める。

●活路を見いだすグローバルな事業展開

　図3.2.9は，日本通運の連結売上高と海外売上高比率について1998年度から2007年度までの10年間の推移を示したものである。国内貨物の輸送需要に減少傾向が続き，一方中国など新興国を中心とした国際貨物の輸送需要が総じて増加傾向にある中で，同社は今後の成長性と収益性をグローバルな事業展開に求めようとしている。日本通運は2006年度をスタートとする中期経営計画「パワーアップ3カ年計画－改革への挑戦，お客様とともに－」を策定した。この中期経営計画では"売上高2兆円企業"を目指し，「もう一回り大きく，強い日通グループを創り，更なる躍進を期す」ことを基本目標として掲げている。この基本目標を達成するため，主要推進事項として，営業，現場力，CSR実践，経営体質，小口貨物事業の5つのパワーアップを上げている。この中で同社は「海外ネットワークの更なる拡充を図るとともに，グローバル規模でのモード連携・システム連携[注28]による競争力の強化を図り，グローバル事業の拡大に取り組んできた。さらに，世界を網羅する陸・海・空のあらゆる輸送モードを提供し，豊富なノウハウおよび多様な情報システムを持つという当社の優位性を活かした3PL事業[注29]の拡充に努めるとともに，国内外において地域

第 3 章　業界別アジアの成長性と収益性実態

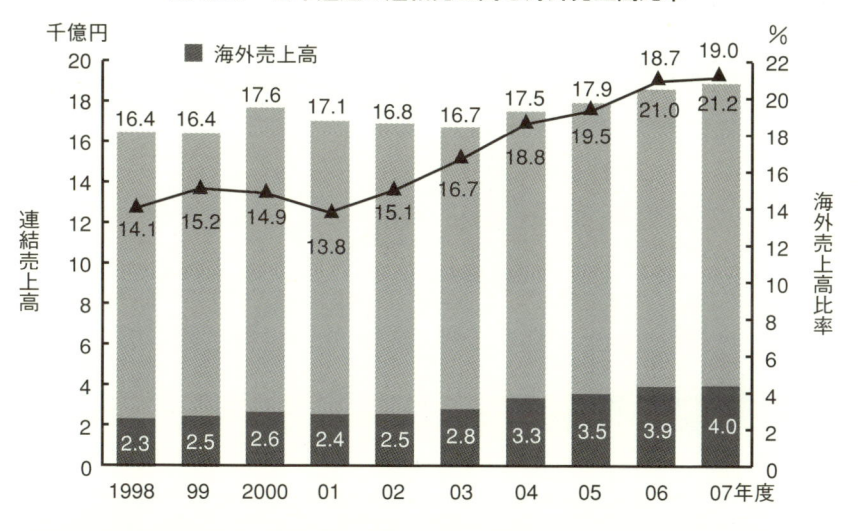

図 3.2.9　日本通運の連結売上高と海外売上高比率

年度	連結売上高(千億円)	海外売上高(千億円)	海外売上高比率(%)
1998	16.4	2.3	14.1
99	16.4	2.5	15.2
2000	17.6	2.6	14.9
01	17.1	2.4	13.8
02	16.8	2.5	15.1
03	16.7	2.8	16.7
04	17.5	3.3	18.8
05	17.9	3.5	19.5
06	18.7	3.9	21.0
07	19.0	4.0	21.2

出所：日本通運の有価証券報告書各年度版より筆者作成

に根差したサービスの提供と営業拡大に努めていく」（2007 年度同社有価証券報告書）としている。同社の連結売上高に占める海外売上高比率は図 3.2.9 が示すとおり 1998 年度の 10％台から着実に上昇し，2006 年度には 20％台に伸びた。連結売上高増加の要因には，運送事業における海外子会社の顧客生産拠点を中心とした倉庫配送や自動車輸送の伸び，販売事業における石油部門の販売単価上昇に伴う増収などが挙げられる。

● アジアが牽引する成長性

日本通運の 1998 年度から 2007 年度までの 10 年間にわたる連結売上高の増分はどこから来ているのであろうか。**図 3.2.10** はその増分の地域別構成[注30]を示している。1998 年度の連結売上高 1 兆 6,400 億円は日本が 85.9％，海外が 14.1％を占め日本への依存度が高い。2007 年度 1 兆 9,000 億円は日本依存度が 78.8％と依然高く，海外は 21.2％である。この間の増分は 2,600 億円であるが，最大の増分は中国，ASEAN，オーストラリアからなる「アジア・オセアニア」の 1,030 億円（増分構成比 39.9％）であり，次いで本国「日本」の 869 億円（同

3.2　非製造業

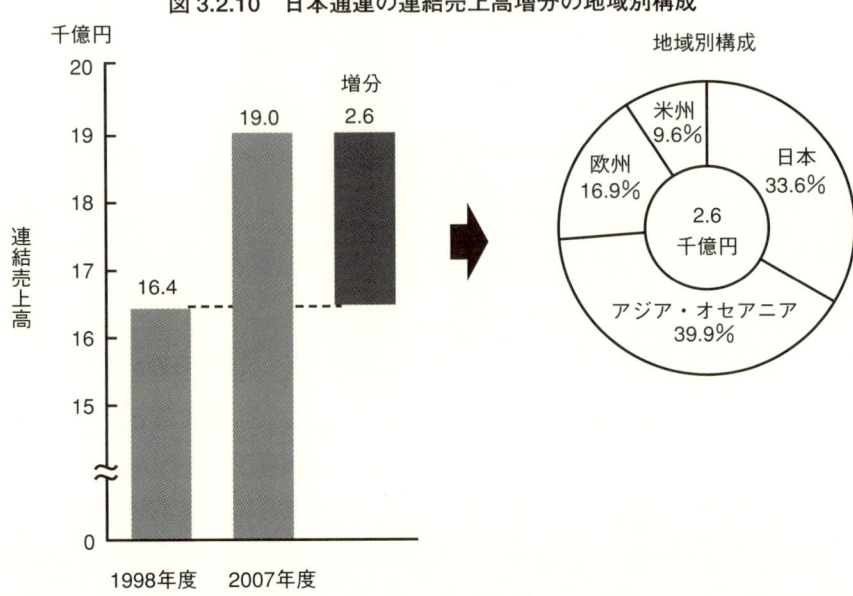

図 3.2.10　日本通運の連結売上高増分の地域別構成

（グラフ：1998年度 16.4千億円、2007年度 19.0千億円、増分 2.6千億円）

（円グラフ：地域別構成　2.6千億円　日本 33.6%、アジア・オセアニア 39.9%、欧州 16.9%、米州 9.6%）

出所：前掲図3.2.9および日本通運の有価証券報告書1998年度, 2007年度版より筆者作成

33.6%）である。「アジア・オセアニア」，北米，中南米を含む「米州」と英独仏などの欧州とアフリカを含む「欧州」を加えると海外の増分 1,714 億円は増分合計の3分の2を占める。すなわち，日本通運の過去 10 年間の売上高増分は，市場の成長が鈍化した日本ではなく海外が主力となり実現されたものであり，とりわけ増分の4割を占めるアジア・オセアニアが牽引したと言える。

図 3.2.11 は，同社の海外売上高の中からアジア・オセアニアだけを取り出したものである。1997 年夏にタイに端を発したアジア通貨危機の影響を受けて，1998 年度は 829 億円と対前年比は大きくマイナス成長となった。その後は事業環境によって年度ごとに伸び率は異なるが 2007 年度の売上高は 1,859億円と 10 年間で 1,000 億円を超す売上増をアジア・オセアニアで実現している。この間の年平均成長率は 9.4%弱の高成長である。

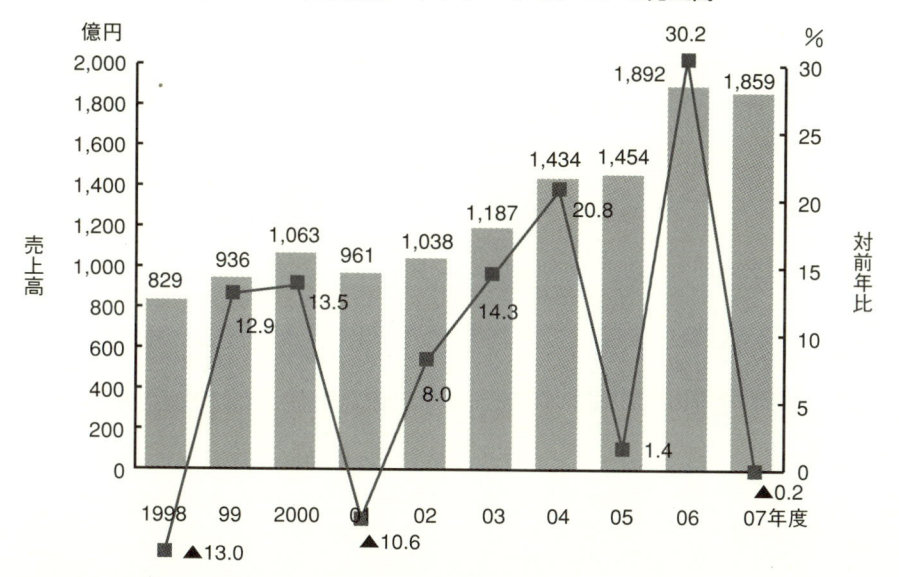

第3章　業界別アジアの成長性と収益性実態

図 3.2.11　日本通運のアジア・オセアニアの売上高

(売上高 億円／対前年比 %)

年度	1998	99	2000	01	02	03	04	05	06	07
売上高	829	936	1,063	961	1,038	1,187	1,434	1,454	1,892	1,859
対前年比		12.9	13.5	▲13.0	8.0	14.3	20.8	1.4	30.2	▲0.2

※01年度の対前年比は▲10.6

出所：日本通運の有価証券報告書各年度版より筆者作成

● 海外依存度を深める収益性

　日本通運の1999年度から2007年度までの9年間にわたる連結営業利益の地域別増分を示すのが図 3.2.12 である。1999年度の連結営業利益366億円は日本が89.6％，海外が10.4％を占めており，本国依存度が非常に高い構成比となっている。その後，海外売上高比率が高まる中で，2007年度の連結営業利益は505億円となったが，地域構成比は日本が76.6％，海外23.4％と海外依存度が倍増した。1999年度から2007年度の増分139億円はアジア・オセアニア，欧州，米州の海外が約6割を占め，日本の増分を大きく上回っている。とりわけ，アジア・オセアニアが約3割を占め，連結営業利益の牽引車となっている。

151

3.2 非製造業

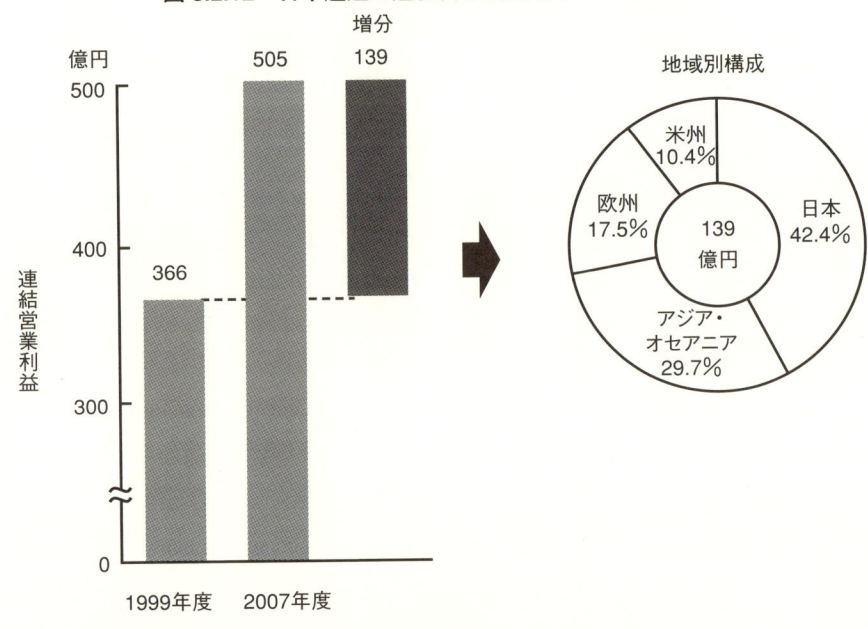

図 3.2.12　日本通運の連結営業利益増分の地域別構成

注）・1998年度は未公表につき1999年度データを使用。
　　・連結営業利益は「消去または全社」項目を相殺する前の地域合計を使用。

出所：日本通運の有価証券報告書1999年度，2007年度版より筆者作成

● 90年代から本格化したアジア投資

　日本通運の国際展開を海外現地法人の設立経緯で見てみる。1962年に米国日本通運（株），1970年代は，1973年シンガポール日通（株），1977年オランダ日本通運（株），1979年香港日本通運（株）が，そして1980年代は，1981年英国日本通運（株），ドイツ日本通運（有）に加えて1989年タイ日通（株）が設立された。上記7社は連結子会社である。1990年代に入り，中国やASEANへの積極的な事業展開がスタートした。現在は，輸送需要の拡大などから中国に重点的に投資を行っている。中国には1992年に大連日通外運物流有限公司が設立され海外拠点数は200を突破した。さらに1994年に上海通運国際物流有限公司，翌1995年には天宇客貨運輸服務有限公司が設立された。

上記3社の内,大連と上海の2社は持分法適用関連会社であり天宇は連結子会社である。ASEANにおいては,1995年フィリピン日本通運（株),2000年ベトナム日本通運（株),翌2001年にインドネシア日本通運（株）が設立されている。フィリピンとインドネシアの現地法人は連結子会社であるが,ベトナムのそれは持分法適用関連会社である。このような海外拠点の設立と事業の順調な拡大の中で,海外従業員数は1999年に8,000人,2001年に10,000人を突破している。

ASEAN,中国での事業展開に加えて,1990年代以降外資の導入による経済成長が顕著なインドに対しても日本通運は思い切った手を打っている。同社は2000年から首都デリー市とバンガロール市の2都市に駐在員事務所を置き,現地代理店を通して航空・海運業務を行ってきた。一方で,自動車,電機,機械,化学など日系企業のインドへの直接投資が増える中で,設備,部材の輸送需要が高まり,また大量の中間層の出現に伴う消費財への輸入需要が高まる中で,配送や倉庫業務が増大し続けた。こうした背景の下,同社は2007年4月,インドの航空・海運業務代理店である「JI Logistics Private Limited」の発行済株式の51％を取得し,社名変更の後,インド日通（本社バンガロール市,資本金1,000万ルピー）を設立した。現地企業買収により日本通運はデリー,ムンバイ,コルカタ,チェンナイなどインド主要10都市に一挙に17事業拠点（3サテライト拠点を含む）を持つことになった。日本の物流業者では最大の規模である。21世紀に入って,多くの日系企業進出に伴う高まる物流ニーズに対応する態勢を,日本通運はいち早く確立することに成功している。

『事例2　近鉄エクスプレス』

●会社概要

近鉄エクスプレスは1970年に近畿日本ツーリスト（株）から航空貨物事業部が分離・独立し,航空貨物専門業者,近鉄航空貨物株式会社として設立された。1989年に現社名に変更した。2000年大阪証券取引所に上場,2003年東京

3.2 非製造業

証券取引所市場第1部に銘柄指定されている。最大の株主は同社の株の32%を保有する近畿日本鉄道であり，第2位は同じグループ企業の近畿日本ツーリストの8.9%である。また同社の第4位株主，商船三井とは資本・業務提携をしている。国際航空貨物混載分野では国内2位である[注31]。混載事業とは，複数の荷主から集荷した小口荷物を大口貨物に仕立て，自ら荷主となり航空会社に運送を委託する事業である。設立当初からの海外展開でサービス網を充実してきた。2007年度（2008年3月期）の連結売上高は2,923億円，営業利益は139億円である。

主な事業内容は，利用航空運送事業，輸入混載貨物仕分業，利用外航運送事業，航空運送代理店業，通関業，一般貨物自動車運送事業および貨物自動車利用運送業，運送取次事業，倉庫業・貨物一時保管・貨物流通加工サービス，その他の9部門である。以上を整理すると同社の事業は国際航空貨物，国際海上貨物，国内航空貨物，その他に4区分される。

● 21世紀KWEグランドデザインで5,000億円企業を目標

近鉄エクスプレスは2002年に経営ビジョン「21世紀KWEグランドデザイン」を策定，"10年後のありたい姿"を描き出した。最終年である2012年に連結売上高5,000億円を達成しトランス・パシフィック・リーダーとしての地位確立を目指すというものである。同社は2008年3月期現在，海外30カ国187都市に285拠点を有している。図3.2.13は，1999年度[注32]から2007年度までの9年間の連結売上高と海外売上高比率の推移を示している。この間，国際物流の新分野を積極的に開拓することにより海外売上高比率を40%台から50%台に伸ばし，連結売上高の年平均成長率7.6%を達成した。2007年度は連結売上高2,923億円と過去最高を記録し，その内，海外売上高は1,667億円で全売上高の57%を占める。「21世紀KWEグランドデザイン」の目標達成に向けて2008年度から2011年度の4カ年を対象に第三次中期経営計画がスタートした。その基本方針に，イントラアジアおよび環太平洋での物量拡大，総合物流業者としての機能強化，新興市場への進出，成長戦略を支える業務提携と

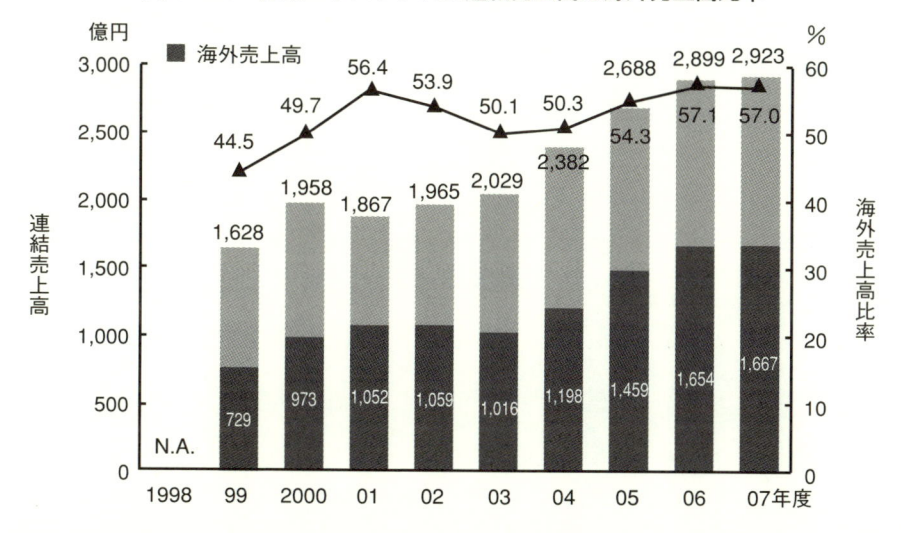

第3章　業界別アジアの成長性と収益性実態

図 3.2.13　近鉄エクスプレスの連結売上高と海外売上高比率

年度	連結売上高(億円)	海外売上高(億円)	海外売上高比率(%)
1998	N.A.	N.A.	N.A.
99	1,628	729	44.5
2000	1,958	973	49.7
01	1,867	1,052	56.4
02	1,965	1,059	53.9
03	2,029	1,016	50.1
04	2,382	1,198	50.3
05	2,688	1,459	54.3
06	2,899	1,654	57.1
07	2,923	1,667	57.0

出所：近鉄エクスプレスの有価証券報告書各年度版より筆者作成

M&Aの実施，真のグローバル企業への脱皮の5点を掲げている。既存の中国事業を拡充強化し，さらにロシア，インドなど輸送需要の拡大が期待される新興国に積極的な事業展開を図ろうとしている。

● **アジア・オセアニアが成長性を牽引**

近鉄エクスプレスの連結売上高の高成長を押し上げている地域はどこであろうか。図 3.2.14 は，同社の連結売上高増分の地域別構成を示している。1999年度の連結売上高 1,628 億円の内，日本が 55.5%，北米，中南米を合わせた米州，欧州・アフリカ，アジア・オセアニアの 3 地域からなる海外が 44.5% を占めている。一方，2007 年度の同 2,923 億円の内，日本は 43.0%，海外 57.0% と国内，国外が逆転している。これは，アジア・オセアニアの売上高が 1999 年比 3.2 倍の 1,053 億円と急増したためである。

1999 年度から 2007 年度の連結売上高増分は 1,295 億円であるが，地域別に

3.2 非製造業

図 3.2.14　近鉄エクスプレスの連結売上高増分の地域別構成

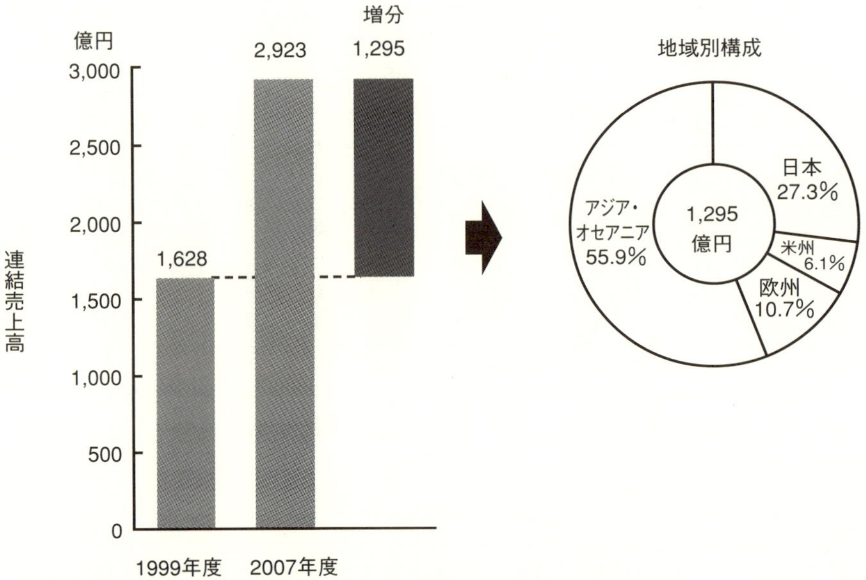

```
億円                  増分
3,000        2,923   1,295              地域別構成
2,500                                    日本
                                         27.3%
2,000                          アジア・
       1,628                   オセアニア  1,295
1,500                           55.9%    億円   米州
                                                6.1%
1,000                                    欧州
                                         10.7%
 500
   0
      1999年度  2007年度
```

出所：前掲図3.2.13および近鉄エクスプレスの有価証券報告書1999年度，2007年度版より筆者作成

見ると，増分の約4分の3を海外が占めている。とりわけ中国，香港，台湾，韓国といった東アジアを中心としたアジア・オセアニアの増分寄与度が全体の55.9％と突出して高い。アジアが近鉄エクスプレスの連結売上高を牽引している。

●**収益性もアジア・オセアニアが牽引**

次に近鉄エクスプレスの連結営業利益をどの地域が押し上げたのかを示したのが**図3.2.15**である。1999年度の同社の営業利益48.7億円の7割を日本本国が，残り3割を米州，欧州・アフリカ，アジア・オセアニアの海外が占めている。一方，2007年度の営業利益139.1億円の地域別構成は日本が約3割なのに対し，海外が約7割と完全に逆転している。この間の営業利益増分90.4億円の地域別構成は同図の円グラフが示すとおり，日本が1割強，海外が9割弱である。とりわけアジア・オセアニアの寄与度が6割近いが，これは1999年度同地域

第 3 章　業界別アジアの成長性と収益性実態

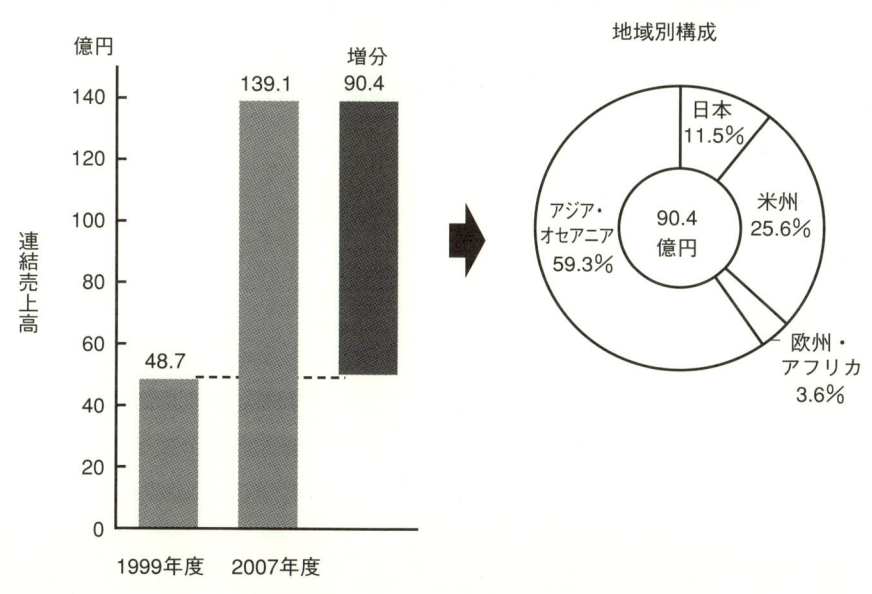

図 3.2.15　近鉄エクスプレスの連結営業利益増分の地域別構成

[グラフ：連結売上高　1999年度 48.7億円、2007年度 139.1億円、増分 90.4億円]

[地域別構成（90.4億円）：日本 11.5％、米州 25.6％、欧州・アフリカ 3.6％、アジア・オセアニア 59.3％]

出所：近鉄エクスプレスの有価証券報告書1999年度、2007年度版より筆者作成

の営業利益 10.3 億円が 2007 年度 63.8 億円と 6.2 倍に急増したことによるものである。同地域の中で，ASEAN，中近東よりもむしろ中国，香港，台湾，韓国といった東アジアの増分寄与度がかなり大きいものと推定される。

　なお，近鉄エクスプレスは設立以来，事業拡大や事業環境の変化に合わせて組織の再編を行ってきた。1994 年にグループの経営効率化のため従来の日本中心の組織に「米州本部」，「欧州・アフリカ本部」，「アジア・オセアニア本部」を新設し，日本を含めた世界 4 極経営体制を導入した。その後，中国を中心にアジア事業が拡大したため，2006 年 1 月にそれまでの「アジア・オセアニア本部」を「東アジア・オセアニア本部」と「東南アジア・中近東本部」[注33]に分割し，世界 5 極経営体制となった。2007 年度のアジア・オセアニア地域の売上高 1,053 億円の約 4 分の 3 強を「東アジア・オセアニア本部」が，約 4 分の 1 を「東南アジア・中近東本部」が占めている。

3.3 インプリケーション
―10業種の事例研究を通して―

　第2章で1998年度から2007年度の10年間を対象とした日本企業のアジアの収益性の実態を概観し，第3章の本章で具体的に代表的10業種の企業事例を取り上げ，業界別アジアの成長性と収益性実態を分析した。製造業から自動車，電機，化学，機械，化粧品，日用品，食料品，医薬品の8業種，非製造業から小売業，輸送の2業種の計10業種を選び，100社を超す詳細な事例研究の中から本章で20社を掲載した。これら10業種の事例研究の結果が意味するインプリケーション（示唆）や含意とは何であろうか。以下5点を指摘したい。

　第1点は，多くの日本企業は3年単位の詳細な中期経営計画の策定を行っていることである。企業によっては10年スパンの長期ビジョンの存在の下，3年ないし4年の中期計画を策定しているケースもあるが，基本的には着地年（最終年度）を固定した3年の中期計画を回していくやり方で事業を推進している。したがって，単年度の事業計画は策定された中期計画の下で毎年立案されていく。しかもこの中期計画は，過去と比べると従業員や株主など幅広いステークホルダーに対して透明性の高い発表の仕方がなされているのが特徴的である。

　例えば，東京，ニューヨーク，ロンドンなどで機関投資家や個人投資家向けに開催されるアナリストミーティングでプレゼンテーションされた中期計画の説明スライドが，そのまま当該企業のホームページのIR情報に収録され公開されるというケースも多い。対象期間が3年という短い中期計画であっても，グローバルな経営環境の変化が目まぐるしく過去とは不連続に起こりがちな中にあっては，環境変化に応じて一部変更ということや抜本的な見直しすら余儀なくされることが出てくる。このような状況の中，中期計画は当該企業の選択と集中による事業構造改革，経営体質強化，新たなグローバル展開といった経

営目標に対しては，全社一丸となって取り組む経営の羅針盤となっている。

　第2点は，連結決算ベースで持続的な成長性や収益性をグローバルに実現している企業は，少子高齢化・人口減に向かっている日本市場だけでは自社の成長性に制約が出てくることを強く意識していることである。日本の化粧品業界でトップの資生堂や建機業界トップのコマツの事例を挙げるまでもなく，グローバル連結ベースの売上高は高成長であっても，地域別に内訳を見ると日本市場がマイナス成長になっている企業が多いことでも裏づけられる。少子高齢化や人口減の日本国内市場は単に需要減少を引き起こすだけでなく，限られたパイを巡って熾烈な価格競争が繰り広げられるため，製品単価も劇的に下がり結果として売上高が大きく減少する。エレクトロニクス業界のパソコン，携帯電話，デジタルカメラ，プラズマTVの例を挙げるまでもなく，魅力的な新製品による売上台数増加が，短期間に引き起こす急激な価格下落により相殺され，結果として売上高が減少する。内需の構造的な縮小とそれに伴って起こる熾烈な価格競争は，既存の商圏や市場占有率の防衛に企業を走らせている。

　第3点は，持続的成長性と収益性を海外市場，とりわけアジア市場で実現している業種と企業が多いことである。医薬品業界のように米国や欧州を海外市場の主戦場として企業成長を図ってきた業種もあるが，その他の業種は製造業か非製造業かを問わずアジアで企業成長を実現している。ASEAN，中国，インドというアジア地域の中でも，とりわけ高い経済成長を背景に市場が拡大した中国が各社の売上高増分に大きく貢献していることが明らかである。中国を筆頭にASEAN，インドを含むアジアが引き起こしてきた経済ダイナミズムに自社の人，物，金，情報といった経営資源を傾斜配分してきた企業が持続的な成長性と収益性を実現している。

　2007年度（2008年3月期）のパナソニックの有価証券報告書によると，その中国売上高は9,417億円であり，また，同年度のスズキの有価証券報告書によると，インドの現地法人・マルチスズキの売上高は5,136億円である。また，ホンダグループも2010年代前半にはインドの売上高が1兆円を超すものと予

3.3 インプリケーション ―10業種の事例研究を通して―

想される。このように中国やインドにおいて売上高1兆円達成を視野に入れる企業が既に出てきているのである。成長市場としてのアジア，内需・外需対応の生産拠点としてのアジア，研究開発拠点としてのアジアという3つのアジアのダイナミズムに照準を定めて自社の経営資源をシフトしてきた企業が連結ベースの売上高と利益を維持拡大している。これらの企業は日本本国のマイナス成長を中国，ASEANを中心とするアジアで補完しながら連結の成長性と収益性を確保している。縮小傾向の国内市場で自社のマーケットシェアを守りながら，ダイナミックに成長するアジア市場でいかに市場浸透を図るかという守りと攻めの二正面作戦を展開している。

第4点は，日本企業が持続的な成長性をアジアをはじめとする海外に求める中で，その取り組みに業種間格差が見られることである。これは製造業と非製造業の間で，成長国や新興国への事業展開の差があり，その結果としての成長性と収益性の差に表れている。本章では非製造業として小売業と輸送の2業種だけを掲載したが，ここでは取り上げなかったブライダル産業，教育産業，外食産業，倉庫業，損保などの業種の事例研究も行った。アジアにおいて自動車，電機，化学のように1960年代，1970年代から海外に事業進出し現地での事業経験が長い製造業が，非製造業と比べて明らかにアジアの業績に優位性がある。

日本の主要製造業の国際競争力の低下が国の政策レベル，産業レベルでも議論されてきたが，アジアにおいては石油採掘などの鉱業を除くと1998年度から2007年度の各年度の営業利益の9割以上を製造業が占めていることからも，製造業によるアジアでの事業に優位性があるのは明らかである。また業種間格差には競争産業と旧保護産業の取り組みの差がある。自動車，電機，化学，建設機械，工作機械に見られるように，過去，為替の変動や市場の変化に見舞われながらも輸出と直接投資で世界の市場に進出し，熾烈な国際競争力の中で長年にわたり鍛えられた業種と，食品，医薬品，金融のように1980年代まで何らかの政府保護政策の恩恵を受け，日本国内で外資の脅威を避けることができた業種では取り組みと結果に差がある。後者の旧保護産業はその後，自前進出，企業間提携，企業買収という3つの戦略オプションの中で，日本でためた豊富

第3章　業界別アジアの成長性と収益性実態

な資金力をてこに米国，インド，大洋州で思い切った買収により既存の商圏とキャッチアップのための時間を買い，また戦略的提携によるパートナーとの相互補完により事業進出のスピードアップを図っている。同様に内需型産業と外需型産業の間にも取り組みの差がある。

　第5点は，製造業か非製造業かを問わず，同じ業種の中でも，企業ごとに取り組みに大きな格差があることである。アジアを含めたグローバル展開に企業の生き残りと勝ち残りを賭けた企業と従来通り国内事業に軸足を置いてグローバル展開を追加の事業，ついでの事業または競争力の落ちた国内の補完事業として位置づけた企業との間には，過去10年間の成長性と収益性に大きな差が出ている。前項で指摘したように，確かに業種間で取り組みの差はあるものの，その業種に属するすべての企業に普遍化できるとは限らない。中期経営計画の策定方針で不退転の生き残り策をアジアのダイナミズムに賭ける企業と，アジアを単に成長するプラスアルファの市場として位置づける企業とでは結果に大きな差が出てくるのは当然であろう。

注　釈

1) スズキは所在地別セグメント情報を1999年度までは，「日本」，ハンガリー，英国，ドイツなどの「欧州」，米国，カナダ，パキスタンなどの「その他の地域」に3区分表示をしていた。2000年度より「その他の地域」を「北米」と「その他の地域」に分離し，全部で4区分表示とした。ただし，2000年度の4区分表示では，前年度の1999年度も4区分に修正再表示されている。インド，タイなどの事業拡大を反映して，2002年度より「その他の地域」を更に「アジア」と「その他の地域」に分離し，全部で5区分表示とした。ただし，2002年度の5区分表示では，前年度の2001年度も5区分に修正再表示されている。2007年度現在，「その他の地域」には，オーストラリア，コロンビアを含む大洋州，中南米が含まれている。

2) スズキのマルチウドヨグへの出資やその後の子会社化の経緯および同社の業績推移については，2007年12月，社団法人 企業研究会から出版された「インドビジネス実務ガ

注釈

イド」(グローバル戦略ガイド No.6) の「第3部日本企業のインド進出実態編」の "マルチスズキ・インディア" の中に詳細な拙稿がある。

3) その後発表された2008年度決算 (2009年3月期) では,スズキの日本の営業利益は世界不況の影響を受け,前年度の849億円から287億円と大幅に減少した。一方,アジアの営業利益も前年度の561億円から353億円と減少したが,減少幅が日本と比べて小さかったため,日本の営業利益287億円を上回る結果となった。同社の連結決算の中でインドを中心としたアジアの営業利益が日本のそれを初めて上回り,地域別にはアジアの収益貢献度が最大となった。

4) 筆者はシンガポール勤務時代の2002年,同国にある豪亜地域の統括運営を行うデンソー・インターナショナル・アジアを訪問する機会を得た。また,2005年,タイのデンソー・タイランドの経営トップおよび経営幹部に現地でタイ事業全般にわたってインタビューする機会を得た。2007年には,愛知県刈谷市のデンソー本社で講演する機会を得た際,同社のショールームで最先端の商品群と技術の説明をいただいた。

5) 三菱ケミカルホールディングスは,2005年10月3日,株式移転により,三菱化学(株)および三菱ウェルファーマ(株)の共同持株会社として設立された。

6) 住友化学の有価証券報告書では,「所在地別セグメント情報」において,地域別区分を2002年度迄「日本」「在外」と2つで表示してきた。「在外」とは日本本国以外の地域である。2003年度以降は,従来の「在外」を「アジア」と「その他」に二分し世界を「日本」「アジア」「その他」の3つで表示している。「アジア」には,東南アジア,中国,韓国等を,「その他」には北米,欧州などを含んでいる。

7) ラービグ (Rabigh) はサウジアラビア王国のジッダ (Jiddah) 市北方約100kmに位置し,紅海 (Red Sea) に面している。

8) ペトロ・ラービグ社の出資比率は,住友化学37.5%,サウジ・アラムコ社37.5%,一般投資家25.0%である。同社の設立は2005年9月で,本社所在地はサウジアラビア王国のラービグである。なお同社は住友化学の持分法適用会社である。

第 3 章　業界別アジアの成長性と収益性実態

9) コマツの公表する地域別情報において，地域別外部顧客向け売上高は，従来「日本」「米州」「欧州」「アジア（日本除く）およびオセアニア」「中近東およびアフリカ」の 5 区分表示であった。中国売上高の拡大に伴い 2003 年度より「中国」が独立した区分となり従来の「アジア（日本除く）およびオセアニア」が「アジア（日本および中国除く）オセアニア」となった。この変更により前年の 2002 年度表示に遡り「中国」を含めた 6 区分表示がなされている。またロシア，中欧，東欧の売上高の拡大に伴い 2005 年度より従来の「欧州」が「欧州・CIS」と名称変更がなされ，前年の 2004 年度表示に遡り，「欧州・CIS」と表示されている。以上より 2007 年度（2008 年 3 月期）における地域別外部顧客向け売上高は，「日本」「米州」「欧州・CIS」「中国」「アジア（日本および中国除く）オセアニア」「中近東およびアフリカ」の 6 区分で表示されている。

10) 2009 年 6 月に発表されたコマツの 2008 年度（2009 年 3 月期）の第 140 期決算報告書では，深刻な不況の波をかぶった日本の営業利益 378 億円に対して中国，東南アジア，オセアニア，中近東，アフリカを包含する「その他地域」610 億円，米州 521 億円，欧州・CIS 223 億円である。海外合計が 1,354 億円となり，日本と逆転している。

11) マシニングセンター（MC）とは主として回転工具を使用し，工具の自動交換機能を備え，工作物の取付け替えなしに，多種類の加工を行う数値制御工作機械のことである。

12) 牧野フライス製作所の所在地別セグメント情報は 1998 年度までは「日本」「アジア」の 2 区分表示であったが，1999 年度より MAKINO INC.（アメリカ）と MAKINO G.m.b.H（ドイツ）が連結対象となったため，「日本」「アジア」「アメリカ」「ヨーロッパ」の 4 区分表示に変更された。2007 年度の 4 区分表示と比較するためには 1998 年度の翌年の 1999 年度のデータを採用すべきであるが，同年は日本の大幅損失により連結営業利益はマイナスであり，比較の妥当性を欠くと筆者は判断した。その結果，変則になるがアメリカとドイツの 2 社が連結対象となる前の 1998 年度（アメリカとドイツの各々の営業利益をゼロと仮定）と連結対象後の 2007 年度を比較して増分構成を算出した。

13) 筆者は 2006 年 9 月にインドのバンガロール市にある「MAKINO INDIA PRIVATE LIMITED」を訪問し，工場見学をさせていただくと同時に，トップマネジメントより事業概況を聞く機会を得た。

注釈

14) 資生堂の所在地別セグメント情報では,「管理部門に係る一部の費用及び長期的な基礎研究費用等」を,「配賦不能営業費用として営業費用のうち消去又は全社」の項目に含めていたが,2006年度より営業費用の配賦方法を見直し,各セグメントへ配賦している。またセグメント間取引の識別方法を一部見直している。この結果各地域の営業利益率の算出基準が2005年度までと2006年度以降では若干不連続となり,2006年以降の営業利益率が従来と比べて総じて低目に出るがその差は小さい。

15) 社名のPT Mandam IndonesiaTbkのTbkはインドネシア語Terbuka("開かれた"の意)の略語であり,株式を上場している企業を意味している。

16) 連結財務諸表規則により,連結子会社の中で売上高(連結会社相互間の内部売上高を除く)の連結売上高に占める割合が10%を超えている場合,海外現地法人を含めて当該連結子会社の主要な損益情報を開示する義務がある。

17) ユニ・チャームの1998年度の「海外売上高」は連結売上高(2063億円)の10%未満のため,有価証券報告書上は,記載が省略されている。ただし,同年度の「所在地別セグメント情報」では,連結売上高(2,063億円)の"外部顧客に対する売上高"は公表されており,日本1,865億円,アジア122億円,その他(欧米など)76億円である。「海外売上高」と「所在地別セグメント情報」の計算基準は異なるが,上記のアジアとその他(欧米など)の売上高計198億円を「海外売上高」と仮定すると,同年度の海外売上高比率は9.6%(198/2,063)前後と推定される。

18) ユニ・チャームのいう「吸収体市場」とは,幼児用紙オムツ,大人用失禁製品,生理用品などパーソナルケア事業を対象とした市場である。

19) HHCはHome Health Careの略。

20) ピジョンは1997年度までは海外売上高を地域別に開示せず「海外売上高」の名称で一本化していた。1998年度より「東南アジア」,サウジアラビア,クウェート,アラブ首長国連邦などを含む「中近東」,北米,中南米,大洋州,アフリカなどを含む「その他」と3区分して開示。中国の売上増に伴い2002年度より「東南アジア」を「東アジア」と名称変更した。2005年度より「その他」からアメリカ,カナダなどの「北米」を取

第3章　業界別アジアの成長性と収益性実態

り出し独立して開示した。この結果，海外売上高は「東アジア」「北米」「中近東」「その他」の4区分表示となった。

21) ピジョンは，「所在地別セグメント情報」を「日本」「東アジア」と2区分表示としてきたが，2004年度に米国 LANSINOH LABORATORIES, INC. を子会社化したことにより，新たに「その他」区分を設け，米国他を含んでいる。この結果，「日本」「東アジア」「その他」の3区分表示となった。

22) キリンホールディングスは，1998年，1999年の両年とも海外売上高が連結売上高の10％未満のため，連結財務諸表規則取扱要領第39の3に基づき，記載を省略している。続く2000年，2001年の両年も，海外売上高は依然，連結売上高の10％未満の9.7％，9.9％であったが，その地域別内訳を含めて海外売上高を開示している。

23) 日本経済新聞2009年2月20日朝刊報道「フィリピンのビール最大手，キリン，1,000億円出資合意」による。

24) 2008年度からエーザイの「アジア他」のセグメントデータは，「中国」と中国を除く「アジア他」に細分化されている。2007年度の「アジア他」の売上高311億円に対して2008年度は321億円（対前年度比3.2％）と増加を見たが，その内訳は「中国」114億円，「アジア他」207億円である。

25) テルモの「海外売上高」の地域表示は，2004年度までは「欧州」「米州」「その他」と3区分していた。「その他」はオーストラリア，タイ，台湾等を含む"アジア・オセアニア"地域を意味している。2005年度より「その他」が「アジア他」と表示変更されたが，カバーする国の変更がないので実質的には同じ内容と推定される。

26) ウォルマートの店舗形態には，ディスカウントストアー，スーパーセンター，サムズクラブ，および中型スーパーマーケットのネイバーフッドがある。「サムズクラブ」は，1983年に誕生した会員制の倉庫型ホームセンターである。基本単位のまとめ売りや法人向け販売に特徴がある。平均床面積は13万2,000ft^{2}である。

27) ファミリーマートの有価証券報告書上の「海外売上高」は，1998年度までは，連結売

注釈

上高の10％未満のため記載が省略されている。海外売上高比率が15.0％となった2000年度より「アジア」の売上高を開示した。主たる構成国は台湾とタイである。2002年度以降「アジア」の主たる構成国には韓国が追記されている。中国での売上増が顕著となった2004年度以降は中国も追記されている。2005年度からは「海外売上高」に米国をメインとする「その他の地域」が追加セグメントデータとして開示された。したがって2008年3月期現在，同社の連結売上高は「日本」「アジア」「その他の地域」の3区分で把握が可能である。

28) モード連携・システム連携とは，世界を網羅する陸・海・空のあらゆる輸送手段や輸送形態を組み合わせ，また豊富なノウハウや多彩な情報システムを駆使して世界の顧客に対応するという業務の進め方。

29) 倉庫・保管事業には貨物の保管や貨物の輸送に伴う付帯サービスがある。後者には，運送前後の一時保管，仕分け，梱包，預かり貨物の簡単な流通加工およびサードパーティ・ロジスティクス（3rd Party Logistics, 3PLと略される）がある。3PL事業とは，従来荷主自身で行っていた商品の調達，保管，在庫，仕分け，発送，納品といった一連の業務を一括して請け負うサービスを提供し，手数料，保管料を受け取るものである。

30) 日本通運の1998年度の所在地別セグメント情報は開示されていない。その理由は「全セグメントの売上高の合計および全セグメントの資産の金額の合計額に占める『本邦』の割合がいずれも90％を超えているため，所在地別セグメント情報の記載を省略している」というものである。1999年度より同社は所在地別セグメント情報を開示したため，売上高および営業利益の増分構成の計算には1999年度～2007年度の9年間を対象とした。

31) 国際航空貨物混載分野で2007年度1位は，日本通運（連結売上高1兆9,014億円）であり，2位は近鉄エクスプレス（同・2,923億円），3位は郵船航空サービス（同・1,875億円）である。

32) 近鉄エクスプレスは，2000年9月，大阪証券取引所ナスダック・ジャパン市場（現・ヘラクレス市場）へ上場した。ただし2004年9月に上場を廃止している。続いて2002年5月東京証券取引所市場第2部へ上場した。2003年9月東京証券取引市場第1部に

昇格した。したがって同社の有価証券報告書は2000年度（2001年3月期）より公開されており，その中に該当年度の前年度（1999年度）の業績も記載されている。以上の理由から本節では，同社の業績を1998年度からではなく，公開情報のある1999年度から対象にしている。

33) 中近東の売上高は，2005年度決算（2006年3月期）までは「欧州・アフリカ」地域に属していたが，2006年1月に世界5極経営体制になってからは新設の「東南アジア・中近東」地域に属している。中近東単独の売上高，営業利益は開示されていないため，同社の連結へのインパクトは不明である。2006年度以降は新設の「東アジア・オセアニア本部」と「東南アジア・中近東本部」を合計した旧「アジア・オセアニア本部」の数字は中近東の売上高を含むため，従来との比較の上で若干高めに出てくるものと推定される。

第4章

これからのアジア戦略を視野に入れた注目地域

4.1 アジアの新たな注目国・地域

4.1.1 3つの有望国調査

これからの日本企業のアジア戦略を考えるに当たり，世界や日本が3ないし5年の中期スパンで今後の投資有望国や関心国をどこに見ているかを整理する。米国の調査機関A.T.カーニー，日本の国際協力銀行，財団法人 関西生産性本部の3機関の定期調査結果を以下に紹介する。

(1) A.T.カーニーの定期調査

米国の調査機関A.T.カーニー（A.T. Kearney）が，世界で売上高が上位1,000社までの企業を対象に，各社の海外投資を担当する経営幹部を対象に調査を行っている。調査時点から3年以内に投資をしたいと考える国・地域について聞き，複数の回答を得ている。表4.1.1は2002年から2007年までの5カ年の時系列的な調査結果である。最大の投資関心国は2桁の経済成長率で推移してきた13.2億人の人口大国，中国である。続いて，2002年以前はベスト10の圏

表4.1.1 3年以内の有望な海外投資先（売上高世界トップ1,000社対象）

順位	2002年	2003年	2004年	2005年	2007年
1	中国	中国	中国	中国	中国
2	米国	米国	米国	インド	インド
3	英国	メキシコ	インド	米国	米国
4	ドイツ	ポーランド	英国	英国	英国
5	フランス	ドイツ	ドイツ	ポーランド	香港
6	イタリア	インド	フランス	ロシア	ブラジル
7	スペイン	英国	オーストラリア	ブラジル	シンガポール
8	カナダ	ロシア	香港	オーストラリア	UAE
9	メキシコ	ブラジル	イタリア	ドイツ	ロシア
10	オーストラリア	スペイン	日本	香港	ドイツ

出所：日経ビジネス（2008.2.18）　（原典は米A.T.カーニー）

外にあったインドが2003年に第6位，2004年に第3位，2005年以降第2位へ浮上している。近年のインドへの世界的な関心の高まりが見られる。また，2007年のランクで順位を上げてきたブラジルや，原油高騰で経済成長率が高まり建設需要や好況に沸くロシア，アラブ首長国連邦（UAE）などがベスト10内にランクされている。米国，ドイツ，英国は年毎にランクは変動しているが，世界の大手企業から見れば，安定的な投資関心国である。なお2004年には日本が第10位にランクされている。

(2) 国際協力銀行の定期調査

　国際協力銀行・開発金融研究所は，毎年日本企業に対する海外直接投資アンケート結果をまとめた「わが国製造企業の海外事業展開に関する調査報告」を公表[注1)]している。アンケートのサンプル数は500社前後である。このアンケートでは1企業5カ国まで，今後3年程度を視野に入れた中期的有望事業展開先国・地域が問われている。ここでも前掲の米国・A.T.カーニーの調査結果同様，**表4.1.2**が示すとおり，中国が一貫して最大の有望国として推移している。し

表4.1.2　中期的有望事業展開先国・地域
—国際協力銀行・開発金融研究所定期調査—（1企業5カ国まで回答）

順位	2003年 490社		2004年 497社		2005年 483社		2006年 484社		2007年 503社		2008年 471社	
1	中国	93%	中国	91%	中国	82%	中国	77%	中国	68%	中国	63%
2	タイ	29%	タイ	30%	インド	36%	インド	47%	インド	50%	インド	58%
3	米国	22%	インド	24%	タイ	31%	ベトナム	33%	ベトナム	35%	ベトナム	32%
4	ベトナム	18%	ベトナム	22%	ベトナム	27%	タイ	29%	タイ	26%	ロシア	28%
5	インド	14%	米国	20%	米国	20%	米国	21%	ロシア	23%	タイ	27%
6	インドネシア	13%	ロシア	10%	ロシア	13%	ロシア	20%	米国	18%	ブラジル	19%
7	韓国	9%	インドネシア	10%	韓国	11%	ブラジル	9%	ブラジル	9%	米国	17%
8	台湾	7%	韓国	9%	インドネシア	9%	韓国	9%	インドネシア	9%	インドネシア	9%
9	マレーシア	6%	台湾	8%	ブラジル	7%	インドネシア	8%	韓国	6%	韓国	6%
10	ロシア	5%	マレーシア	6%	台湾	7%	台湾	6%	台湾	5%	台湾	5%

出所：国際協力銀行「わが国製造業企業の海外事業展開に関する調査報告」
　　　—2008年度海外直接投資アンケート結果（第20回），2008年11月

4.1 アジアの新たな注目国・地域

かし,その得票率は2003年の93%から2008年の63%へ大きく低下している。

一方,インドへの関心が急速に高まり,2003年第5位（得票率14%）から2008年第2位（同・58%）へ急浮上している。チャイナ・プラス・ワンで脚光を浴びたベトナムとタイも上位5位以内にコンスタントにランクされている。またBRICsの一角ロシアやブラジルへの関心の高まりも見られる。韓国,台湾,インドネシアのアジア3カ国と米国への関心は年ごとに変化はあるが,絶えず上位10カ国の有望国圏に入っている。なお同研究所が同時に実施している,今後10年程度を視野に入れた長期的有望事業展開先国・地域では,既に2007年の調査においてインドが中国を抜いて第1位となっている。2008年の調査では上位5カ国はインド（得票率72%），中国（同63%），ロシア（同43%），ブラジル（同35%），ベトナム（同29%）の順である。

(3) 関西生産性本部の定期調査

財団法人 関西生産性本部（KANSAI PRODUCTIVITY CENTER,略称・KPC）[注2]が長期にわたって毎年行っている定期調査の中で「有望な海外投資先」について設問がある。同調査は経営幹部,労働組合幹部,学識経験者あてに調査票が郵送されその回答が集計・分析される。2008年11月の「第21回KPC調査」では調査対象275名に対して回答率は64%である。「有望な海外投資先」の設問は,"今後の日本にとって,海外投資先としてどこの国（地域）が有望か 下記20カ国から3つ以内で選択せよ"というものである。

表4.1.3は,2005年から2008年までの同調査の結果である。この調査結果で特徴的なことが5点ある。第1に最大の関心国（有望国）として2005年にインドが中国と入れ替わって第1位となったことであり,中国への関心が年々低下している。2005年の有望国トップ10の中で,中国は第2位（得票率56%）であったが2008年に第4位（同28%）へ急落している。この背景には,中国のカントリーリスクやビジネスリスクへの懸念,チャイナ・プラス・ワンという中国一極集中からの回避策,中国とは既に安定から成熟したビジネス取引があり重要な関心国であっても,新規の関心国ではないなどの要因があると

表 4.1.3 　有望な海外投資先—関西生産性本部　定期調査—
（経営，労組，学職者が有望国 3 つ以内で回答）

順位	2005年	得票率	順位	2006年	得票率	順位	2007年	得票率	順位	2008年	得票率
1	インド	58%	1	インド	66%	1	インド	62%	1	インド	59%
2	中国	56%	2	ベトナム	60%	2	ベトナム	58%	2	ベトナム	49%
3	ベトナム	52%	3	中国	57%	3	中国	47%	3	ブラジル	29%
4	タイ	23%	4	タイ	16%	4	ロシア	18%	4	中国	28%
5	ロシア	16%	5	EU	12%	5	タイ	14%	5	ロシア	16%
6	EU	11%	6	ロシア	11%	6	ブラジル	13%	6	タイ	12%
7	米国	10%	7	米国	10%	7	EU	12%	7	EU	9%
8	中東諸国	5%	8	ブラジル	7%	8	中東諸国	9%	8	アフリカ諸国	9%
9	台湾	4%	9	中東諸国	5%	9	インドネシア	5%	9	米国	7%
10	中央アジア諸国	4%	10	マレーシア	4%	10	米国	5%	10	オーストラリア	7%

出所：第21回KPC定期調査（2009年2月発表）

推定される。第 2 は，ベトナムが 2006 年から第 2 位の関心国となり，中国一極集中投資からの回避先として，人件費をはじめ高騰する中国の生産コストからの代替生産拠点として，そしてまた 8,500 万人の人口を有する次代の成長市場として意識されているものと推定される。第 3 に，ブラジルが 2005 年のベスト 10 外から 2006 年第 8 位，2007 年第 6 位，2008 年第 3 位（得票率 29%）と上昇し，中国の順位を抜いていることである。第 4 にアフリカ諸国が 2008 年に第 8 位にランクされ，初めてベスト 10 に浮上してきた。これは 2008 年 5 月に横浜で開催された第 4 回アフリカ開発会議（TICAD IV）[注3] において，日本政府がアフリカ向け ODA（政府開発援助）倍増を発表したことなどが，背景にあるものと思われる。他方，原油の高騰を背景に建設ブームや消費ブームが沸き起こった中東諸国への関心がアメリカ発の国際金融危機の中で急激に薄れ，2008 年にはベスト 10 外に落ちた。第 5 にタイ，ロシア，EU，米国といった国は，年ごとに関心国としての順位変動はあっても，投資先としてまた，貿易先として"安定的な"関心国となっているためベスト 10 内に絶えずランクされている。

　大阪府を中心とした関西地域（2 府 6 県）は，大企業，中堅企業，中小企業

を問わず，アジアへの貿易依存度や収益依存度が高い。関西企業のアジアの変化に対する感度は，日本企業の中では相対的に敏感であると言える。1980年代の中国投資や中国との貿易とも関西地盤の製造業や商社が全国的にも相対的に早く取り組みを行ってきた。その意味では，経営者，労働組合，学識者の三者の意識比較をベースとした関西生産性本部の独自の調査は，日本企業のアジアの変化への感度について先行指標（Leading Indicator）としての役割を果たしている。

4.1.2 NEXT 11 の対象国と概要

米国の大手投資銀行ゴールドマン・サックス（Goldman Sachs）が2003年12月に発表した投資家向け経済予測レポートの中で，今後高い経済成長が期待される4カ国（Brazil, Russia, India, China）を取り上げ，その英文国名の頭文字を取って「BRICs」と名づけた。その2年後の2005年12月，同銀行がBRICsに次ぐ成長国として11カ国を取り上げ「NEXT 11」（ネクスト・イレブン）と名づけた。「NEXT 11」は「N-11」（エヌ・イレブン）と略されることが多い。「NEXT 11」は，具体的には，アジアの中の韓国，インドネシア，フィリピン，ベトナム，バングラデシュ，パキスタンの6カ国，中東のイランとトルコの2カ国，アフリカのエジプト，ナイジェリアの2カ国，そして中米のメキシコを指している。経済成長の期待度は各国とも異なるが，BRICsのブラジル，ロシア，インド，中国と合わせて計15カ国が世界の投資家および多国籍企業を中心とする産業界から注目を浴びている。

表4.1.4がNEXT 11の国別概要である。人口規模は，2億人台のインドネシア，1億人台のバングラデシュ，パキスタン，ナイジェリア，メキシコがあり，世界190カ国の中で，NEXT 11は中国，インドの人口には及ばないものの総じて"人口準大国"である。GDPは1兆493億ドルの韓国から711億ドルのベトナムまであり，各国の経済規模は大きく異なる。一人当たりのGDPで見ると，韓国の2万1,654ドル，トルコの9,422ドル，メキシコの9,741ドルは中進国レベルであり，バングラデシュ，パキスタン，ベトナムなどの1,000ド

表 4.1.4　NEXT 11 の国別概要（2007 年）

	国名	首都	人口 （万人）	GDP （億ドル）	一人当たりのGDP （ドル）
アジア	韓国	ソウル	4,845	10,493	21,654
	インドネシア	ジャカルタ	22,490	4,320	1,921
	フィリピン	マニラ	8,857	1,441	1,626
	ベトナム	ハノイ	8,515	711	835
	バングラデシュ	ダッカ	15,900	737	463
	パキスタン	イスラマバード	15,790	1,440	912
中近東	イラン	テヘラン	7,166	2,859	3,990
	トルコ	アンカラ	6,889	6,491	9,422
アフリカ	エジプト	カイロ	7,357	1,303	1,772
	ナイジェリア	アブジャ	14,385	1,674	1,164
中米	メキシコ	メキシコシティ	10,526	10,254	9,741
	合計	－	122,720	41,723	3,400＊

注）＊は11カ国の加重平均値。
出所：IMF「World Economic Outlook Database, April 2009」より筆者作成

ル未満は後発国である。宗教は 11 カ国中 7 カ国がイスラム国であり，アジア，中東，アフリカに分散している。政治的には，パキスタン，イラン，ナイジェリアのように隣国との抗争，先進国との対立，内戦など不安定な国もある。11 カ国の現状から見る限り，11 カ国としてくくられている共通要因は少ない。ただし，30 年先，50 年先を見据えた経済成長の可能性があるという前提に立てば，11 カ国の人口規模が共通して大きいだけにビジネスチャンスも大きくなるという期待値があるという程度の見方が妥当であろう。

　最大 10 年スパンの企業経営視点や 3 年スパンの証券投資家の視点から見れば，不確実要因が多く出てくるため NEXT 11 の 2050 年のバラ色の成長は想像しがたい。とりわけ企業経営視点では，通常長期ビジョンの対象期間として想定される 10 年スパンの経営環境の変化にしたたかで，かつ柔軟に対応できる経営力こそが重要であろう。過去，大いに成長が期待された国の崩壊，ある

いは過去期待値がほとんどなかった国の高度成長，そして過去投資環境が安定していると言われた国が外資の現地全財産を没収といったグローバルな経営環境に世界の企業は直面してきた。ボーダレス化が加速する中で，過去と不連続に起きる経営環境の下では，目まぐるしい環境変化への適応能力こそが生き残りと勝ち残りの鍵となっていく。「NEXT 11」には過度の期待はできないが，BRICs の延長線上に可能性を秘めた新興経済発展国としての認識は必要であろう。

4.1.3 様々な成長期待国

　電気機器や電子機器などを意味する電機業界では，かつて"エレクトロニクス"という用語が期待の成長分野として脚光を浴びた。その後，テレテキスト，ビデオテックス，DBS（直接衛星放送）などを代表的商品としてエレクトロニクスの成長分野を示す"ニューメディア"という用語が出てきた。そして 10 年後"マルチメディア"という用語が新聞雑誌に氾濫した。韓国メーカーの年次報告書にも冷蔵庫や洗濯機までも"マルチメディア機器"としてセグメント情報が出ている。その用語使いに若干理解が困難な面もある。90 年代に入ってからはコンピュータのソフトウェアやアニメから PDP などのハードウェアまでも"IT 分野"と言われている。"マルチメディア"という用語があまり聞かれなくなった 21 世紀に入って"ユビキタス分野"という用語が使われ始めた。各時代の各々の用語は，その幅や深さや商品・技術の相互のつながりの有無の差はあるが，意図するところは「成長する期待のエレクトロニクス分野」である。各時代に氾濫した用語は短期間に自然淘汰されていく。

　世界の成長市場もそれぞれの時代に該当国・地域について思いついたネーミングや略語が出てきては自然消滅する。2000 年代に入っても期待の成長国，新興国に対して亜流や二番煎じも含めてネーミングごっこの様相を呈している。ネーミングや略語が国際機関発か一個人の趣味の研究発かにかかわらず，世界的に見て，とりわけ日本はそれらを取り上げたがる，有り難がるという意味でユニークな国と言える。本節では，それぞれの略語やネーミングにどのよ

うな国が含まれているかを紹介するにとどめる。その理由は，いずれの国も日本の多国籍企業と言われる企業の中では成長市場（growing market），新興市場（emerging market）として既に 80 年代，90 年代に検討された国だからである。筆者の理解するところでは，ロシアだけが例外であり，プーチン政権樹立後，2000 年代に入って本格的に事業進出が検討され，BRICs レポートが出た 2003 年以降その検討に拍車がかかった。

　米国の国際経済研究所による LEMs[注4] は Large Emerging - Market Economies の略で，大規模新興市場経済群を意味する。2005 年初めに打ち出されたこの略語には BRICs の 4 カ国にアジアの韓国，インドネシア，中東のトルコ，サウジアラビア，アフリカの南アフリカ，中南米のメキシコ，アルゼンチンの 7 カ国を加えた計 11 カ国が含まれている。国際ビジネス上は，極めて常識的な選択国であろう。VTICs は BRICs の中のブラジル，ロシアがベトナム，タイに入れ替わっただけの略語である。日本の中堅，中小企業にとってはブラジル，ロシアは距離的にも心理的にも遠い国なので，現実的には日本の裏庭市場に当たるタイやベトナムの方がやりやすいというメッセージであろうか。

　中国，インド，ベトナム，タイの 4 カ国を有望国として取り上げたのは日本人による日本企業向けの発想であるが，世界に分散する成長国を評論家的につまみ食いするよりは，経営視点から見れば意外に現実的な選択肢として考えられる。TIPs はタイ（Thailand），インドネシア（Indonesia），フィリピン（Philippines）の頭文字を合成している。中国，インドを入れずに ASEAN の主要 3 カ国にフォーカスしている背景が分かりにくいが，この 3 カ国の投資ロケーションの選択を上手にやればという前提でコスト競争力志向の中小企業向けの候補国としては妥当であろう。VISTA は，前掲の 2003 年に発表された NEXT 11 からベトナム，インドネシアとトルコを，2005 年初めに発表された前掲の LEMs から南アフリカとアルゼンチンを取り出し，これら 5 カ国の頭文字を揃えた略語で 2006 年末に提唱された候補国である。その後も日本だけで通じる数多くの"有望国略語"が出たが，いずれも前掲の NEXT 11 や

4.1 アジアの新たな注目国・地域

LEMsで取り上げられた国の中にある。どの略語にも取り上げた国の選択基準や動機に賛否両論があるが，現実の経営判断の中では1つの参考になるであろう。

　2008年に入って，独立行政法人 日本貿易振興機構（JETRO）がBRICsに続く「JFIC 16」を打ち出してきた。JFICとは，JETRO-File Increasing Interest Countriesの頭文字を合成したもので，JETROのホームページに掲載する「海外情報ファイル」へのアクセス実績（件数および過去2年間の件数伸び率）を基に作成している。つまり日本企業の関心が高い世界の新興国16カ国を選んだものである。具体的には，アジアからベトナム，タイ，パキスタンの3カ国，中東からトルコ，アラブ首長国連邦（UAE），サウジアラビアの3カ国，アフリカからエジプト，ナイジェリア，南アフリカの3カ国，中東欧からポーランド，ルーマニア，ハンガリーの3カ国，中南米からメキシコ，ベネズエラ，ペルー，アルゼンチンの4カ国の計16カ国が選ばれている。「JFIC 16」の総人口は9億4,200万人，GDP合計は4兆6,071億ドルでBRICsの4カ国と比較して各々33.3％，64.8％の規模である。なお，前掲の国際協力銀行の定期調査で有望事業展開先国・地域の中に毎年インドネシア，韓国がベスト10内にランクされているが，JFIC 16の中に入っていないのは両機関の選択基準の差に起因するものと思われる。

4.2 南アジア

21世紀初頭の「これからのアジア戦略」を考える上で，インドを中心とした南アジアの動向を理解しておく必要がある。日本から急成長するインドだけを直線で見ると南アジアの地域全体が見えにくい。本節では南アジアの動向を南アジアの地域協力の実態，南アジアを取巻く貿易実態，南アジアへの直接投資，そして日本企業の南アジアへの進出実態や南アジア内の人の往来を眺め，日本企業の経営視点から南アジアの潜在力を探ってみたい。

4.2.1 南アジアの地域協力の実態

(1) 南アジア地域協力連合（SAARC）

比較的緩やかな地域協力の枠組として発足した南アジア地域協力連合の英文表記は South Asian Association for Regional Cooperation で SAARC と略される。SAARC は 1985 年 12 月にバングラデシュの首都ダッカで開催された南アジア諸国首脳会議で発足した。原加盟国は**図 4.2.1** に示すとおり，インド，パキスタン，バングラデシュ，ネパール，ブータン，スリランカ，モルディブの 7 カ国である。SAARC の事務局は，ネパールの首都カトマンズに置かれ，7 カ国の首脳会議を原則年 1 回，外相理事会を年 2 回以上開催することになっている。なお 2007 年 4 月の第 14 回首脳会議においてアフガニスタンの正式加盟が認められたため，2009 年 4 月現在，加盟国は 8 カ国となっている。また SAARC にはオブザーバーとして日本，中国，米国，EU，韓国，イラン，モーリシャスが参加している。

SAARC 加盟国の概要は**表 4.2.1** の示すとおりである。SAARC の総人口 15 億 6,590 万人の 74.9％，総 GDP 1 兆 3,757 億ドルの 80.1％をインドが占め，南

4.2 南アジア

図 4.2.1 SAARC 加盟国

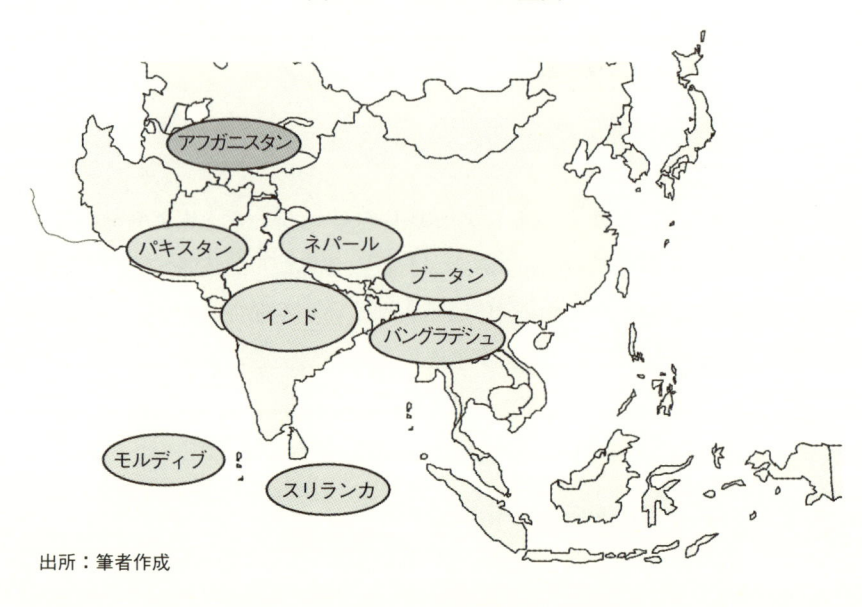

出所：筆者作成

表 4.2.1 SAARC 加盟国概要（2007 年）

国名	首都	人口 (百万人)	構成比(%)	GDP (億ドル)	構成比(%)	一人当たりの GDP (ドル)
インド	デリー	1,173.3	74.9	11,024	80.1	940
パキスタン	イスラマバード	157.9	10.1	1,440	10.5	912
バングラデシュ	ダッカ	159.0	10.2	737	5.4	463
ネパール	カトマンズ	27.4	1.7	113	0.8	412
ブータン	ティンプー	0.7	0.1	12	0.1	1,841
スリランカ	スリ・ジャヤワルダナプラ・コッテ	19.9	1.2	323	2.3	1,623
モルディブ	マレ	0.3	0.1	11	0.1	3,055
アフガニスタン	カブール	27.4	1.7	97	0.7	352
合計		1,565.9	100.0	13,757	100.0	加重平均 879

出所：IMFのWorld Economic Outlook April 2009より筆者作成

アジアにおけるインドのプレゼンスの大きさを示している。インドに次いで大きな地位を占めるのがパキスタンとバングラデシュである。人口はパキスタンが1億5,790万人，バングラデシュが1億5,900万人とほぼ拮抗しており，インドの人口11億7,330万人を合わせるとこの3カ国で中国の人口を上回る14億9,020万人となる。GDPはパキスタンが1,440億ドル，バングラデシュが737億ドルで合計するとSAARC全体の15.9%を占める。

SAARCの構成国の中で一人当たりのGDPが1,000ドルを超すのは，人口30万人の観光立国モルディブの3,055ドル，人口65万人のブータンの1,841ドル，人口1,993万人のスリランカの1,623ドルの3カ国であり，インドをはじめとするその他の4カ国はいずれも1,000ドル未満である。ただし，一人当たりのGDPは一国のGDPを総人口で割った平均値であるので，一人当たりのGDPが低い国でも所得階層（Income Distribution）が広く分布している国では，ある一定の高い購買力を備えた国民が多数存在する。かつての中国も一人当たりのGDPが1,000ドル未満の時代でも多数の万元戸[注5]が発生し，裕福な購買層を形成した。そして2,000ドルを超すと人口13.2億人の中国では，上海などの沿岸の都市部を中心に爆発的な消費が生まれた。したがって，インド，パキスタン，バングラデシュのSAARC主要3カ国の今後の経済発展は注目に値する。

2004年1月，第12回南アジア地域協力連合（SAARC）の外相会議がパキスタンの首都イスラマバード市で開催された際に，SAARC内のFTA（自由貿易協定）として南アジア自由貿易圏の枠組み合意が発表された。南アジア自由貿易圏の英文名はSouth Asia Free Trade AreaでSAFTAと略される。その後，2005年末に2006年11月のSAFTA発効の正式合意がなされている。このSAFTA発効により南アジアに人口15億人を超える世界最大の自由貿易圏が誕生した。東アジア経済圏に対してSAFTA加盟国を中心とする南アジア経済圏が中長期的にどのような発展を見せるかは注目に値する。

4.2　南アジア

(2)　ベンガル湾多分野技術経済協力イニシアティブ（BIMSTEC）

　SAARCと並んで南アジアの地域協力で取り上げなければならないのがベンガル湾多分野技術経済協力イニシアティブである。タイが提唱国となったベンガル湾多分野技術経済協力イニシアティブの加盟国は，**図4.2.2**が示すとおり，インド，バングラデシュ，ネパール，ブータン，スリランカの南アジア5カ国にタイとミャンマーの東南アジア2カ国を加えた計7カ国である。英文名は，Bay of Bengal Initiative for Multi-Sectoral Technical and Economic CooperationでBIMSTECと略されている。略称BIMSTECは，当初の加盟国であるBangladesh, India, Myanmar, Sri Lank, Thailandの頭文字を取り，それに経済協力（Economic Cooperation）の文字を組み合わせたものであった。2004年2月の閣僚会議から新たにネパール，ブータンの2カ国が加盟国となったため名称変更が必要となったが，略称のBIMSTECは変更せずに名称を現在の「ベンガル湾多分野技術経済協力イニシアティブ」の英文名称に変更した。

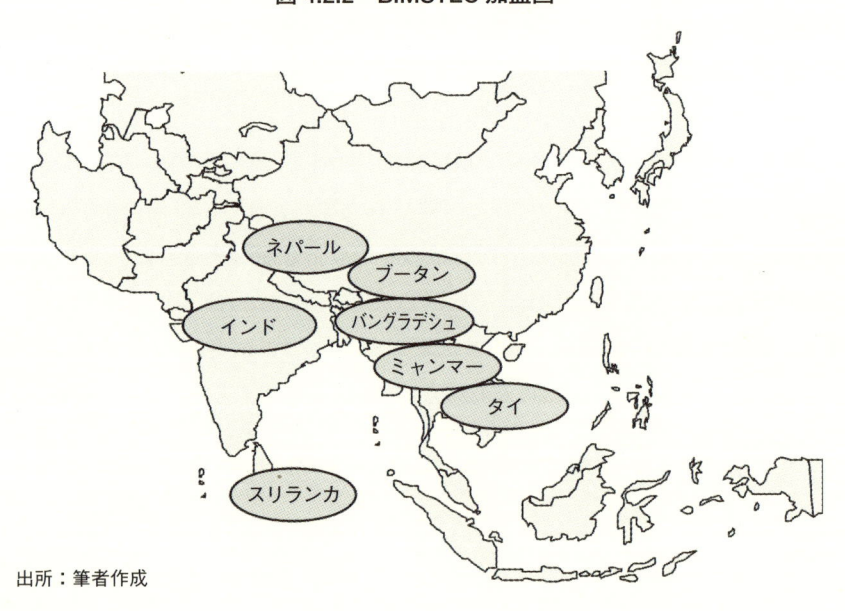

図4.2.2　BIMSTEC加盟国

出所：筆者作成

BIMSTEC加盟国の関心分野は，貿易・投資，観光，貧困撲滅，テロ対策，人材交流，輸送インフラ開発，エネルギー協力などの推進である。加盟国間でテーマごとに主管の担当国（lead country status）が決まっている。2002年以降は，例えば，貿易・投資がバングラデシュ，技術がスリランカ，輸送・通信がインド，エネルギーがミャンマー，観光がインド，漁業がタイという役割分担である。いずれの国も産業のベースは，農業であり，豊富な人口と廉価な労働力を発揮できる労働集約型の産業への依存度が高いという類似性がある。したがって，短期的には，加盟国間同士での工業製品の貿易や分業の発展には制約があるであろう。しかしながら，日本，ASEAN，中国，インドというくくりでアジア全体を俯瞰するとき，BIMSTECの加盟国タイとインドのリーダーシップの発揮いかんでは，日本企業をはじめとする外資にとっても生産拠点としてのBIMSTEC活用の道が開ける可能性が出てくる。

4.2.2　南アジア域内の貿易実態

南アジアの貿易構造をSAFTA（南アジア自由貿易圏）の貿易実態から概観する。インドを含むSAFTA原加盟国7カ国の2008年貿易総額（域内・域外合計）は，約5,930億ドルである。その内，インドが79％を占め，GDPや人口同様，貿易面においても南アジアの盟主の位置にある。SAFTA国の貿易構造を域外貿易と域内貿易の両面で見る。前者は域外に繊維製品や農産物・農産加工品などの労働集約的製品や鉱石などの資源を輸出して，域外から機械，電子機器，光学／精密機器，有機／無機化学品などの資本集約的または技術集約的製品を輸入するという典型的な発展途上国の貿易パターンである。では後者の域内貿易はどのような構造になっているのであろうか。インドを中心に据え，インドからSAFTA（インドを除く6カ国）への輸出（図4.2.3）とSAFTAからインドへの輸入（図4.2.4）の貿易実態から見てみる。インドのSAFTAへの2008年輸出合計94.2億ドルに対して輸入合計は17.9億ドルと出超である。SAFTA各国別に見ても，ブータンを除くいずれの加盟国に対してもインドは出超である。

4.2 南アジア

図 4.2.3 インドの SAFTA への輸出（2008 年）

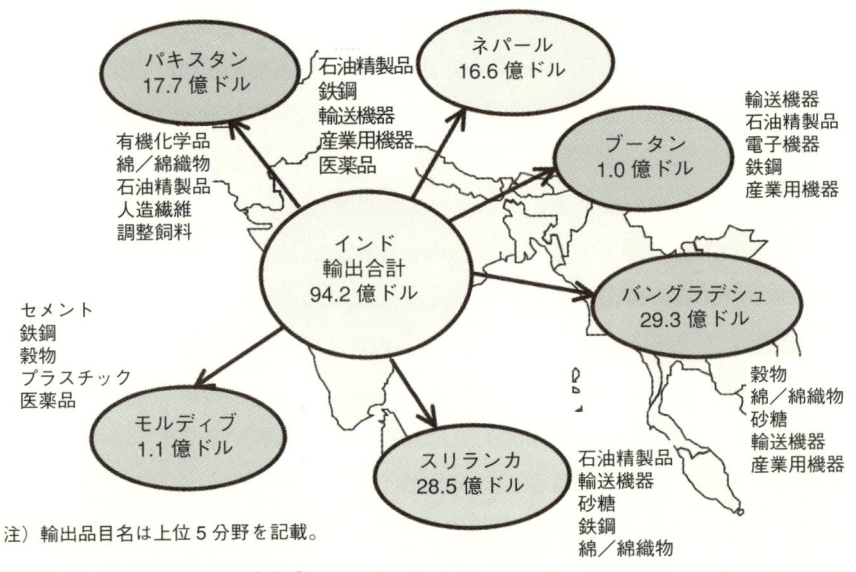

パキスタン 17.7 億ドル
- 有機化学品
- 綿／綿織物
- 石油精製品
- 人造繊維
- 調整飼料

（インド→パキスタン方向）石油精製品／鉄鋼／輸送機器／産業用機器／医薬品

ネパール 16.6 億ドル

ブータン 1.0 億ドル
- 輸送機器
- 石油精製品
- 電子機器
- 鉄鋼
- 産業用機器

インド 輸出合計 94.2 億ドル

バングラデシュ 29.3 億ドル
- 穀物
- 綿／綿織物
- 砂糖
- 輸送機器
- 産業用機器

モルディブ 1.1 億ドル
- セメント
- 鉄鋼
- 穀物
- プラスチック
- 医薬品

スリランカ 28.5 億ドル
- 石油精製品
- 輸送機器
- 砂糖
- 鉄鋼
- 綿／綿織物

注）輸出品目名は上位 5 分野を記載。

出所：インド通関統計より筆者作成

図 4.2.4 インドの SAFTA からの輸入（2008 年）

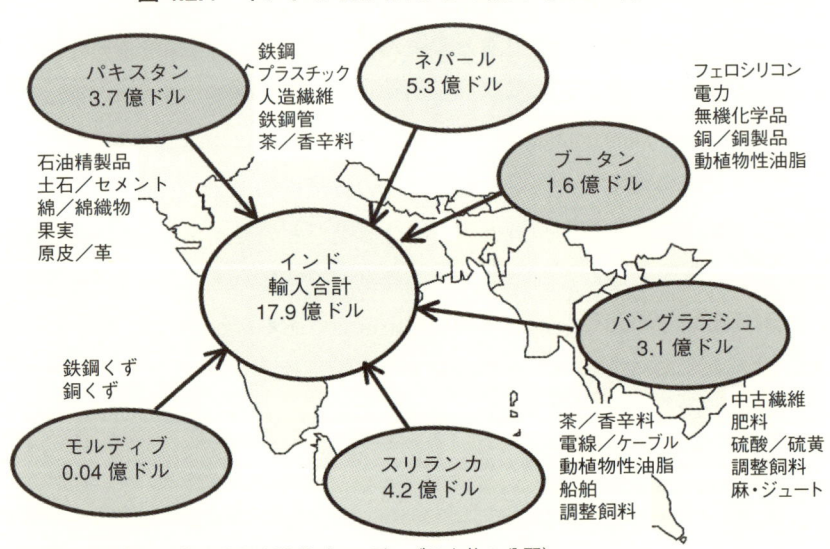

パキスタン 3.7 億ドル
- 石油精製品
- 土石／セメント
- 綿／綿織物
- 果実
- 原皮／革

（パキスタン→インド）鉄鋼／プラスチック／人造繊維／鉄鋼管／茶／香辛料

ネパール 5.3 億ドル

ブータン 1.6 億ドル
- フェロシリコン
- 電力
- 無機化学品
- 銅／銅製品
- 動植物性油脂

インド 輸入合計 17.9 億ドル

バングラデシュ 3.1 億ドル
- 中古繊維
- 肥料
- 硫酸／硫黄
- 調整飼料
- 麻・ジュート

モルディブ 0.04 億ドル
- 鉄鋼くず
- 銅くず

スリランカ 4.2 億ドル
- 茶／香辛料
- 電線／ケーブル
- 動植物性油脂
- 船舶
- 調整飼料

注）輸出品目名は上位 5 分野を記載（モルディブは上位 2 分野）。

出所：インド通関統計より筆者作成

インド・SAFTA間の貿易は，インドが加盟国から鉄鉱石，銅鉱石，果実・綿といった1次産品を輸入し，鉄鋼製品，綿織物，ガソリン・重油・軽油等の石油精製品，自動車・二輪車などの工業製品を輸出するという補完的関係にある。これはインドの工業力が他の加盟国より優位にあるためである。

次にSAFTA7カ国の全貿易に占める域内貿易を見ると，ASEANやEUと比べると域内への貿易依存度は非常に低い。SAFTAの主要3カ国のインド，パキスタン，バングラデシュおよびスリランカの4カ国を見てみる。インドのSAFTAへの2008年貿易依存度は，2.4%でありその内訳は輸出依存度で5.3%，輸入依存度で0.6%である。パキスタンのSAFTAへの貿易依存度は，2003年2.6%（輸出2.9%，輸入2.4%）から徐々に上昇し2008年4.5%（輸出4.9%，輸入4.4%）となっているが1割に満たない。バングラデシュのSAFTAへの貿易依存度は，加盟国の中でもインドに対する輸入依存度の高さを反映して2003年10.0%（輸出1.3%，輸入15.5%）であり，2007年においても10.3%（輸出4.9%，輸入14.4%）とやっと1割を超えているレベルである。インドへの輸入依存度が高いスリランカのSAFTAへの貿易依存度は，2007年18.2%（輸出8.3%，輸入24.9%）となっている。SAFTA加盟国の中には年次統計数字が毎年発表されない国やかなりのタイムラグを持って発表される国があるため，必ずしも全加盟国の特定年度の正確な貿易依存度が算出できない。しかし上述の主要4カ国の貿易依存度から判断すると2008年時点で加盟国全体の貿易依存度は5%前後と推定される。このようにSAFTA創設後，域内貿易比率は徐々に上昇しているが，貿易自由化の恩恵は限定的である。域内貿易の活性化は一般的には加盟国間での関税低減や関税撤廃という要因が大きいが，SAFTAのケースでは関税面にとどまらず域外からの直接投資の導入による産業の拡大，産業の高度化，国際競争力の強化が欠かせない。

4.2.3 南アジアへの直接投資

南アジア各国への直接投資を域内と域外から2区分して表示することは統計上困難なため，本節では南アジアでの経済プレゼンスが圧倒的に大きいインド

4.2 南アジア

を事例に取り直接投資の実態を概観する。

図 4.2.5 は 2005 年度（2006 年 3 月末）から 2008 年度の対インド直接投資の推移を投資国別，業種別に示している。インド政府の 1991 年からの一連の経済自由化路線の中で，外資による直接投資額は年毎に跛行はしながらも徐々に増え続けてはいたが，低水準であった。2002 年度 31.3 億ドル，2003 年度 26.3 億ドル，2004 年度 37.5 億ドルと推移してきた直接投資額が急増するのは同図に示すとおり，2005 年度 55.5 億ドルからであり，2006 年度は一挙に 100 億ドルを超え前年度比 2.8 倍の 157.3 億ドルとなった。さらに翌 2007 年度は 200 億ドル台の 245.8 億ドル（前年度比 56.3％増）と増え，2008 年度は過去最高額の 273.1 億ドル（前年度比 11.1％増）を記録した。この急増の背景にあるのは同図の業種別内訳が示すように，金融，不動産，通信などへの外資上限の引き上げや 2009 年以降の外資への大幅規制緩和があり，これらの業種が投資額増分の 6 割を占めている。海外の金融機関，シンガポールの不動産企業，ソフトウェ

図 4.2.5 インドへの直接投資

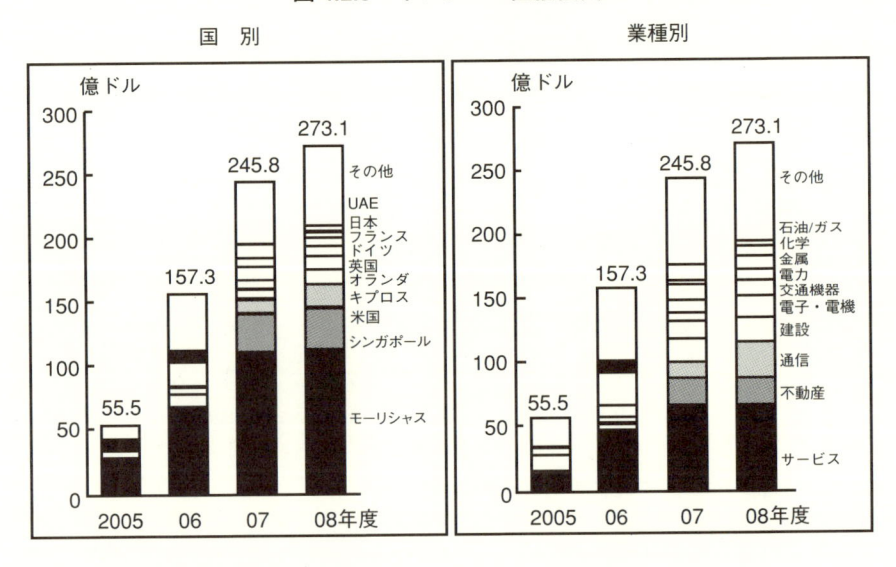

出所：インド政府　Department of Industrial Policy & Promotion, Ministry of Commerce and Industry の統計より筆者作成

アの開発や BPO（ビジネス・プロセス・アウトソーシング）に積極的な欧米の IT 企業，大手インフラ企業の旺盛なインド進出が背景にある。

　一方，国別に投資国を見ると，第 1 位はアフリカのモーリシャスで，2008年度投資額合計 273.1 億ドルの 41.0％を占める最大国である。2000 年度から 2008 年度の累積投資額 899.2 億ドルベースで見てもモーリシャスは 40.9％を占め最大となっている。これはインドとモーリシャス間に租税条約が締結されており，モーリシャスにある企業が税の恩典を享受できることから欧米を中心とした世界の企業がモーリシャス経由でインドに迂回投資をしているからである。第 2 位の投資国は 2007 年度，2008 年度の単年度投資額においても，2000年度から 2008 年度の累積投資額においてもシンガポールであるが，この背景にはインド・シンガポール間で 2005 年に締結された包括的経済協力協定（CECA）があり，両国間での投資自由化措置が影響をしているものと考えられる。また，日本からインドへの事業進出件数は 2000 年代中盤から急増しているが，直接投資の絶対額は対 ASEAN や対中国投資と比較すると必ずしも大きいものではない。2000 年度から 2008 年度の 9 年間の日本の対インド直接投資累計額 25 億 3,100 万ドルの内，その半分近くが，直近の 2007 年度と 2008年度の 2 年間でなされていることから，対インド投資が大幅に上昇していることをうかがわせる。

4.2.4　日本企業の南アジアへの進出実態

　日本企業の南アジアへの事業進出の中で，最大規模のものはインドである。これについては「第 1 章 経営視点からの世界の注目市場の変遷」の「1.3　1990年代のインド」の項で 2000 年代のインド進出日系企業の実態について既に詳述したのでここでは省略する。本節ではインド以外の南アジアへの進出実態について触れる。

　日本企業のインド以外の南アジアへの進出先としてインドに次ぐ GDP を持つパキスタン，バングラデシュ，スリランカの 3 カ国を取り上げる。**表 4.2.2**

4.2 南アジア

表 4.2.2　パキスタンにおける主な日本企業

	親会社社名	現地会社社名	事業内容	出資比率(%)	設立年月
1	GSユアサ	Atlas Battery Ltd.	二輪車,自動車用電池の製販	15	1966/10月
2	ホンダ	Atlas Honda Ltd.	二輪車の製販	35	1962/10月
3	DIC(旧大日本インキ)	DIC Pakistan Ltd.	印刷インキの製販	45	1994/7月
4	豊田通商,トーメン	Gul Ahmed Energy Ltd.	発電事業	31.3	1994/7月
5	日野自動車,豊田通商	Hinopak Motors Ltd.	トラック,バスの製販	89	1986/1月
6	ホンダ	Honda Atlas Cars(Pakistan)Ltd.	自動車の製販	51	1992/11月
7	ホンダ	Honda Atlas Power Product(Pvt.) Ltd.	汎用エンジンの製販	80	1998/4月
8	トヨタ,豊田通商	Indus Motor Co., Ltd.	自動車の製販	25	1993/3月
9	日揮	JGC-DESCON Engineering(Pvt.) Ltd.	プラントの設計・調達・建設	51	2000/5月
10	豊田通商,トーメン	Kohinor Energy LTd.	発電事業	16	1994/4月
11	日本郵船	NYK Line Pakistan(Pvt.)Ltd.	船舶代理店業	98	2007/4月
12	オリックス	ORIX Investment Bank Pakistan Ltd.	投資銀行、証券	40	1995/7月
13	オリックス	ORIX Leasing Pakistan Ltd.	リース,自動車のリース	50	1986/7月
14	オリックス	ORIX Properties Pakistan Ltd.	不動産の開発・管理	67	2007/8月
15	大塚製薬	Otsuka Pakistan Ltd.	医薬品の製販	55	1989/6月
16	スズキ	Pak Suzuki Motor Co., Ltd.	自動車の製販	73.1	1984/1月
17	サンデン	Sanpak Engineering Industries (Pvt.)Ltd.	カーエアコンの製販	36.8	1998/8月
18	丸紅	Tapal Energy(Pvt.)Ltd.	ディーゼル発電所操業・売電事業	25	1995/3月
19	三菱商事	Tri-Pack Films Ltd.	BOPP Filmの製造	25	1993/4月
20	日産ディーゼル	Ghadhara Nissan LTd.	輸送機器	8.1	1987/6月

出所：東洋経済新報社「海外進出企業総覧」2009より筆者作成

はパキスタンにおける主な日本企業の進出事例であるが，2008年末現在，進出数は15社20拠点，支店・駐在員事務所は15社27拠点になる。支店・駐在員事務所数の内，半分以上の8社20拠点が商社である。商社は，首都のイスラマバード，カラチ，ラホールの3大都市に支店・駐在員事務所を設けているが，拠点選定の背景には，情報収集，政府とのパイプ作り，事業経営の利便性などがあると思われる。主な進出産業としては，自動車関連が多く，ホンダ，日野自動車，トヨタ，スズキ，日産ディーゼルが二輪車や自動車の製造販売を行い，関連してGSユアサがバッテリ，サンデンがカーエアコンの製造販売に進出している。他の産業では，印刷用インキのDIC（旧・大日本インキ化学工業），汎用エンジンのホンダ，プラント関係の日揮，船舶代理店の日本郵船，医薬品の大塚製薬がある。またオリックスが投資銀行，リース業そして2007年には不動産管理の現地法人を設立している。豊田通商や丸紅はカラチ，ラホー

ルにおいて発電事業を行っている。

　表4.2.3はバングラデシュにおける主な日本企業の進出事例であり，2008年末現在，進出数は7社7拠点，支店・駐在員事務所数は12社18拠点である。支店・駐在員事務所の内，半数以上の6社12拠点が商社である。進出産業としては，首都のダッカに，船舶代理店業の日本郵船，印刷用インキのT&K TOKA，ファスナのYKKが進出している。チッタゴンには，エビトロール漁のマルハニチロ，レンズ製造のCBC，ゴルフシャフト製造のマミヤOP，自動販売機用品製造の光波がそれぞれ事業を行っている。また支店・駐在員事務所の大半が首都のダッカに設けられている。

　表4.2.4はスリランカにおける主な日本企業の進出事例であり，2008年末現在，日系企業の進出数は17社17拠点，支店・駐在員事務所数は18社19拠点である。支店・駐在員事務所の内，商社は7社7拠点のみであり，8社9拠点設けられている建設関係のプレゼンスが相対的に大きい。コロンボを中心に製造，金融，商社，海運などが進出し，その地理的な位置関係からか，日本郵船，商船三井，楠原輸送の海運関係が前掲2カ国と比べて目立っている。一方，事業撤退に関しては，技術系人材会社のアルプス技研が2007年1月に事業を清算し，NTTコミュニケーションズが現地の通信事業から2008年4月に資本を

表4.2.3　バングラデシュにおける主な日本企業

	親会社社名	現地会社社名	事業内容	出資比率(%)	設立年月
1	マルハニチロ	Bengal Fisheries Ltd.	エビトロール漁業	49	1979/7月
2	CBC	CBC Optronics(BD)Co.,Ltd.	レンズ製造	100	1994/11月
3	マミヤOP	Mamiya-OP(Bangladesh)Ltd.	ゴルフシャフトの製販	100	1989/11月
4	日本郵船	NYK Line(Bangladesh)Ltd.	船舶代理店業	98	2003/7月
5	光波	Op-Seed Co.,(BD)Ltd.	自動販売機用品の製造	100	1998/7月
6	T&K	Toka-Ink(Bangladesh)Ltd.	印刷用インキの製販	49	1993/8月
7	YKK	YKK Bangladesh Pte,Ltd.	ファスナの製造	100	2000/11月

出所：東洋経済新報社「海外進出企業総覧」2009より筆者作成

表 4.2.4　スリランカにおける主な日本企業

	親会社社名	現地会社社名	事業内容	出資比率(%)	設立または操業年月
1	双日	Asia Power (P.) Ltd.	発電事業	38.8	1997/6月
2	三井造船, JFE商事	Colombo Power (Pvt.) Ltd.	発電所建設・運営	100	1998/7月
3	DIC（旧大日本インキ）	DIC Lanka (Pvt.) Ltd.	印刷インキの製販	100	N/A
4	FDK	FDK Lanka (Pvt.) Ltd.	電子部品の製販	100	1990/11月
5	オリックス	Lanka ORIX Leasing Co.,Ltd.	自動車リース	30	1980/3月
6	日本郵船	NYK Line Lanka(Pvt.) Ltd.	船舶代理店業	40	1994/8月
7	日本郵船	Logistics International Ltd.	コンテナ・デポ業	40	1996/8月
8	商船三井	Mitsui OSK Lines Lanka (Pvt.) Ltd.	海運代理店業	40	2001/10月
9	ノリタケ	Noritake Lanka Porcelain (Pvt.) Ltd.	陶磁器, 食器の製造	100	1973/11月
10	日本郵船, 楠原輸送	NYK Logistics &Kusuhara Lanka (Pvt.) Ltd.	物流事業	70	1990/9月
11	三共生興	Samson(Exports)Ltd.	縫製業	20.5	1978/2月
12	伊藤忠	Sathosa Motors PLC	自動車輸入販売サービス	59.7	1992/8月
13	日本コークス工業	Tokyo Cement Co.,(Lanka) Ltd.	セメントおよび2次製品の製造	27.5	1984/9月
14	トッパンフォームズ	Toppan Forms (Colombo) Ltd.	ビジネスフォームの製販	30	1982/1月
15	豊田通商	Toyota Lanka (Pvt.) Ltd.	自動車および備品の販売サービス	100	1995/12月
16	薄井興産	Usui Lanka (Pvt.) Ltd.	洋画筆の製造	100	1986/9月
17	YKK	YKK Lanka (Pvt.) Ltd.	ファスナの製造	100	1999/12月

出所：東洋経済新報社「海外進出企業総覧」2009より筆者作成

引き揚げている。

4.2.5　南アジアの人の往来

　南アジアの域内での商流・物流に伴う人の移動の実態を，アフガニスタンを除くSAARC7カ国の中で国営または半国営の航空会社を持つ6カ国の航空会社の航空ルートから見てみる。6社はエアインディア（Air India），パキスタン航空（Pakistan International Airlines），ビーマンバングラデシュ航空（Biman Bangladesh Airlines），ネパール航空（Nepal Airlines），スリランカ航空（Sri Lanka Airlines），ロイヤルブータン航空（Royal Bhutan Airlines）である。南アジアの中で最大の経済大国インドのエアインディアの南アジア域内の航空ルートと週当たりの往復便数は，図4.2.6のとおりである。

　エアインディアは，ウェストベンガル州の州都コルカタ市とバングラデシュ

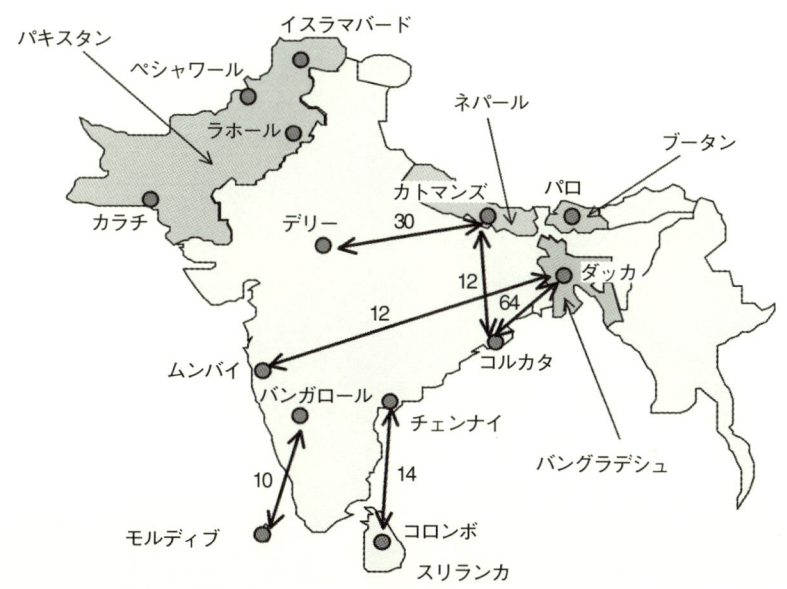

第4章 これからのアジア戦略を視野に入れた注目地域

図 4.2.6 エアインディアの南アジア域内への航空ルートと便数

出所：AIR INDIA の Flight Time Schedule より筆者作成

の首都ダッカ市間の週 64 便，マハラシュトラ州の州都ムンバイ市とダッカ間週 12 便，首都デリー市とネパールの首都カトマンズ間の週 30 便，タミルナドゥ州の州都チェンナイ市とスリランカのコロンボ市間の週 14 便，カルナータカ州の州都バンガロール市とモルディブの間の週 10 便など，周辺国との間で週 142 便飛んでいる。ただし，インド，パキスタン間の政治的緊張要因からデリー市とパキスタンの主要都市との間に航空便はない。

次にエアインディア以外の5社の南アジア域内の航空ルートと便数は図 **4.2.7** のとおりである。スリランカ航空は，コロンボ市からインドの首都デリー市を始めチェンナイ，ムンバイ，バンガロールなど主要都市に週 84 便飛んでいる。このような状況は，スリランカ経済のインドへの依存度が非常に大きいことを示唆している。ビーマンバングラデシュ航空は首都ダッカ市からインドのコルカタ市とデリー市，ネパールのカトマンズ市，パキスタンのカラチ市間

4.2 南アジア

図 4.2.7 エアインディア以外の 5 社の南アジア域内の航空ルートと便数

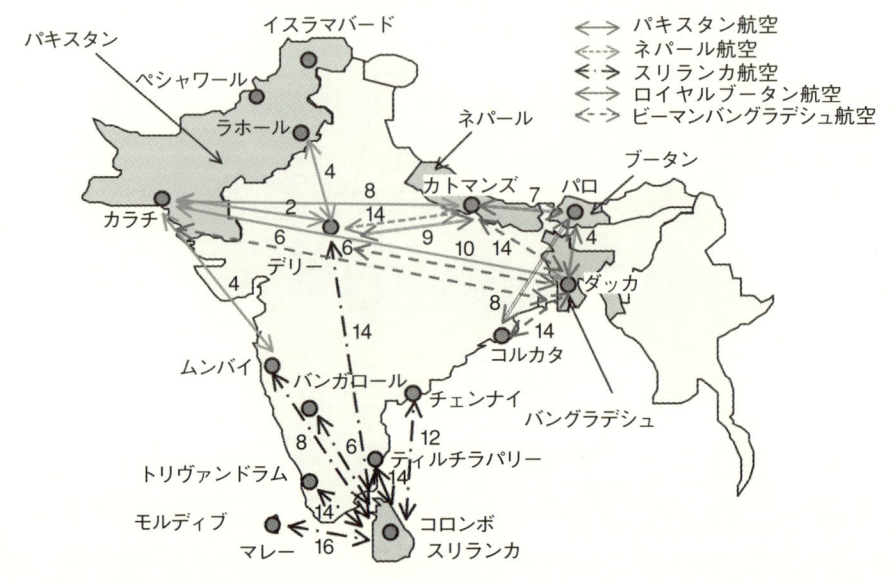

出所：各社の Flight Time Schedule より筆者作成

に週 40 便飛んでいる。ネパール航空は首都カトマンズ市とデリー市間に週 14 便飛んでいる。ロイヤルブータン航空は便数は限られるものの，パロ市とネパールのカトマンズ市およびカトマンズ経由インド・デリー市間に，そして同じくパロ市とコルカタ市およびバングラデシュのダッカ市間に週 28 便飛んでいる。パキスタン航空はカラチ市およびラホール市とインドのデリー市間に飛んでいるものの，最大の便数は旧東パキスタンであったバングラデシュのダッカ市間に飛ぶ週 10 便である。旧・東西パキスタンのカラチ市とダッカ市間にはビーマンバングラデシュ航空とパキスタン航空の直行便が合わせて週 16 便往復している。

　図 4.2.6 と図 4.2.7 が示すように，SAARC 加盟が 2007 年 4 月と加盟期間が新しいアフガニスタンと人口 30 万人のモルディブを除く計 6 カ国の代表的政府系航空会社の SAARC 域内便数は週当たり 320 便を超えている。人の往来

を示す航空ルートと便数は，貿易や投資を反映した各国間の経済の相互依存関係を示すだけでなく，政治関係，人種，民族構成，歴史，地勢などをも投影している。南アジア各国の域外との貿易・直接投資の依存関係は比較的頻繁に公表されるが，他方，域内の商流，物流，人の往来の変化は，日本から見ているとブラインドになりやすい。「これからのアジア戦略」の立案では南アジアの動向を域外と域内の両面から見ていくことが重要となろう。

4.2.6　経営視点からの南アジアの潜在力

　日本企業の経営視点から21世紀の次の10年（2010年～2020年）を見据えて，SAARCを中心とした南アジアを俯瞰する時，成長市場として，内需や輸出を狙う生産拠点として，そして研究開発拠点としての可能性を見いだすことができるのであろうか。本節では新たな生産拠点としての南アジアの可能性をファーストリテイリングのバングラデシュ進出事例に焦点を当てて探ってみたい。

　本節の4.2.2「南アジア域内の貿易実態」，4.2.3「南アジアへの直接投資」から明らかなように，この地域の比較優位は，労働集約的な繊維産業や組立産業である。人口約14億人を擁する中での廉価で豊富な労働力の存在が強みであると同時に，政府が伝統的に振興を掲げている繊維産業がある。衣料品などアパレル産業の生産拠点はかつて日本からタイ，マレーシア，インドネシア，フィリピンのASEANへ，そしてASEANから中国へ構造的にシフトした。その後，中国一極集中のリスク回避や中国での人件費高騰に伴う代替地としてベトナム，カンボジア，ラオス，ミャンマーが注目された。チャイナ・プラス・ワンの対象国としてのインドシナ半島のASEAN 4カ国である。この中でも特に人口8,500万人を超すベトナムと繊維産業に長い経験を持つカンボジアが注目されている。一方では，中国の受皿の生産拠点として，南アジアのインド，バングラデシュ，パキスタンの3カ国も期待されている。特にアパレル産業の紡績，生地製造，縫製工場の立地として廉価で豊富な労働力を活用できるチャンスがあるからである。

4.2 南アジア

2008年秋に，カジュアル衣料専門店「ユニクロ」を世界に展開するファーストリテイリングが，バングラデシュに新たな生産拠点を合弁で設けることを発表した。これは同社が店舗展開のグローバル化に合わせて生産のグローバル化を推し進める一環である。**図4.2.8**はファーストリテイリングの1998年度から2008年度までの11年間の連結売上高の推移と2009年度の見通しである。同期間の年平均売上高成長率は20%を超え，百貨店などを含む同業の中では突出した高成長，高収益企業である。果たして年間4億点の衣料品を販売するユニクロの生産体制はどのようになっているのであろうか。

バングラデシュの工場は首都ダッカ周辺で2009年中に縫製工場，2010年に紡績と生地製造の2工場を稼動させる。ユニクロ商品の9割を中国で生産している中で，既にベトナムやカンボジアにも進出，増産中であるが，続いてバングラデシュにも大きな生産拠点を築く。同社は3年以内に中国での生産比率を3分の2，その他のアジアで3分の1にすることを目標としている。

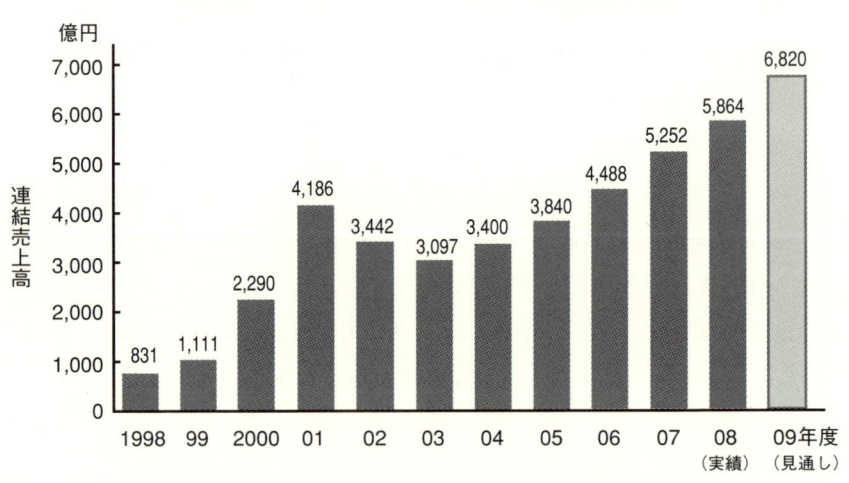

図4.2.8　ファーストリテイリングの連結売上高

年度	連結売上高（億円）
1998	831
99	1,111
2000	2,290
01	4,186
02	3,442
03	3,097
04	3,400
05	3,840
06	4,488
07	5,252
08（実績）	5,864
09年度（見通し）	6,820

注）決算期は8月，上場は1984年7月，09年度は2009年7月時点の同社発表の見通し。
出所：ファーストリテイリングの有価証券報告書および年次報告書 各年度版より筆者作成

第 4 章　これからのアジア戦略を視野に入れた注目地域

　図 4.2.9 は同社のバングラデシュ合弁会社の概要を示している。このバングラデシュの事業はシンガポールに設立された合弁企業「CPAT」(資本金 8,000 万ドル) を通して行われる。事業そのものはバングラデシュ国内であるが、設立法人の登記は法人税などの節税を狙って恩典供与のあるシンガポールでなされる。同社への出資者とその比率は、ファーストリテイリングの中国での取引先パシフィックテキスタイルズ・ホールディングスなど中国の繊維関連企業 2 社が 83%、バングラデシュの衣料品製造企業アナンタグループが 7%、ファーストリテイリングが 10% である。

　2008 年度の連結売上高 5,864 億円の中で、ユニクロ商品の 9 割が今日、中国の委託先生産に依存しているとすれば、今後、中国との生産分業が起きるバングラデシュおよびインドでの生産規模は将来的には 1,000 億円を超す巨額なものとなろう。同社にとって委託生産または自社生産によるグローバル・マーチャ

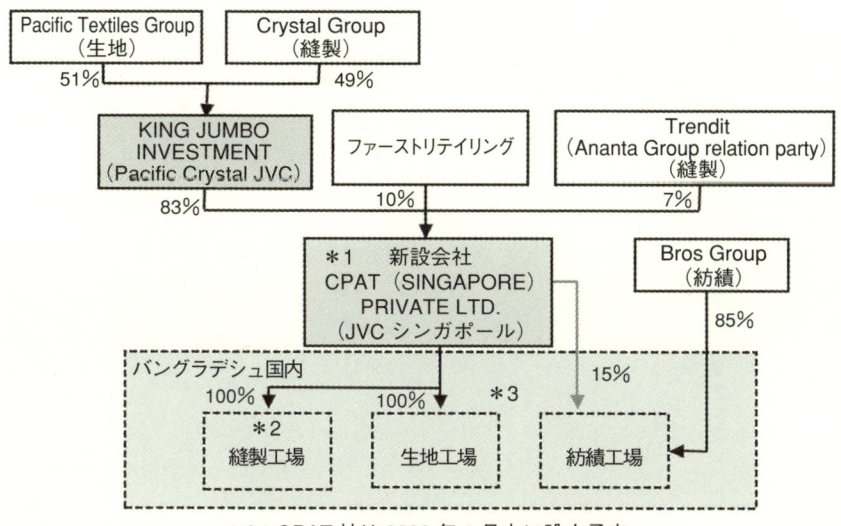

図 4.2.9　ファーストリテイリングのバングラデシュ合弁会社の概要

＊1：CPAT 社は 2009 年 1 月中に設立予定
＊2：縫製工場は 2009 年中に稼動予定
＊3：生地、紡績工場は、2010 年中に稼動予定

出所：ファーストリテイリング社ニュースリリース (2008 年 11 月 28 日)

4.2 南アジア

ンダイジングの構築が重要な経営課題の1つである。そうした状況下でバングラデシュ，インド，パキスタンの南アジアは産業政策，外資政策上，ユニクロ商品のように低価格，高品質な商品を安定的に生産・供給するインフラを備えていく可能性が高い。世界のアパレル企業にとって付加価値の高いデザイン，素材開発から労働集約的な紡績，生地製造，縫製まで一貫生産できる体制づくりがこれからのアジア戦略の中で問われる。

上記のファーストリテイリングに加えて，紳士服専門店の青山商事の背広・ジャケット，イトーヨーカ堂，西友といった大手小売業の衣料品，服飾雑貨，住居用品にも中国一極集中の生産や調達からベトナム，ミャンマーや南アジアのバングラデシュ，パキスタン，インドへのシフトや分業の動きが見られる。背景には中国での人件費の上昇，円高を利用した調達先の多様化があり，調達における中国依存度の高さが変化している。今まで脚光を浴びなかった南アジアが，図4.2.10のように中国とベトナム・カンボジア・ラオス・ミャンマー

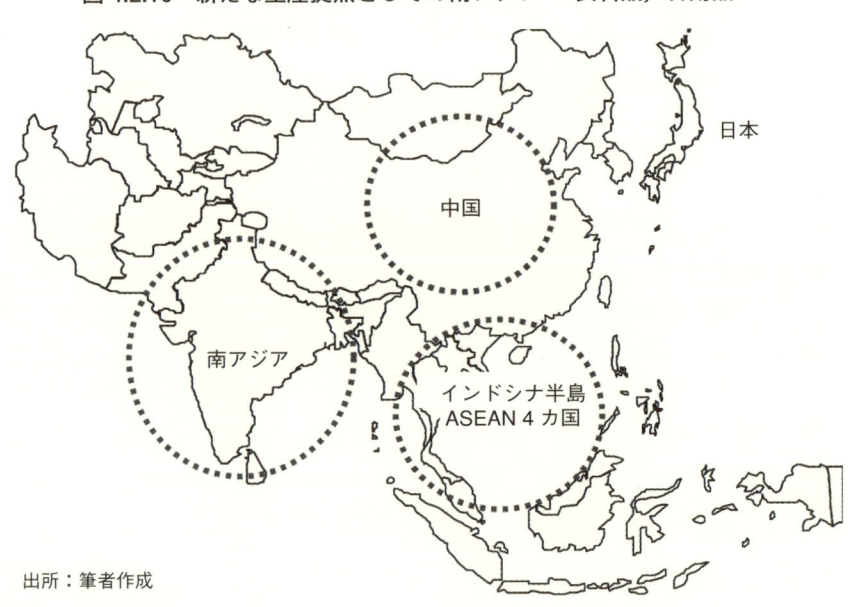

図4.2.10 新たな生産拠点としての南アジア ―衣料品，日用品―

出所：筆者作成

のインドシナ4カ国との比較の中で,新たな生産拠点として期待の地域となる。そして中長期的には中国,インドシナ4カ国の産業高度化の中で,南アジア各国の比較優位も変化し,衣料品や日用品の生産拠点としてだけでなく,電子機器や電子部品,自動車部品の組立拠点としても国際分業の中に組み込まれていく可能性を秘めている。

4.3 中東
―アジアにおける中東戦略の幕開けを探る―

　世界的な原油価格の高騰を背景に，潤沢なオイルマネーの行方に世界の関心が高まる。アラブ首長国連邦（UAE），クウェート，カタールなどの政府系ファンドが世界へ投資を始めた。一方，原油で潤った中東各国の国内需要[注6]を狙う日本の製造業の中東進出もハイテクの化学プラントからトイレタリー商品に至るまで見られる。さらにUAEのドバイのように中東，南アジア，EU，ロシア，東アフリカへのハブ機能（中継機能），特に注目を浴びている空港，港湾，貿易，観光，資金，ビジネス，情報などのハブ機能が重要性を増している。かつて日本企業のアジア戦略に登場しなかった中東が，アジアと中東間の新たなリンケージの発生により世界の関心を集めている。しかし中東への事業進出では日本企業は韓国，中国企業に大きく後れを取っている。本節では日本企業の経営視点から「これからのアジア戦略」において中東を成長市場，生産拠点，輸出拠点，研究開発拠点として活用できる絵が描けるのか，そしてそのビジネスリスクとは何かを探ってみる。

4.3.1　GCC創設の背景と意義

　アジアにおける中東戦略の幕開けの中核となるのは湾岸協力会議（Gulf Cooperation Council：略称・GCC）である。GCCは，図4.3.1が示すように，1981年にバーレーン，クウェート，オマーン，カタール，サウジアラビア，アラブ首長国連邦（UAE）の6カ国により設立された。本部はサウジアラビアの首都リヤド市に置かれている。主な設立主旨は，加盟国間の経済・金融・貿易・通関・観光・立法・行政における共通規制の確立，鉱工業・農業・水利・畜産資源の科学技術的進歩，科学研究センターの設立，ジョイントベンチャーの設立に加え，民間部門の協力推進や人的交流の強化推進も掲げられている。また湾岸共通通貨の2010年までの導入がうたわれている。2009年5月，GCC

第 4 章　これからのアジア戦略を視野に入れた注目地域

図 4.3.1　GCC 加盟国

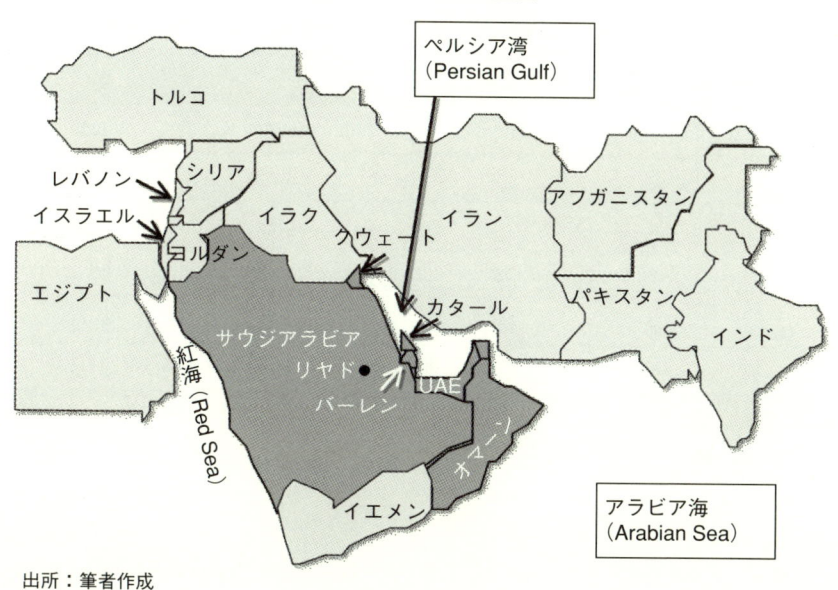

出所：筆者作成

は将来の設立を目指す統一中央銀行の土台となる通貨評議会をリヤド市に設置することを決定した。通貨統合に向けて同評議会が加盟国の通貨政策を調整する役割を担う。この統一通貨の発行にはオマーンを除く 5 カ国が賛同しているが，目標年である 2010 年の通貨統合は困難視されている。

　日本政府は GCC 諸国の持つ重要性から 2006 年 4 月に GCC 諸国全体との間で物品・サービス貿易分野を対象とした FTA（自由貿易協定）交渉を開始することを決定した。その重要性とは，GCC 諸国からの原油輸入額（2005 年当時）が日本の原油輸入額全体の 75％以上であることと，日本にとって GCC 全体では世界第 4 位に相当する貿易相手地域であることである。2009 年 5 月現在，この FTA 交渉は交渉段階にある。

　次に GCC 加盟国 6 カ国の経済規模を **表 4.3.1** で見る。GCC 加盟国の総人口は 3,650 万人であり，その内，サウジアラビアが 2,430 万人で全体の 3 分の 2

199

4.3 中東 —アジアにおける中東戦略の幕開けを探る—

表 4.3.1 GCC 加盟国の経済規模（2007 年）

国　名	首　都	人口 （百万人）	GDP （億ドル）	一人当たりのGDP （ドル）	一人当たりのGDP 世界順位
サウジアラビア	リヤド	24.3	3,819	15,724	40位
オマーン	マスカット	2.7	404	14,725	42位
カタール	ドーハ	0.9	710	76,374	3位
バーレーン	マナーマ	0.8	184	24,138	30位
アラブ首長国連邦 （UAE）	アブダビ	4.5	1,802	40,147	19位
クウェート	クウェート	3.3	1,118	33,760	23位
合計		36.5	8,037	22,019注)	

注) 6カ国の加重平均値。
出所：IMF資料「World Economic Outlook Database, April 2009」より筆者作成

強を占める。アラブ首長国連邦，クウェート，オマーンの3カ国は200万人から400万人規模であるが，カタール，バーレーンは各々90万人，80万人と人口規模は小さい。

一方，GDP は，いずれも産油国という背景から 8,037 億ドルと規模が大きく，その内，サウジアラビアが半分弱を占め，次いでアラブ首長国連邦とクウェートが続く。この GDP 総額は，インドの1兆 1,024 億ドルには及ばないものの，ASEAN の産油国インドネシア，成長著しい都市国家シンガポール，製造分野で躍進を続けるタイの3カ国の GDP 合計と近い規模である。

GCC 加盟国一人当たりの GDP は，原油・天然ガスの産出量の違いからカタールの7万 6,374 ドルからオマーンの1万 4,725 ドルまで幅広い分布となるが，6カ国の加重平均は2万 2,019 ドルであり，韓国の2万 1,655 ドルや台湾の1万 6,759 ドルを上回るレベルである。世界 178 カ国を対象とした IMF の一人当たりの GDP 世界順位の中で，カタールはルクセンブルグ，ノルウェーに続いて第3

位である。またアラブ首長国連邦は，ドイツ4万391ドルに次いで第19位であり，クウェートは，第22位の日本3万4,318ドルに次いで第23位に位置づけられている。

4.3.2　GCC諸国の貿易実態

GCC諸国の貿易実態の中で，主たる輸出は全世界向けの原油およびその関連製品が中心であるが，ここではGCC諸国で最大のGDPを誇るサウジアラビアと中東のハブになっているUAEの輸入に具体的に焦点を当ててみる。

表4.3.2は2004年から2007年のサウジアラビアの輸入推移を国別，品目別に示している。最大の輸入国は米国であるが，2007年の輸入額459億サウジリアル（邦価換算約1兆1,500億円）の内訳はHSコード（統計品目番号）87

表4.3.2　サウジアラビアの輸入推移

国別　単位：億サウジリアル

相手国	2004年	2005年	2006年	2007年
米国	256	330	378	459
中国	111	165	224	327
ドイツ	135	182	212	300
日本	164	201	211	296
イタリア	57	85	106	154
韓国	64	81	99	152
英国	95	104	103	132
インド	53	69	99	115
フランス	59	77	101	115
UAE	45	59	72	84
その他	639	877	1,009	1,247
合計	1,678	2,230	2,614	3,381

品目別　単位：億サウジリアル

	2004年	2005年	2006年	2007年
機械/電気機器	372	542	673	997
輸送機器	359	467	505	594
卑金属	167	238	386	508
化学製品	153	182	210	255
野菜	83	113	122	178
加工食品	75	97	115	130
動物	84	106	103	120
繊維	81	97	103	116
プラスチック/ゴム	62	84	89	105
精密機器	56	57	64	79
その他	186	247	244	299
合計	1,678	2,230	2,614	3,381

注）石油は除外，卑金属は鉄，銅等。
出所：サウジアラビアCentral Dept. of Statistics, Ministry of Planning

4.3 中東 ―アジアにおける中東戦略の幕開けを探る―

類の輸送機器と84類の機械が約6割を占めている。87類は自動車とトラックが占め，84類は，建設機械およびポンプ，コンプレッサ，発電機などの産業用機器が中心であり，このほかにエアコン，冷凍機器などの大型電化製品が占めている。この2分野以外では通信機器などの85類と航空機の88類の規模が大きい。

輸入国第2位の中国は，2000年の輸入額は37億サウジリアルで同年第7位だったが，その後，輸入額が急増し2006年にドイツと日本を抜き去り，2007年327億サウジリアルを記録した。4大輸入品はHS72類の鉄鉱石，クズ鉄，84類のプラント関連機器，情報機器，空調機器などの機械，85類のAV機器や無線機器などの電子電気機器，そして61類のメリヤス編みの各種既製服などの衣類である。

輸入国第3位のドイツは，プラント機器，発電機器を中心とした84類と乗用車，トラックを中心とした87類で全輸入の半分近くを占める。このほかに有線および無線通信機器の85類と精密機器や医療用電子機器の90類が続いている。

輸入国第4位の日本は，乗用車を中心とする87類が全輸入の半分弱を占めている。ほかにはFA機器や発電機器，空調機器が中心の84類，およびスチールなどの鉄鋼製品が中心の73類の規模が大きい。通信機器やフラットTVなどのデジタルAV機器が中心の電子電気機器の85類は4番目の規模であるが，87類と比べると10分の1強のレベルである。

上位4カ国のほかでは韓国，インドからの輸入が2000年から2007年の間に各々4.0倍，4.2倍と増えているが，中国の同期間の伸びが8.8倍と突出している。

次にUAEの輸入実績を**表4.3.3**で見る。UAEの輸入相手国上位5カ国は中

表 4.3.3　UAE の輸入推移

国別　　　　　　　　　　　　　　　　　品目別

単位：億ディルハム　　　　　　　　　　単位：億ディルハム

相手国	2004年	2005年	2006年	2007年	2008年
中国	195	253	312	452	637
インド	261	322	311	450	620
米国	139	188	234	309	449
日本	163	172	214	297	426
ドイツ	130	165	218	264	371
英国	109	162	148	170	280
トルコ	41	53	69	105	275
イタリア	78	85	123	173	217
スイス	70	68	81	111	207
サウジアラビア	65	77	119	129	161
韓国	61	65	76	103	156
フランス	100	88	88	114	141
その他	617	778	917	1,207	1,717
合計	2,029	2,476	2,910	3,884	5,657

	2004年	2005年	2006年	2007年	2008年
機械/電気機器	504	642	745	891	1,204
貴金属/宝石	381	507	525	769	1,217
卑金属	183	235	333	455	827
輸送機器	246	306	370	513	637
化学製品	188	227	266	217	266
繊維	133	135	148	175	201
野菜/果物	67	79	90	120	165
セメント	68	39	62	78	115
加工食品	69	90	93	58	94
石/ガラス	40	43	58	68	91
その他	150	173	220	540	840
合計	2,029	2,476	2,910	3,884	5,657

注）石油は除外。

出所：UAE，Ministry of Economy

　国，インド，米国，日本，ドイツであり，2008年はこれら5カ国で全輸入額の44％を占めている。中国とインドがUAEの2大輸入国であるが，最大の輸入相手国だったインドが2006年から僅差ではあるが中国に取って替わられている。中国からの輸入品はHSコード84類の産業機械で特にコンピュータ関連機器が多い。次いでAV機器，無線機器，有線通信機器などを含む85類の電子機器である。以下，主な輸入品は鉄鉱石，鉄くずなどの72類，ニットアパレルの61類，鉄鋼・スチールなどの鉄加工品の73類などである。

　インドからの最大の輸入品は27類の石油精製品であり，ガソリン，ディーゼル油などを含んでいる。次いで多いのはルビーほかの77類の宝石類であり，この両分野で輸入の半分強を占めている。

4.3 中東 ―アジアにおける中東戦略の幕開けを探る―

　米国からは工作機械，発電関連，コンピュータ，建設機械など多岐にわたる84類と自動車の87類が最大の輸入品である。この2分野以外では金などの貴金属や電子機器などが主な輸入品である。

　日本からは自動車が中心の87類の輸送機器が最大の輸入品で，以下ポンプなどの産業用機器が中心の84類とAV，通信機器が中心の85類などが主な輸入品である。ドイツからは84類の産業用機器，87類の輸送機器，85類の電子電気機器が3大輸入品である。なお，UAEに輸入された商品や材料の一部は，イラン，イラク，サウジアラビア，カタール，オマーンといった中東諸国やインドなどに再輸出されている。

4.3.3　ドバイの航空ハブ機能－GCCの人の移動実態－

　人口450万人のUAEは，首都のアブダビ，ドバイ，シャルジャ，アジュマン，カイワイン，フジャイラ，ハイマの7つの首長国より構成されている。その中で，アブダビに次ぐ第2の都市で人口120万人のドバイが空港，港湾，貿易，資金，観光，ビジネス，情報などのハブ機能（中継機能）を拡大かつ充実させている。近年は，世界的リゾート都市，国際金融都市としても急速に存在感を高めている。ここではドバイのナショナル・フラッグ・キャリアであるエミレーツ航空の乗客用フライトがドバイを中心にどのように運航されているかを見ることにより人の移動実態を概観し，ビジネス，観光を含む商流を追いかけてみる。

　UAE・ドバイのハブ機能の1つに航空ハブがある。図4.3.2はエミレーツ航空の2009年4月時点の週当たりのフライト実態（往復）を表している。機体数128機を有するエミレーツ航空は週当たり1,973便を世界に飛ばしているが，その中で最多の便はEU（欧州連合）472便，地元中東362便，インド326便，アフリカ233便などである。以下，ルート別に便数の実態を見る。特にドバイと南アジア間の便数が多いのが目立つ。図4.3.3はドバイと南アジアの主要都市間の航空便ルートを示している。ドバイ発着便は週466便（往復）と極めて

第4章　これからのアジア戦略を視野に入れた注目地域

図 4.3.2　エミレーツ航空のフライト実態

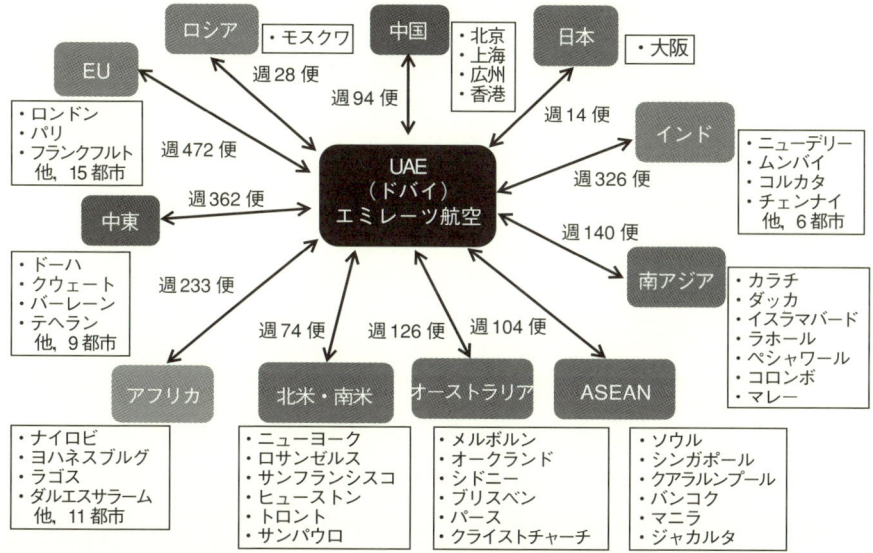

- ロシア：モスクワ　週28便
- 中国：北京・上海・広州・香港　週94便
- 日本：大阪　週14便
- EU：ロンドン・パリ・フランクフルト他、15都市　週472便
- インド：ニューデリー・ムンバイ・コルカタ・チェンナイ他、6都市　週326便
- 中東：ドーハ・クウェート・バーレーン・テヘラン他、9都市　週362便
- 南アジア：カラチ・ダッカ・イスラマバード・ラホール・ペシャワール・コロンボ・マレー　週140便
- アフリカ：ナイロビ・ヨハネスブルグ・ラゴス・ダルエスサラーム他、11都市　週233便
- 北米・南米：ニューヨーク・ロサンゼルス・サンフランシスコ・ヒューストン・トロント・サンパウロ　週74便
- オーストラリア：メルボルン・オークランド・シドニー・ブリスベン・パース・クライストチャーチ　週126便
- ASEAN：ソウル・シンガポール・クアラルンプール・バンコク・マニラ・ジャカルタ　週104便

中心：UAE（ドバイ）エミレーツ航空

出所：エミレーツ航空の Timetable（2009年3月29日現在）より筆者作成

図 4.3.3　ドバイと南アジア間の航空便ルート
エミレーツ航空　2009年（数字は週当たりの往復便数）

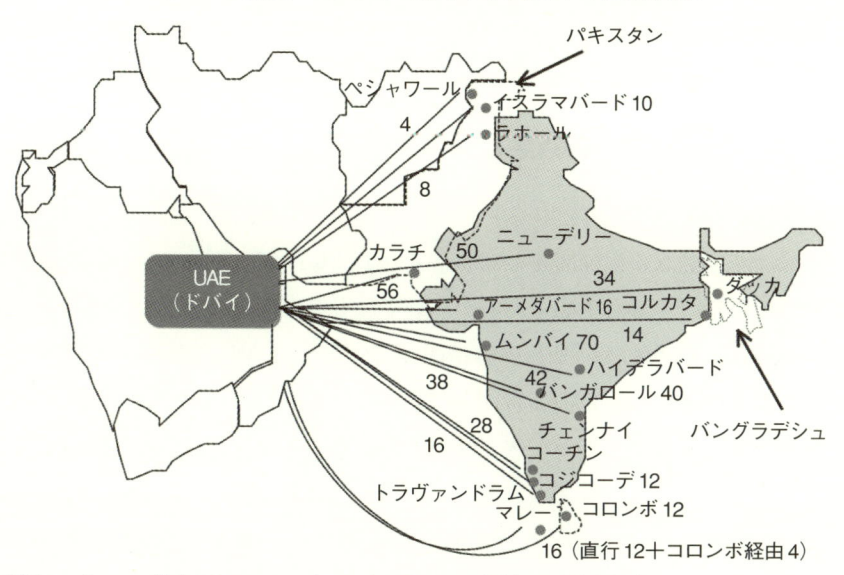

- パキスタン：ペシャワール 4、イスラマバード 10、ラホール 8
- カラチ 50
- ニューデリー 56
- アーメダバード 16
- コルカタ 34
- ムンバイ 70
- ダッカ 14
- ハイデラバード 42
- バンガロール 40
- チェンナイ 38
- コーチン 28
- コジコーデ 12
- トラヴァンドラム 16
- マレー 16（直行12＋コロンボ経由4）
- コロンボ 12
- バングラデシュ

出所：エミレーツ航空の Timetable（2009年3月29日現在）より筆者作成

多く，その内，ドバイ・インド間326便，ドバイ・パキスタン間78便，ドバイ・バングラデシュ間34便，ドバイ・スリランカ間12便，ドバイ・モルディブ間16便である。ドバイ・南アジア間の総航空便数の7割をドバイ・インド間が占めており，商流や人の往来の面での中東とインドとの緊密な結びつきを示している。ドバイよりインドの主要9都市へ便があるが，最大のルートはインドの商都ムンバイ（人口1,600万人）への70便でありドバイ発が毎日午前4時台，9時台，午後1時台，4時台，11時台の5便が飛んでいる。ムンバイに次いで多いのが首都デリーとの50便であり，以下ハイデラバード，バンガロール，チェンナイ，コルカタと続く。インド南部のコーチン，トリヴァンドラムとの便数が多いのは，両都市から中東向けの出稼ぎ労働者の多さを反映しているものと推定される。一方，ドバイ発パキスタン4都市行きでは，カラチ向けが週56便（往復）と最大で，次いで首都のイスラマバード，ラホール，ペシャワールと続く。

なお，ドバイと日本間の便数は毎日往復2便あるだけで，日本側は関西空港が発着空港である。日本以外の国の主要都市とドバイ間の便数と比べて際立って便数が少ないのは，日本・中東間の人の往来，ひいては商流の少なさを示唆している。

4.3.4　日本企業の中近東ビジネスの実態

日本企業のGCC諸国を中心とした中近東[注7]への進出の歴史は古い。特に同地域で産出される原油関連のビジネスおよび原油がもたらす高い経済成長を背景としたビジネスが中心であるが，必ずしもアジアとのリンケージは強くなく，従来より中近東は，独自の経済圏としてとらえられてきた。次項4.3.5でアジアにおける中東戦略の幕開けを探るを述べる前に，本項では今日までの日本企業の中近東ビジネスの実態を概観する。ここでは，エンジニアリング，プラント用設備，重電・重機，海運，建設機械，自動車部品，日用品の7分野から13社を選び，各社の中近東売上高から，直近10年間のビジネスの実態と動向を探ってみる。

(1) エンジニアリング（千代田化工建設，日揮，三井造船）

エンジニアリング分野では，図 4.3.4「主要エンジニアリング会社の中近東売上高」が示すように，千代田化工建設，日揮および三井造船といった代表的企業を取り上げる。

千代田化工建設は，三菱商事が株式の 33.4％を所有し，筆頭株主となっている総合エンジニアリング大手で，LNG（液化天然ガス）プラントを軸に，中近東・ロシアで事業を展開している。同社の 2002 年度の連結売上高は 1,664 億円であったが，2007 年度には 6,036 億円へ急上昇し，この間 4,372 億円の増加を見たが，この増分のうち中近東が 3,794 億円を占め，増分全体の 86.7％を占めている。このことから，同社が中近東の石油・石油化学プラントへの売上高依存度を急速に高めていることが分かる。2007 年度の連結売上高は 6,036 億円（海外売上高比率 82％）で，同図が示すとおり，中近東の売上高 4,260 億円は連結売上高の 70.5％を占めている。

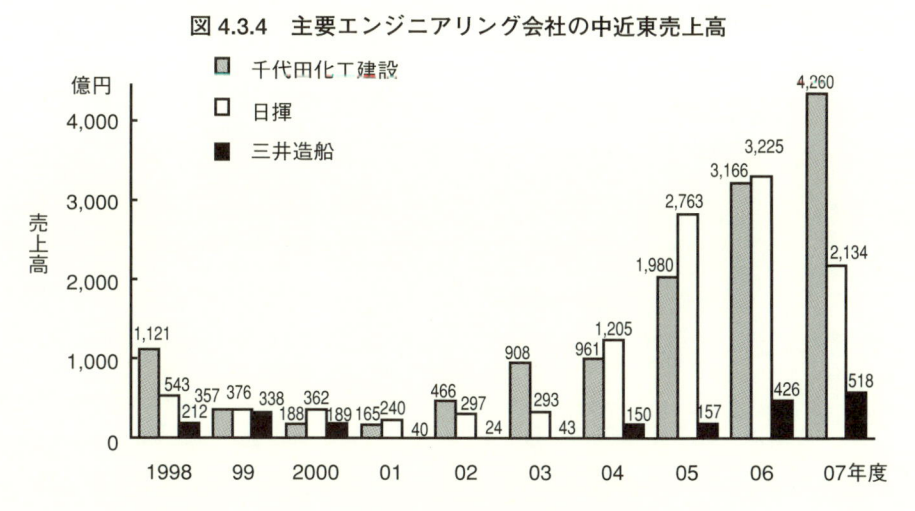

図 4.3.4　主要エンジニアリング会社の中近東売上高

年度	千代田化工建設	日揮	三井造船
1998	1,121	543	212
99	357	376	338
2000	188	362	189
01	165	240	—
02	466	297	40
03	908	293	24
04	961	1,205	43
05	1,980	2,763	150
06	3,166	3,225	157
07年度	4,260	2,134	426

※07年度 三井造船 518

出所：千代田化工建設，日揮および三井造船の有価証券報告書各年度版より筆者作成

4.3　中東　—アジアにおける中東戦略の幕開けを探る—

　千代田化工建設の中近東事業は，1960年代のサウジアラビアのジェッダ製油所やリヤド製油所などからスタートし，LNGに関しては，1973年に日本企業では中東初となるアラブ首長国連邦のアブダビ・ダス島プラントを受注した。1997年のアジア通貨危機を機に460億円の営業赤字を計上，以後2002年まで6期連続赤字となる。同社は経営再建に向け，中東ではカタールのLNG案件に特化する戦略を採り，現在では同社の海外売上高は，中東カタールのLNG案件が大半を占めている。

　一方，日揮は，独立系の国際級エンジニアリング大手で，石油・石油化学，天然ガスのプラント建設が主力事業である。2007年度の連結売上高は前年度比574億円減の5,510億円（海外比率62％）で，図4.3.4が示すとおり，そのうち2,134億円が中東の売上高である。前年度の同地域の売上高3,225億円から1,091億円の減少であるが，中東での手持ち工事の消化が進んでいる。

　日揮は，1960年代から海外進出を開始し，中東では1980年にクウェートの製油所案件から進出している。海外売上高の中で，1990年代後半は東南アジアが，2001年から2003年はアフリカが最大であったが，2004年以降は中東が最大となり同地域で急激に売上高を伸ばしている。特にサウジアラビアとカタールの案件が目立ち，サウジアラビアでは同社の強みであった石油関連のプラントを，カタールでは天然ガス関連のプラントを新たに受注している。より環境負荷が少ない天然ガス案件に中東各国が向かっていることもあり，今後カタール，アラブ首長国連邦，イエメンでの受注増が予想される。同社はプラント案件の受注だけでなく，近年では，アラブ首長国連邦やサウジアラビアにおいて，発電・造水の長期間事業権を獲得し，従来のプラントの設計・調達・建設・試運転という形態から原動供給まで含めた幅広い事業展開を構築している。

　三井造船は三井系重工業の中核会社であり，2007年度連結売上高6,592億円の半分が船舶で，残りが機械，プラントなどである。海外売上高比率は63％である。特に船舶用ディーゼル機関ではトップである。中東では造船事業では

なく，主にプラント建設事業で活動している。この背景には三井化学，三菱化学，住友化学がプロセスを担当し，三井造船が設計，調達，建設，試運転を担当するといった協力体制での数多くの実績がある。

同社は，中東では，2000年度以前はサウジアラビアのエチレンプラントの受注・完成が主な売上高だった。図4.3.4が示すとおり，2001年度から2003年度まではイラク戦争の影響などで売上高が低迷し，2002年度にトルコでのプラント増強案件を受注するにとどまった。その後，2004年度にイランで高密度ポリエチレンプラント，2005年度に同じくイランでエチレングリコールおよび高密度ポリエチレンのプラント2件を相次いで受注した。2006年度にはサウジアラビア・ラービグ地区で世界最大規模の生産能力とされるエチレングリコールおよびプロピレンオキサイドのプラントを2件受注し，売上高を2004年度以降回復させている。プラント建設以外では，2005年度にJETRO公募案件としてのカタールのNGH（天然ガスハイドレード）の事業調査案件，2006年度にトルコで岸壁用およびヤード用コンテナクレーン，2008年度にアラブ首長国連邦でビームダウン式集光太陽熱検証プラントを受注している。

(2) プラント用設備（酉島製作所，トーヨーカネツ）

プラント用設備の分野では，図4.3.5が示すように酉島製作所とトーヨーカネツの代表的2社を取り上げる。

酉島製作所（本社・大阪府高槻市，東証1部上場）は，2007年度連結売上高473億円，海外売上高比率は57%である。プラント用大型ポンプに強みがあり，風力発電も手掛けている。同社は元々，国内官公需向け事業が主戦場であったが，政府の予算削減により連結売上高が300億円前後で頭打ちとなり，経常利益も減少した。この状態から脱すべく，同社は事業を海外向け中心に転換を図り，それまで国内官公需向けが過半数を占めていた売上割合を，2004年度に官公需，民需ほぼ半々とし，2007年度には官公需，民需（国内外販），海外の割合が31：12：57と海外向けを大きく伸ばしている。全社的な戦略転

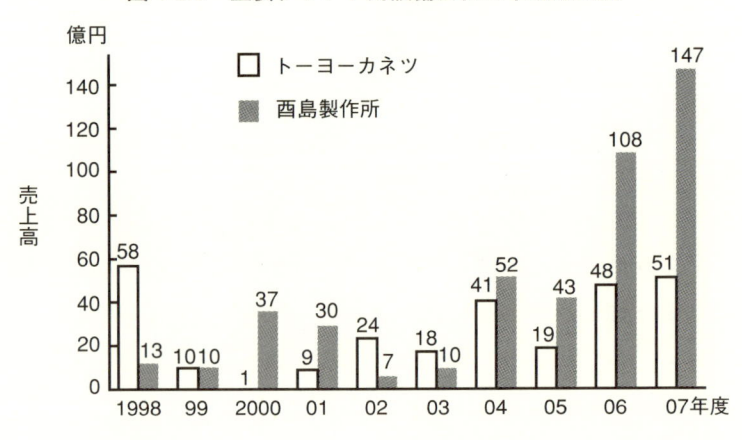

4.3 中東 ―アジアにおける中東戦略の幕開けを探る―

図4.3.5 主要プラント用設備会社の中東売上高

(単位：億円)

年度	トーヨーカネツ	酉島製作所
1998	58	13
99	10	10
2000	1	37
01	9	30
02	24	7
03	18	10
04	41	52
05	19	43
06	48	108
07	51	147

出所：酉島製作所およびトーヨーカネツの有価証券報告書各年度版より筆者作成

換と時を同じくして中東各国での海水淡水化プロジェクトの需要増も重なり，近年中東での売上高を大きく伸ばしている。

　酉島製作所は，製品区分として，発電，海水淡水化，石油化学など向けの高付加価値ポンプをハイテクポンプ，上下水道，灌漑など向けをプロジェクトポンプと分類しているが，中東では主にハイテクポンプを販売している。アラブ首長国連邦，クウェートには海水淡水化プラント向けハイテクポンプを，サウジアラビアには日揮がメインで獲得した25年間の発電・造水事業向けに海水淡水化ポンプを，近年開拓した国の1つであるカタールにも海水淡水化ハイテクポンプを中心に，ドーハ市内下水処理灌漑ポンプなどを多数納入している。受注形態は，日系プラント建設業者，欧州・韓国の海水淡水化専業建設業者が受注したプロジェクトの中で，ポンプ設備などの受注をしている形が大半を占めている。

　同社の2003年度の連結売上高299億円は，2007年度473億円へ174億円伸びたが，図4.3.5が示すとおり，同期間に中東の売上高が10億円から147億円へ137億円増え，連結売上高増分の78.7％を占めた。同社は今後も産油国を中

心に中東市場への傾斜が続く。2002年にアラブ首長国連邦 アブダビに中東支店を開設，その後，カタールにも事務所を開設し，オンサイトでプロジェクト支援，メンテナンス事業などの体制を作り，中東に注力している。同社は中国を含むアジア向けにも注力しており，中東およびアジアが同社の成長性を牽引するメイン事業になっていく。

一方，トーヨーカネツ（本社・東京，東証1部上場）は，2007年度連結売上高498億円，海外売上高比率32%である。同社は機械プラント事業，建設事業，物流システム事業の3つを柱としており，中東地域では，機械プラント事業の中の原油貯蔵タンク，LNG極低温貯蔵タンク，LPG低温貯蔵タンクなど各種タンク建設事業を行っている。近年の主な案件としては，中東最大顧客であるイラン向けに各種LPGタンクを，カタールではガス貯蔵用タンクを，イエメンではLNG貯蔵用大型タンクを，サウジアラビアでは球形タンクなどをそれぞれ建設している。

同社の中東売上高は，図4.3.5が示すとおり，多数の大型天然ガスプロジェクト用に50億円前後を売上げ善戦しているが，中国を中心とした東南アジアの売上高増加の方が上回っている。2002年度から2004年度までに10億円未満だった東南アジアの売上高は中国販売の急増を背景に2005年度60億円，2006年度77億円，2007年度73億円と伸びている。同社は，国内では，新規タンク建設は見込めず，既設の置換え市場のみで売上高が頭打ち状態にあり，今後，事業拡大のチャンスを東南アジアと中東に求めていくことになる。

(3) **重電・重機（三菱重工業）**

三菱重工業は総合重機メーカーのトップであり，その技術力には定評がある。事業構成は航空宇宙，防衛，産業機械などで，2007年度の連結売上高3兆2,030億円，海外売上高比率49%である。同社の中東での事業活動は重電・重機の多岐の分野にわたっている。例えばサウジアラビアにおいては2004年頃より数多くの案件を受注しており，砂漠緑化，各種プラントの発電用タービンやコ

4.3 中東 ―アジアにおける中東戦略の幕開けを探る―

図 4.3.6 三菱重工業の中東売上高

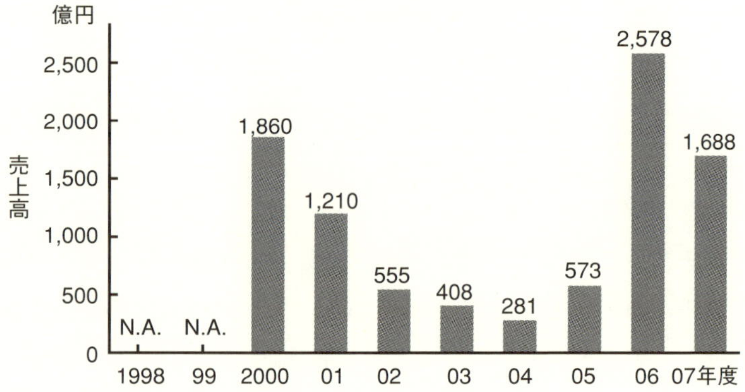

(億円)
- 1998: N.A.
- 99: N.A.
- 2000: 1,860
- 01: 1,210
- 02: 555
- 03: 408
- 04: 281
- 05: 573
- 06: 2,578
- 07年度: 1,688

出所：三菱重工業の有価証券報告書 各年度版より筆者作成

ンプレッサ，海水淡水化用設備がある。トルコでは超大型発電所の建設，印刷機がある。またオマーンではLNG運搬船6隻を，カタールではLNG貯蔵大型タンクやガスタービンを受注している。アラブ首長国連邦では空港および市内の無人交通システムがある。近年では中東での環境に対する意識からアラブ首長国連邦やバーレーンそしてパキスタンに対して二酸化炭素回収技術のライセンス供与も行っている。図 4.3.6 は，同社の中東売上高を示しており，受注した複数案件の完了年により各年度の売上高は大きく異なるが，2006年度は2,578億円と過去最高を記録している。

(4) 海運（飯野海運，共栄タンカー，新和海運）

中東で産出される原油や天然ガスを日本，アジア各国，欧米へ運搬する主要海運会社の中から，図 4.3.7 が示すとおり，飯野海運，共栄タンカー，新和海運の3社を取り上げる。

飯野海運は，原油，重油のタンカー，ケミカル船，バラ積み船などの不定期船が主体の海運会社で，支配船腹は自社船13隻（112万重量トン），用船67隻（291万重量トン）である。タンカー部門は，運航船舶の大半を中長期契約

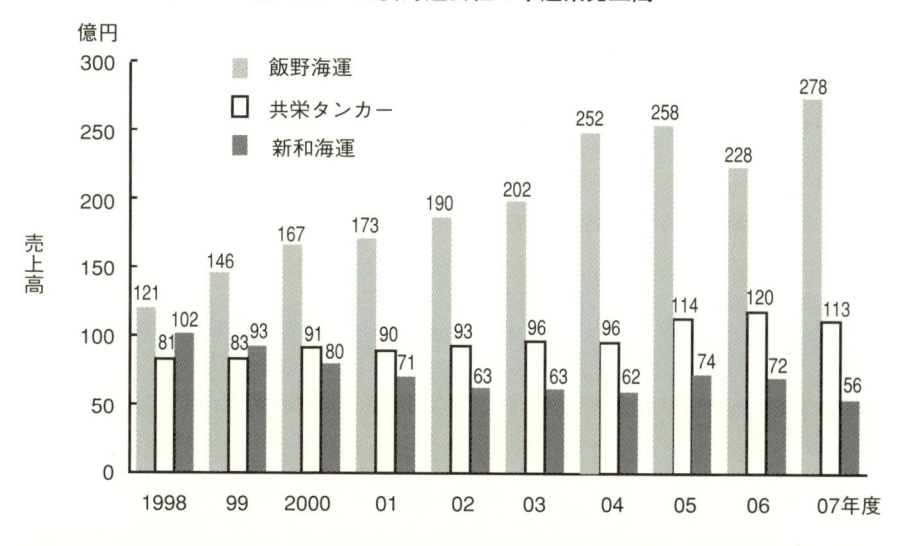

第4章 これからのアジア戦略を視野に入れた注目地域

図 4.3.7　主要海運会社の中近東売上高

年度	飯野海運	共栄タンカー	新和海運
1998	121	81	102
99	146	83	93
2000	167	91	80
01	173	90	71
02	190	93	63
03	202	96	63
04	252	96	62
05	258	114	74
06	228	120	72
07	278	113	56

（単位：億円）

出所：飯野海運,共栄タンカーおよび新和海運の有価証券報告書 各年度版より筆者作成

に投入し，市況変動を受けにくい体質に努めている。2007年度の連結売上高950億円の内，海運業が89％を占め，海外売上高比率は80％である。

　同社の中近東事業は，カタール，サウジアラビアといった中東と日本，アジア，欧米の航路でのオイルタンカーによる原油などの輸送，ガスタンカーによるLNG，そしてケミカル製品の運搬が主たるものである。原油輸送では，載貨重量（DWT）30万重量トンクラスの超大型石油タンカー（VLCC）3隻を含め10隻で船隊を構成し，中東から日本を含め世界各地へ原油・重油・石油製品の輸送に当たっている。ケミカルタンカーと呼ばれる化学薬品の運搬では，数量輸送契約による安定売上収益を確保し，2003年以降中東－アジア航路のケミカル輸送トップシェアを維持している。また，大型ガスタンカーもLPG，LNG船として長期契約による安定収益の柱となっており，LNG船においては26隻中22隻を中東航路に充てている。　図4.3.7が示すとおり，同社の中近東売上高は，国内売上高が減少する中で，中東からの原油，LPG，LNG，ケミカル品の輸送需要の増大に合わせて順調に伸びている。

4.3 中東 ―アジアにおける中東戦略の幕開けを探る―

　一方，共栄タンカーは，日本郵船が持株比率30％の筆頭株主の海運会社であり，タンカー専業である。同社が所有管理するタンカーは9隻で，内，30万重量トンクラスの超大型石油タンカーを7隻所有する。事業は，運航と貸船を併営している。貸船先は，コスモ石油向けが約8割であり，ほかに新日本石油，日本郵船向けがある。社船，仕組み船とも長期貸船契約が主体となっている。2007年度の連結売上高は113億円で，中近東向けの外航海運が100％を占めるので海外売上高比率は100％である。図4.3.7が示すとおり，同社の安定的な売上高推移は，市況変動の影響を直接受けることが少ない長期貸船契約が事業形態となっているからである。

　また，新和海運は，不定期船が主力の海運会社である。日本郵船が持株比率26.7％の筆頭株主であり，第2位が同13.1％の新日鉄である。新日鉄が大口荷主のため鉄鋼原料の輸送が柱となっている。船腹は2008年4月現在，ドライバルカー79隻，タンカー6隻などで560万重量トンを持つ。2007年度の連結売上高1,320億円の内，海外売上高比率は83％である。

　同社の中近東事業は，超大型タンカーによる日本向け原油，LPG輸送が柱で，原油積み入れ国はサウジアラビアとアラブ首長国連邦であり，日本での原油渡し先（荷主）は石油精製メーカーのコスモ石油，出光興産，新日本石油が中心である。またタンカー運航には，前掲の飯野海運，共栄タンカーや日本郵船などのタンカー海運会社と共同運航しているものが多い。中近東売上高は長期契約による安定収益型であるが，図4.3.7が示すとおり，1998年度の102億円（連結売上高構成比13.8％）から2007年度には56億円（同・4.2％）と長期低落傾向にある。

(5) **建設機械（コマツ）**

　中東の建設機械の分野では，コマツ，日立建機，コベルコ建機などが事業展開しているが，ここでは図4.3.8が示すようにコマツを事例として取り上げる。コマツの会社概況や世界連結ベースの成長性や地域別収益性については，本書

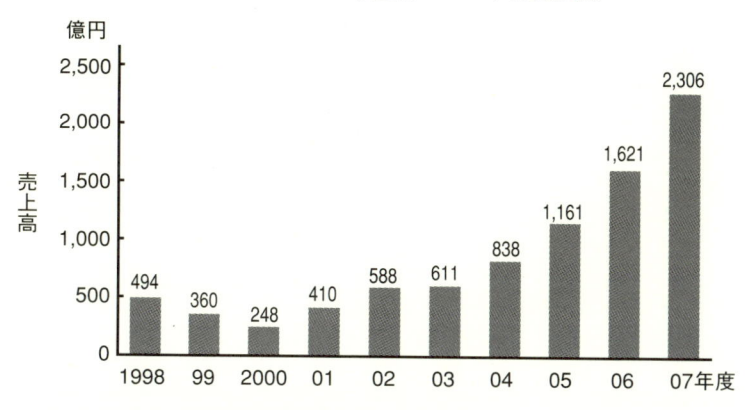

第4章　これからのアジア戦略を視野に入れた注目地域

図4.3.8　コマツの中近東・アフリカ売上高

年度	売上高（億円）
1998	494
99	360
2000	248
01	410
02	588
03	611
04	838
05	1,161
06	1,621
07	2,306

出所：コマツの有価証券報告書 各年度版より筆者作成

第3章「業界別アジアの成長性と収益性実態」の3.1.4項「機械」の中で既に触れているのでここでは割愛する。

　同図は1998年度から2007年度までの10年間にわたるコマツの中近東・アフリカ売上高を示している。以下，中近東の売上高推移を中心に概観する。2001年度は中近東は農地開拓向けに大型ブルドーザーの売上高が拡大する。2002年度は，需要が大きく伸長し，油圧ショベル，ブルドーザー，ホイールローダー，ダンプトラックなど幅広い商品を持つコマツのフルライン・メーカーとしての強みを発揮して売上高を拡大する。2003年度は，イラクの政情不安の影響から売上高がほぼ前期並みとなった。2004年度は経済が堅調なトルコに加え，原油価格の上昇などにより建設投資が旺盛な産油国で需要が拡大し，売上を大きく伸ばした。2005年度は，原油価格が高水準で推移したことにより，産油国などにおけるインフラ投資が更に増加し，需要が拡大した。2006年度はサウジアラビアなどの産油国やトルコにおけるインフラ整備の増加により引き続き需要が伸長した。
　このような環境の下，積極的な販売活動とプロダクト・サポート体制の整備・強化により中近東・アフリカの売上高は前期比40％を超す伸びを示した。

4.3　中東　―アジアにおける中東戦略の幕開けを探る―

2007年度も原油価格の高騰を背景としてインフラ整備が進展したことにより需要は引き続き好調に推移し，中近東・アフリカの売上高は再び前期比40%を超す伸びを示し2,306億円となった。このようにコマツの2001年度の売上高410億円は，産油国での原油価格高騰を背景とした都市部のインフラ整備や各種大型プロジェクトの投資の中で，2007年度は5倍強の2,306億円と急増した。同社のBRICsを中心とした新興国や成長国への重点販売戦略が功を奏したのである。ただし，2008年度後半からの世界の金融危機，原油価格下落に伴い，中近東諸国でのプロジェクト縮小が続いており，2008年度（2009年3月期）の先行きは厳しいものが予想される。

(6) 自動車部品（デンソー）

　自動車分野では，国内の自動車メーカーによる中東向け完成車輸出が好調に推移したが，ここでは自動車部品メーカーの中から同地域での売上が急増しているデンソーを取り上げる。デンソーは第3章「業界別アジアの成長性と収益性実態」の3.1.1項「自動車」の事例で詳述したとおり，日本最大の自動車部品メーカーであり，2007年度の連結売上高は4兆円を超す。海外売上高比率は50.9%であり，海外の売上高が国内のそれを超えた。同社の中近東・アフリカの売上高は，図4.3.9が示すとおり，年率24%の急成長を見せているが2007年度は126億円であり，同社の海外売上高の中で僅か0.6%を占めるに過ぎない。

　同社の中近東売上高は，2000年度までは，中東各国にある自社の代理店向けへの補修部品販売が主たるものであった。2001年度以降の売上高急増の背景がいくつか考えられる。2001年3月にサウジアラビアでカーエアコンの製造販売会社を現地トヨタ総代理店と折半出資で設立，一部生産を開始し，2002年7月より本格生産を開始した。2002年7月にはトルコでカーエアコン，ヒーターなどの製造およびスタータ，オルタネータなどの販売会社を自社100%出資で設立し，2003年1月より販売業務を，2004年2月から生産を開始した。2005年度の販売増はトルコの新会社の生産品の現地販売が軌道に乗ったのに

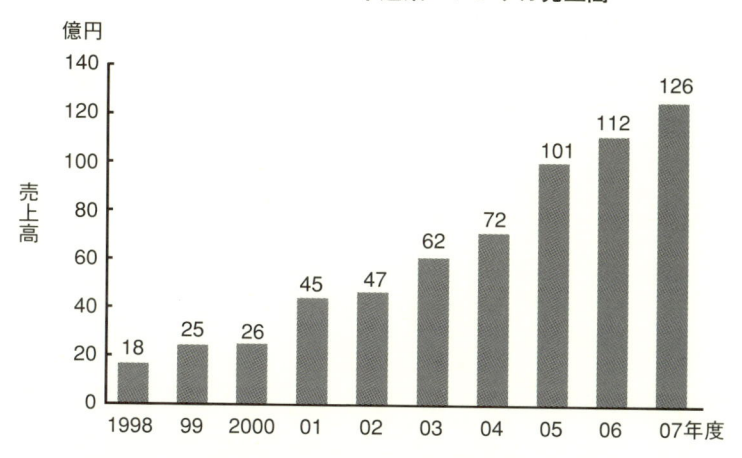

図 4.3.9 デンソーの中近東・アフリカ売上高

(億円)

年度	売上高
1998	18
99	25
2000	26
01	45
02	47
03	62
04	72
05	101
06	112
07	126

出所：デンソーの有価証券報告書 各年度版より筆者作成

合わせて，日本からのほかの部品販売も相乗効果で好調に推移した結果と推定される。なお，トルコは，エジプト，イラン，南アフリカと並んで中東・アフリカ地域では有数の自動車生産国である。2007年のトルコの自動車生産台数は，乗用車・バス・トラックを合わせて約110万台であり，世界第16位の生産台数を誇る。

(7) 日用品（ユニ・チャーム，ピジョン）

中近東では原油関連事業のほかに，サウジアラビア，アラブ首長国連邦（UAE）などGCC諸国を中心とする消費財市場も拡大している。自動車，音響映像機器・エアコン・冷蔵庫などの電機製品，ベッドといった耐久消費財に加え，売上高規模はまだ小さいものの，日用品市場も確実に広がりを見せている。耐久消費財の中で，医療・介護用ベッド最大手のパラマウントベッド（東証1部上場，2007年度連結売上高404億円，海外売上高比率16%）は，2007年度に中近東売上高3.1億円を計上している。同社はアジアでの生産拠点を拡大する中で，中国市場への浸透を深めているが，同時に中近東向けのベッドの輸出に積極的に取り組んでいる。

4.3 中東 —アジアにおける中東戦略の幕開けを探る—

　日用品分野では，ユニ・チャームの中近東への生産・販売事業の進出やピジョンの市場開拓事例が代表的事例である。両社の概要およびユニ・チャームの中近東事業については第3章の中で既に触れているのでここでは省略し，以下，ピジョン（東証1部上場）の中近東関連についてのみ触れるものとする。

　育児・ヘルスケア事業のピジョンの2007年度の連結売上高は492.4億円であり，その内，海外売上高は143.5億円で海外売上高比率は29.1％である。海外売上高の内訳は，中国など東アジア80.5億円，北米35.5億円，中近東11.4億円，欧州・大洋州・アフリカをカバーするその他地域16.1億円である。中近東の売上高は海外売上高の中で，わずか8％を占めるに過ぎないが，アラブ首長国連邦などを対象とした着実なマーケティングで，図4.3.10が示すとおり1999年度から年平均成長率15.5％の伸びを見せている。アラブ首長国連邦に中東・北アフリカの物流・販売拠点となるピジョン・ミドルイーストを設立し，同地域17カ国に輸出している。中東向け商品は，タイやシンガポールなどの製造子会社から輸出した哺乳器，母乳関連品，おしゃぶり＆トイ，ベビー

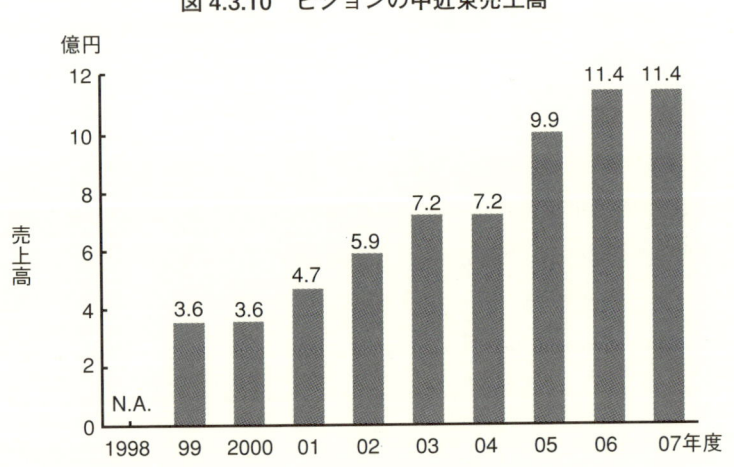

図4.3.10　ピジョンの中近東売上高

年度	1998	99	2000	01	02	03	04	05	06	07
売上高（億円）	N.A.	3.6	3.6	4.7	5.9	7.2	7.2	9.9	11.4	11.4

注）1998年の数字は未公開。

出所：ピジョンの有価証券報告書各年度版より筆者作成

第4章　これからのアジア戦略を視野に入れた注目地域

フード，ウェットナップ（ティッシュ・ペーパー）などである。

4.3.5　GCC諸国における日本企業のビジネスチャンスとリスク

(1)　ビジネスチャンス

①　成長市場としてのGCC諸国

　GCC加盟国6カ国の人口は，前掲表4.3.1「GCC加盟国の経済規模」が示すとおり3,650万人であり，その内，サウジアラビアが2,430万人の人口を有し全体の約7割を占める。いずれの国も産油国の恩恵から一人当りのGDPは1万4,000ドル台から7万ドル台と世界的に見ても高い水準にある。人口13.2億人の中国，11.7億人のインド，5.7億人のASEAN10カ国と比べてGCC諸国の人口規模3,650万人は1桁小さい。一人当たりの可処分所得は高いものの，2008年末現在，消費市場としての規模は必ずしも大きいものではない。しかしながら日本企業の中長期な経営視点から見たGCC諸国は，消費市場として3つの魅力を有する。

　1つ目は，GCC諸国の人口増加率は高く，市場規模の拡大が早い。とりわけGCC諸国の最大市場であるサウジアラビアは，2000年代初頭の人口増加率から推定すると2040年前後には現在の1.6倍の4,000万人[注8]に達し，一人当たりのGDPの高さから判断すると十分魅力的な消費市場に発展する可能性を秘めている。少子高齢化・人口減少に直面し，成長性に制約のある日本企業の経営視点から見ると，サウジアラビアは今日のアジアのタイ，インドネシア，ベトナムなどの消費市場と比べても大きな消費潜在力を有する国となる。

　2つ目は，GCC諸国の後背地市場（hinterland market）として中東・北アフリカ（Middle East・North Africa；略称MENA）の成長市場が存在することである。具体的には図4.3.11　中東・北アフリカ諸国が示すように，GCC諸国以外のイラン，イラク，シリア，イエメンなどの中東諸国および，リビア，

4.3 中東 ―アジアにおける中東戦略の幕開けを探る―

図 4.3.11 中東・北アフリカ諸国（略図）

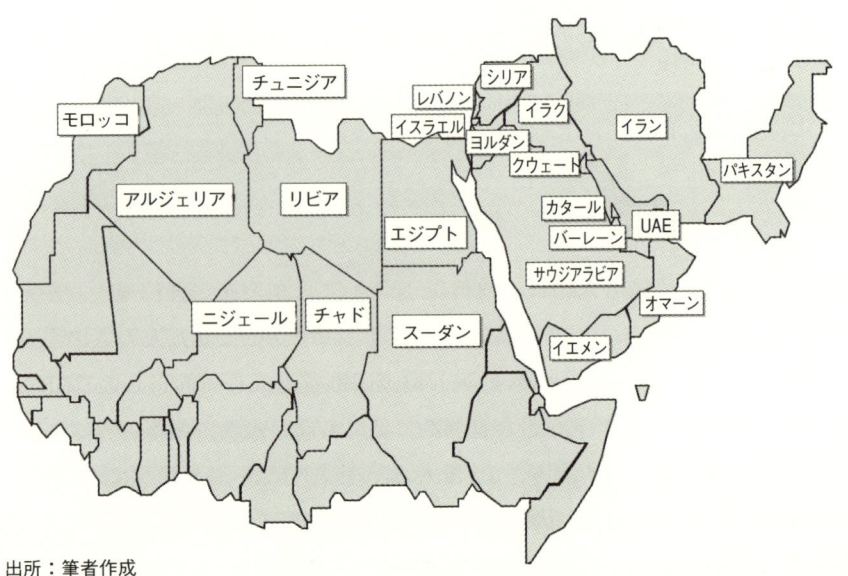

出所：筆者作成

　アルジェリア，モロッコ，チュニジアのマグレブカントリーにエジプト，スーダン，チャド，ニジェールを加えた北アフリカ諸国が存在する。国ごとに政治・経済の安定度は異なり，また産油国・非産油国の違いから経済成長性は異なるものの，これら中東・北アフリカ地域は約4億人の人口を有し，人口増加率やGDPの伸びもASEANに十分匹敵するレベルにある。したがって，サウジアラビアやアラブ首長国連邦といった拠点から，この4億人市場にアプローチすることが可能である。第3章「業界別アジアの成長性と収益性実態」で取り上げた日用品メーカー，ユニ・チャームの事例で詳述したとおり，同社はサウジアラビアのリヤドにある製造・販売の現地法人から紙オムツや生理用品をサウジアラビアを含む中東・北アフリカ市場に販売している。年間107万人の新生児しか誕生しない日本に対して，中東・北アフリカ地域では年間約700万人の新生児が誕生すると言われる。また紙オムツや生理用品市場は，2010年までに中東全体で2,000億円程度に成長すると予測されている。ビジネスチャンスとしては決して小さくない市場である。

3つ目は、ドバイ、アブダビをはじめとするGCC諸国の主要都市に出現する巨大ショッピングモールが消費を押し上げていることである。フランスのカルフール、米国のウォルマート、イギリスのテスコ、ドイツのメトロ、スウェーデンのイケアといったパワーリーテイラーの現地進出が電機製品などの耐久消費財、家具、日用品、食料品などの消費を魅力あるものにしている。GCC諸国にも大型店舗化の波や流通革命が押し寄せている。

② 生産拠点・輸出拠点としてのGCC諸国

前項の成長市場としてのGCC諸国に商品を供給する手段は2つある。1つはシンガポール、タイなどのASEANやインド、日本からの資本財、中間財、消費財の輸出である。もう1つは、GCC諸国への直接投資による現地生産である。現地に製造法人を設立し、インサイダー化し、現地消費市場に供給すると同時に周辺国、中東・北アフリカ全域や東アフリカ諸国へ輸出する。GCC諸国の生産環境や生産インフラは進出国・進出都市にとって大きく異なる。生産環境には労働力、労働コストの他に電力、ガス、水道の供給力とコスト力、大規模工業団地の有無、原材料や製品の運送手段や交通網、輸出入用の整備された港の存在など様々な要因がある。

例えばアラブ首長国連邦のドバイとサウジアラビアのリヤドを比較すると、業務用電気料金は前者が後者に対して5割高く、また業務用ガス料金は10倍高い。また、労働者については今日のアジア諸国と比べて量と質の両面について問題点が指摘されることが多い。人口2,430万人を有し、人口の5割を24歳以下が占める若年労働者が比較的多いサウジアラビアのような国と、人口が数十万人から400万人台と少なく、しかもインド、パキスタン、バングラデシュ、イランなど当該国以外からの流入人口が労働者層として圧倒的に国民の主流を占めるクウェートやアラブ首長国連邦のような国とがある。いずれの場合も労働者の基本的な勤労意欲の欠如、手を汚すことを嫌う勤労観とスキルや習熟度の低さなどが問題視されている。1960年代後半から1970年代においてASEANのインドネシア、タイ、マレーシア、フィリピン、シンガポールでの外資による現地生産では、労働市場における外国人労働者への依存度は極めて

4.3 中東 —アジアにおける中東戦略の幕開けを探る—

低く，豊富な本国労働者を確保できたが，勤務開始時のスキルの低さと習熟度の低さは今日の GCC 諸国同様に指摘された問題であった。しかしながら，この問題は ASEAN 各国政府の熱心な人材育成政策や進出企業の努力で大きく改善されていった。GCC 諸国での現地生産における労働者に関するこれらの問題も時間はかかるであろうが，今後徐々に解決されることが期待される。例えば，石油依存経済から脱却を図るサウジアラビア政府は，自動車，金属加工，消費財，包装材，建築材の 5 分野について産業誘致に積極的に取り組んでいる。このような産業政策や外資政策の中で，労働者にかかわる問題も高等教育や技術職業教育の進展を通して長期的に解決されるものである。

日本企業の GCC 諸国への生産進出事例については，第 3 章で，住友化学のサウジアラビアにおける石油精製から石油化学までの総合コンプレックス事業計画「ラービグ計画」に触れた。同国政府の豊富な石油，天然ガス資源を活用した産業政策に呼応した日本からの大規模生産進出である。第二期計画で量産される樹脂や原料は自動車部品や液晶テレビ用材料向けなどに使われるもので，中国，インド，欧州向け輸出も検討されている。住友化学に続いて 2009 年に入ると三菱レイヨンの化学素材の合弁進出やクボタの鋳鋼管製造・販売進出が報じられている。住友化学の事例が素材の生産進出とすれば，前章のユニ・チャームの事例は消費財（日用品）の生産進出である。両者ともサウジアラビアへの生産進出であるが，前者は進出国が産油国であることから原材料の入手に有利なことが進出のトリガーであり，後者は周辺国も含めた大きな消費市場が存在することがトリガーである。潜在的な消費市場の大きさと高い購買力を狙って同国に生産進出した韓国企業の事例がある。2008 年 6 月の朝鮮日報報道によると，韓国の電機メーカー，LG はリヤドの新工業団地に総額 3,500 万ドル（約 37 億円）を投資して工場を設立，当初年間約 25 万台のエアコンを製造するが，2011 年までに生産能力を倍増する計画である。

③ 研究開発拠点としての GCC 諸国

GCC 諸国への研究開発分野での進出は，一般的には想像しにくい。GDP に

第4章　これからのアジア戦略を視野に入れた注目地域

占める研究開発費でも先進国の 2.5％〜 3.5％と比べると 1 桁小さいレベルにあるからである。研究開発（Research and Development）は通常，基礎研究，応用研究，基礎製品開発，応用製品開発の各ステージに大別されるが，日本企業によるロシア，中国，インドへの研究開発投資と比べて GCC 諸国においては対象分野の選定やパートナーとなる対象機関・企業の選定に難しさがある。例えばドバイ政府のように国家の振興策としてバイオテクノロジーや最先端医療技術を掲げる事例がある。しかしながら，単独進出か共同研究開発かを問わず，GCC 諸国および外資のニーズとシーズを考えれば，対象分野は石油化学，淡水化技術，省エネ・環境技術などとなるであろう。とりわけ日本の各産業・企業および政府研究機関が有する省エネ・環境技術は，そのレベルと応用について世界的にも比較優位性を持っているだけに有望な分野であろう。日本企業による単独進出という形態よりも，現地政府機関との応用面での共同開発により導入支援を図るというシナリオが考えられる。個別企業の経済合理性を前面に出した研究開発投資というよりも，日本の官民レベルが連携して，現地政府のこの分野における人材育成をも意識した共同開発事業である。

　ただし，GCC 諸国の知的財産権（IPR）の保護については不十分であるため，現地での研究開発には周到な準備と注意が必要である。省エネ・環境技術の共同開発成果と，耐久消費財や最寄品の商標権や著作権を同一レベルで論じられない。しかしながら，この地域における模倣品の横行には懸念を抱かずにはいられない。例えば，アラブ首長国連邦のドバイにおいて日欧米の先進国のブランドや製品の中国製模倣品（ニセ物）が店頭を占拠している状況や，ドバイ在住のインド商人や中国人が中国製コピー商品を大量に輸入しアフリカに流している実態を見るにつけ，中継貿易国として繁栄を狙うドバイ政府がこの流れをコントロールしていないのではないかという疑念がわく。この点，密輸品や模倣品，ニセブランドに対するシンガポール政府とドバイ政府の対応の差は極めて大きいと言える。知的財産権に対する国際的な理解のレベルの差であろう。

4.3 中東 ―アジアにおける中東戦略の幕開けを探る―

(2) ビジネスリスク

　国際ビジネスにおいては，ビジネスチャンスがあれば必ずやビジネスリスクがある。リスクのないチャンスはない。1960年代から1970年代のASEAN投資，1980年代の中国投資，1990年代のインド投資，2000年代のロシア投資の中ではそれぞれ固有のビジネスリスクが生じた。同時に各年代にわたって投資先にかかわらずカントリーリスクのような共通のリスクも存在する。例えばアジアの投資では，1975年にベトナム戦争終結とともに，外資の所有する南ベトナム（当時）の現地法人の資産はすべて没収（confiscate）された。米国が支援かつ参戦した南ベトナム政府が北ベトナム政府に敗れ，当時の南ベトナムの首都，サイゴン市（現・ホーチミン市）をはじめとする南ベトナム各地の米国，欧州，日本などの外資系企業の資産は，何らかの補償のある国有化や接収と異なりすべて没収されたのである。当時，松下電器産業（現・パナソニック）や三洋電機など日本企業のベトナム現地法人も例外ではなかった。その後四半世紀を経て，日本と現在のベトナム政府の間で，ようやく投資保護協定が結ばれたのは2000年代に入ってからである。再びベトナムへの投資ブームが起こっている。このようにビジネスリスクは事例を挙げれば枚挙にいとまがない。

　GCC諸国を始め中東においてもビジネスリスクは存在する。1973年にイランに設立された松下電器の中東初の製造現地法人，ナショナルイラン電業も数々のリスクに直面しながら30数年に及ぶ事業を継続している。1965年頃，シャー国王の主唱する「白色革命」で自国の工業化が積極的に推進されたことにより完成品が輸入禁止となり，現地生産への対応が迫られてできたこの合弁会社は，イラン式炊飯器，ミートグラインダー，ジューサーの3品目で生産を開始した。その後，1978年に工場のあるイスファハン市内での暴動発生による戒厳令があり，1979年にイラン革命が起こり，イラン・イスラム共和国が誕生した。1980年から88年のイラン・イラク戦争の勃発など一連の危機を乗り越え，1996年からは生産品目に掃除機を加え，社名も「イラン松下電化機器」と変更して今日まで事業活動を継続している。予期せず起こる中東の危機をか

第4章　これからのアジア戦略を視野に入れた注目地域

いくぐる経営が続いている。

　受資国の直面する政治，経済，社会，文化面から生じるリスクは，個々の外資系企業にとりコントロールが不可能であり，かつそれらに対する対応策にも限界が生じる。リスクにはカントリーリスク，貿易リスク，直接投資リスク，合弁のパートナーリスク，日々の事業経営で起こるオペレーショナルリスクなど様々なリスクがある。日本本国やタイ，中国などアジアの第三国から中東に製品輸出を行い現地の代理店が実質的マーケティングかつ販売を行う際には，貿易リスクがある。但し，現地に何らかの直接投資を行い，製造事業を行う際には，貿易リスクとは異なる投資リスクが生じる。

　日本企業が今後，中東で行う製造事業において生じるオペレーション上のリスクの最大のものは異文化経営のリスクであろう。具体的に1つ目は，日本企業が不慣れなイスラム文化，イスラム教徒，イスラム商習慣などを相手に企業経営を行うことに伴うリスクである。2つ目は，多民族，多国籍従業員を抱えるリスクである。インド，パキスタンを中心とした南アジアやフィリピン，マレーシアなどのASEAN，そして同じ中東のエジプト，イランなどからの流入人口の多さがGCC諸国のダイナミズムの源である。現地での工場運営などに携わる多勢の従業員は国籍，民族，宗教，価値観が異なる。同じイスラム教徒でも宗派が異なれば企業経営に潜在的な問題を抱えることになる。3つ目は，人事管理に伴うリスクである。中東での事業は工場ワーカーかスタッフかにかかわらず自国民と流入した外国人従業員の混成による経営である。経済格差の大きい本国人と出稼ぎ従業員の間で，採用，配置，給与，昇進，昇格，教育訓練といった一連の人事管理には最善の注意を要する。今後，中東に進出する日本企業にとって，米国，マレーシア，シンガポール，ドイツといった多民族従業員のいる企業経営や世界最大のイスラム国家であるインドネシアやマレーシアでの経営経験・ノウハウが大いに参考となるであろう。中東での今後の事業経営には日本人出向者だけにこだわることなく，中東での事業経験の豊富なヨーロッパ人，インド系従業員の管理を任せられるインド人，イスラム国家マ

4.3 中東 ―アジアにおける中東戦略の幕開けを探る―

レーシアでの事業経営に携わったことのあるマレー人などの活用・登用も考えた異文化経営が成功の鍵となろう。

4.4 アフリカ
―中東の先に続くビジネス―

　日本企業の"インドをゲートウェイとする更なる拡大アジア戦略"（Extended Greater Asia Strategy through the Gateway of India）の中で，中東に続いて意識しなければならないのがアフリカである。ここでは，中東とアフリカの人的往来，主要日本企業のアフリカビジネスの実態，アフリカから日本，ASEAN，欧州，米国への自動車輸出の実態，アフリカから日本，ASEAN，中国，欧州への半導体輸出の実態，そしてアフリカから中東経由での切り花（cut flower）輸出の実態という5つの切り口から，21世紀の今後のアフリカ戦略を展望し，21世紀のこれからのアジア戦略を考えてみたい。

4.4.1 中東とアフリカの人的往来

　前節で"アジアにおける中東戦略の幕開けを探る"と題してインドと中東の密接な経済関係や人的往来について触れた。アフリカも日本企業の「これからのアジア戦略」の中で中東の先に続くビジネスとして認識する必要がある。それは中東ドバイをハブ（中継拠点）とした商流・物流が主にインド系商人，インド系企業，中東商人によりアフリカにまで延びているからである。

　図4.4.1はUAEの代表的航空会社，エミレーツ航空のUAE・ドバイとアフリカ諸国の間の航空便ルートを示している。中東のハブと呼ばれるドバイを基点にアフリカ諸国とは乗客便が週248便（往復）運航されている。内訳は東アフリカ108便，南アフリカ70便，西アフリカ42便，北アフリカ28便である。東アフリカへの主な便ではケニア共和国の首都ナイロビ行き，タンザニア連合共和国の首都ダルエスサラーム行き，エチオピア連邦民主共和国の首都アディスアベバ経由ウガンダ共和国のエンテベ行きの3ルートがある。ケニア，タンザニア，ウガンダの3カ国は1999年に設立協定の合意をみた東アフリカ共同

4.4 アフリカ ―中東の先に続くビジネス―

図 4.4.1　ドバイとアフリカ諸国の航空便ルート
エミレーツ航空　2009 年（数字は週当たりの往復便数）

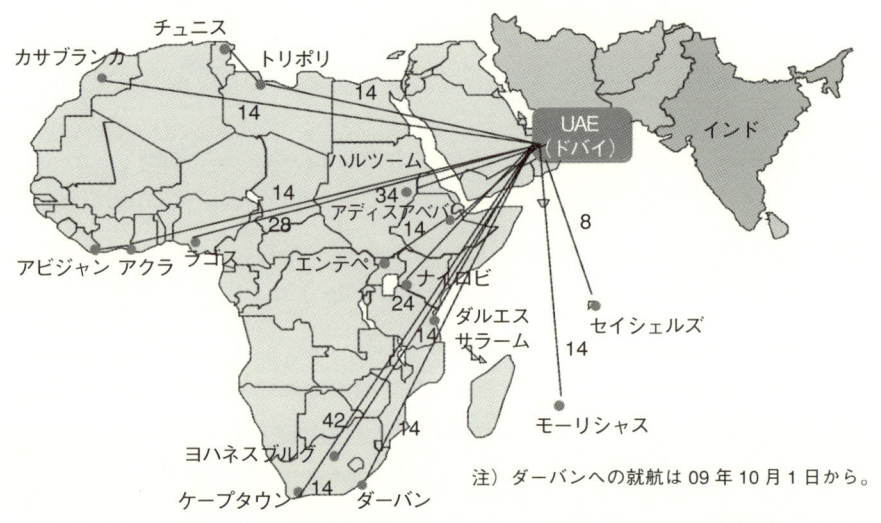

出所：Emirates Timetable Valid from 29th March 2009 to 24th October 2009 より筆者作成

体（East Africa Community：略称 EAC）の構成国である。上記 3 ルート以外では産油国，スーダン共和国の首都ハルツーム行きが週 34 便と多いのが目立つ。南アフリカでは，南アフリカ共和国のヨハネスブルグ，ケープタウン，ダーバン行きの直行便の 3 ルートがあり，とりわけ同国最大の都市ヨハネスブルグ行きは 1 日 3 便がある。西アフリカでは，旧イギリス領で産油国，ナイジェリア連邦共和国のラゴス行きと，同じく旧イギリス領のガーナ共和国の首都アクラ経由コートジボワール共和国のアビジャン行きの 2 ルートがある。北アフリカではモロッコ王国のカサブランカ行きと，産油国の社会主義人民リビア・アラブ国の首都トリポリ経由チュニジア共和国の首都チュニス行きの 2 ルートがある。

　東アフリカを中心としたアフリカ諸国には多くのインド系商人や製造業者が住んでいる。とりわけケニアをはじめとするイギリスの旧植民地や，サブサハラ（サハラ砂漠より南の地域）のアフリカ経済の 4 割を占める南アフリカ共和

国では，商業，金融，貿易の分野でインド系住民が存在感を示している。この背景には，1800年代，旧宗主国のイギリスが，アフリカの植民地に同じく植民地下にあったインドから鉄道敷設などのために多数の出稼ぎ労働者を移住させた歴史がある。これらインド人労働者の中で本国に帰国できず，その子孫がアフリカに住みついた。1960年代以降，アフリカ諸国が独立する中で，イギリスをはじめフランス，ベルギー，イタリア，スペイン，ポルトガルといった旧宗主国の白人が本国に去った後に，商才に長けたインド人が各国の経済に深く食い込んでいった。経済分野にとどまらず，例えば南アフリカではマンデラ黒人政権誕生後，1994年にインド系住民が参政権を獲得するとともに彼らの政治活動も盛んとなり，その後のムベキ政権下では，4人のインド系閣僚も誕生している。さらに，インド本国から財閥系企業がアフリカ投資を積極的に行っている。また近年，欧州企業やNRI（Non-Resident Indians, 非居住者インド人）をはじめとして世界からインドへの直接投資が増大しているが，その投資総額の4割強がアフリカのモーリシャスからなされている。目的は節税のためである。人口127万人のモーリシャスはNRIが国民の約7割を占めており，インド・モーリシャス間の二重課税防止条約が締結されていることからモーリシャスの現地居住者である企業が税制面で優遇されるからである。このメリットを生かすべく欧米企業をはじめ世界の企業がモーリシャス経由でインドに迂回投資を行っている。

4.4.2 日本企業のアフリカビジネスの実態

　日本企業のアフリカ事業は，新聞・雑誌等で自動車，電機，建設機械などの輸出が取り上げられることが多い。しかしながら事業規模の大小を問われなければ，50カ国を超すアフリカの国々と輸出入ベースで取引をしている日本企業は想像以上に多い。また，タンザニアに進出しているパナソニックのように現地へ直接投資を行い，現地法人を設立して操業している日本企業も多数ある。ここでは日本企業のアフリカビジネスの実例を6社取り上げ，具体的に売上高を見ながら，そのアフリカオペレーションを概観する。

　対象とした企業は，国際級のエンジニアリング会社で，石油精製，化学，天

4.4 アフリカ ―中東の先に続くビジネス―

図 4.4.2 主要各社の中近東・アフリカ売上高構成（2007年度）

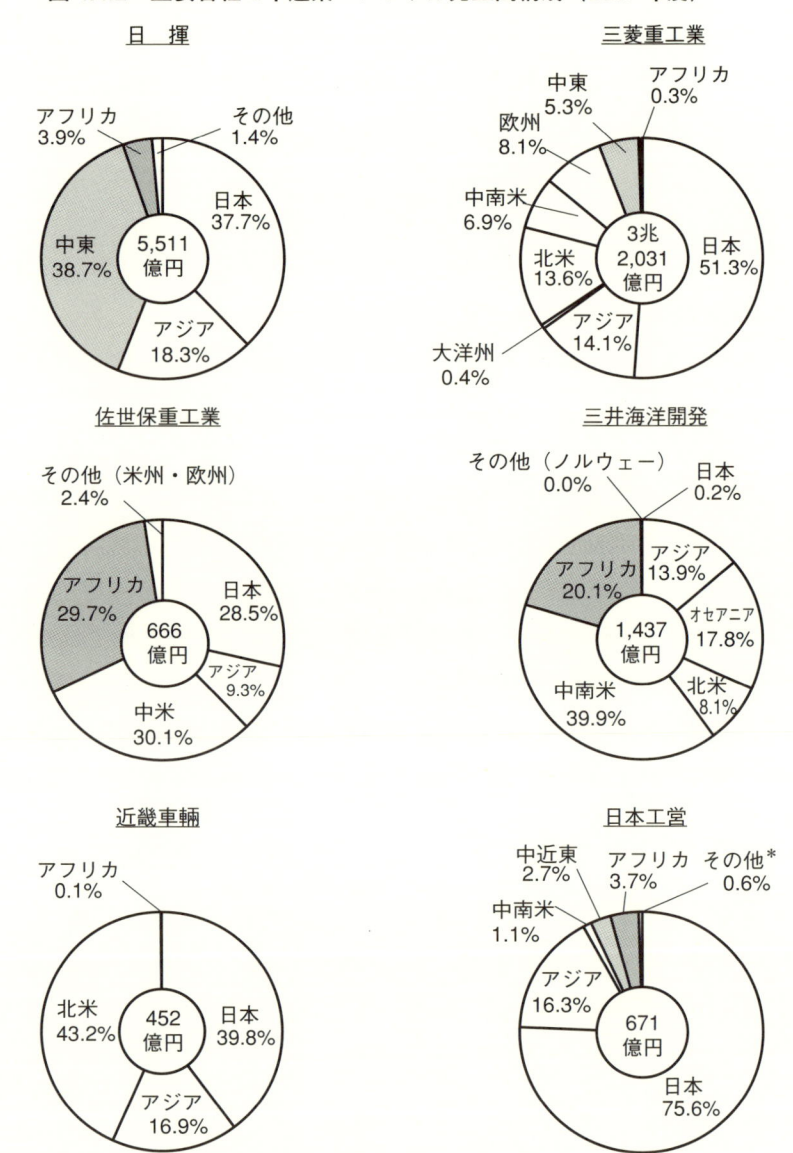

日揮（5,511億円）
- 日本 37.7%
- アジア 18.3%
- 中東 38.7%
- アフリカ 3.9%
- その他 1.4%

三菱重工業（3兆2,031億円）
- 日本 51.3%
- アジア 14.1%
- 大洋州 0.4%
- 北米 13.6%
- 中南米 6.9%
- 欧州 8.1%
- 中東 5.3%
- アフリカ 0.3%

佐世保重工業（666億円）
- 日本 28.5%
- アジア 9.3%
- 中米 30.1%
- アフリカ 29.7%
- その他（米州・欧州）2.4%

三井海洋開発（1,437億円）
- 日本 0.2%
- アジア 13.9%
- オセアニア 17.8%
- 北米 8.1%
- 中南米 39.9%
- アフリカ 20.1%
- その他（ノルウェー）0.0%

近畿車輛（452億円）
- 日本 39.8%
- アジア 16.9%
- 北米 43.2%
- アフリカ 0.1%

日本工営（671億円）
- 日本 75.6%
- アジア 16.3%
- 中南米 1.1%
- 中近東 2.7%
- アフリカ 3.7%
- その他* 0.6%

＊パラオ，サモア，クロアチア

注）近畿車輛のUAEなど中東向け売上高は「アジア」に区分されている。
注）円グラフ中の「中東」，「中近東」は各社の公表地域名に基づいて表記。

出所：各社の有価証券報告書 2007年度版より筆者作成

然ガスの分野で実績のある日揮（2007年度 海外売上高比率68.1%），発電，灌漑などを主力とした総合建設コンサルタントで強みのある日本工営（同24.4%），船舶・機械・原子力・航空・宇宙・防衛機器などの分野で日本トップの三菱重工業（同48.7%），造船分野では準大手で修繕船に強みのある佐世保重工業（同71.5%），三井造船が過半数の株式を持ち，浮体式の海洋石油・ガス生産設備の設計・建造が主力の三井海洋開発（同99.8%），鉄道車両メーカーでは業界第3位で，米国，東南アジア，中東など海外市場を積極的に開拓してきた近畿車輌（同60.2%）の6社である。なお上記6社の2007年度連結売上高における中近東・アフリカの構成比は図4.4.2のとおりである。

(1) **エンジニアリング（日揮）**

日揮は，石油・ガス・発電の大型プロジェクトを独自または欧米資本の会社と組んで受注する事業を展開している。アルジェリア，ナイジェリアを中心に，近年エジプトでもプロジェクトを受注している。日本政府のODA案件には携わることなく，独自に現地政府，民間企業の案件に取り組んでいる。アルジェリアでは1969年にアルズー製油所の建設を受注して以降，現在まで製油，ガ

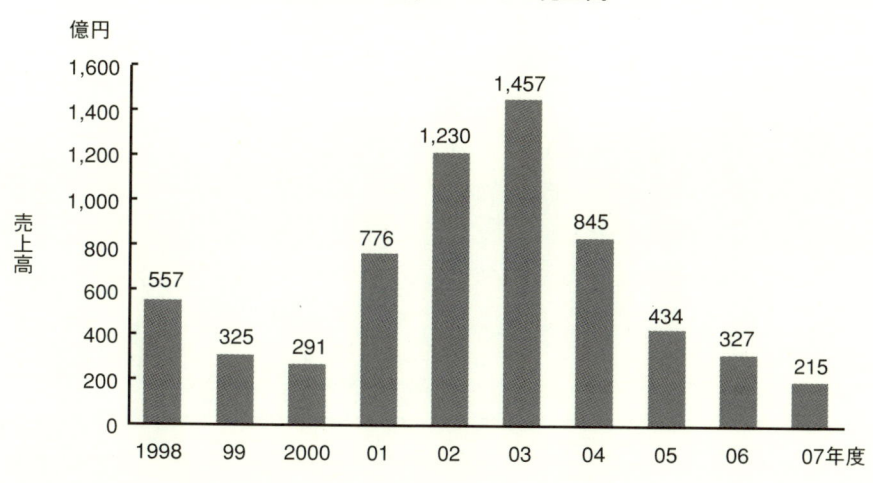

図4.4.3　日揮のアフリカ売上高

年度	売上高（億円）
1998	557
99	325
2000	291
01	776
02	1,230
03	1,457
04	845
05	434
06	327
07年度	215

出所：日揮の有価証券報告書 各年度版より筆者作成

4.4 アフリカ ―中東の先に続くビジネス―

ス田，火力発電保守などのプロジェクトを実施している。一方，ナイジェリアでは，1980年代に製油所の案件をスタートとして，大型LNGプロジェクトを米仏伊のプラント会社とジョイントベンチャーを組んで第1系列から第6系列まで受注している。図4.4.3のとおり，2001年度から2004年度の売上高が突出しているが，同社の「日揮アフリカ主要プロジェクト一覧」によると，アルジェリアの大型原油回収，ガス昇圧設備，ガスプロジェクトおよびガス田開発，ナイジェリアの大型LNGプラント第2系列引渡し，第3から第6系列までのプロジェクト，そしてエジプトのLNGプロジェクトなどの実績が重複したためである。その後，売上高は急減しているが，プロジェクト完成後の保守・運転も引き続き契約されることも多く，主にそれが売上高として計上されている。

(2) 重電・重機（三菱重工業）

三菱重工業のアフリカ事業は，主に発電設備向けのガスタービン，蒸気タービン，地熱発電プラント設備，火力発電設備，発電用ポンプ，コンプレッサなどの納入である。図4.4.4は1998年度以降のアフリカ売上高を示している。

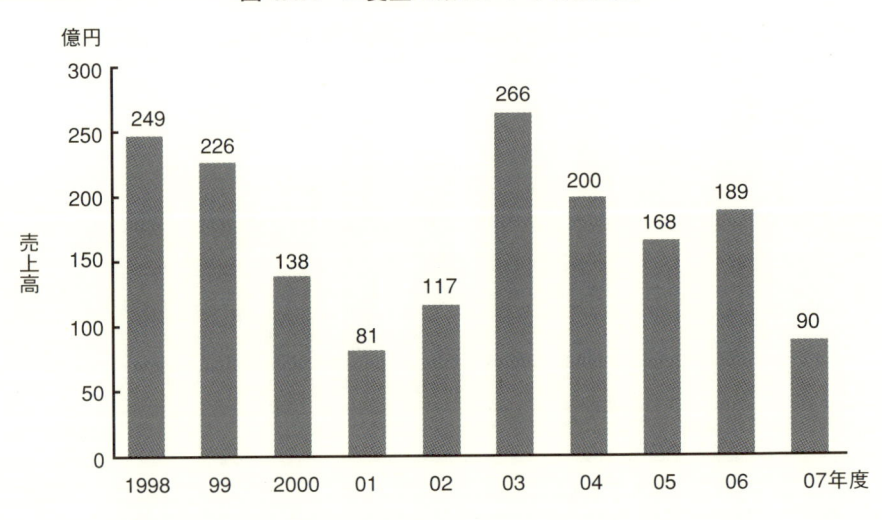

図4.4.4 三菱重工業のアフリカ売上高

年度	売上高（億円）
1998	249
99	226
2000	138
01	81
02	117
03	266
04	200
05	168
06	189
07	90

出所：三菱重工業の有価証券報告書 各年度版より筆者作成

2004年度には，南アフリカ共和国から小型原子炉用ヘリウムタービン発電機，発電設備の基本設計を受注しており，原子力分野での進出も果たしている。日揮のような大型プロジェクトの一括受注は少ないものの，個別プラントや大型プロジェクト中の発電用タービン，設備など大型発電設備を主体に個別に受注している。発電系以外では，エジプト，スエズ運河庁向け浚渫船を過去8隻納入した実績があり，2002年4月にはホッパー能力1万m^3の浚渫船を納入，2007年には4万6,000m^3クラスの浚渫船を同庁向けに建造している。またエジプト向けに2001年9月に港湾用大型コンテナクレーン4台を納入，2004年には大型LNGタンク2基を建造した。2007年にはアルジェリア向け隋伴ガス回収プロジェクトを受注，2008年4月にアルジェリア向け大規模肥料製造プラントを韓国大宇建設と共同で受注している。

(3) 造船（佐世保重工業）

図4.4.5は佐世保重工業のアフリカ売上高の推移を示しているが，同社のアフリカ事業の売上高はリベリア向け船舶であり，2007年度は198億円を計上

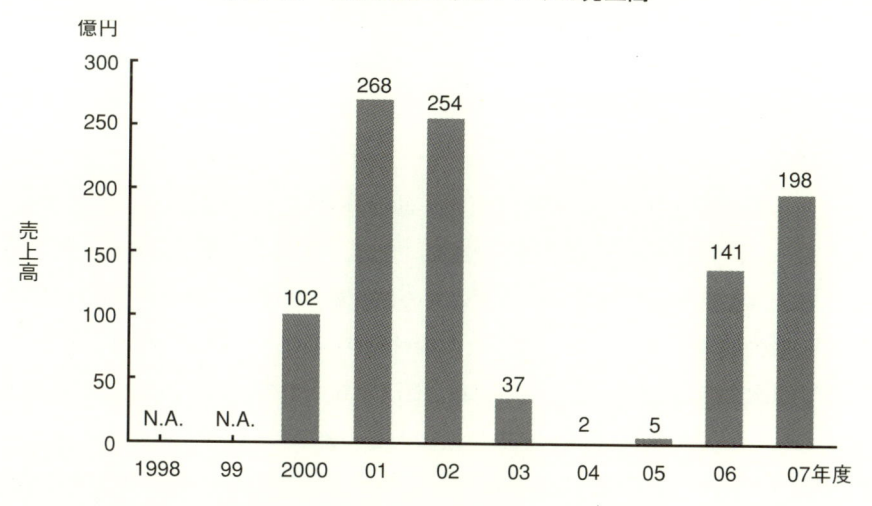

図4.4.5　佐世保重工業のアフリカ売上高

年度	売上高（億円）
1998	N.A.
99	N.A.
2000	102
01	268
02	254
03	37
04	2
05	5
06	141
07年度	198

出所：佐世保重工業の有価証券報告書 各年度版より筆者作成

4.4 アフリカ —中東の先に続くビジネス—

している。財務省貿易統計によると2007年度のリベリア向け輸出総額は1,443億円であり，そのうち船舶が1,420億円（構成比98.4％）である。同国への船舶輸出額のうち，タンカーが10隻（約51万トン）で555億円，新造船が15隻（約94万トン）で865億円となっている。なおリベリア共和国は便宜置籍船（Flags of Convenience Vessel=FOC）制度を積極的に取り入れている。FOCは船舶の登録料や置籍料が安い国に現地法人を設立して名目上の船主とし，実際の運航者が船舶を借り上げる形式を取る制度である。同社の2007年度の地域別売上高構成を見るとパナマ，バハマ，ベネズエラの3カ国からなる「中米」が30.1％を占めるが，パナマとバハマがFOCを置いている。またギリシャ，ドイツ，イタリア，オランダの4カ国からなる「欧州」が2.4％を占めるが，ドイツは国際船籍をFOCの対象としている。「その他」地域には，米国，マーシャル諸島共和国が入っているが，後者はFOCを置いている。船籍がどこになるかは，船主の判断によるところが大きい。また，その時々に船主が銀行などから受ける融資，金利，為替や制度設置国の規制などにより売上高が変動する。

(4) 油田開発（三井海洋開発）

　三井海洋開発は，探鉱，開発・生産，精製・販売という石油開発事業の3つの段階の中で，開発・生産を事業領域とし，海洋油田，ガス田の浮体式設備に特化した生産施設の設計，建造，設置，生産，貯蔵，販売，リースを行っている。アフリカでの事業は，油田開発のみで，西アフリカ地域の沿岸で油田プロジェクトを実施している。手掛けた海洋油田施設は，ナイジェリア，ガボン，カメルーン，コートジボワール，赤道ギニア，アンゴラ，ガーナの7カ国9施設である。稼働中と据付け完了済みのものは7施設あり，その内1施設は生産終了し撤去済みである。建造中または受注済のものは2施設になり，2010年以降に順次生産開始予定となっている。図4.4.6の中で，同社の売上高は2006年度，2007年度に各々55億円，38億円と大きく落ちているが，両年はプロジェクト終了後の保守，運転による収入が主体となっているためと推定される。2008年度には売上高を再び大きく伸ばし289億円を計上し，同社のアフリカ

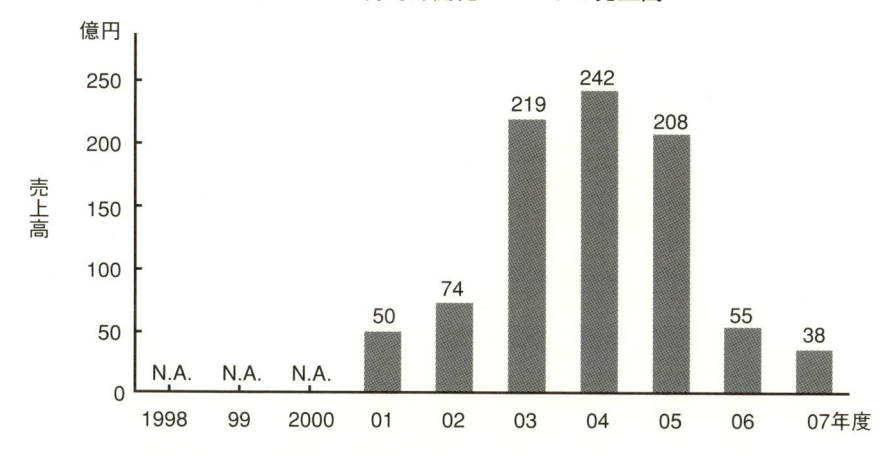

第4章　これからのアジア戦略を視野に入れた注目地域

図 4.4.6　三井海洋開発のアフリカ売上高

(億円、売上高)

- 1998: N.A.
- 99: N.A.
- 2000: N.A.
- 01: 50
- 02: 74
- 03: 219
- 04: 242
- 05: 208
- 06: 55
- 07年度: 38

出所：三井海洋開発の有価証券報告書 各年度版より筆者作成

地域の最高売上高を記録している。同社は今後も，海洋油田のポテンシャルが高い西アフリカでの事業拡大に注力していくものと思われる。

(5)　車両（近畿車輛）

　近畿車輛のアフリカ売上高は図 4.4.7 の示すとおりであるが，同社のアフリカ事業は，エジプト・カイロ市の地下鉄向けの車両の納入，メンテナンスおよび部品販売である。1960 年に三菱商事の協力の下，カイロ・ヘリオポリス公団から市電 20 両を受注したことからスタートし，1963 年の初納入から 1988 年までに 281 両を納入した。車両の品質，メンテナンス対応など市当局から高い評価を受けたことが，その後の継続的な納入につながった。1975 年から 1980 年にはアレキサンドリアの市電に 156 両を納入した。また 1975 年カイロ・ヘルワン市電から 21 両を受注し，1979 年から 1981 年の間に計 430 両を納入した。

　一方，1980 年に運転を開始した地下鉄には，当初はフランスのアルストムが車両を納入していたが，1990 年にカイロ地下鉄 1 号線の 3 次車で初めて 75 両を受注した。その後 1995 年に 15 両，2000 年に 45 両，2004 年に 63 両を納

4.4 アフリカ ―中東の先に続くビジネス―

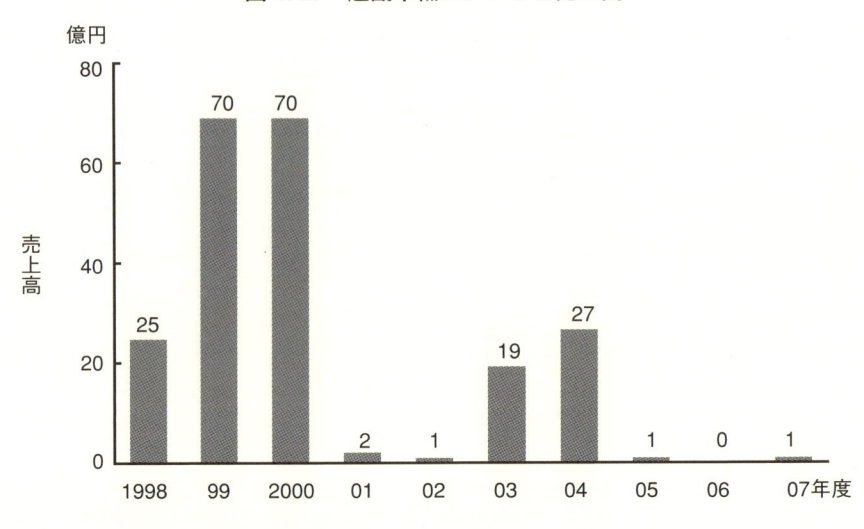

図 4.4.7 近畿車輛のアフリカ売上高

(縦軸：売上高（億円）, 横軸：年度)
- 1998: 25
- 99: 70
- 2000: 70
- 01: 2
- 02: 1
- 03: 19
- 04: 27
- 05: 1
- 06: 0
- 07年度: 1

出所：近畿車輛の有価証券報告書各年度版より筆者作成

入した。1993 年 1 月には 2 号線を受注し，1 号線，2 号線の合計 460 両を納入した。また 1995 年から 1 号線車両のメンテナンスも受注した。メンテナンス契約は 2005 年に終了し，その後，単発的な部品販売が 3 年間続いた。2007 年 12 月に，カイロ市内を東西に走りカイロ空港まで全長 34km を結び，5 期にわたり建設される 3 号線向けに 48 両（約 80 億円）を三菱商事，東芝と協力して受注，2011 年 10 月開業予定に向けて現在車両を製造中である。

(6) 建設技術の総合コンサルティング（日本工営）

日本工営は建設技術の総合コンサルティング事業，技術評価，電源電力設備の総合エンジニアリングを事業内容としており，建設・電源開発事業を中心にODA（政府開発援助）案件を独立行政法人 国際協力機構（JICA），国際協力銀行，各開発銀行などを通して受注し，海外事業を推進している。

アフリカにおいては1998年度から2005年度まで，15 カ国 34 件を受注したが，内 31 件が日本の ODA 関連案件である。残り 3 件も現地政府の無償資金案件である。上記 15 カ国 34 件は，北アフリカのチュニジア，モロッコ，リビアの

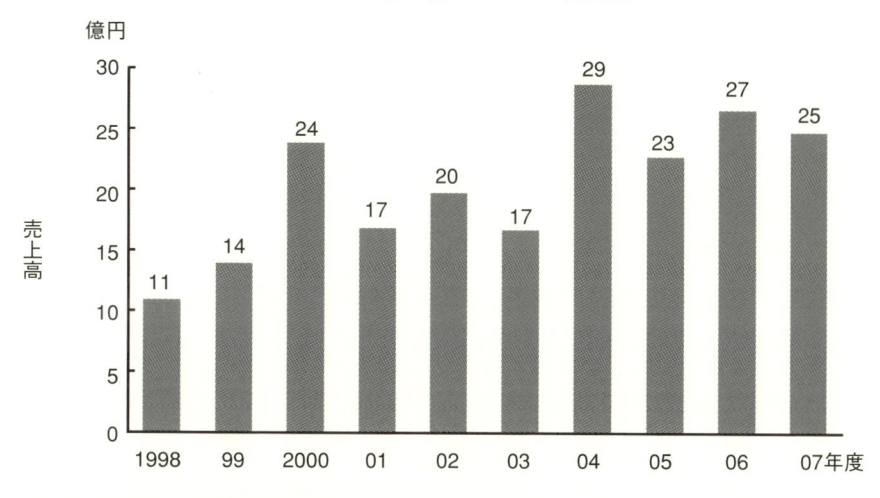

第4章 これからのアジア戦略を視野に入れた注目地域

図 4.4.8 日本工営のアフリカ売上高

年度	1998	99	2000	01	02	03	04	05	06	07
売上高(億円)	11	14	24	17	20	17	29	23	27	25

出所：日本工営の有価証券報告書各年度版より筆者作成

3カ国9件，西アフリカはガーナの1件のみ，ほかは東アフリカの国々11カ国24件である。受注案件の工期は平均4.7年で10年以上は3件，最長でチュニジアの橋建設の調査，設計，工事管理の18年である。2005年時点で継続されていた案件は9件で，**図 4.4.8**が示すように同社2005年度売上高は23億円であり，1件当たり平均2.5億円の事業規模である。2008年5月に横浜で開催された第4回アフリカ開発会議（TICAD IV）で，日本政府は2012年までにアフリカ向けODAを倍増させることを表明したが，今後，日本工営のアフリカ事業にどのようなインパクトが出てくるかが注目される。

4.4.3 アフリカの自動車輸出

世界の自動車産業の中で老舗の米国は2009年4月現在，GM，フォード，クライスラーのビッグ3が苦境に立たされている。米政府の公的資金の投入やクライスラーの連邦破産法第11条（Chapter 11）の適用などでデトロイトは危機に瀕している。本場のデトロイトが経営の危機に直面している一方で，タイ政府はこれまで躍進著しいタイの自動車産業を「アジアのデトロイト」と標榜してきた。そして南アフリカ政府が注力する自動車産業は「アフリカのデト

4.4 アフリカ ―中東の先に続くビジネス―

ロイト」と呼べるほどの隆盛を示している[注9]。本項では，多くの世界のエレクトロニクスメーカーが過去にアフリカからの生産事業から撤退を余儀なくされたにもかかわらず，なぜ世界の自動車メーカーが同じアフリカの地で生産事業として生き残り，輸出産業として成功しつつあるのかを探ってみたい。「更なる拡大アジア戦略」の中でアフリカでの事業が日本企業の国際分業の中に組み込まれる可能性があるのか否かを見てみる。

2008年の世界の自動車生産台数は7,053万台である。その上位国を見ると，アフリカでは唯一，南アフリカが56万台で24位となっている。また同年のアフリカ全体の自動車生産台数は70万台であり，南アフリカが約8割を占めている。このほかにエジプト，モロッコ，ナイジェリアなどが生産国として登場しているが，生産台数は限られている。アフリカの自動車産業は南アフリカを中心に発展している。

図4.4.9は，南アフリカの自動車生産の推移を示している。1994年のアパル

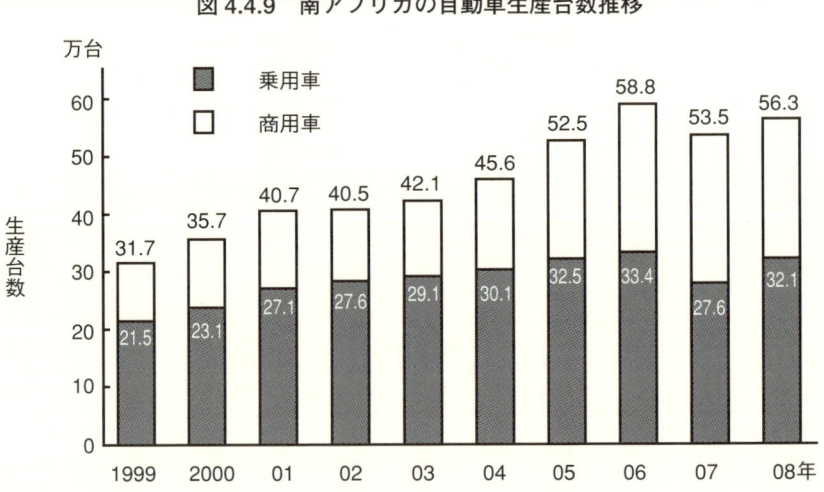

図4.4.9 南アフリカの自動車生産台数推移

年	乗用車	合計
1999	21.5	31.7
2000	23.1	35.7
01	27.1	40.7
02	27.6	40.5
03	29.1	42.1
04	30.1	45.6
05	32.5	52.5
06	33.4	58.8
07	27.6	53.5
08年	32.1	56.3

出所：Organisation Internationale des Constructeurs d'Automobiles
（国際自動車工業連合会）データより筆者作成

トヘイト廃止後，一時的に自動車生産は減少したが，1998年を底に年々生産は増加傾向にある。これは，自動車生産の減少に危機感を抱いた南アフリカ政府の2つの輸出インセンティブ（Motor Industry Development Programによる関税の暫定的な低減および輸出実績に応じた輸入品への課税免除）が功を奏した結果である。

　南アフリカで生産された自動車は，国内市場で販売されるほか，アフリカ域内市場と域外市場に輸出されている。図4.4.10は南アフリカの自動車および同部品輸出の推移を示している。輸出品の内訳は，1996年は自動車部品・付属品が最大で40%を占め，次いでトラックの27%，乗用車16%，戦車・装甲車8%が主なものであったが，1999年以降，輸出の主役は乗用車となり年々その構成比は上昇した。2003年は乗用車70%，トラック9%，部品・付属品17%，その他4%という輸出構成比である。2008年は輸出額が前年比38%増の73.7億ドル（邦貨換算約7,370億円）と急増し，そのうち乗用車の輸出額も同58%増の45.5億ドル（輸出構成比62%）となった。2008年の輸出額73.7

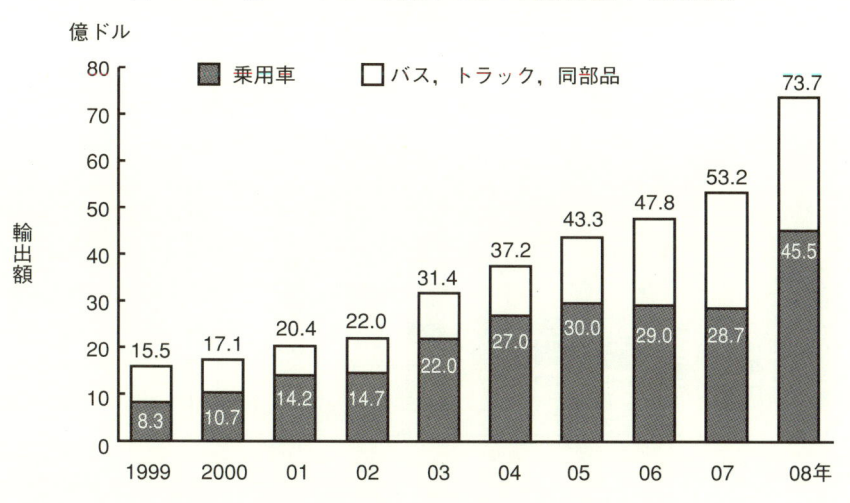

図4.4.10　南アフリカの自動車および同部品輸出（商品別）

出所：南アフリカ共和国通関統計（South Africa Revenue Service）より筆者作成

4.4 アフリカ　―中東の先に続くビジネス―

億ドルは，1999年の輸出額15.5億ドルに対して4.8倍という高い伸びを示しており，南アフリカの自動車が輸出産業として離陸していることを意味している。

　南アフリカの自動車および自動車部品の商品別輸出に対して仕向地別輸出の推移を示すのが図 4.4.11 である。2008年の輸出金額73.7億ドルの仕向地は米国向け25.4%，EU向け22.0%，アフリカ域内向け19.1%，オーストラリア向け12.0%，次いで日本向け10.9%，トルコ，UAEを中心とした中近東向け5.4%となっており，全世界に輸出されている。日本向け輸出が本格化したのは2000年であり，2003年には輸出額合計の26.4%を占め，2005年には過去最高の11億6,800万ドルで同27.0%を占めた。なお2003年より日本向け輸出が急増した背景には，ダイムラークライスラー，BMWが年間計2万～3万台を安定的に輸出していることに加え，フォルクスワーゲンが南アフリカから欧州向けに輸出していたものを日本向けにシフトしたなどの要因があると言われている。なお，2008年のアフリカ域内向け輸出14億1,100万ドルの仕向地は，ア

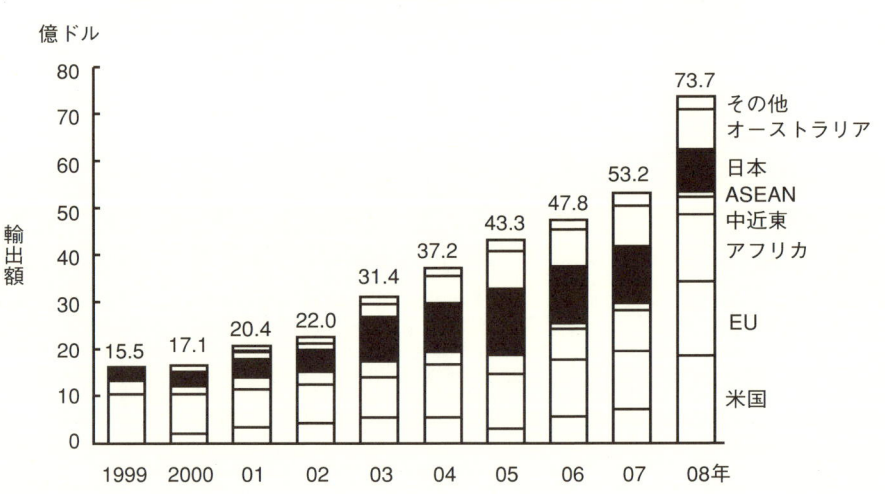

図 4.4.11　南アフリカの自動車および同部品輸出（仕向地別）

出所：南アフリカ共和国通関統計（South Africa Revenue Service）より筆者作成

第 4 章　これからのアジア戦略を視野に入れた注目地域

フリカ北部のアルジェリアから南部に至るまでアフリカ全土にまたがる。最大の仕向地は産油国のナイジェリアであり，次いで周辺国のジンバブエ，モザンビーク，ザンビア，アンゴラなどが含まれる。

図 4.4.12 は，1998 年から 2008 年までの日本の自動車輸入台数の推移を示している。この間の輸入台数は，日本国内の自動車市場の好不況の波の中で，20 万台をキープしている。ただし，輸入国のランキングは大きく変動し，特に南アフリカからの輸入は 2000 年以降増加し，米国，英国，フランス，イタリアを上回っている。また，2005 年以降中国から，2008 年以降はインドネシアからの輸入も増えているのが特徴的である。2008 年の輸入総台数 22.8 万台の中でトップはドイツの 8.4 万台であり，次いで南アフリカの 2.6 万台である。南アフリカからの自動車関連輸入の 96～99％が乗用車である。トラックや自動車部品の輸入構成比は極めて小さい。

輸入乗用車は，日本の貿易統計（財務省）の仕分けでは，HS コード 8703.22.000 および 8703.23.000 であり，前者は非ディーゼル：1000～1500cc，後者は非ディーゼル：1500～3000cc の乗用車である。2005 年から 2008 年の

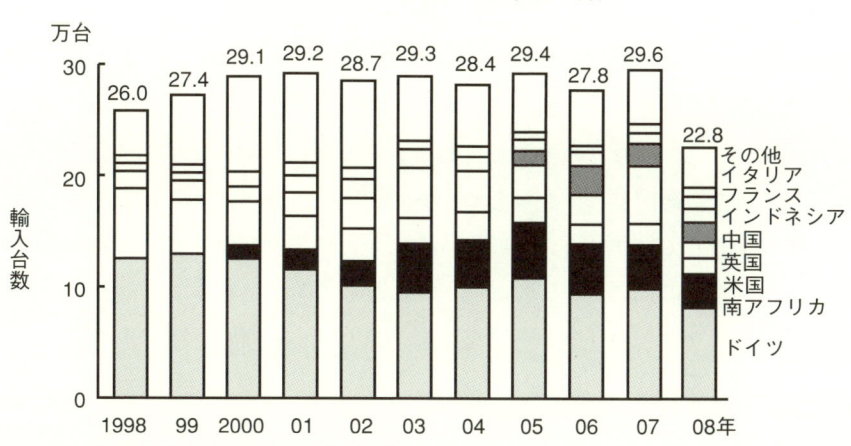

図 4.4.12　日本の国別自動車輸入台数

出所：日本財務省　貿易統計より筆者作成

輸入単価は，前者が120万円から150万円，後者が250万円から290万円の間となっている。この2レンジで毎年乗用車輸入の93〜99％を占めている。なお，非ディーゼル：3000cc以上の乗用車の輸入台数は毎年数十台から数百台単位ではあるが，輸入単価は340万円から640万円の間にある。日本人にとり意外性はあるが，メルセデスベンツを含む欧州メーカーの高級乗用車が南アフリカから日本向けに輸出されていることが分かる。

　以上，南アフリカの自動車輸出の実態を概観した。ダイムラークライスラー（当時），フォルクスワーゲン，BMW，トヨタ，日産など世界の主要な自動車メーカーが南アフリカに直接投資を行い，現地生産を行い世界に輸出している。南アフリカから日本向けには，年間1,000億円前後の自動車が輸出されている。品質にこだわる日本市場で売られているメルセデスベンツやBMWは南アフリカ産である。これら自動車メーカーは，南アフリカを自社のグローバル戦略の中に位置づけており，南アフリカ国内市場への供給，アフリカ諸国への輸出に加えて，アフリカ域外への輸出を目指している。すなわち「成長市場としてのアフリカ」と，域内・域外への輸出を目指した「生産拠点としてのアフリカ」の両方を視野に入れている。したがって，為替の変化や海上運賃の変動を視野に入れながら設備投資に見合う"規模の経済"（economies of scale）をアフリカ域内・域外への輸出によって確保しようとしている。アフリカは単なる飛び地（enclave）になった一過性の消費地ではなく，大手自動車メーカーの中長期的な国際分業戦略の中に組み込まれている。そしてこの国際分業体制の中で，日本，米国，ドイツなどの主要な自動車メーカーは本国の生産拠点に加えて自動車の巨大な新興国として成長しつつある中国，インド，タイなどのアジアの生産拠点，そしてアフリカの生産拠点をにらんで事業戦略を練らざるを得なくなる。21世紀の次の10年を見据えたこれからのアジア戦略では，自動車産業に限らずアフリカとのリンケージを視野に入れざるを得ないのである。

4.4.4　アフリカの半導体輸出

　アフリカは全世界への自動車輸出拠点として脚光を浴び始めたが，一方，半

第 4 章　これからのアジア戦略を視野に入れた注目地域

導体輸出拠点としても注目されている。その中心は北アフリカのモロッコ[注10]であり，世界の主要半導体メーカーの1つSTマイクロエレクトロニクスが現地で組立，検査の後工程とIC設計およびソフトウェア開発センターを持っている。

　アジアにおいて東マレーシアのボルネオ島サラワク州クチン市にあるサマ・ジャヤ工業団地[注11]に半導体の前工程工場[注12]が存在するが，日本人にとってかつて，この事実を知ることは意外であった。未開発のジャングルのイメージがあるボルネオ島になぜ最先端（当時）の拡散工程を持つ半導体工場が設立されたのかという背景や誰が出資者，技術供給者，工場経営者，現地人オペレーターなのかに興味が沸いたからである。
　同様に日本側からアフリカを見るとき，多くの日本人にとってアフリカに近代的な半導体工場があることは意外であろう。北アフリカのモロッコに世界的な半導体メーカーの1つであるSTマイクロエレクトロニクスの半導体工場とデザインセンター[注13]がある。モロッコの旧宗主国はフランスであり，STマイクロエレクトロニクスの前身はフランスのトムソンとイタリアのSGSであり，同社は国営の両半導体会社が合併してできた会社である。筆者が訪問した2004年3月時点で，このオペレーションの概要は，カサブランカ市郊外のボウスコウラSPG工場，ボウスコウラ半導体後工程工場，カサブランカのアインセバー後工程工場の3工場と首都ラバトにあるデザインセンターから成る。SPGとはSub-System Product Groupの略で，ここではGSMセルラフォン用半導体とサブシステムを生産していた。デザインセンターには127名のエンジニアがおりモロッコ大学出身者が多く，エンジニアリングスクールも併設している。ボウスコウラとアインセバー両工場ではダイオード，トランジスタ，パワートランジスタ，集積回路などを生産しているが，パッケージは表面実装（SMD）に至るまで各種パッケージを扱っている。販売部門はボウスコウラSPG工場と同じ場所にある。

　STマイクロエレクトロニクスのモロッコ工場の設備投資額は，半導体市況

243

4.4 アフリカ ―中東の先に続くビジネス―

により変動するが，土地，建屋，設備のすべてを含み，筆者が訪問時前年の2003年に至る過去10年間は年平均4,000万ドル弱であった。従業員数は1994年2,000人，1999年3,900人，2003年4,600人（デザインセンター従業員数を含む）と事業拡大に連動して増えている。従業員の国籍は99％がモロッコ人であるが，その学歴はバカロレア取得者（中等教育修了と高等教育入学資格を併せて認定する国家資格）76％，BAC＋4（修士号）が6％などであり教育レベルは高い。従業員の訓練はマルタ島にあるSTマイクロ訓練センターやモロッコ大学との提携で行っている。

同社の国際認証の取得状況はISO9002（1993年取得），ISO14001（1997年取得），QS9000（1997年取得），ISO9001：2000（2003年取得）など世界の半導体工場の取得レベルに匹敵している。筆者は防塵服に着替えて工場見学したが，工場設備はASM製の半導体装置を導入するなど設備投資金額に見合った充実した組立・検査工程である。クリーン度に細心の注意が払われた工場内の従業員は整然と仕事をしており，発展途上国にありがちな，のんびりした感じではない。また工場内には工程別歩留まりや生産進捗のグラフが各所に貼られており，熾烈な国際競争下にある工場であることをうかがわせる。同社の製品輸出先[注14]は1999年欧州94％，アジア6％に対して2003年欧州44％，アジア47％，米国9％であるが，2000年より仕向地としてのアジアの構成比が大きく高まっている。このモロッコ工場は同社の中国・深圳，マレーシア，シンガポールにあるアジアの各半導体工場と競争関係にある。

モロッコからの半導体輸出推移は**図4.4.13**のとおりである。1999年6.3億ドル，2000年6.8億ドルの輸出額は2001年の世界的なIT不況で大きく落ち込むが，その後，再び成長路線に乗り，米国発の不況で大きな打撃を受ける2008年の前年2007年には13.7億ドルと過去最高の輸出額を記録した。同年の輸出商品の内訳はIC（集積回路）が7.2億ドル，ディスクリート（半導体素子）6.5億ドルである。1999年時点では輸出合計の7割強をディスクリートが占めていたが，その後，ICの構成比が徐々に増え，2007年からディスクリートを上回っている。輸出仕向地は1999年にEU向けが輸出合計の64％を占め最大

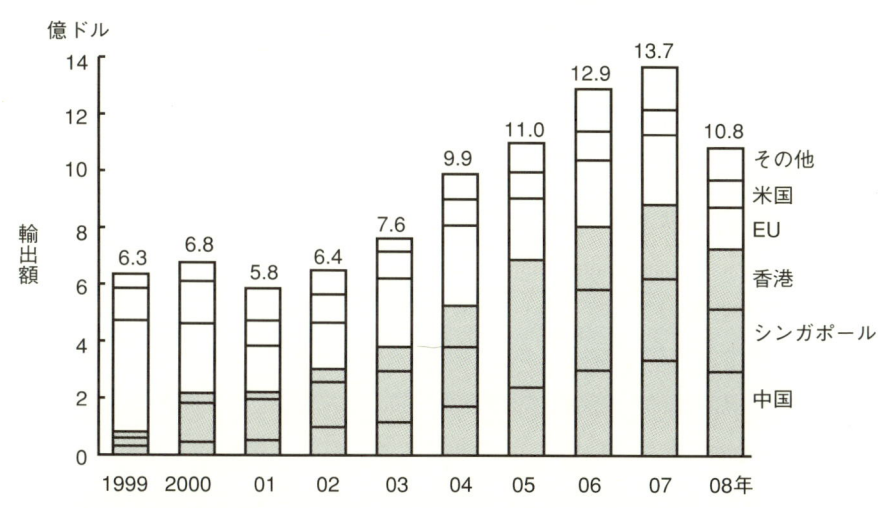

第4章　これからのアジア戦略を視野に入れた注目地域

図 4.4.13　モロッコの半導体輸出

(縦軸：輸出額　億ドル)

1999: 6.3, 2000: 6.8, 01: 5.8, 02: 6.4, 03: 7.6, 04: 9.9, 05: 11.0, 06: 12.9, 07: 13.7, 08年: 10.8

凡例：その他、米国、EU、香港、シンガポール、中国

注）EUは加盟27カ国合計値。
出所：World Trade Atlas (WTA) の各国の半導体輸入統計から筆者作成

であったが，その後，シンガポール，中国，香港向けが急増し，2007年にはそれら3カ国で輸出合計の65％を占めている。2008年も2007年同様，エレクトロニクス製品の"世界の工場"と言われる中国が最大の仕向地となっている。一方，半導体の主要生産国である日本，韓国，台湾向けの輸出合計は2007年5,300万ドル，またエレクトロニクス製品の主要生産国であるマレーシア，タイ向けの輸出合計は同2,900万ドルといずれも小規模の金額にとどまっている。シンガポールからモロッコ向けの拡散済み半導体ウェハの輸出実態や逆にモロッコから中国・香港・シンガポール向けの半導体完成品輸出の動向は，日本が当事者として介在していないだけに見えにくい側面である。アジアとアフリカ間の緊密な国際分業は企業の立地戦略の変化の中で今後も進展を見せるものと思われる。

4.4.5　アフリカの切り花輸出

アフリカの主要な輸出産品には3つのカテゴリーがある。1つ目は南アフリ

4.4 アフリカ ―中東の先に続くビジネス―

カ，モロッコなど"工業国"からの輸送機器・機械・電子部品，2つ目はナイジェリア，アルジェリア，リビア，エジプト，スーダンなど"資源国"からの原油・天然ガス・各種鉱物資源，そして3つ目はコートジボワール，ガーナ，カメルーン，ケニア[注15]，タンザニア，エチオピアなど"農業国"からのコーヒー・ココア・切り花といった1次産品である。本節ではこの中の1次産品の1つである切り花輸出に焦点を当てる。

日本の切り花類の需要は1980年代の40億本，1990年代前半の50億本，同後半の60億本と上昇をみせたが，2000年代中盤から60億本を割って再び50億本台に減少している。

一方，輸入の生花は1980年代から徐々に増加し輸入金額は，2000年代に入ると2004年236億円（重量ベース2万9,900トン），2005年254億円（同3万1,300トン），2006年280億円（同3万4,500トン），2007年304億円（同3万5,400トン）と更に伸び続けた。2008年は日本国内の景気低迷の影響に加え，輸入生花の単価減もあり292億円（同3万6,000トン）と輸入金額が減少している。

図4.4.14は，2008年の日本の生花の輸入実績292億円を輸入国と品目別に表したものである。生花輸入国はマレーシア，タイ，中国，台湾，韓国，ベトナムなどのアジア諸国が最大で，次いでコロンビアなどの中南米諸国である。ケニア，エチオピアなどのアフリカ諸国が4％を占めている。また，世界の生花の集荷地であり出荷地であるオランダが3％を占めている。一方，輸入品目は，日本の風土，歴史，文化，嗜好，国民性，祝祭日などを反映して菊，ラン，カーネーション，バラなどが中心である。例えば，菊の輸入の70％はマレーシアから，ランの55％はタイから，カーネーションの71％はコロンビアから，ユリの89％は韓国からである。生花の輸入にも一種の国際水平分業が見られる。

図4.4.15は，図4.4.14からアフリカだけを取り出した輸入国と輸入品目を表している。品目の60％を占めるバラはケニアとエチオピアの2カ国から輸入されている。水仙，ベロニカ，トルコキキョウ，カスミ草など，その他生花

第4章 これからのアジア戦略を視野に入れた注目地域

図 4.4.14 日本の生花輸入（2008 年）

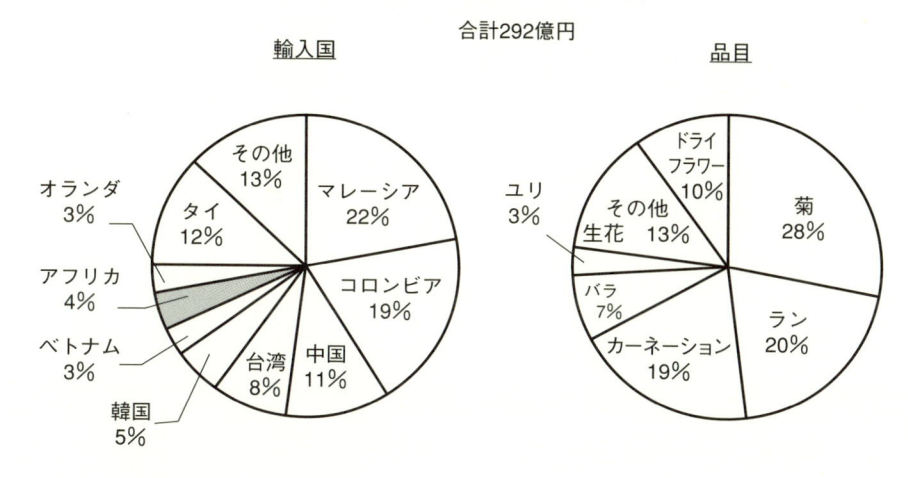

合計292億円

輸入国

- その他 13%
- マレーシア 22%
- タイ 12%
- オランダ 3%
- アフリカ 4%
- ベトナム 3%
- 韓国 5%
- 台湾 8%
- 中国 11%
- コロンビア 19%

品目

- ドライフラワー 10%
- ユリ 3%
- その他生花 13%
- バラ 7%
- カーネーション 19%
- 菊 28%
- ラン 20%

出所：日本の貿易統計から筆者作成

図 4.4.15 日本のアフリカからの生花輸入（2008 年）

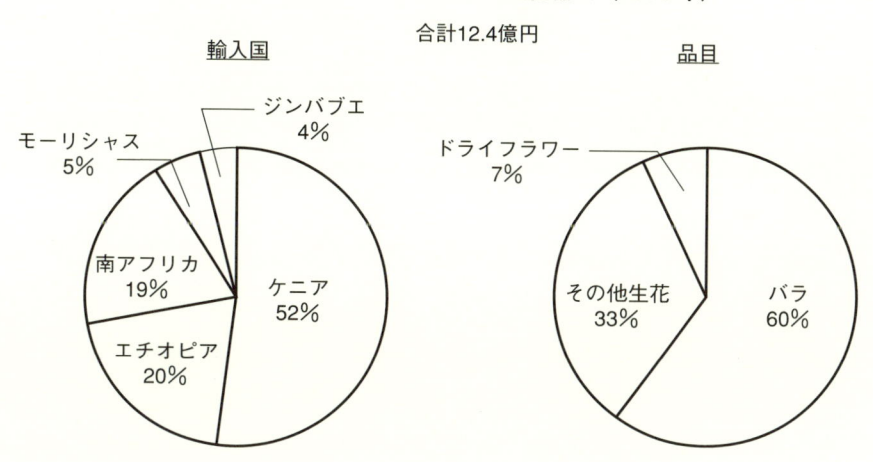

合計12.4億円

輸入国

- ジンバブエ 4%
- モーリシャス 5%
- 南アフリカ 19%
- エチオピア 20%
- ケニア 52%

品目

- ドライフラワー 7%
- その他生花 33%
- バラ 60%

出所：日本の貿易統計から筆者作成

は南アフリカ，モーリシャス，ジンバブエ，ケニアから，そしてフリーズドドライ加工，プリザーブド加工などの処理工程が施されたフラワーアレンジメントなどを用途とするドライフラワーはケニアと南アフリカから輸入されている。

247

4.4 アフリカ ―中東の先に続くビジネス―

　日本にとってバラの最大の輸入国は歴史的にインドであり，次いで韓国やオランダであったが，バラ輸出に注力してきたケニアが2008年にインドと肩を並べている。この急成長の背景にはケニア政府が切り花産業を観光や紅茶に次ぐ外貨獲得産業として位置づけていることや，日照，雨などの栽培環境に恵まれていること，そして輸出のための航空貨物便が，首都ナイロビからドバイ経由で日本（関西空港）に飛んでいることなどが挙げられる。中東のハブ空港，ドバイには2006年に世界の花の物流基地を目指した「ドバイ・フラワーセンター」が設立され，空調や冷蔵保管庫が完備した中でスピーディな分荷・配送が可能である。ドバイ経由の飛行ルートの確立と「ドバイ・フラワーセンター」の設立によりアフリカ産切り花の輸出が今後，更に拡大する。このようにアフリカ各国が自国の比較優位を生かした産業政策や貿易政策を打ち立て，航空便，倉庫などの物流インフラが充実してくると，気象条件に左右されやすく価格変動が激しい1次産品であっても将来的には経済成長の大きな柱となり得る。同時に，日本企業にとってはそのビジネスチャンスが広がる。

4.4.6　日本企業の今後のアフリカ戦略

　2008年5月，横浜にアフリカの主要国から41人の国家元首・首脳級が集まり第4回アフリカ開発会議（TICAD Ⅳ）が開催された。日本政府のリーダーシップの下，国連や世界銀行などが共催するアフリカ開発会議は5年に一度，日本で開催されてきたが，その都度アフリカが脚光を浴びる。日本政府のアフリカ向ODA増額と日本の民間企業のアフリカへの直接投資や貿易の促進が俎上に載ってきた。日本と同様の動きは，2006年に北京で開催された「中国・アフリカ協力フォーラム」や2008年にニューデリーで開催された「インド・アフリカサミット」にも見られる。中国，インドの両政府のアフリカへの関心が高まっている。

　アフリカにおいては，インド人，インド系企業の経済的なプレゼンスの拡大とともに近年中国人，中国系企業のプレゼンスも急速に拡大している。インド・アフリカ間，中国・アフリカ間で貿易・直接投資が急増しているからである。

その背景には，中国のみならずインドも資源確保を目指してアフリカへの援助を拡大していることが挙げられる。さらに韓国，マレーシア，シンガポールのアフリカ進出も積極的である。いずれの国もアフリカからの資源確保と9億人のアフリカ消費市場への浸透を意識している。そうした中で，従来の日本・アフリカ，インド・アフリカ，中国・アフリカという本国とアフリカ間の2カ国・地域間ビジネスのフロントラインが長くかつ複雑になりつつある。日本企業の「これからのアジア戦略」はASEAN，中国からインド，そして中東・アフリカへとフロントラインが西へ延びる。インド企業のアジア戦略はインド本国・中東・アフリカへと延び，中国企業のアジア戦略もインド企業同様，中東経由で中国本国・中東・アフリカへと延びていく。いずれも従来のアジア戦略の中に中東戦略が組み込まれ，さらにその先に新たなアフリカ戦略をどう関連づけるかが「これからのアジア戦略」である。

　本項で取り上げた南アフリカからの自動車輸出，モロッコからの半導体輸出，ケニア，エチオピアからの切り花輸出の事例は，日本企業にとりアジア全体を視野に入れアフリカをも巻き込んだ国際分業の可能性を示唆している。個々の企業の持続的な成長性や収益性の確保のため，「インドをゲートウェイとする更なる拡大アジア戦略」の展開に，中東の先に続くアフリカ事業を明確に位置づける時期が来ている。

注　釈

1) 国際協力銀行は毎年調査結果を公表すると同時に，東京，大阪の両都市でこれに伴う公開セミナーを実施している。2007年の調査結果を対象にした同年12月の大阪の公開セミナー（於・大阪商工会議所）では，筆者はプレゼンター兼パネリストを務めた。

2) 財団法人 関西生産性本部は，1956年に当時の国民的目標であった「経済の自立と生活水準の向上」を実現するための生産性運動を目的として設立された団体である。その後，50周年を機に，新たなビジョン「企業の生産性向上から社会の生産性向上」を掲げている。参加団体は，企業，労働組合，団体など約800組織であり，経営革新事業，ユニオン・イノベーション事業，雇用開発・労働関係事業，人材開発事業など広範な事業活

注釈

　　動を行っている。2007年，2008年の両年に開催された同財団法人のインドビジネスス
　　クール講座で，筆者はプログラム・コーディネーターを務めるとともに，デリー，ムン
　　バイ，バンガロール市などの現地調査にも参加した。

3) TICAD は Tokyo International Conference on African Development の略でアフリカ開
　　発会議と訳されている。毎回東京で開催され，1993年以降，貧困削減や経済成長など
　　アフリカ諸国が抱える課題を話し合ってきた。

4) 2005年1月，米国ワシントン DC にある国際経済研究所（Institute for International
　　Economics）から「The United States and the World Economy: Foreign Economic
　　Policy for the Next Decade」が出版された。著者は同研究所所長の C. Fred Bergsten
　　と同研究所の連名になっている。この中の第5章 The United States and Large
　　Emerging-Market Economies : Competitors or Partners? (by JAN E. BOYER and
　　EDWIN M. TRUMAN) で LEMs が取り上げられ，"Who are the LEMs ?", "Why
　　are the LEMs Important to the United States and the World?", "How should the
　　United States Deal with the LEMs?" などの各節で詳述されている。

5) 万元戸は中国の年収1万元（約14万円）以上の農民や商工業経営者などの大金持ちを
　　意味する。中国では1979年から施行された生産責任制が導入され，各農家が政府から
　　一定量の生産を請け負い，それ以上に生産された農作物は各農家が自由に販売できるよ
　　うになった。これにより都市周辺の農家の中には富裕層が現れた。当時の農村の平均所
　　得や物価では，1万元の所得を得るものは大金持ちであった。

6) 筆者は2006年1月，家電製品，日用品，自動車などの市場調査と外資系企業の直接投
　　資の実態調査のため，ドバイを訪問した。その折に，かつてシンガポール政府経済開発
　　庁（EDB）に勤務し，筆者が EDB プロジェクトにシンガポール政府委嘱メンバーとし
　　て参画した際に面識のあったインド系シンガポール人の元・高級公務員にインタビュー
　　する機会を得た。EDB を辞めてまでドバイの政府公社に勤務する魅力について説明を
　　受けたが，ドバイの大きなプロジェクトはイギリス，フランスなどの欧州，中東，北ア
　　フリカ，シンガポール，インドなどから優秀な外国人スタッフが集まり推進されている
　　とのことであった。ドバイのプロジェクトは資金豊富なイスラム教国のローカルプロ
　　ジェクトというよりは，英語を共通言語とした多人種・多文化下の国際プロジェクトと

第4章　これからのアジア戦略を視野に入れた注目地域

いう印象が強かった。これはプロジェクトの建設現場というよりは，プランニング現場での話である。

7）「中近東」および「中東」の定義は，その用語の使用機関により異なり様々である。例えば，日本の外務省のホームページによると「中東」はGCC諸国，トルコ，アフガニスタンを含む15カ国である。「中近東」は外務省の「外交青書」によると，上記「中東」15カ国に北アフリカのエジプト，リビア，アルジェリア，チュニジア，モロッコ，スーダンの6カ国を含み，「中東」のレバノン，アフガニスタンを除外した19カ国になっている。本節中では，取り上げた事例の企業が有価証券報告書の地域セグメント・データで公表している名称（例：中近東，中東）を原則そのまま使用している。

8）国連の「World Population Prospects」では，各国ごとに2000年から2045年まで5年きざみで人口の実態と予測を発表している。サウジアラビアは，2000年の人口2,080万人，2005年2,361万人が2020年3,160万人，2040年4,047万人と高成長が見込まれている。

9）筆者は，2004年3月，南アフリカ共和国の首都プレトリア市にある通産省ビルで，ルンザキ・マグウェンツフ通産省貿易投資総局長以下4人に同国の自動車・電機に関する産業政策と外資政策についてヒアリングを行った。

10）筆者は，2004年3月，モロッコの首都ラバト市の政府ビルでモロッコ政府投資局ハッサン・ベルノウシ局長以下3人に自動車と電機の産業政策と外資政策，および貿易実態についてヒアリングを行った。また，同日，同工業生産局 エル・ジャミール局長以下3人にEUとモロッコ，米国とモロッコのFTA（自由貿易協定）の実態やFTZ（自由貿易区）への外資の進出実態についてヒアリングを行った。

11）2005年，筆者はマレーシア・サラワク州政府投資局およびMIDA（マレーシア工業開発庁）のクチン事務所を訪問，投資環境や外国企業の進出状況をヒアリングする機会を得た。その際，クチン市のサマ・ジャヤ工業団地（Sama Jaya Free Industrial Zone）を訪問したが，その中にある太陽誘電（株）などの日本企業の進出実態も調査した。

12）社名はファースト・シリコン（1st Silicon）で，サラワク州経済開発公社（SEDC）が

251

注釈

株式の70%を所有する事実上の国営半導体製造会社である。前工程の拡散プロセスの工場である。マハティール前首相の時代に設立された。2000年代前半の大幅な赤字体質から2006年3月ドイツのファウンダリー会社，X-FAB Semiconductor Foundriesと合併し，新たに「XFAB Silicon Foundries N.V.」を設立することを発表している。

13) 2004年3月，筆者はモロッコのカサブランカ市郊外のボウスコウラにあるSTマイクロエレクトロニクス社を訪問し，同社のモロッコへの進出動機と事業概況をインタビューすると同時に半導体工場を見学させていただいた。訪問時にはモロッコ政府投資局の主任が随行し，STマイクロエレクトロニクス側はモロッコ人の副工場長に応対していただいた。

14) 筆者は，2004年3月，モロッコのタンジールFTZ（自由貿易区）でアル・イラーキィ商務局長以下2人にFTZの概要，操業会社の進出背景，操業メリットなどの説明をいただいた。同時に同FTZ内にあるフランス企業の電子部品の組立工場や矢崎総業（スペインと英国の日産自動車向けワイヤーハーネスの生産）の工場を詳細に見学させていただいた。訪問後の印象は，北アフリカのマグレブカントリーの1つであるモロッコは，アフリカの一国というよりは経済的な結びつきでは欧州域内の国というものであった。

15) 筆者は，2004年3月，ケニアの首都ナイロビ市にあるナショナル・バンクビルでケニア政府投資促進センター Julius K.Kipng'etich 所長以下2人にケニアの投資環境，自動車・電機の産業政策と外資政策および中国企業のアフリカ進出の実態についてヒアリングを行った。また同市にあるブリティッシュ・アメリカンセンターで，ケニア政府EPZA（Export Processing Zone Authority：輸出加工区当局）のファヌエル・ギデンダ推進部長以下2人にEPZAの概略，地域・協力市場COMESA（東南部アフリカ共同市場），EPZの主要仕向け地などについてヒアリングを行った。また，EPZを直接訪問，視察を行った。

第5章
これまでのアジア戦略、これからのアジア戦略

　第1章の経営視点からの世界の注目市場の変遷，第2章日本企業のアジアの収益性実態，第3章業界別アジアの成長性と収益性実態―代表的10業種の事例―，そして第4章これからのアジア戦略を視野に入れた注目地域を踏まえ，本章では1990年代から2009年の今日に至る「これまでのアジア戦略」を振り返り，それに対して，21世紀初頭の次の10年である2010年代の「これからのアジア戦略」を考えてみる。

5.1 これまでのアジア戦略

　図 5.1.1 は日本企業のこれまでのアジア戦略の発展の概念図である。アジア戦略の第 1 段階である日本企業のアジアへの直接投資やアジアとの貿易は 1960 年代から 70 年代に本格的にスタートし拡大する。日中国交回復の年の 1972 年以降に中国への直接投資が本格的にスタートし，中国との貿易が拡大し始めるのは 1980 年代である。したがって，1960 年代から 1970 年代末までのアジア戦略とは，基本的にはシンガポール，マレーシア，タイ，インドネシア，フィリピンの ASEAN 原加盟国を対象とした"ASEAN 戦略"であったと言える。

　1980 年代は，日本企業の中国向け輸出がプラントおよび完成品ベースで拡大し，さらに直接投資がスタートした。1990 年代には中国の内需取り込みには生産投資によるインサイダー化を余儀なくされた日本企業が中国への本格的な直接投資を開始した。また，中国からの輸出 100％の外資以外は，内需への

図 5.1.1　これまでのアジア戦略

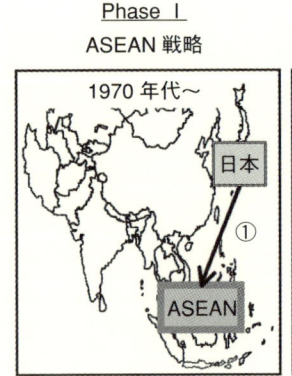

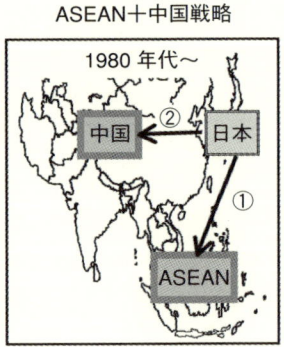

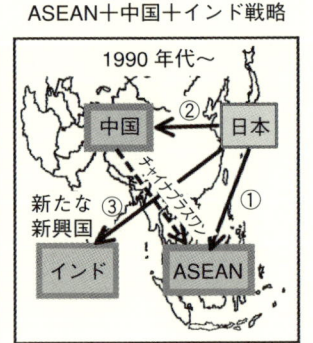

Phase I	Phase II	Phase III
ASEAN 戦略	ASEAN＋中国戦略	ASEAN＋中国＋インド戦略
1970 年代〜	1980 年代〜	1990 年代〜
日本 → ① ASEAN	中国 ← ② 日本　日本 → ① ASEAN	中国 ← ② 日本　日本 → ① ASEAN　新たな新興国 インド ③（チャイナプラスワン）

出所：筆者作成

第5章 これまでのアジア戦略，これからのアジア戦略

アクセスのためには個々の企業ベースに外貨バランスを取る必要性が出て，中国からの輸出を余儀なくされた。

　このように1990年代は中国が成長市場として，生産拠点として，さらに輸出拠点として発展する中で，日本企業にとり中国事業がアジア事業の中で大きな一角を占めるに至った。この時点で日本企業にとってのアジア戦略とは，ASEAN戦略と中国戦略というそれぞれ独立した2つの戦略を意味することになった。そして，1991年以降，「第1章 経営視点からの世界の注目市場の変遷」で既にその経緯を述べたように，対外開放政策を取り始めたインドが新たな成長市場として世界各国から脚光を浴びた。インドは21世紀の初頭に高い経済成長を遂げる中で"ポストチャイナは本当にインドか"のキャッチフレーズが出るように，中国に続く大きなビジネス潜在国として注目された。アジア戦略が，それまでのASEAN戦略と中国戦略に，インド戦略が加わり，それぞれ独立した3つの戦略の集合体を意味することとなった。

　一方，21世紀初頭に入り，中国のビジネスが，主力のASEANに対してプラスαの位置づけからASEANでの事業規模を上回る勢いで拡大すると，今度は中国一極集中のカントリーリスク回避の視点から主に生産拠点の代替地やリスク分散国として"チャイナ・プラス・ワン"というキャッチフレーズが出現するようになった。このように，これまでのアジア戦略は，為替をはじめとする日本を取り巻く経営環境の変化の中で絶えず新興国や成長国探しを行う"渡り鳥作戦"で，これまでのアジア戦略を展開してきた。その中で単純に最適地や期待市場を転々とする渡り鳥ではなく，既進出国にある現地法人の事業構造の転換を行い，ほかのアジアの国にある現地法人との国際分業を図りながら生き残りを模索する中で事業基盤の形成がなされていった。ただし，この国際分業も，早くから中間財，完成品で分業が進展したエレクトロニクス産業に対して，タイなどのASEANと中国間に分業があまり起こらなかった自動車産業のように，業種間の差が大きく現われた。

　以上を要約すると，これまでのアジア戦略とは，ASEAN，中国，インドという国・地域が年代別に期待の市場や生産国として出現し，図5.1.1に示すよ

255

5.1 これまでのアジア戦略

うに日本からそれぞれの国や地域に放射状にアプローチしていった戦略と言える。したがって，有価証券報告書や年次報告書上のアジアの業績は，ASEAN・中国・インドの各国・地域の業績が単純に合計されたものという色彩が強かった。

第5章 これまでのアジア戦略，これからのアジア戦略

5.2　これからのアジア戦略

　日本企業のこれからのアジア戦略は，21世紀の次の10年を見据えるとどのように展開していくのであろうか。この予想には各国・地域ごとに政治・経済，社会面で不確実性の高い要素が数多くあると同時に，業種ごと，企業ごとにその戦略は大きく異なるため，標準化，汎用化は困難である。しかしながら本節では，日本の上場企業の2008年3月期までの10年間のグローバル連結ベースの業績推移と，2008年末までの各国・地域の貿易・直接投資，人的往来および欧米企業，韓国，中国・インド企業，その他アジアの地場企業の動向を見ながら，日本企業の「これからのアジア戦略」を試論として述べてみる。

5.2.1　拡大アジア戦略（Greater Asia Strategy）

　「これからのアジア戦略」を考える際に，アジアがどのようにダイナミックに変化してきたのかを貿易面を通して概観する。日本，ASEAN，中国，インドの関係が直近の10年間にどのように変化し，これによってアジアの産業，商流，物流などが今後どのように変化するのかを推測してみる。日本・ASEAN，日本・中国の時系列的な推移は過去のアジア経済に関する多くの文献で紹介されてきたので，拙稿では省略する。

　図5.2.1はASEANと中国間の貿易推移を示している。1996年から2007年の12年間の平均成長率は23.5%の2桁成長である。年平均20%の成長率ということは，貿易額が4年ごとに倍増することを意味する。ASEANと中国間の貿易総額から例えば電機の分野だけを取り出すと，同期間に年平均30%の驚異的な伸びを示している。この背景には，ASEANと中国間の国際水平分業や垂直分業の進展がある。この分業は産業ごとに大きく異なり，例えば自動車産業などと比べるとエレクトロニクス産業で顕著に見られる。ASEANと中国の

257

5.2 これからのアジア戦略

図 5.2.1　ASEAN・中国間の貿易
2007/1996 年　年平均成長率は 23.5％と 2 桁成長

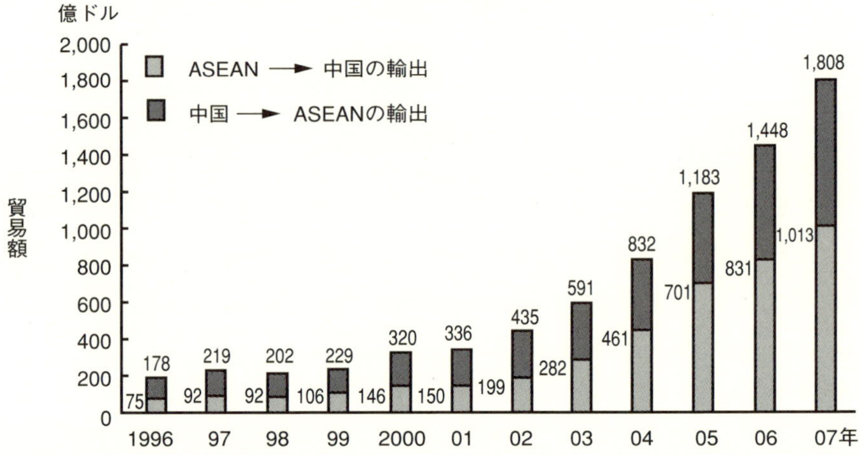

億ドル

年	ASEAN→中国の輸出	中国→ASEANの輸出	合計
1996	75	103	178
97	92	127	219
98	92	110	202
99	106	123	229
2000	146	174	320
01	150	186	336
02	199	236	435
03	282	309	591
04	461	371	832
05	701	482	1,183
06	831	617	1,448
07	1,013	795	1,808

出所：各国通関統計より筆者作成

間で工程間分業が進展している。ASEAN・中国間の貿易は，従来，熾烈な競争関係が予測されたが，現実のデータは両者の競合と同時に相互補完関係をも示している。日本から日本・ASEAN，日本・中国というように点と線だけで見ると，ASEAN・中国間の貿易，直接投資，人の往来などのダイナミックな変化が見落とされがちである。

　ASEAN・中国間の相互補完的な貿易の発展は，個々の産業動向や企業経営の戦略を反映したものでもある。1970年代から集積していったASEANの事業拠点と1990年代に急増した中国の事業拠点はかつて，連関なく独立して事業を行っていた。ASEANへの進出動機と進出時期は，明らかに中国への進出動機と進出時期とは異なるからである。1980年代に中国の潜在的な大規模内需を狙って進出した外資にとって，現地法人のオペレーションに必要な資本財や中間財の輸入のため輸出により義務である外貨バランスを取ることは極めて困難であった。労働集約的な廉価な日用品を除けば，中国からの輸出は性能，品質，デリバリー，価格といった経済合理性や中国製のイメージからほぼ不可

第5章　これまでのアジア戦略，これからのアジア戦略

能であったためである。そして，外資が中国からの"政策的な"輸出を余儀なくされる中で，完成品，部品，原材料レベルで中国製品とASEAN製品のインターフェイスが出てきた。

その後，当時の為替と関税の下，中国製とASEAN製の製品の競争が起こるが，それは，どちらかが一方的に駆逐されるというよりは，両者間の自然淘汰の中で，熾烈な競争と相互補完が発生し，企業内においてもASEANと中国の現地法人間に国際水平分業や垂直分業が起こった。つまり，従来の日本とASEAN間の分業，日本と中国間の分業に，新たにASEANと中国間の工程分業が加わり，日本，ASEAN，中国で囲まれるトライアングルの地域で最大（maximal）で最適な（optimal）成長性や収益性をどのように確保するかが経営課題となった。このトライアングルをかつての日本を中心としてASEAN，中国を点や線で結ぶアジア戦略ではなく，図5.2.2が示すように，三者間のトライアングルの中で進展する相互依存性と補完性に着目した新たなアジア戦略ととらえ，これを拡大アジア戦略（Greater Asia Strategy）として筆者は名付け，また発表した。ただし，2000年代前半のこの拡大アジア戦略下では，多

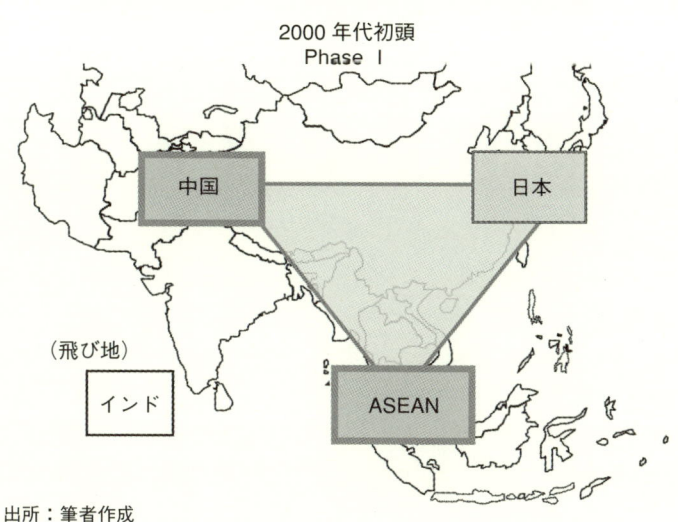

図5.2.2　拡大アジア戦略（Greater Asia Strategy）

2000年代初頭
Phase I

中国　　日本

（飛び地）
インド

ASEAN

出所：筆者作成

5.2 これからのアジア戦略

くの日本企業にとっては，売上高成長性の中国依存度は高まっても，営業利益ベースの収益面での ASEAN 依存度は依然高かったのである。

5.2.2 更なる拡大アジア戦略 (Extended Greater Asia Strategy)

次に ASEAN・インド間の貿易推移を図 5.2.3 で見る。1999 年から 2007 年までの 9 年間の平均成長率は年率 23.5％の 2 桁成長である。この背景にはインド政府の 1991 年以降の自由化政策や対外開放政策による高い経済成長，アジアの高成長を意識した"ルックイースト政策"，基本関税の最高税率を 1991 年の 150％から 2006 年には 12.5％まで削減した貿易自由化政策などの要因がある。

図 5.2.3　ASEAN・インド間の貿易
2007/1996 年　年平均成長率は 23.5％と 2 桁成長

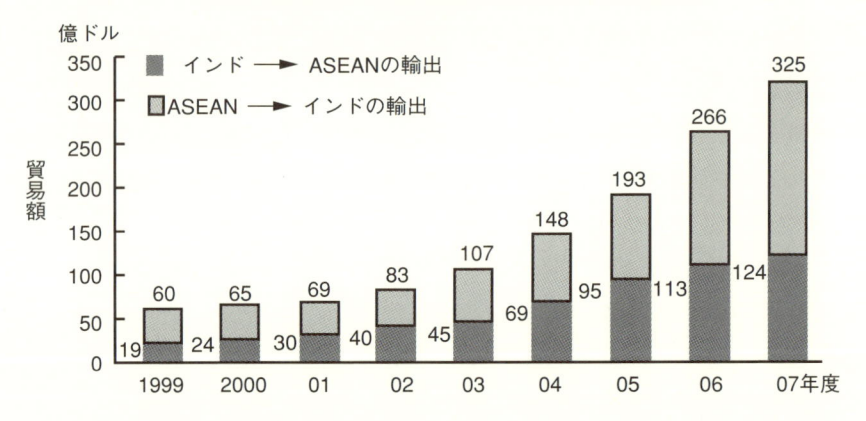

年度	インド→ASEANの輸出	ASEAN→インドの輸出	合計
1999	19		60
2000	24		65
01	30		69
02	40		83
03	45		107
04	69	95	148
05		113	193
06		124	266
07年度			325

注) 「ASEAN」は，シンガポール，マレーシア，インドネシア，フィリピン，タイ，ベトナムの6カ国対象。
出所：インド通関統計より筆者作成

2 カ国・地域間の活発な経済活動は，商流，物流，資金の流れ，人の往来などと連動する。ASEAN とインド間の貿易の伸びとともに人の移動の急増を示唆しているのがアジア各国からインドの主要都市への航空便数の増加である。

第5章　これまでのアジア戦略，これからのアジア戦略

ASEANのハブ，アジアのハブと言われるシンガポールを例に取ると，2005年3月時点でシンガポール・インド間のSQ便（シンガポール航空）は週27便であった。それが2008年3月にはインドの主要8都市に週58便が就航している。飛行地は首都デリー，アムリトサル，アーメダバード，ムンバイ，コルカタ，ハイデラバード，バンガロール，チェンナイである。2009年3月現在，**図5.2.4**に示すとおり，この航空便数は更に増え，前述の8都市の中のアムリトサルが消え，代わりにコーチ，トリヴァンドラムとコインバトール路線が加わり計10都市に週117便（往復便数）が就航している。このようにシンガポールとインド間の人の往来が急増している。

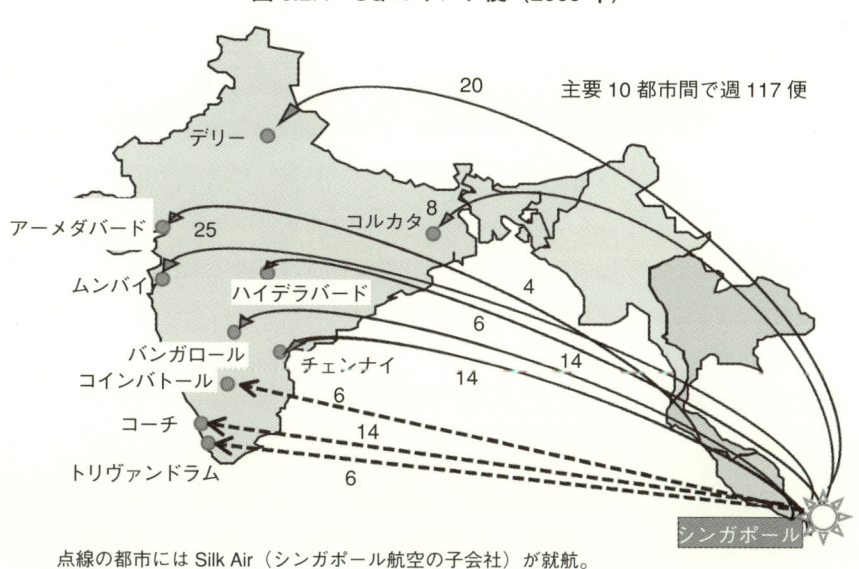

図5.2.4　SQのインド便（2009年）

主要10都市間で週117便

デリー 20
アーメダバード 25
コルカタ 8
ムンバイ
ハイデラバード 4
バンガロール 6
コインバトール 6
チェンナイ 14
コーチ 14
トリヴァンドラム 6
シンガポール 14

点線の都市にはSilk Air（シンガポール航空の子会社）が就航。
出所：Singapore航空のFlight Schedule（2009.03.29～2009.10.24）より筆者作成

次にインドと中国間の貿易推移を**図5.2.5**で見る。インドの中国からの機械，電機製品を中心とした輸入と，インドから中国向けの鉄鋼石などの1次産品を中心とした輸出が各々年平均成長率40％台で急増している。もし年率40％の

261

5.2 これからのアジア戦略

図 5.2.5　インドの対中国貿易

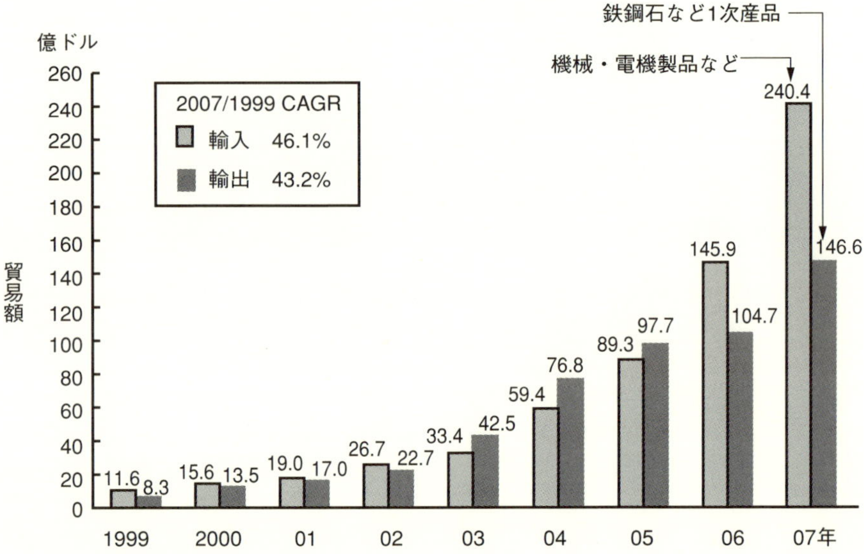

（億ドル、2007/1999 CAGR 輸入 46.1%、輸出 43.2%）

年	輸入	輸出
1999	11.6	8.3
2000	15.6	13.5
01	19.0	17.0
02	26.7	22.7
03	33.4	42.5
04	59.4	76.8
05	89.3	97.7
06	145.9	104.7
07	240.4（鉄鋼石など1次産品）	146.6（機械・電機製品など）

出所：中国　海関統計より筆者作成

伸びが今後も続くと仮定すると，インドと中国間の貿易は，計算上，2年ごとに倍増していくことになる。

　以上が ASEAN・中国間，ASEAN・インド間，インド・中国間の貿易急増の実態である。中国，ASEAN，インドの3極間に経済ダイナミズムの大きなうねりが起きている。この中国，ASEAN，インドの3カ国・地域で構成される相互依存度の高まる新たなトライアングル（三角形）が今後のアジアを牽引する地域になると推定される。図 5.2.6 が示すように日本，ASEAN，中国で構成されるトライアングルと合わせて，アジアには2つのトライアングルが出来上がる。日本企業はこの中にある生産，販売，研究開発の事業拠点をどのように拡充強化し，管理統括するかという戦略が求められている。2つのトライアングルの共通の軸は中国・ASEAN のラインである。これが「これからのアジア戦略」Phase Ⅱ の「更なる拡大アジア戦略」（Extended Greater Asia

第5章　これまでのアジア戦略，これからのアジア戦略

図 5.2.6　更なる拡大アジア戦略
（Extended Greater Asia Strategy）

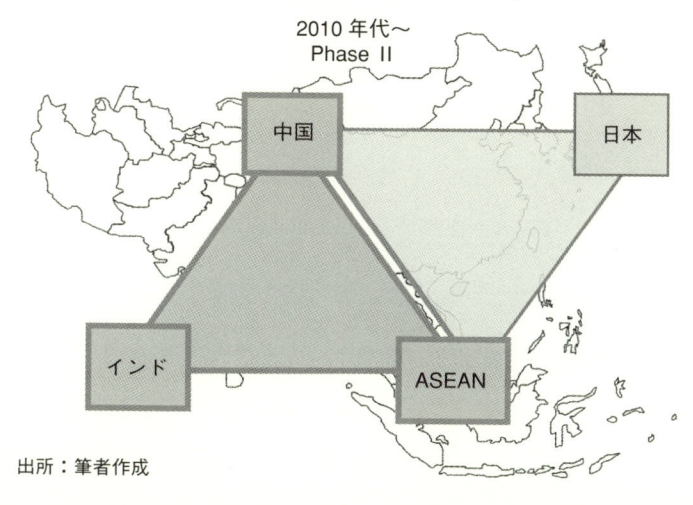

2010年代～
Phase II

中国　日本
インド　ASEAN

出所：筆者作成

Strategy）であり，この戦略の下，アジアと他地域間のグローバル・リンケージを視野に入れながら日本企業は自社の持続的な成長性と収益性を求めていかざるを得ない。

　なお，上記の視点は 2004 年 12 月にワシントン DC で開催された国際会議[注1]「東アジア広域経済圏とともに発展する日本」において筆者が 21 世紀初頭の日本企業のあるべきアジア戦略を前掲の「拡大アジア戦略」（Greater Asia Strategy）の発展形態として「更なる拡大アジア戦略」（Extended Greater Asia Strategy）と名づけて発表したものである。

　前述の更なる拡大アジア戦略の妥当性を検証するために，今後のアジアの経済規模や経済の主軸国はどのように変化するのかを予測してみる。**図 5.2.7** は，2008 年の 2 つの三角形からなる "更なる拡大アジア" の経済規模を GDP で示している。2008 年の GDP は日本 4 兆 9,200 億ドル，中国 4 兆 4,000 億ドル，インド 1 兆 2,100 億ドル，ASEAN 1 兆 5,100 億ドルで合計 12 兆 400 億ドルである。日本の GDP を指数 100 とすると，中国 89，ASEAN 31，インド 24 となる。中国の GDP はかつて日本の 10 分の 1 であったが，日本のバブル崩壊

263

5.2 これからのアジア戦略

図 5.2.7　2008 年のアジアの経済規模

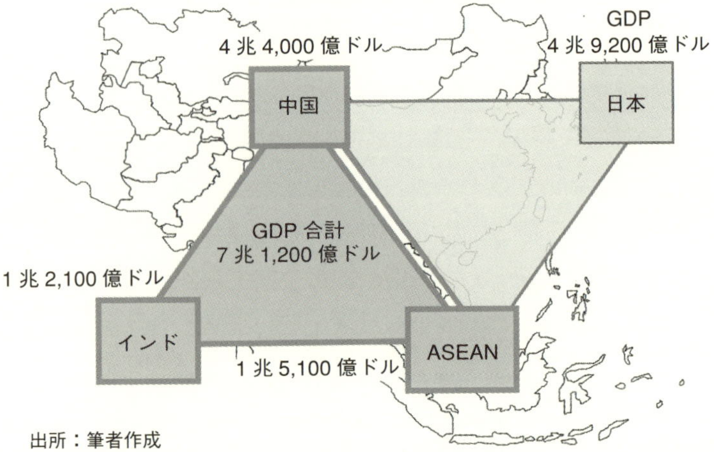

```
              GDP
中国                    日本
4兆4,000億ドル      4兆9,200億ドル

        GDP 合計
        7兆1,200億ドル
1兆2,100億ドル
インド               ASEAN
        1兆5,100億ドル
```

出所：筆者作成

後の"失われた10年"と言われた経済低迷の中で，逆に中国が急成長を遂げたため，2008年時点で中国は日本の89％の経済規模にまで迫っている。さらに，2005～2006年頃は日本のGDPと中国，インド，ASEANのGDP合計がほぼ"50対50"で均衡していたものが，2008年になると40対60と逆転し，中国，インド，ASEANの経済規模が日本を大きく上回った。

次に，2008年のGDPの実績を基準年に2020年までのアジアのGDPを予測したものが図5.2.8である。年平均成長率は中国，インド8％，ASEAN 5％，日本2％で試算した。中国は2008年まで10％の高い成長率を示してきたが，中国政府が政策目標としているのが最低8％であることから，ここでは8％を想定している。

以上の伸び率を前提とすると，2010年に日本と中国のGDPは肩を並べ2011年には中国のGDP 5兆5,400億ドルが日本の5兆2,300億ドルを追い抜き，中国はアメリカに次いで世界第2位の経済大国に躍り出ることになる。もし2010年の日本の成長率が2％を下回り，中国の成長率が8％を上回れば，計算上，2010年に中国が日本を追い抜くことになる。また2016年は，インドのGDP 2兆2,400億ドルがASEANの2兆2,200億ドルを追い抜く。以降，日本，中国，

第5章　これまでのアジア戦略，これからのアジア戦略

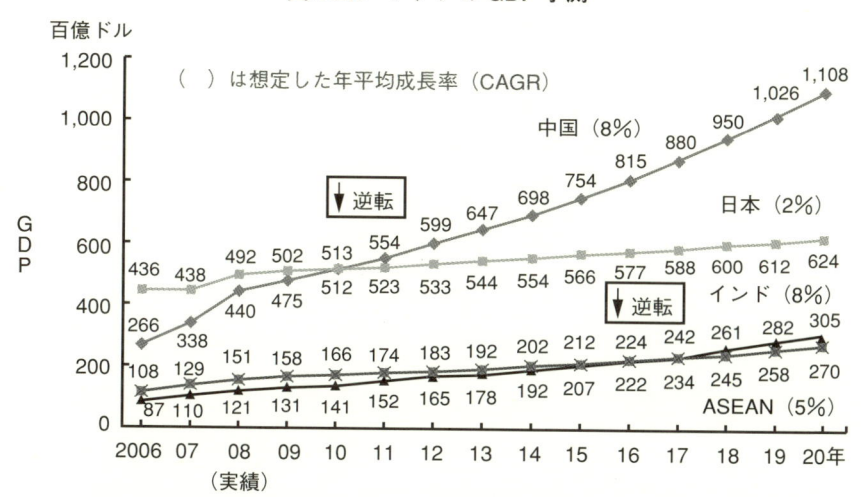

図 5.2.8　アジアの GDP 予測

百億ドル

（　）は想定した年平均成長率（CAGR）

中国（8％）　　1,108
　　　　　　1,026
　　　　　950
　　　880
　815
754
698　　日本（2％）
647
599　　　　　　　　　624
554　　　　　　612
513　　　588　600
502　　577
492　566　　　　　　インド（8％）
475　554
440　544
533
523
512
438
436

266　　　　　　　　　　　　　　　　305
　　　　　　　　　　　　　　　　282
　　　　　　　　　　　　　　261
　　　　　　　　　　　　242
　　　　　　　　　　224
　　　　　　　　212
　　　　　　202
　　　　192
　　183
　174
166
158
151
129
108　　　　　　　　　　　　　　270
87　　　　　　　　　　　　　　258
110　　　　　　　　　　　　245
121　　　　　　　　　　234
131　　　　　　　　222
141　　　　　　207
152　　　　192
165　　178　　　ASEAN（5％）

↓逆転

↓逆転

2006　07　08　09　10　11　12　13　14　15　16　17　18　19　20年
（実績）

出所：IMF World Economic Outlook Database，April 2009の2008年実績をベースに筆者作成

インド，ASEANの4カ国・地域の年平均成長率の差が更なる経済規模の格差となって表われる。

　この米ドルベースのGDPの変化は，年平均成長率の差だけでなく日本円，人民元，ルピー，ASEAN各国の通貨の対米ドルの為替変化によっても影響を受ける。例えば，米ドルに対して人民元が切り上がれば，中国のGDPは相対的に大きく表れるため，中国の日本キャッチアップの時期は更に早まることになる。

　図5.2.8に示すアジアのGDP予測から2015年のGDPのみを取り出し，2つの三角形から成る拡大アジアの地図上に置いてみたのが図5.2.9である。日本のGDP 5兆6,600億ドルに対して，中国7兆5,400億ドル，インド2兆700億ドル，ASEAN 2兆1,200億ドルの合計は11兆7,300億ドルとなり，日本の2倍を上回る経済圏が中国，インド，ASEANの三角形の中に生まれることになる。かつてアジア経済の3分の2近くを占めた日本が，2015年には3分の1に縮小することを意味している。もちろんこの試算は，ある1つの前提に立っ

265

5.2 これからのアジア戦略

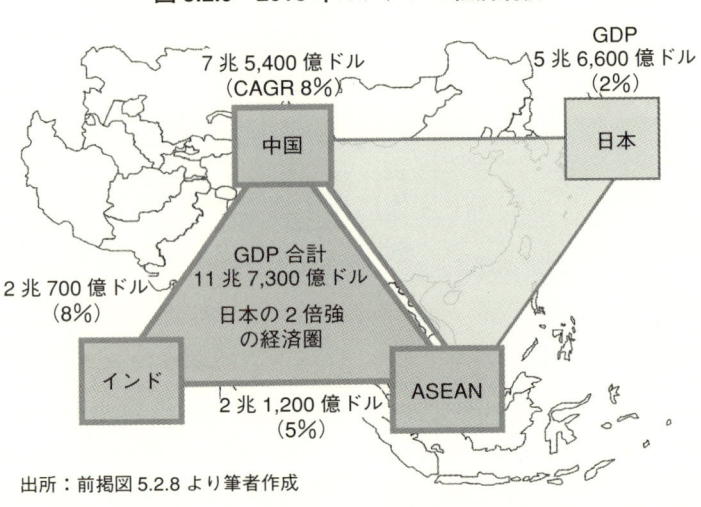

図 5.2.9　2015 年のアジアの経済規模

- 中国：7 兆 5,400 億ドル（CAGR 8%）
- 日本：GDP 5 兆 6,600 億ドル（2%）
- インド：2 兆 700 億ドル（8%）
- ASEAN：2 兆 1,200 億ドル（5%）
- GDP 合計 11 兆 7,300 億ドル　日本の 2 倍強の経済圏

出所：前掲図 5.2.8 より筆者作成

た理論値であり，世界の景気変動や戦争，テロ，各国の予期せぬ政治的変化などにより右肩上がりの一直線の伸びを示すという訳ではない。各国・地域とも時と場合によってはマイナス成長の年に直面するおそれもあり，跛行する中での経済成長である。

　いずれにしても，本章執筆現在の 2009 年春から 6 年後の 2015 年前後には，アジアの中に日本とは別に，日本の 2 倍の規模の経済圏が相互依存を増す中国，ASEAN，インドで構成される三角形の中から生じることを示唆している。このアジアのダイナミックな変化は，日本の企業経営者としても，日本の政府，地方自治体の政策立案者としても十分に認識しておく必要がある。

　以上は日本の人口の 10 倍前後を有する中国やインドの経済成長に伴うアジアの経済規模の大小の変化であるが，企業経営視点から更に認識しなければならないのは，経済規模の増分の起源である。図 5.2.8 に示すアジアの GDP 予測の基準年である 2008 年は，日本，中国，インド，ASEAN の 4 カ国・地域の合計 GDP は 12 兆 400 億ドルである。中国，インド，ASEAN の合計 GDP が日本の GDP の 2 倍強になる 2015 年の GDP 合計は 17 兆 3,900 億ドルである。

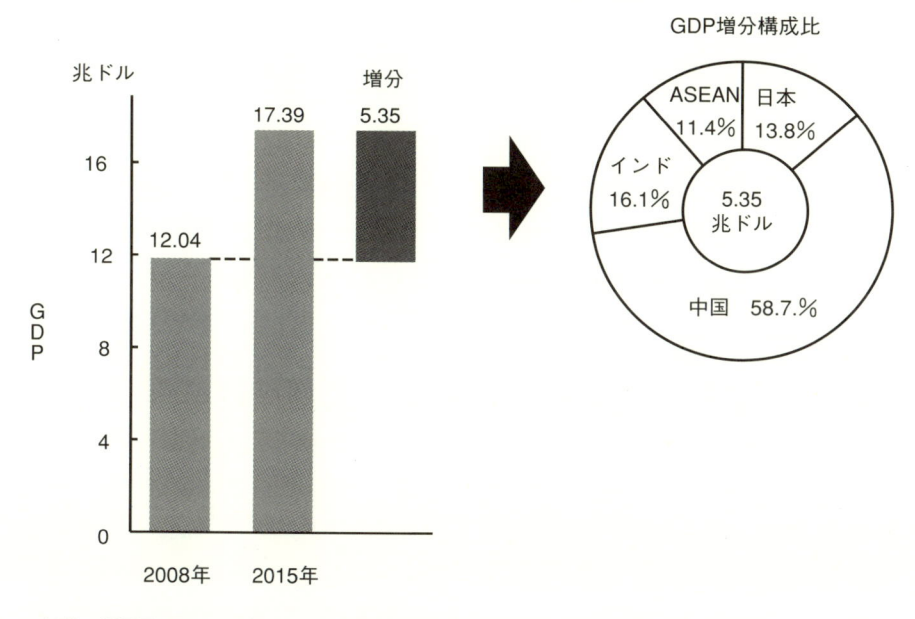

第 5 章　これまでのアジア戦略，これからのアジア戦略

図 5.2.10　アジアの GDP 増分構成

出所：前掲図 5.2.7 および 5.2.9 より筆者作成

　この間の増分 5 兆 3,500 億ドルの国別構成を示しているのが**図 5.2.10** の「アジアの GDP 増分構成」である。増分の 86.2％ が中国，インド，ASEAN の中から発生する。

　2008 年現在，世界第 2 位の経済大国，日本の増分寄与度はわずか 13.8％ であり，インド一国の増分寄与度 16.1％ を下回る。経済のダイナミズムとは成長が低迷している国の経済規模の大きさから起こるのではなく，基本的には成長を牽引する国々の増分から発生する。第 3 章で日本の代表的 10 業種の 20 企業を事例として紹介したが，これら企業の 1998 年度から 2007 年度の 10 年間の連結ベースの売上高と営業利益は，ダイナミックな発展を遂げているアジアの増分寄与度が極めて高かったことが明らかであった。したがって，これからのアジア戦略では日本の企業の中長期経営視点から今後，中国，インド，ASEAN の個々の国・地域にどのような手を打つのかと同時に相互依存度を増す中国，インド，ASEAN の成長トライアングルゾーンにどのような戦略で臨

むかが，喫緊の経営課題となる。日本・中国・ASEAN で構成される三角形と中国・ASEAN・インドで構成される三角形という2つの三角形に対してどのような地域戦略で臨むかが正に「更なる拡大アジア戦略」の大きな部分を占める。

5.2.3 インドをゲートウェイとする更なる拡大アジア戦略（Extended Greater Asia Strategy through the Gateway of India）

前項の「更なる拡大アジア戦略」は図 5.2.11 が示すとおり，インドをゲートウェイとしてアラブ首長国連邦（UAE）やサウジアラビアを中心とした中東地域につながっていく。UAE は人口 430 万人で首都のあるアブダビ，ドバイ，シャルジャなど7首長国から成り立っている。特にドバイは政府および準政府機関の職員の7割がインドを中心にパキスタン，バングラデシュなどを含む南インドの出身者であると言われる。インドと結びつきの強いドバイは航空便，船便，観光客やビジネスマンなどの人の往来，資金など様々な面で中東のハブ（中継点）になっている。インドをゲートウェイとして中東のハブ，ドバイか

図 5.2.11　インドをゲートウェイとする更なる拡大アジア戦略
（Extended Greater Asia Strategy through the Gateway of India）

2020 年代～

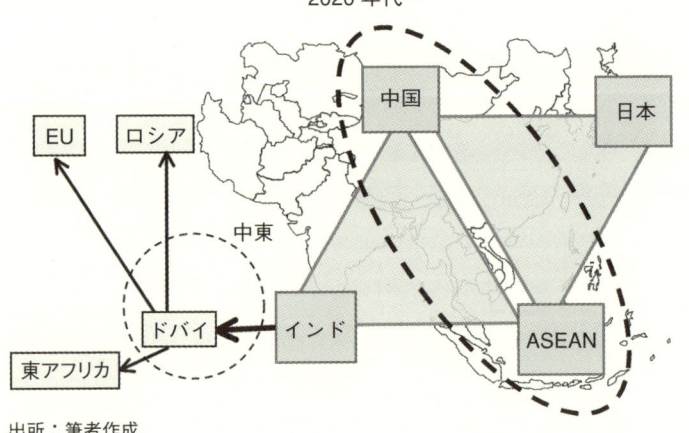

出所：筆者作成

第5章　これまでのアジア戦略，これからのアジア戦略

らEU，ロシア，東アフリカが結びつき，中国，ASEAN，インドによるアジアのダイナミズムは，更に西に延長・拡大していく可能性が高い。

これについては，第4章4.3節「中東－アジアにおける中東戦略の幕開けを探る－」と同4.4節「アフリカ－中東の先に続くビジネス－」で詳述した。中東の節では湾岸協力会議（GCC）諸国の貿易・直接投資の実態，日本企業の中東ビジネスの実態，GCC諸国における日本企業の今後のビジネスチャンスとリスクをカバーした。またアフリカの節では，日本企業のアフリカビジネス

表5.2.1　これまでのアジア戦略，これからのアジア戦略の比較

	これまでのアジア戦略	これからのアジア戦略
対象期間	1970年代〜2010年（40年）	2010年〜2030年（20年）
アジア鳥瞰の視点	日本発	上海（北京）とシンガポール発
視野	日本→ASEAN，日本→中国，日本→インドの2カ国・地域間	グローバルリンケージを視野に入れたリージョナル
経営戦略	・新興国，成長国見つけの"渡り鳥作戦" ・"チャイナ・プラス・ワン" ・"ポスト・チャイナはインドか"	・拡大アジア戦略 ・更なる拡大アジア戦略 ・インドをゲートウェイとする更なる拡大アジア戦略（中東・アフリカとのリンケージ）
地域本社	日本から統括	(A) 中国は上海（北京），ASEAN・インドはシンガポールから統括 (B) 上海（北京）から中国，ASEAN，インド全体を統括
重要経営機能	国別生産，資材調達，財務，人事，マーケティング	グローバル視点からの地域ロジスティクス，税務，広報，研究開発，マーケティング
KFS（成功要因）	・モノづくりの優位性 （技術立国，知財立国，製造立国が強調されたプロダクトアウトの思想濃厚）	・売りづくりの優位性 （売りづくりに見合ったR&Dと製造・マーケットインの思想） ・事業スピード
成長性と収益性の確保	ASEAN＋中国の単純合計	高度に国際分業化された相互依存度の高いASEAN＋中国＋インドの合計
日本の状況	・アジアへの生産シフトに伴う生産の空洞化現象 ・同時に輸出に過度に依存する経済成長	少子高齢化・人口減少による構造的な内需停滞が顕著化
連結決算（アジア業績）	・アジアより日本本国への依存度の高さ	アジアが企業の生き残り，勝ち残りの鍵を握る

出所：筆者作成

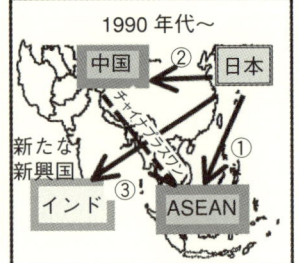

5.2 これからのアジア戦略

図 5.2.12 アジア戦略の軌跡と展望

これまでのアジア戦略

Phase I
ASEAN 戦略
1970 年代〜
日本 → ① ASEAN

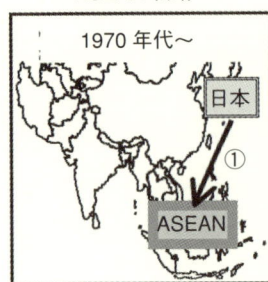

Phase II
ASEAN＋中国戦略
1980 年代〜
日本 → ② 中国
日本 → ① ASEAN

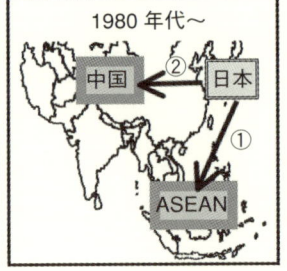

Phase III
ASEAN＋中国＋インド戦略
1990 年代〜
日本 → ② 中国
日本 → ① ASEAN
新たな新興国 インド ③

これからのアジア戦略

Phase I
拡大アジア戦略
2000 年代初頭
中国 — 日本
（飛び地）インド   ASEAN

Phase II
更なる拡大アジア戦略
2010 年代〜
中国 — 日本
インド — ASEAN

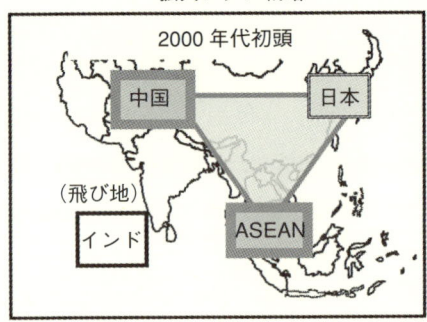

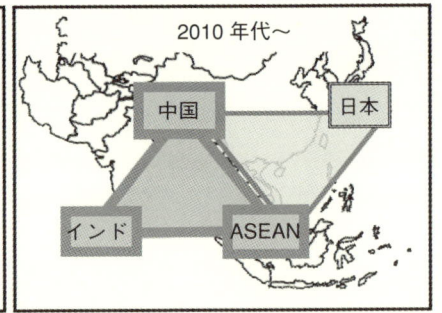

Phase III
インドをゲートウェイとする更なる拡大アジア戦略
2020 年代〜
EU、ロシア、中東（ドバイ）、東アフリカ ← インド — 中国 — 日本、ASEAN

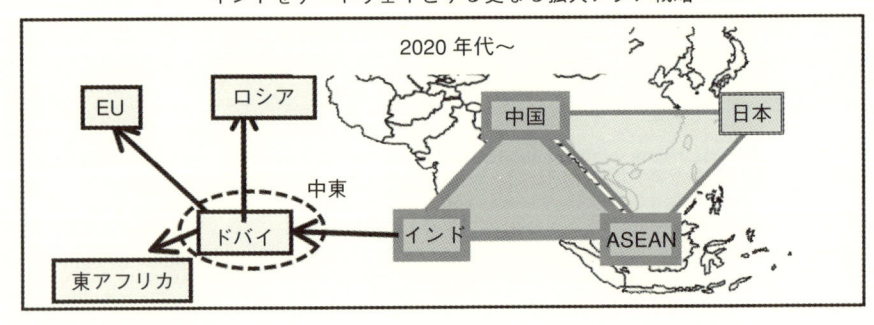

出所：筆者作成

の実態，アフリカから日本への自動車輸出，アフリカからアジアへの半導体輸出，アフリカから中東経由の日本向け切り花輸出の実態を取り上げ，「これからのアジア戦略」の中で中東およびアフリカを見つめ直してみる必要性に言及した。

　以上，これからのアジア戦略の発展の方向性を時系列的に「拡大アジア戦略」，「更なる拡大アジア戦略」，「インドをゲートウェイとする更なる拡大アジア戦略」として紹介した。**表 5.2.1** は「これまでのアジア戦略」と「これからのアジア戦略」の比較を表しており，また，両者の戦略の概念的な違いを明確にするために **図 5.2.12** にアジア戦略の軌跡と展望のイメージ図を掲げる。中国を核とするアジアのパラダイム・シフトの中で 2010 年以降，日本企業のアジア戦略は地政学的な広がりや経営機能の深耕という点で大きな転機を迎えていると言わざるを得ない。かつてのアジアの盟主，日本をゲートウェイとするアジア戦略がドラスティックな変更を求められている。

　1990 年代に入って，バブル経済が崩壊した後は日本政府のアジア政策と日本の民間企業のアジア戦略が大きく乖離していっている。具体的にはアジア経済の座標軸が日本から中国・インド・ASEAN へとシフトしていっている。少子高齢化・人口減に向かっている日本の国としての生き残り策と，持続的な成長性と収益性を世界に求める日本企業の勝ち残り戦略が更に大きく乖離する 2010 年代は，政治・経済の両面において国家の政策対応に構造的な解決策の必要性を突きつけている。

5.3 持続的な成長性・収益性確保のための地域経営機能の強化
―更なる拡大アジア戦略の成功のために―

5.3.1 地域生産戦略

1970年代からタイムラグを置きながら成長してきたASEAN，中国，そしてインドが21世紀の最初の10年（2001～2010年）に相互依存度を増しながらダイナミックな成長地域として発展している。21世紀の次の10年（2010～2020年）を見据えて，アジアにおける地域生産戦略を考えるとき，各社のプロフィットセンターの根幹をなす生産事業や生産機能の留意点とは何であろうか。本節では収益性の改善と向上のための「更なる拡大アジア戦略下での生産拠点の抜本的な再編・統合」と日本企業の弱点と言われる「海外生産シフトに伴う対価回収」の2点を取り上げる。

(1) 更なる拡大アジア戦略下での生産拠点の抜本的な再編・統合

日本企業は，ASEAN，中国，インドなどアジアに多数の現地法人を有している。例えば，アジアの売上高が2兆円を超すパナソニックのアジアの現地法人は，中国60社（香港6社含む），ASEAN 6カ国に60社，韓国，インド，オーストラリアなどその他アジア各国に20社の合計140社（2008年4月現在）である。これらは地域統括会社，製造会社，販売会社，研究開発会社，ファイナンス会社，ロジスティクス会社などの合計であり，現地法人数の約3分の2を製造会社が占めている。

日本企業のアジアの各現地法人は，1960年代から今日に至るまでその時代の経営環境と事業目的に合わせて，都度個別最適で設立されたものである。その後の経営環境の変化に合わせて，個別現地法人ごと，生産対象商品が変わったり，事業の追加や停止が行われた。しかしながら，それら事業内容の変化は

必ずしも地域経営やグローバル経営の観点でなされてきた訳ではない。したがって，アジアの収益性は，基本的には個別最適の視点から最大の収益性を狙った現地法人の単なる合計値を意味している。別の見方をすれば，アジアの収益性はそれらの中の黒字会社と赤字会社の利益が相殺された結果である。

　ここから出てくる「収益性の改善策」は，長期間にわたり構造的な赤字に陥っている会社群を1社1社詳細に経営検討を行い，黒字化計画を作成することを繰り返すことだけではない。既存の場所で継続的に事業を行う中で，自社の経営改善努力で構造的な赤字の原因を解消できるケースもあれば，当該現地法人と当該国を取り巻く経営環境が構造的な赤字原因の解消を不可能にしているケースなどもある。日本企業がかつて高収益を上げていたアジア事業（ASEAN，台湾など）は，1970年代，80年代を経て90年代中盤までは，中国の台頭による収益性に対する影響を深刻に意識する必要はなかった。しかし90年代後半からは，顕著に中国がアジアの事業継続を脅かす存在になった。これは，経営環境の構造的変化という後者のケースと言える。

　一方，2000年代に入って中国とASEAN間の急増する貿易が両者の相互依存度の高まりを証明している。この貿易額は製造業合計を取っても，あるいはその中からエレクトロニクス商品のみを抽出しても年率2割から3割の伸び率である。例えば，パナソニックのアジアの生産額は中国が急増し，ASEANの9,000億円と拮抗していると言われるが，既に中国・ASEAN間では原材料，部品，完成品について1,000億円を超す貿易額が発生している。また同業の中には，中国・ASEAN間の貿易額が2,000億円を超えているケースが発生している。このように中国とASEAN間が国家レベルでも，進出した外資の拠点レベルでも単純な競合関係にあるのではなく，競争と相互依存という状態にあり，製品間の水平分業や工程間の垂直分業といった国際分業の中にあることを意味している。

　以上のように，日本企業のアジアの収益性は中国とASEAN間の相互依存

5.3 持続的な成長性・収益性確保のための地域経営機能の強化

度が高まる事業の中で発生してきたもので，今後は中国・ASEAN間のFTA/EPAの締結による更なる相互依存度の増大の中で生み出されることになる。同様に生産拠点としてのインド，輸出拠点としてのインドが登場した21世紀初頭においては，ASEAN，中国，インド間の相互依存の高まりの中で国際分業が進展する可能性がある。アジアに設立した1社1社の赤字会社の個別収益改善では，当然ながらその改善効果に限界がある。中国と，ASEAN，インドという更なる拡大アジア（Extended Greater Asia）地域の視点からの収益改善が求められる。21世紀の次の10年のアジアでは，日本，ASEAN，中国に加えて，新たにインドが経営戦略のパースペクティブに入ってくるが，生産拠点の新設や既存生産拠点の見直しが重要な課題となる。

以下，上記視点を視野に入れて，日系企業の生産拠点の抜本的な再編・統合の方向を描いたものが**図5.3.1**である。ポイントは5つある。第1点は撤退・清算である。累損が資本金をオーバーし債務超過になり，その救済のため，増

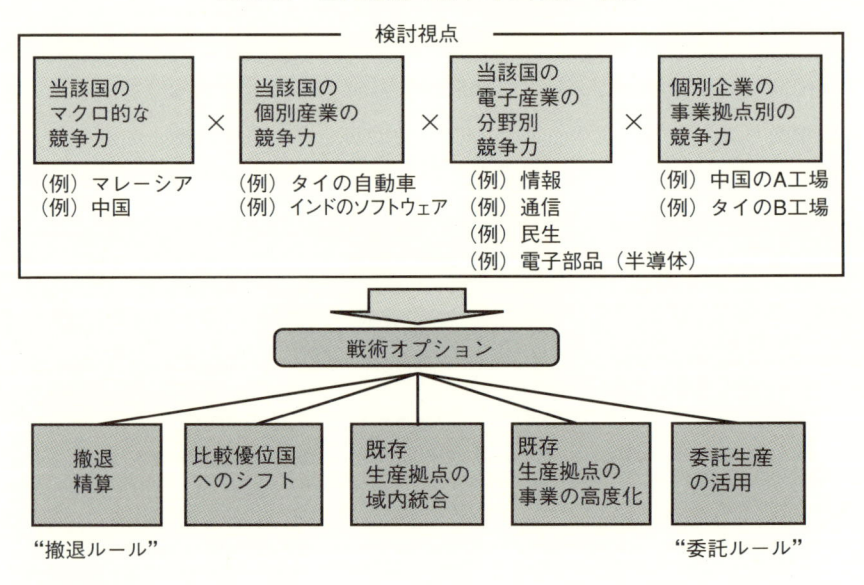

図5.3.1 生産拠点の抜本的な再編・統合

検討視点

| 当該国のマクロ的な競争力 | × | 当該国の個別産業の競争力 | × | 当該国の電子産業の分野別競争力 | × | 個別企業の事業拠点別の競争力 |

（例）マレーシア
（例）中国

（例）タイの自動車
（例）インドのソフトウェア

（例）情報
（例）通信
（例）民生
（例）電子部品（半導体）

（例）中国のA工場
（例）タイのB工場

↓

戦術オプション

| 撤退 精算 | 比較優位国へのシフト | 既存生産拠点の域内統合 | 既存生産拠点の事業の高度化 | 委託生産の活用 |

"撤退ルール" ……………………………………………………… "委託ルール"

出所：筆者作成

資を複数回重ねてきたような現地法人が当然撤退・清算の対象となる。業種・企業によって異なるものの，各社内で明確な撤退のルールが必要となる。第2点は既存生産拠点の比較優位国へのシフトである。企業が進出した国自身が当該事業を継続するには，既に国際競争力を喪失しているケースである。人件費が高騰している高成長国ではかつて豊富な労働力と低廉な人件費を武器としてきた労働集約的な事業はできないからである。第3点は既存生産拠点の域内統合である。2カ国間（bilateral）や複数国間（multilateral）で締結されたFTA（自由貿易協定）やEPA（経済連携協定）は，アジア域内のボーダレス化を加速化する。拠点別の比較優位と規模の経済を検討の上，拠点の集約化，縮小，撤退が不可欠となる。第4点は既存生産拠点の事業の高度化である。中国やインドネシアといった他の国へ生産シフトや拠点シフトをしなくとも既存の生産拠点でより付加価値の高い事業へシフトすることにより事業の継続を図る。進出以来，長年にわたって培ってきた現地人材や源泉工程を持つ強み，ネットワーク化された国際資材調達力，サプライ・チェーン・マネジメント（SCM）による納期のスピードアップとコスト力を駆使して事業の高度化を図る。 第5点は委託生産の活用である。船井電機やTDKなどの典型的事例に見られるように，香港を窓口にした中国・広東省の地場企業への生産委託やシンガポールを窓口にしたインドネシア領バタム島やビンタン島でのツインオペレーションによる生産委託などがある。生産事業をすべて丸投げする生産委託ではなく一部，生産設備の貸与や技術指導を含む自社の経営管理下による生産委託である。アジアにおける日本の高収益企業は，前述のとおり生産拠点の再編・統合のフットワークの良さに強みを持っている。

(2) **海外生産シフトに伴う対価回収**

　日本企業の海外生産シフトは21世紀の初頭の10年間においても継続的に起こっている。図**5.3.2**は1990年から2008年までの19年間にわたる日本の輸出高と海外生産高の推移を示している。1996年に海外生産高が初めて輸出高を上回り，その後も海外生産高は増え続けている。この間，輸出高も跛行しながらも伸びを見せ，2007年の輸出高は過去最高の83兆9,314億円を記録した。

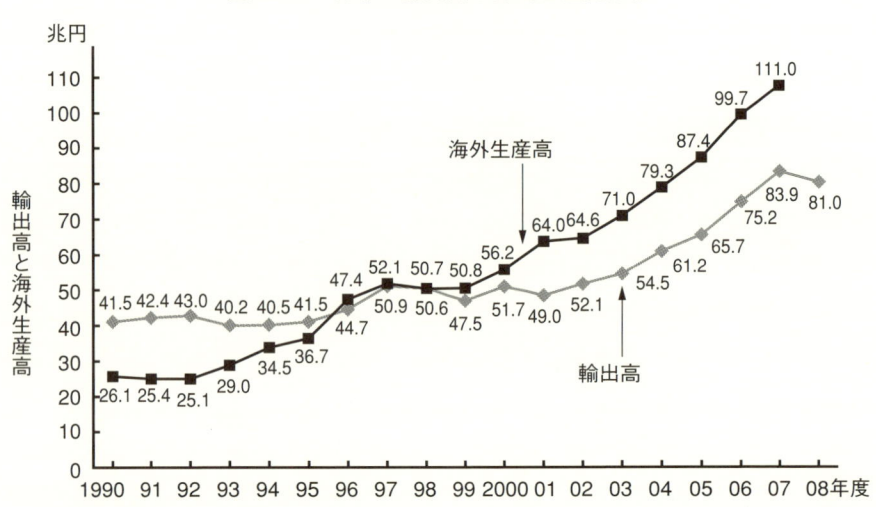

5.3 持続的な成長性・収益性確保のための地域経営機能の強化

図 5.3.2　日本の輸出高と海外生産高推移

輸出高と海外生産高（兆円）

海外生産高：26.1, 25.4, 25.1, 29.0, 34.5, 36.7, 44.7, 52.1, 50.7, 50.8, 56.2, 64.0, 64.6, 71.0, 79.3, 87.4, 99.7, 111.0

輸出高：41.5, 42.4, 43.0, 40.2, 40.5, 41.5, 47.4, 50.9, 50.6, 47.5, 51.7, 49.0, 52.1, 54.5, 61.2, 65.7, 75.2, 83.9, 81.0

1990〜08年度

注）輸出高は暦年，海外生産高は会計年。

出所：経済産業省，「第38回我が国企業の海外事業活動」（2009年8月発行）および財務省貿易統計より筆者作成

一方，海外生産高は111兆405億円と初めて100兆円台に上った。この海外生産高は1992年の25兆1,000億円から2004年には79兆3,000億円に増え，この間の増分は50兆円を超えた。日本のGDPの約1割に相当する金額が中国，ASEANを中心とした海外に移転したことになる。

　この構造的な海外生産シフトは日本の生産の空洞化として，国の政策レベルや国際競争力や収益性の改善を図ろうとする民間企業レベル，国内の雇用機会の喪失を懸念する労働組合レベルなどで様々な是非論が交された。その間，マスコミや学界では海外生産の国内回帰現象[注2]がテーマとして取り上げられたが，海外での失敗事業の撤退による日本"回帰"は数多く見られても，海外で既に優位性を築いた事業の回帰は基本的にはない。なぜなら海外への生産シフトの要因となった人件費や部品・材料の調達コストや法人税をはじめとする各種税恩典，為替などが激変しない限り，日本に回帰する経済合理性はないからである。

第5章 これまでのアジア戦略, これからのアジア戦略

　2000年代に入って日本"回帰"の論点が出てきたのは, 過去の海外シフトと比較するとき, 資本集約的, または技術集約的業種にある企業が海外生産シフトを従来になかった要因を含めて, より慎重に検討し, 見極めた上で決定しているからであろう。それらの業種では, 半導体, 液晶, プラズマディスプレイと言った製品の前工程が典型的である。その背景にあるのは, 企業誘致を図る地方自治体による思い切った税の恩典や補助金供与, 国内雇用確保といった社会的要請への対応, 生産ノウハウ, 開発ノウハウも含めた知的財産権の海外流出への防御, 同一拠点での研究開発と製造のリンケージによる効率化とスピードアップなど, 国内立地を見直す要因が現れたことである。

　これらの半導体, 液晶, プラズマディスプレイなど"ハイテク商品"の製造はすべて国内で行っているわけでなく, 組立・検査などの後工程はコスト競争力強化とサプライ・チェーン・マネジメントによる優位性の構築のため, 中国, メキシコ, 東欧など廉価な人件費の国や消費地で行われている。したがって, このような流れは, 企業が生産の海外シフトを検討するプロセスにおいて海外立地と国内立地の優位性比較を経済合理性に基づいて行っているだけであり, 回帰現象とは言い難く, 現実は, 海外生産シフトは引き続き起こっている。海外生産シフトが更に進む21世紀の次の10年間は, 企業経営視点からは, 配当収入とともにロイヤルティ収入が重要性を増す。

　上記の構造的な海外生産シフトの中で, 日本企業が21世紀のこれからのアジア戦略で根本的に再考しなければいけないのが対価回収の課題である。経営視点から見れば, 海外生産シフトは日本のプロフィットセンターの海外移転を意味する。日本のメーカーの経営においては, プロフィットセンターは, 工場, 製造事業部, 製造事業本部, 製造部門を持つ分社・関係会社に置いている企業が圧倒的に多い。欧州の一部多国籍企業には事業計画上, 工場の利益をゼロに設定し, 販売部門を市場価格に合わせるプロフィットセンターとしているところがあるが, 日本企業ではむしろ例外的であろう。

　海外生産シフトへの対価 (Consideration) は, 資本投下に対しては「配当」(Dividend) であり, 生産技術, 生産管理といった技術移転に対しては技術援

5.3 持続的な成長性・収益性確保のための地域経営機能の強化

助料と称される「ロイヤルティ」(Royalty) である。配当は回収の前提が税引後の純利益があることで，回収先は投資国の日本またはオランダなどに設立された金融持株会社のような第三国である。この配当を最大にするためには，現地法人の法人所得税 (Corporate Income Tax) を各種恩典の取得により最小にし，利益処分後の配当に対する課税を最小化することである。

一方，ロイヤルティ収入は，基本的には利益を計上したか否かにかかわらず，生産実績に対して入ってくるもので，その最大化は「料率」と「対象工場出荷額」と「期間」の3つを乗じたものである。日本のアジアの現地法人は本社が100％出資する完全出資会社（中国では"独資企業"）やマジョリティまたはマイノリティ出資の合弁会社がある。生産進出が本格化した1970年代のASEAN，90年代の中国，そして2000年代初頭10年のインドにおけるロイヤルティ交渉は，完全出資会社の場合は受資国政府と，合弁会社の場合は合弁パートナーおよび受資国政府との間でなされてきた。これら交渉の中で欧米企業と比較して日本企業に特徴的なことは以下の2点である。

第1点は，対象期間の累計ロイヤルティ金額は，配当同様，経営の根幹にかかわる本社の戦略事項であるにもかかわらず，交渉が出向予定の責任者，工場長，経理担当レベルでなされてきたことである。"技術立国"，"知財立国"，"製造立国"を標榜する日本にあって，毎年巨額の研究開発を投じている日本のハイテク企業であっても，新設する海外現地法人や事業拡大を計画している既存海外現地法人のロイヤルティ交渉は，過去，国際交渉や契約事項に未経験の素人集団が実施しているケースが多い。

一方，欧米企業のケースでは，本社在籍の社内弁護士 (in-house lawyers)，あるいは国際契約交渉経験の豊かな社員や各国のロイヤルティについての専門知識を持つ社員が交渉するのが常である。日本企業と欧米企業の間ではロイヤルティ取得条件の差が歴然と出ると同時に，その差も単年度ではなく長期にわたる期間累計の差として発生する。したがって日本企業の取得ロイヤルティ条件の相対的な低さは，人災とも言えるものであり，また当該企業の技術の重要性に対する認識不足でもあろう。普段の経営で技術の重要性を声高に言う企業

にあっても，海外への技術援助，技術支援の対価取得には関心が低かったり，対価取得のスキルが極端に低いという矛盾を持つ日本企業は決して少なくない。

　第2点は，日本企業のロイヤルティ交渉が「料率」に偏りがちであり，これが取得累計ロイヤルティ金額の少なさにつながっている。前述のように企業に入る累計ロイヤルティ金額は「料率」と「対象工場出荷額」と「期間」の3つを乗じたものである。交渉アイテムとして3つの項目がすべて同等に重要であることは当然である。ロイヤルティ交渉に当たっては，契約の対象となる技術の高さや優位性を論理的に説得でき，交渉中のロイヤルティ金額（例：5%×100億円×10年間＝50億円）を払っても外資も現地パートナーも短期の投資回収が可能であり，受資国の産業高度化に長期的に貢献できるというシナリオを巧妙に作ることができる企業が合理的な対価を取得できるのである。

　他方では，交渉の稚拙さゆえに，交渉相手方から，短期間にキャッチアップできるローテクと判断され，工場出荷額から原価構成の半分を占める現調部材のコストや現地人の人件費まで引かれて，さらに要望ロイヤルティの料率が高すぎるから投資回収期間が長期になるといった逆説得を受けた企業は劣勢の「料率」「対象工場出荷額」「期間」を受け入れざるを得なくなり，結果として極めて低い累計ロイヤルティ収入となる（例：2%×（100－50）億円×5年間＝5億円）。このように企業のロイヤルティ取得交渉の巧拙の差は，日本側に送金される累計金額に大きな差となって表れる。国際事業展開のスケールが大きい企業にあっては，日本企業に限らず，サムスン，LGといった韓国の財閥系企業[注3]にあっても，おおむね海外からのロイヤルティ収入が配当収入を上回っている。対価回収におけるロイヤルティ収入は非常に重要な経営事項である。

　日本企業は1980年代から中国への本格的な生産進出が始まり90年代，2000年代と進出企業数が増加すると同時にその生産規模が拡大していった。その過程にあって日本企業は中国政府や国有の合弁パートナーとロイヤルティ交渉を

5.3 持続的な成長性・収益性確保のための地域経営機能の強化

繰り返してきた。そして21世紀の次の10年はインドへ生産進出する企業数が増大する。2008年末現在，インドには生産，販売，研究開発の現地法人や支店，駐在員事務所など約800の事業拠点があり，わずか5年間に約500もの事業拠点が急増している。これからのアジア戦略におけるハイライトの市場，インドにおいても生産進出に伴いロイヤルティ交渉が繰り広げられる。

1970年代に合弁で生産進出した松下電器産業（現・パナソニック），1980年代に同じく合弁で進出したスズキ，ホンダなどが当時，社会主義的かつ計画経済的な色彩の強いインドにおいて，独得なロイヤルティ交渉を強いられてきた。インドも社会主義国である中国同様，技術，知的財産権，ロイヤルティに関する概念と価値観が欧米や日本とは異なるからである。ここではインドに進出した2つの企業のロイヤルティ事例を紹介する。1つは建設機械の日立建機である。もう1つは，インド進出事業のパイオニアであり成功事例として賞賛されてきた自動車のマルチスズキである。

前者の日立建機は，同社出資比率40％，タタ自動車60％の合弁会社Telcon（資本金10億ルピー）を1999年にインド・バンガロール市に設立している。設立以前はタタ自動車の前身会社との間に1983年に締結した技術提携契約に基づく事業の結びつきがあった。その後，数回にわたる技術提携契約の更新を経て，2000年に20％，2005年に40％へと出資比率を引き上げている。今日の同社のロイヤルティの基本的なフレームワークを規定していると考えられるのは1983年の技術提携の内容である。当時のインド政府の技術提携における厳しいガイドラインの下，様々な制限が加えられている。油圧ショベル11機種，クレーン7機種を対象としたロイヤルティ交渉の内容には，ロイヤルティ支払期限は7年間，図面代に相応するイニシャルフィーは同一機種に対しては1回限りの支払いで，対象出荷額から現地での購入品については除外するというのがロイヤルティ算出条件であった。当然技術援助の義務として日本人技術者6名のインド工場への派遣や技術指導などを含むものである。前述のようにロイヤルティの累計収入とは「料率」「対象工場出荷額」「期間」の3つを乗じたものであるが，このケースも典型的なインドにおけるロイヤルティ交渉の結果で

280

第5章 これまでのアジア戦略,これからのアジア戦略

ある。

　次にスズキのマルチスズキ(旧・マルチウドヨグ)に対する技術移転の対価[注4]の合理性について考察してみる。本論執筆時点では,1997年以前のロイヤルティ情報は入手不可能であったため1998年以降を対象にしている。図5.3.3は1998年から2007年の10年間の同社のロイヤルティ支払額と対売上高比の推移である。累計額は195億2,600万ルピー(488億円)である。内訳はランニングロイヤルティと一括支払ロイヤルティ(Lump sum Royalty)であるが,後者が発生したのは1999年,2000年,2001年の3カ年間のみで計3億8,400万ルピーであり,累計額のわずか2%弱である。残り98%強が生産金額または生産台数に応じた技術援助契約ベースのランニングロイヤルティである。マルチスズキの上記ロイヤルティ金額は全額日本のスズキに支払われている。売上高と支払ロイヤルティの比率から日本のスズキは生産高の1～2%のロイヤル

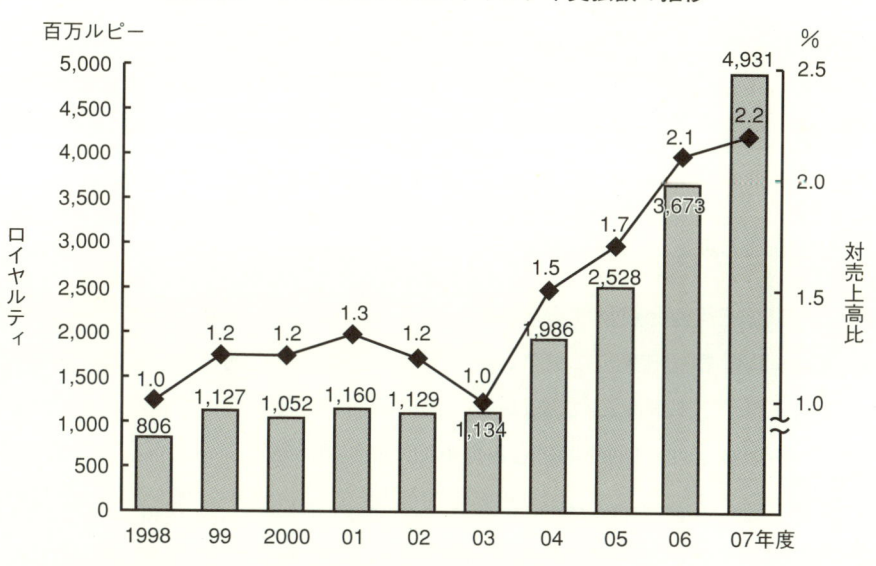

図5.3.3　マルチスズキのロイヤルティ支払額の推移

注)2003年度までは「Running Royalty」表示,その後は「Royalty」表示。
出所:同社の年次報告書各年度版より筆者が作成

281

ティを同社から毎年受取っていることになる。同図では生産金額に対するロイヤルティ比率を算出すべきであるが、財務諸表上からは生産金額が捕捉できないため、便宜的に公表数字の販売金額に置き換えている。同図からスズキがマルチスズキの経営権を取得する以前のロイヤルティ料率の低さが目立つ。直近の 2006 年度のロイヤルティは 36 億 7,300 万ルピー（92 億円）であり、対売上高比は 2％台に上昇した。この対価（ロイヤルティの料率）が自動車業界において合理的なものかどうかは不明であるが、エレクトロニクス業界が ASEAN や中国で取得しているロイヤルティ水準（料率×対象工場出荷額×対象期間）と比べるとかなり低いものと推定される。ちなみに、日本の主要自動車会社の連結ベースの対売上高研究開発費比率は 3 ～ 5％に対して、エレクトロニクス業界のそれは 5 ～ 8％である。

5.3.2　地域マーケティング戦略

21 世紀の次の 10 年に眼を据えてアジア市場を見るとき、市場そのものが日本企業のマーケティングのやり方に構造的なパラダイム・シフトを求めている。このマーケティングのやり方は、機械設備のような資本財、材料などの中間財、自動車、電機、日用品といった消費財では各々異なるが、本節では自動車、電子・電気機器といった耐久消費財に焦点を当て、「主戦場の設定」「モノづくりから売りづくりへ」「SCM による鮮度管理」の 3 点を取り上げる。

(1)　主戦場の設定

持続的な成長性と収益性を求める日本企業にとり、これからのアジアにおける耐久消費財のマーケティング戦略を考える上で、基本的に認識しなければならない要因が 2 つある。第 1 点は、売上高の増分寄与度の高い可能性のあるターゲットの市場は、人口が 13.2 億人の中国、11.7 億人のインド、人口 2.2 億人のインドネシアを含む ASEAN の 10 カ国の 5.7 億人、パキスタンとバングラデシュの計 3 億人など日本を除く計 33 億人のアジア市場であり、世界の総人口 66 億人の半分を占める。つまりこれらの市場は、人口 1.2 億人の日本本国市場の"ついでの市場"や"追加の市場"ではない。少子高齢化・人口減の縮小市

第 5 章　これまでのアジア戦略，これからのアジア戦略

場で苦闘する日本企業にとり，アジア市場は持続的成長性がかかる主戦場の市場となることである。そして，1980 年代半ばから未成熟だった中国市場が発展する様子を今日まで見てきた筆者にとり，当時想像しにくかったことではあるが，これまでのアジア戦略の中で中国が既に主戦場の市場の 1 つに躍り出た。

　第 2 点は，これらの市場の一人当たりの GDP は人口 400 万人のシンガポールを除けば 3,000 ドル以下であり，日本の一人当たりの GDP 3 万ドル台と比べると 10 分の 1 以下である。一人当たりの GDP と消費財に対する一人当たりの購買力は同等ではないが，マーケティングをマクロ的に考える上で一人当たりの GDP を各国の購買力を示唆する 1 つの指標と見なせば，10 倍の購買力を持つ豊かな国・日本の企業がこれからのアジアで本格的にマーケティング展開することになる。一人当たりの GDP が 3 万ドル台という世界的に見てもかなりの高所得国の国内市場を主たる対象としたり，日本同様，高所得国の欧米市場を主たる輸出市場としてきた日本企業にとり，前述のアジアの市場は新たな挑戦である。

　上記の 2 つの基本的なアジア市場の認識の下，これからのアジア戦略で日本企業に突きつけられるマーケティングの課題は，主戦場となる市場をどこに設定するかである。旧来のマーケティングの教科書流に言えば，高性能・高品質・高価格市場か低性能・低品質・低価格市場かという二者択一の選定である。しかし，現実のアジアの市場は，高性能・高品質の製品が高価格で爆発的に売れている訳ではない。同様に低性能・低品質の製品が低価格という理由で爆発的に売れている訳でもない。高性能・高品質・低価格品への需要が根強いのがアジアの主戦場である。一人当たりの GDP が 3,000 ドルの購買力に見合った普及価格帯の高性能・高品質の商品が主戦場であり，この市場向けに製品開発，価格建て，販売チャンネル，販売推進の面で成功する企業が持続的な成長性を確保するチャンスを得る。"膨大な研究開発費をかけ，長年積み上げた擦り合わせの技術や匠の技術で作り上げた高性能・高品質製品だから価格が高いのは当然" というプロダクト・アウト的論理は，過去，日米欧の高所得国のハイエンド市場には通じたとしても，これからのアジア市場では通じない。コスト競

5.3 持続的な成長性・収益性確保のための地域経営機能の強化

争力がないために高性能・高品質・低価格という主戦場から更なる高性能・高品質・高価格市場のニッチ市場へ逃げた企業は，中長期的には自然淘汰の流れの中に身を置くことになる。普及価格帯でそれなりに高性能・高品質を実現している企業が徐々に上記の高級品のニッチ市場にも参入し駆逐するからである。

　これからのアジア戦略の先駆けとなった中国市場における過去20年間の電機製品のマーケティングの歴史が，このことを物語っている。ブランド力を武器とした高性能・高品質・高価格の外国製品と，無名の地場ブランドの下で知財権侵害スレスレのやり方で生み出される低性能・低品質・低価格の中国製品の併存でスタートした中国電機製品市場は，一人当たりのGDPが1,000ドル，2,000ドル，今日の3,000ドルへと急上昇する過程で，大きく変貌した。13.2億人の中国国民が選んだのは，消費者心理としては当然の帰結であるが，高性能・高品質・低価格品の製品である。もう少し厳密に言えば，次のようなことが起きている。中国の国有企業が生産する各種製品の性能・品質は市場経済導入後の厳しい競争環境の中で大きく向上した。そのことを中国の消費者が実感するようになり，彼らの多くが各々の家庭の可処分所得に見合った普及価格帯にあった製品を選ぶようになった。大多数の中国の一般消費者から見て手の届かないところにある高価格帯の過剰機能・過剰性能・過剰品質の製品ではなかったのである。

　以上の状況下で日本の電機メーカーに突きつけられたマーケティング上の課題は，大規模潜在市場中国においてマーケットオンする製品で，従来の性能・品質を維持しながら，開発・設計から部材の調達，マーケティング，販売コストに至るトータルコストを極限まで削減し，中国地場商品とブランド・プレミアムの価格差程度にまでコストを削減できるかというものであった。ある企業の電子レンジはコスト削減のため多機能を単機能にし，単機能・高性能・低価格を模索し，一定の成果を得るなど様々な試行錯誤を重ねた。しかしながら地場メーカーの，中国社会で許容されるレベルの高性能・高品質・普及価格路線に対して，日本企業は，商品がコモディティ化しブランド・プレミアムが縮小

する中にあっても製品差別化（product differentiation）の名のもと高性能・高品質・高価格路線から抜け切れないようである。

　昨今，"利益ある成長"を経営スローガンに掲げる多くの日本企業にあって，かつての日本の高度成長期の"利益なき高市場占有率"競争を中国市場で再現する訳にはいかない。中国において地場メーカーに挑戦されて劣勢に立つ日本企業がマーケティング上，どこに主戦場を求めるかが中国のみならずインドを含む今後のアジア市場でも改めて問われている。各市場に自らコスト競争力のある生産拠点を設立し，インサイダー化し，地場メーカーに正面から挑んでボリュームゾーンの主戦場を攻略するのか，それとも自ら限界を設けて更なる高級ニッチ市場に逃げ込み，一定の地歩を固めるのか，そのマーケティング戦略は正念場を迎えている。

(2)　モノづくりから売りづくりへ

　戦後から今日に至るまで，日本の製造業においては，モノづくりが重視されてきた。戦後の研究開発に資金的に十分な投資ができない時代，今日とは異なりクロスライセンスする特許も少なく欧米企業への特許支払が巨額になっていた時代などを経る中で，日本企業のモノづくりにかける現場の創意工夫やたゆまぬ努力は日本の国際競争力を飛躍的に高め，繊維，鉄鋼，カラーTV，自動車，半導体など国際通商摩擦のアイテムになった商品も多い。その後も，日本政府の打ち上げる"技術立国""製造立国""知財立国"などのスローガンや"ものづくり大賞"の設定などに現われているように，日本の製造業は電機，自動車，化学，機械などあらゆる業種において研究開発や製造に注力してきた。

　その後，官界や学界においては日本の国際競争力の源泉に関する様々な議論が交わされた。中には，自動車のように擦り合わせの技術に基づく業種はキャッチアップされないので半永久的に高成長・高収益を実現し，エレクトロニクスのように単純組立のモジュール型技術に基づく業種は世界から容易にキャッチアップされ，業種は赤字となり消滅するといったステレオタイプの一過性の議論すら出たことがある。

5.3 持続的な成長性・収益性確保のための地域経営機能の強化

　製造業における国際競争力とは，実際のビジネス界から見れば当該国の為替変動や産業政策，外資政策，企業家精神，新たな要素技術の出現，現状とは不連続に起きる新たなビジネスモデルの台頭など，様々な要因が複雑に絡む中で変化するものである。これは戦後の日本の国際競争力があるとされた業種の変遷を見ればその理由は明らかであろう。当該企業が意識するか否かは別として，擦り合わせの技術が圧倒的な国際競争力の源泉だとしても，他の競争要因が変化すれば当該企業も当該業種全体も赤字になり得るのである。また単純組立のモジュール型業種であっても圧倒的事業スピードと柔軟な顧客対応力で高収益にもなり得るのである。

　また，かつて年間500万台以下の生産能力の自動車メーカーは自然淘汰され，規模の経済が最大の勝ち残りの圧倒的な要因となるという議論も経営を取り巻く国際環境の変化の中では一過性のものであった。GM，フォード，クライスラーなど生産台数が多い順に世界の自動車メーカーが勝ち残っている訳ではない。ホンダやスズキの事例を見れば明らかであろう。半導体やデジタル製品を抱える電機業界においても，当該企業の合併によるスケールメリット向上で収益性改善を図るべきとする主張が多いが，構造的な赤字収益体質の企業を複数合体したところで赤字の総額を一過性で縮小することはあっても，基本的な競争力が変化する訳ではない。

　製造業の国際競争力や特定企業のモノづくりの競争力は，一過性の競争力の源泉が普遍的な議論や固定的な議論になりがちであるが，現実の経営では企業を取り巻く予測できない環境変化へのスピーディで柔軟かつしたたかな対応力が競争力の源泉であろう。したがって，日本が"技術立国"と"知財立国"と"製造立国"であり，そこから発するモノづくりの競争力の源泉があれば，日本の商品の競争力が一段と飛躍し，自動的に世界市場で売れるという訳ではない。製品を作る巧さと商品を売る巧さとは密接な関係にあるが同一ではないからである。また同様に，製品のコスト競争力と商品の価格競争力とは密接な関係にあるが同一ではないからである。

第5章　これまでのアジア戦略，これからのアジア戦略

　今日，日本企業がアジアの市場で負けているのは技術力や製造力ではなく消費者が実際に商品を買う店頭という現場から発する売りづくりの力の弱さである。社外から購入した市場調査レポートの読解力やデスクワークから発信されるマーケティング力の弱さではない。消費者のいる市場をメーカーが自ら見て，聞いて，感じて，考えてみた現場発の売りづくりの力である。日本が技術力や製造力が不十分だった時代に足繁く通って見て聞いて，具体的な対応策を考えた時代の泥くさいマーケット・イン型の売りづくり力[注5]である。価格・性能・品質・納期など消費者のニーズに基づく実践的な研究開発やそれに基づく製造力が今日必要なのである。

　皮肉なことであるが，他国に比べて資金，人材などが十分に備わった今日，逆に技術力やモノづくり力という一人よがりの強みを前面に出したプロダクト・アウト型のマーケティングが主張されがちである。発展途上国から中進国にかけてのアジア市場に限らず先進国市場においても，マーケティングとは単なるモノづくりの次の工程や機能でもなければ，影の機能や裏の機能でもない。今日の市場が示唆しているのは明らかに開発や製造に先行する機能である。もちろん，マーケティングプロセスの中で順番が変化しても研究開発力や製造力の重要性は言をまたない。

　今後のアジア市場で，躍進著しい中国やインドやASEANの地場企業にとって，また韓国や欧米のライバル企業にとっても，日本企業に対して感じている最大の脅威は擦り合わせのモノづくり力でもなければ，積み上がった特許件数でもない。かつて持っていた泥くさいマーケット・イン型の売りづくり力の復活である。資金力，研究開発力，製造力，人材のどれもが揃った今日の日本の製造業の唯一の弱点は，足腰の弱くなった現場発の売りづくりの力であるからである。モノづくり至上主義からの脱却と市場発の売りづくり重視こそ，21世紀のこれからのアジアのマーケティング戦略で日本企業に突きつけられた最大の課題であろう。

(3) SCMによる鮮度管理

　これからのアジアのマーケティング戦略で更に重要性を帯びるのは，高度なサプライ・チェーン・マネジメント（以下SCMと略す）による商品の鮮度管理である。鮮度管理は鮮魚商や青果物商の"専売特許"ではない。中国，ASEAN，インドそして本国日本の生産拠点からアジア域内はもとより全世界に商品が配送され，各市場で消費者に販売されるサイクルをいかに短縮し，工場，各ストックポイント，最終消費国の倉庫，店頭における在庫をいかに最小限化するかという課題である。SCMによる鮮度管理をリードするのは，工場ではない。売れ筋商品や価格で熾烈な競争下にあり，消費者を直に見ている各市場の最前線にいるマーケティング部隊である。

　ASEAN・中国間の貿易・直接投資・人的資源の相互依存度の増大に加え，2国間や複数国間で締結されたFTA/EPAの新たな出現は，更なる貿易・投資の拡大を生み出すとともに，相互依存度の高い国際市場を実現する。これは関税障壁や非関税障壁の低いボーダレスな市場競争を加速化させることを意味する。同時にEPAの内容次第では，投資国（home country）と受入国（host country）間の投資障壁が限りなく低くなり国際分業を加速化させる。同時にアジア各国，アジア域内の競争に加えて，米国・欧州・日本といった大規模・先進国市場におけるグローバル競争も熾烈化する。

　この「市場としてのアジア」，世界への製品供給拠点の「生産拠点としてのアジア」を個々の企業のグローバル経営に上手く活用する鍵となるのがSCMである。SCMの巧拙が自社の成長性や収益性をアジアに求める日本企業の命運を握ることになる。ASEANが世界への主な供給拠点となっていた1990年代と異なり，「世界の工場」と言われる中国の出現がアジアのSCMを更にダイナミックに変貌させている。

　SCMの本質は「顧客」「競争」「収益性」の3つであろう。世界中の一般消

第5章　これまでのアジア戦略，これからのアジア戦略

費者，工場，企業，政府機関といった「顧客」に対して，「顧客」が必要とする商品を必要とするタイミングに合わせて，必要量を誰よりも早く安いコストで届ける「競争」に打ち勝ち，その結果として「収益」を確保するものである。SCMがうまく回らなければ，企業は収益を上げることができず健全な事業を継続することが困難となる。このSCMは図5.3.4が示すとおり，研究開発，部品・材料などの資材調達，製造，船便・航空便・陸送便といったロジスティクス，マーケティング，セールスなどの一連の事業の流れである。プロダクト・ライフサイクルや製品供給サイクルとそれに伴う資金サイクルのことでもある。自動車や電機といった業種間の違いはあるものの，情報技術（IT）を駆使した電子調達（E-procurement），VMI（Vender Management Inventory），JIT（Just in Time），ミルクラン方式，セル生産方式，垂直立上げといった一連の経営技法がこのSCMの中から生み出されてきた。

図5.3.5が示すように21世紀の初頭において，アジアでの生産事業やアジ

図5.3.4　アジアにおけるSCMの概念図（イメージ図）
スピードとコストが鍵

（例）A社　1年，B社　6カ月，C社　3カ月

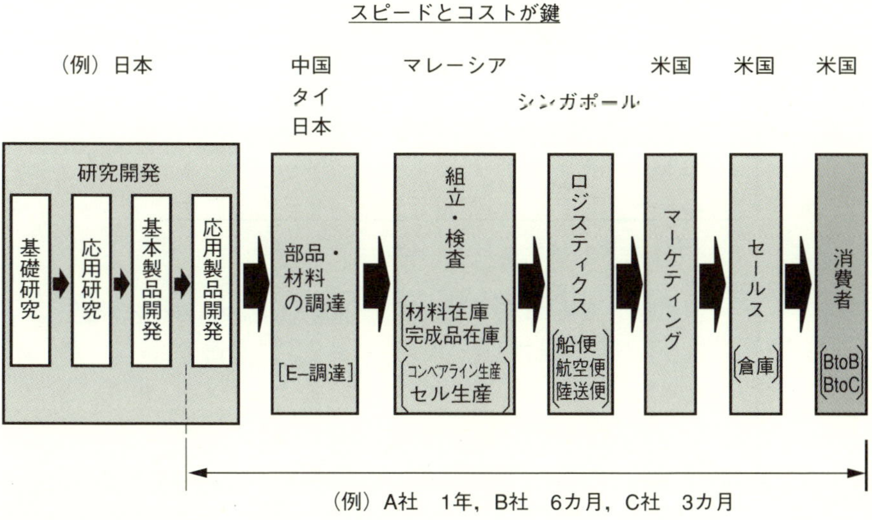

出所：筆者作成

5.3 持続的な成長性・収益性確保のための地域経営機能の強化

図 5.3.5 プロダクト・ライフサイクルの同期化

情報，技術，商品などが世界中で同期化

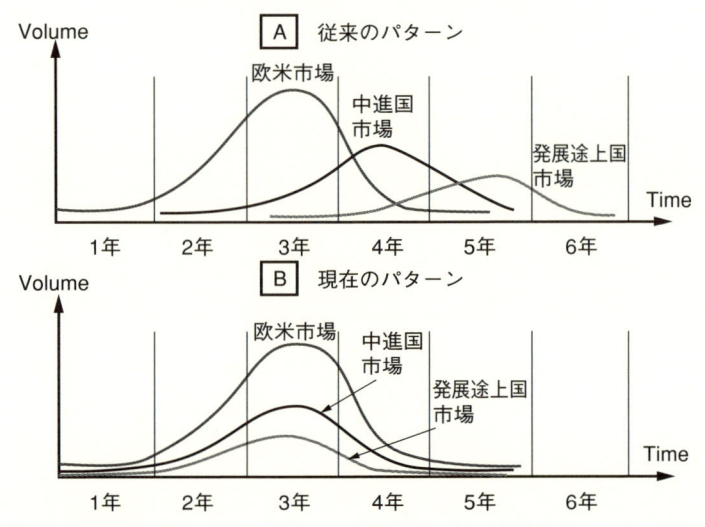

A 従来のパターン
（欧米市場、中進国市場、発展途上国市場）

B 現在のパターン
（欧米市場、中進国市場、発展途上国市場）

出所：筆者作成

図 5.3.6 プロダクト・ライフサイクルの短縮化

熾烈な競争が加速化

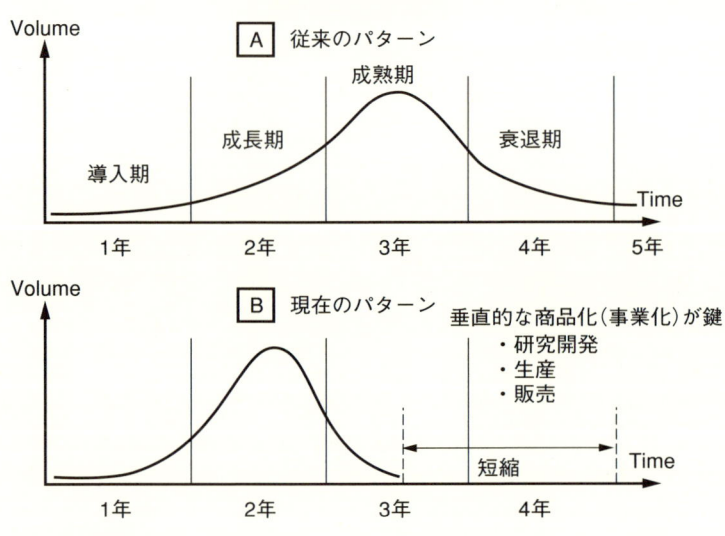

A 従来のパターン
導入期／成長期／成熟期／衰退期

B 現在のパターン

垂直的な商品化（事業化）が鍵
・研究開発
・生産
・販売

短縮

出所：筆者作成

290

ア市場そのものが日米欧の市場とリンクし、グローバルな相互依存度はますます高まっている。情報、技術、商品などが世界で急速に同期化している。この結果、世界の市場でプロダクト・ライフサイクルが同期化すると同時に図5.3.6が示すように短縮化され、短期間に価格が急落する。このような状況下で陳腐化した在庫を作らず、資金を滞留させず、製品の"鮮度管理"を的確に行い、スピーディに世界の顧客に届けることが企業の生き残り、勝ち残りの条件となる。垂直分業や水平分業といった国際分業下にある中国とASEANの生産拠点に、従来、アジアの中では飛び地的な事業を行ってきたインドの現地法人が加わってくる。アジアの生産拠点と市場が米国をはじめとする世界の市場にリンクした今日、アジアにおけるSCMの成否は、アジアでの市場競争のみならず、グローバルな市場競争を勝ち抜く重要な鍵を握る。

5.3.3 地域研究開発戦略

これまでの日本企業のアジア戦略の中で、成長著しいASEAN、次いで中国、そしてインドという「市場としてのアジア」が注目された。この「市場としてのアジア」は、1980年代から90年代に各国の関税障壁や円高を克服すべく各国の内需と輸出市場を狙った「生産拠点としてのアジア」を登場させ、日本のアジアへの生産シフトの要因や日本の生産空洞化の是非が議論された。2000年代に入り第1の「市場としてのアジア」と第2の「生産拠点としてのアジア」が、図5.3.7が示すように、第3のアジアともいうべき「研究開発拠点としてのアジア」を生み出す大きな要因となって現れた[注6]。本節では、21世紀初頭までのアジア戦略下での研究開発のアジアシフトの誘因[注7]を要約すると同時に、21世紀の次の10年を対象としたこれからのアジア戦略のもとでの研究開発のアジア域内分業について取り上げる。

(1) 研究開発のアジアシフト誘因

「アジアにシフトする日本の研究開発」や「シフト誘因」を論じる際に、「研究開発」（Research and Development、略してR&D）の定義を明確にしておく必要がある。ここでは「研究」を基礎研究と応用研究に分け、「開発」を基

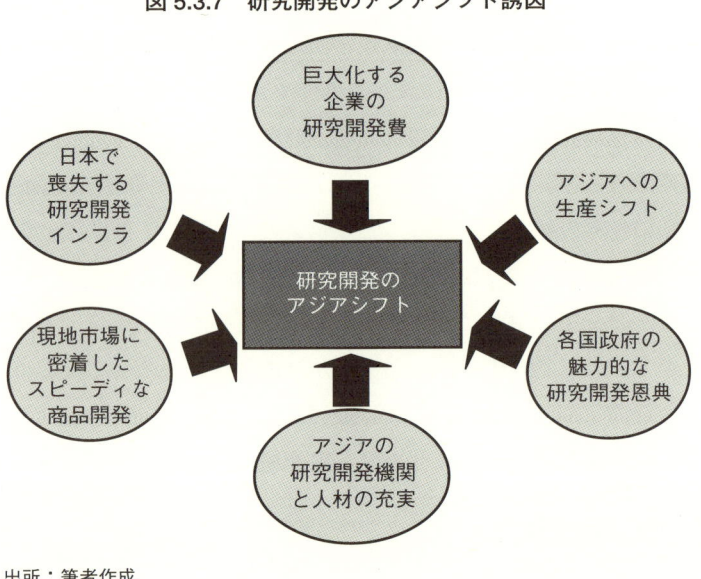

5.3 持続的な成長性・収益性確保のための地域経営機能の強化

図 5.3.7　研究開発のアジアシフト誘因

（中央）研究開発のアジアシフト

- 巨大化する企業の研究開発費
- アジアへの生産シフト
- 各国政府の魅力的な研究開発恩典
- アジアの研究開発機関と人材の充実
- 現地市場に密着したスピーディな商品開発
- 日本で喪失する研究開発インフラ

出所：筆者作成

本製品開発と応用製品開発に分ける。研究開発の流れは，基礎研究から応用製品開発へ展開するものとし，日本で各々の流れに対応する基本の組織を，基礎研究は本社研究所，応用研究はディビジョン（本部）研究所，基本製品開発と応用製品開発を事業部開発部門とする。

　日本の研究開発がアジアへシフトする形態は，大きく4つに分かれる。1つ目は，独立現地法人として研究開発会社が設立されるケース，残りの3つはインハウス（企業内）の研究開発センターや研究開発ディビジョン会社である。このインハウスの研究開発センターは，企業によっては地域統括会社内にある場合と，製造現地法人内にある場合と，販売現地法人内にある場合の3つに分かれる。

　この研究開発会社の設立形態の違いは，4区分された日本の研究開発活動のどの部分がアジアへシフトして来るかということにも深く関係している。また，シフトしてきた研究開発が日本本国の対応する組織と分業やすみ分けをやりや

292

すくし，相乗効果を出しやすいかということにも関係している。また，後掲の各国政府の魅力的な研究開発恩典に出てくるように，受資国政府の外資研究開発事業に対する恩典供与のスキームを有利に取得できる形態に合わせることとも関係している。

　日本の研究開発がアジアにシフトする誘因は，図 5.3.7 に示すとおり大きく 6 点ある。マクロレベルの誘因やミクロレベルの誘因，日本国内の誘因や国外で発生する誘因がある。これらの誘因が国際市場での企業間競争や産業間競争に，より複雑に絡み合い，日本の研究開発機能をアジアにシフトさせている。以下 6 つの要因を 1 つずつ検証していく。

　日本の研究開発がアジアにシフトする誘因の 1 つ目は，ますます巨大化していく企業の研究開発費である。国際市場で熾烈な競争に直面している世界の企業は，その成長性と収益性確保のために様々な戦略を打ち出している。国際競争力の強化のためには，自社の強みが発揮できる事業の絞り込みや"集中と選択"が求められている。とりわけ収益性の確保のためには従業員の大幅な削減や原価構成上大きな比重を占める材料の国際調達，そして SCM などを活用した市場直結型の適正在庫などに注力してきた。しかしながら先端のハイテク分野になればなるほど研究開発費は巨額化し，かつての対売上高比率が倍近くに急増している割にはマーケティングや製造の分野と比べて大胆な削減や効率化，国際化が進みにくく"聖域化"している傾向が強かった。そうした中で自社の事業の集中と選択に呼応して，研究開発テーマの絞り込みや共同開発といった戦略的な提携が起こってきた。さらに，本国中心の高コスト体質の研究開発を改革するため，グループ企業内での国際分業が求められる経営環境になってきた。研究開発のスピードと効率，そしてコストもまた企業が国際市場で勝ち抜くための大きな要因として現れてきた。こうした経営環境下ではますます巨額化する各社の研究開発がコスト上，必然的に国際化せざるを得ない状況になり，かつての欧米への研究開発拠点の設置にタイムラグを置いて，中国を含むアジアへ研究開発拠点が急速にシフトしていっている。

5.3 持続的な成長性・収益性確保のための地域経営機能の強化

　2つ目は，生産シフトそのものが研究開発のシフトを誘発していることである。これは熾烈な商品開発競争上，生産拠点と研究開発拠点を同一場所でリンクさせざるを得ないことが背景にある。この「生産拠点としてのアジア」には日米欧先進国市場や中国市場への生産供給責任を果たすためには，さらに商品の高付加価値化やひいては事業の高度化，SCMによる供給スピードの向上や在庫の"鮮度"管理，部品・材料の調達を生産会社自身が行うという国際資材調達機能の発揮などが求められる。また，生産対象となる商品レンジや機種の拡大が求められる。こうした状況下にあっては，グローバルな製品供給責任を担うこれら生産拠点に密着した設計，開発拠点が不可欠となっていく。このような中では，日本側の事業部にある応用製品開発の機能は，必然的にアジアの製造現地法人が受け皿となっていくケースが多い。一方，日本側のディビジョン研究所が担当する応用研究は，その一部を研究開発の国際分業という形でアジアにシフトするが，現状ではその受け皿となる国はシンガポールや中国など一部の国に限定されている。

　日本の研究開発がアジアにシフトする誘因の3つ目として，アジア各国政府が外資の研究開発に対して供与する恩典（インセンティブ）が挙げられる。この要因はASEANの経営現場から見るとかなり強力な誘因であるが，日本からは見えにくい誘因と思われる。その背景にあるのは，ASEAN各国が中国とのコスト競争力にさらされ，国の産業政策上，付加価値の低い労働集約的な産業を知識集約的な産業へ高度化を図る必要に迫られてきたことである。この産業高度化のためには外資を更に呼び込むための外資政策の変更が必要となる。その1つが研究開発に対する魅力的な恩典の供与である。その骨子は研究開発コストの二重控除（Double deduction）や研究開発設備の加速償却，技術者の教育訓練に対する補助金の供与などである。研究開発の恩典では，そのインフラに強みがあるシンガポールが長い歴史から大胆な施策を打ち出しているが，最近ではマレーシアやタイも魅力的な恩典を打ち出している。そして21世紀に入って，中国も研究開発センターに対して所得税の金額免除や半減などの恩典を打ち出している。

4つ目の誘因は，研究開発活動の担い手であり，また，人材輩出機関である大学や政府系研究所の充実がある．これは研究開発の単に量的な増大だけでなく質的な向上をも示している．1970年代，80年代は，日本から主にASEANに生産シフトが進み熟練技能者（工場オペレータ）や生産技術者の不足が問題となった．90年代はASEANと中国の両方に生産シフトが加速化したためにこれら技能者の人材育成が更に重要な課題となった．1990年代後半から研究開発機能が徐々にアジアにシフトし始めてくると研究開発に携る技術者（エンジニア）の不足が叫ばれ始めた．各国政府はそのインフラづくりのため工学部を中心とした大学の充実を量的，質的な両面で図ろうとした．情報工学科，IT工学科，マルチメディア学科，バイオテクノロジー学科などを次々と新設すると同時に学生数も増加していった．各国政府は国の産業政策に則り大学に必要な学部や学科を新設する動きと併行して，政府または準政府系の研究開発機関にマイクロエレクトロニクス，情報通信，ナノテクノロジー，バイオテクノロジー，先端デジタル技術などの研究開発部門を新たに増設したり拡充したりするようになった．これらのASEANの政府系研究開発機関は，最近では民営化の動きの中で民間企業からの委託研究や共同研究にも積極的な姿勢をみせている．

シンガポールの事例では，モトローラ，ヒューレット・パッカード，フィリップスなどの欧米企業は，現地法人や本国の研究開発部門がシンガポール政府系研究開発機関を委託研究や共同プロジェクトという形態で積極的に活用しているが，日系企業は総じて関心が薄いのが現状である．日系企業は，今後は，欧米企業との国際競争上，ASEAN各国の政府系研究開発機関を，支援的立場や指導的立場からではなく，実利的に互恵平等の立場で積極的に活用することが求められている．

5つ目の誘因はアジアの現地市場に密着したスピーディな商品開発の必要性である．この誘因はマーケティングサイドからのプレッシャーである．今日の世界の市場は，商品や流通の両面にわたって同期化している．エレクトロニクス分野を取ってみると音響映像商品，携帯電話，パソコンなどでは，各国の発

5.3 持続的な成長性・収益性確保のための地域経営機能の強化

展度合いの違いや一人当たりの GDP の格差を乗り越えてタイムラグを置かずにその市場性は同期化している。ここでは日本を中心としたグローバルモデルの商品開発が基本となる。

一方では，アジア各国には現地特有のライフスタイルや嗜好や可処分所得に合致しないと売れない商品も厳然として存在する。冷蔵庫，洗濯機，掃除機，炊飯器といった家庭電化機器が分かりやすい事例と言えるが，現地の気候や生活習慣やライフスタイルに密着しないと商品開発ができない。日本で調達できるコストの高い"高級"材料を前提とした昔ながらの商品開発や日本市場で販売される家庭電化機器をアジア向けに一部モディファイするような商品開発では，アジア各国の現地市場に合ったコスト力や市場密着度では劣勢となる。

また，商品開発や生産のスケールメリットから見て日米欧市場向けの優先順位が高くなり，中国を除くアジアのように国ごとに規模が小さい市場の商品開発優先度は低くなりがちである。そうなると商品開発の優先順位の低さから，SCM を駆使する時代に商品開発のスピードで負けるおそれが出てくる。このような状況下では，マーケティング側からのプレッシャーとして商品開発のアジアへの"前線化"や"インサイダー化"が生き残りの最低条件として出てくる。市場や顧客を最優先しない限り勝ち残りが困難な時代では，日本企業が取るべき共通の戦略は，日本側に先行要素開発や工法開発を置き，顕在市場と潜在市場の大きい中国と ASEAN，インドのどこか 1 ヵ所に各々現地密着型の商品開発拠点を配備することになる。ここでは日本からの輸入材料ではなく品質の良い廉価な現地調達の材料を使い，市場密着型のスピーディな商品開発が求められる。以上のように，中国を含むアジアにおける熾烈な市場競争を考えると，商品のコスト力，開発スピード，商品の現地密着度という 3 つの観点から，日本企業はその商品開発を更にアジアにシフトせざるを得ない状況にある。

6 つ目の誘因は，日本で当該技術や商品の研究開発インフラが喪失したり弱くなっていることである。過去主流だったアナログ技術は，デジタル技術に大きく変化している。アナログ技術は全く不要かというとそうではなく，商品的にはアナログ技術ベースのものもまだまだ多い。アナログ・デジタル混合タイ

プの商品もある。アナログ技術の研究開発基盤は日本にまだあるものの，この技術ではアジアの人材の方が豊富かつ安いという事態も予想される。また，空調分野を見るとエアコン用のコンプレッサは過去 30 年の間にレシプロタイプからロータリタイプへ，そしてスクロールタイプへと変化してきた。

一方，日本の大学では機械工学や電気工学は大きく電子工学，情報工学へシフトしている。かつて冷凍サイクルをはじめとする空調技術を教えていた大学が激減している。しかしながら冷蔵庫やエアコンなど冷凍空調商品の普及率が国民所得の増大とともに急上昇している国では，大学が最先端の技術のみならず普及品タイプの商品に搭載される従来型の技術にも注力している。このような分野では日本の企業と中国をはじめとするアジアの大学との間に共同研究開発や委託・受託の研究開発の動きが出てくる。また，鋳物，金型のような伝承型の匠の技術は，日本で後継者不足で停滞している間に，アジア各国ではそのノウハウがコンピュータに置き換えられ更に発展していく。当該技術は日本から喪失していくが，それを使った商品がアジア発で日本に逆流してくる事態も出てくる。

(2) 研究開発のアジア域内分業

前項の研究開発のアジアシフト誘因は，同じ製造業のカテゴリーにあっても資本財，中間財，消費財では各々異なる。また，消費財の中でも自動車，電機，薬品，食品では異なる。したがって，研究開発のアジア域内分業および国際分業のやり方も異なる[注8]。ここでは自動車，電機といった耐久消費財を対象に研究開発のアジア域内分業を考えてみる。

21 世紀初頭の 10 年間は，ソフトウェアの分野でアジア域内分業が進展してきた。その特徴の 1 つ目は，図 5.3.8 が示すように，インドの強みを活用し，日本や ASEAN と連携したソフトウェア開発体制を構築する動きである。インドの周辺国のネパール（人口 2,700 万人）やスリランカ（人口 2,000 万人）にも勃興の兆しがあるソフトウェア産業も視野に入れる必要がある。従来の考え方と異なるのは，日本から直接ソフト開発を委託するだけではなく，

5.3 持続的な成長性・収益性確保のための地域経営機能の強化

図 5.3.8 日本，ASEAN と連携したソフトウェア開発拠点

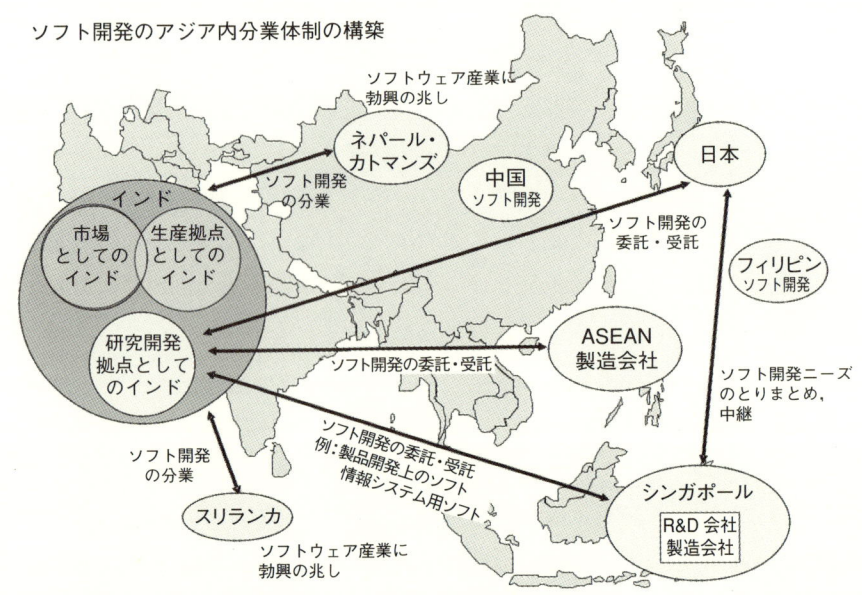

ソフト開発のアジア内分業体制の構築

（図中ラベル）
- ソフトウェア産業に勃興の兆し
- ネパール・カトマンズ
- 中国 ソフト開発
- 日本
- ソフト開発の分業
- インド（市場としてのインド／生産拠点としてのインド／研究開発拠点としてのインド）
- ソフト開発の委託・受託
- フィリピン ソフト開発
- ASEAN 製造会社
- ソフト開発の委託・受託 例：製品開発上のソフト 情報システム用ソフト
- ソフト開発ニーズのとりまとめ，中継
- ソフト開発の分業
- スリランカ
- ソフトウェア産業に勃興の兆し
- シンガポール R&D 会社 製造会社

出所：拙稿「21C アジア経営戦略ガイド」，社団法人企業研究会，2005 年

ASEAN の製造会社から委託したりするなど，アジア内でソフト開発の分業体制を構築することである。

インドのソフトウェア産業は開発コスト面の優位性に加えて，全世界から最新の開発ニーズが集積している質の面での強みがある。しかしまだ，日本企業はインドのソフト開発力を十分活用できていない。インドのソフトウェア輸出に日本が占める割合はわずか4％しかない。2つ目は，**表 5.3.1** のアジアの国別ソフトウェア開発の比較優位が示す通り，最近は中国，ロシアなどのソフトウェア産業もインドとは異なる比較優位をアピールし，競争力を増やしていることである。それぞれの国がアプリケーション上，どのような強みを持っているのかを見極めるのは各社の戦略によるところでもある。

日本企業の中には自ら現地に研究開発拠点を設立してソフトウェアを大規模に開発しているケースや，インドをはじめとする開発優位性のある国にアウト

第5章 これまでのアジア戦略，これからのアジア戦略

ソーシングしているケースなど様々である。インドに進出したソフトウェア開発専門の日本企業[注9]の中には，インドを開発の中心にしてベトナム，ミャンマー，モンゴル，中国などの拠点間の賃金格差を利用した一種の分業を行っているケースがある。

表5.3.1　アジアの国別ソフトウェア開発の比較優位

	ソフト開発の分野				
	言語対応	携帯電話（通信系）	半導体	SCM	業務用ソフト
インド		●	●	●	● "Y2K"対応
中　国	●	●			
台　湾	●	●			
シンガポール		●			
マレーシア		●			
フィリピン			●		●
ベトナム					●
ロシア（参考）					●

注）"Y2K"とは西暦2000年のコンピュータ誤作動問題。

出所：拙稿「インドビジネス実務ガイド」社団法人企業研究会，2007年12月

表5.3.2　研究開発のアジア域内分業（イメージ図）

		研　究		開　発	
		基礎研究	応用研究	基本製品開発	応用製品開発
日　本		◎	○	◎	○
ASEAN	シンガポール	○	◎		◎
	タイ・マレーシア				◎
中　国			◎		◎
インド			◎		◎
（参考）米国・欧州＊		◎	○	○	○

＊英・独・仏・伊

注）◎は主，○は副の役割

出所：筆者作成

2010年以降の10年は，これまでの10年間と異なり，研究開発のアジアシフトが更に加速化するとともに，タイムラグを置いてアジアに飛び地（enclave）のように設立された既存の各研究開発拠点が日本の研究開発拠点との役割や機能の分担をしていく流れになる。**表5.3.2**は研究開発のアジア域内分業のイメージ図であるが，従来，日本の本社研究所が役割を担っている基礎研究，ディビジョン研究所が担っている応用研究，そして事業部が担っている基本製品開発と応用製品開発がアジア各国の研究開発拠点との間で分業されていく。そしてボーダレスの熾烈な企業間競争の下，研究開発のコストとスピードの追求がこの分業を加速させていく。

5.3.4　地域人事戦略

これまでのアジアの人事戦略と21世紀の次の10年を対象としたこれからのアジアの人事戦略との間では何が変わらなければいけないのであろうか。人事の基本的な機能には，採用，配置，賃金，昇進昇格，教育訓練，労働組合対応，解雇などがある。一方，アジアで人事が対応する主な地域・国は，既述のように1970年代からのASEAN5カ国，1980年代からの中国，1990年代からのインドと広がってきた。これまでのアジアの人事戦略においては，ベトナムを含むASEAN主要6カ国を対象に「アジア人事」と一くくりにしたり，中国が台頭後は「ASEAN人事」と「中国人事」に二分する程度であった。インドの更なる台頭が予測される21世紀の次の10年間（2010～2020年）においては，アジアの地域人事戦略は何が変化しなければいけないのだろうか。上記の人事機能と各国の地域のマトリックスの中で，これからのアジア戦略の中で取り上げられるべき経営課題は以下の4点である。1つ目は経営の現地化，2つ目は教育訓練のアジア分業，3つ目は異文化経営対応力，4つ目は事業撤退時における人事施策である。日本で最大の自動車部品メーカーであるデンソーのアジアにおける雇用実態を具体的事例として概観した上で，前述の経営課題の中から異文化経営対応力を除く3つの人事施策に触れることにする。

第 5 章　これまでのアジア戦略，これからのアジア戦略

(1) デンソーの豪亜における雇用実態

　日本の企業の中では，1998 年度から 2007 年度までの 10 年間に，急激なアジアへの生産シフトや海外売上高の急上昇の中で，新たに海外従業員の採用増が起こり連結の従業員数が増えた企業が多い。**図 5.3.9** は，日本で最大の自動車部品メーカー，デンソーの連結従業員数[注10)]の推移である。同社の 1998 年度の連結売上高 1 兆 7,600 億円は，2007 年度には 4 兆 300 億円と約 2.3 倍の拡大をみた。この間の増分 2 兆 2,700 億円の 6 割強が豪亜を含む海外で実現されている。連結従業員数も同期間に 7.2 万人から 11.9 万人と 65％増加したが，年間の平均臨時雇用者数を加えると実質的には 2 倍弱に増えたものと推定される。

　2007 年度の連結従業員数 11.9 万人の地域別構成とその中の豪亜の国別構成を表したのが**図 5.3.10** である。2007 年度は，デンソーの海外従業員数が国内従業員数を初めて上回り，同様に連結売上高 4 兆 300 億円においても海外売上高が初めて国内の売上高を上回り海外売上高比率が 50.9％となった。第 3 章で取り上げた企業の事例に限らず，国際競争上，海外に構造的に生産シフトを行

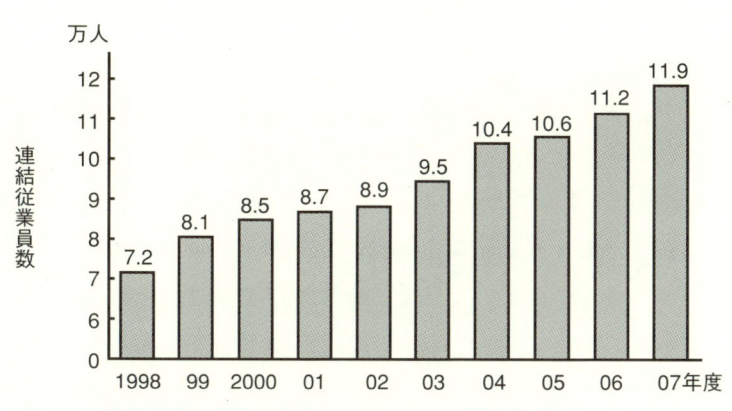

図 5.3.9　デンソーの連結従業員数

（万人　連結従業員数）

年度	1998	99	2000	01	02	03	04	05	06	07年度
人数	7.2	8.1	8.5	8.7	8.9	9.5	10.4	10.6	11.2	11.9

出所：デンソーの有価証券報告書各年度版より筆者作成

5.3 持続的な成長性・収益性確保のための地域経営機能の強化

図 5.3.10　デンソーの豪亜の国別従業員数
2008 年 3 月期（就業人員ベース）

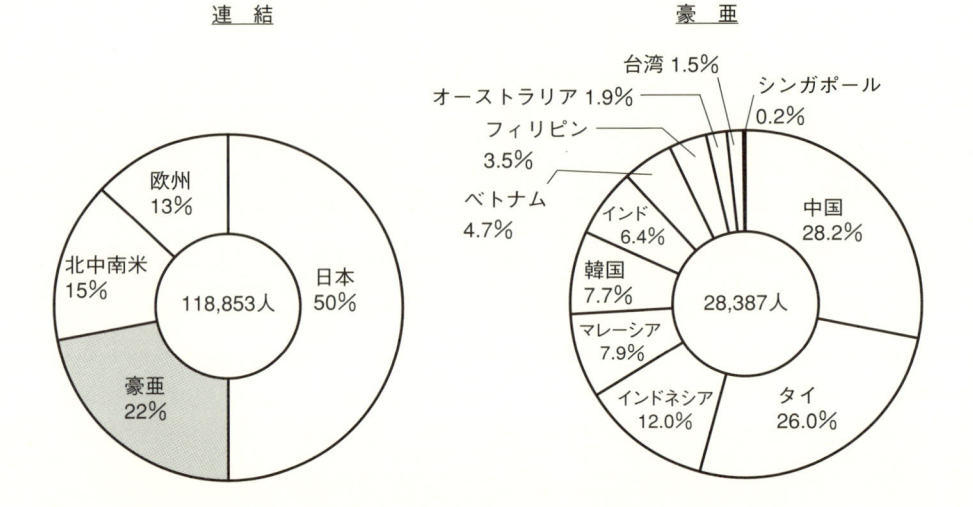

連結　　　　　　　　　　　　　　　　　豪亜

連結：日本 50%、豪亜 22%、北中南米 15%、欧州 13%（118,853人）

豪亜（28,387人）：中国 28.2%、タイ 26.0%、インドネシア 12.0%、マレーシア 7.9%、韓国 7.7%、インド 6.4%、ベトナム 4.7%、フィリピン 3.5%、オーストラリア 1.9%、台湾 1.5%、シンガポール 0.2%

注）上記左円グラフ「連結」の豪亜の従業員数（就業人員ベース，43社対象）25,952人（構成比21.8%）に対して右の円グラフ「豪亜」の従業員数（同・55社対象）が28,387人と多いのは，連結対象外の関係会社を一部含んでいるためと推定される。

出所：デンソー会社案内 資料編 2008より 筆者作成

うことを余儀なくされる企業や，アジアのダイナミズムの中で持続的な成長性と収益性を目指す企業にとり，国内外の従業員数の逆転現象は今後も続くものと考えられる。したがって，日本本社のグローバルな人事政策も「これからのアジア戦略」の地域人事のあり方を構造的に見直すことを求められる。同図の右の円は同社の豪亜（アジア大洋州地域）の国別従業員数を示している。24社の事業拠点（内，生産会社21社）を有する中国で最多の8,000人（構成比28.2%）を雇用し，次いで"アジアのデトロイト"と言われる自動車生産国タイに8事業拠点（内，生産会社6社）を有し，7,400人を雇用している。デンソーに限らず日本の多くの企業の今日までの期待の市場は人口13.2億人の中国であり，また内需や輸出市場への製品供給を行う生産シフト先も中国が多い。例えば2007年度連結売上高9兆円のパナソニックは連結従業員数30万人のうち，中国で約9万人を雇用している。中国での売上高と生産高が上昇する中で雇用

第 5 章　これまでのアジア戦略，これからのアジア戦略

人数が急増したのである。

(2) 経営の現地化

　経営の現地化は，古くて新しい問題でもあり，新しくて古い問題でもある。日本企業が 1970 年代に ASEAN 各国に現地法人を多数設立して以来，80 年代も 90 年代も，そして今日の 21 世紀初頭の 10 年間においても，繰り返し課題として提起されている。しかし現実はどうかというと，現地法人の設立後，創立 30 周年，40 周年の記念行事をやるほど歴史が長い会社であっても，相変わらず日本人出向者が経営をしている。現地法人設立時に入社したパイオニアメンバーの中から課長，部長，取締役へと昇格した現地人（ナショナルスタッフ）が出てきても，社長職が現地の優秀な経営幹部になかなか移らない。設立歴史の古い現地法人の社長職が現地人に代らずして，毎年，取締役や部長職の"現地化率"を社内外に発表してみたところで，進出国の社会から見ても，従業員から見ても魅力的な会社には映らない。経営トップが現地人化した時に初めて真の経営の現地化がスタートする。ASEAN，中国[注11]，インド[注12] において進出の歴史の差は異なるものの，相変わらず日本人出向者が経営しているという現実がある。

　一方，アジアの地域人事の窓口は日本の本社の人事部門になるが，「人材に国境なし」などという方針は出ていても，往々にして現地人幹部にとっては「越えがたい国境」，「耐えがたい国境」がある。実務上では，日本本社からの発信レター，現地職場での会議，年 1 度か 2 度のアジア地域全体の経営責任者会議，日本から現地に出張してくる役員，経営幹部への対応・接遇など，どれを取っても基本の共通言語は日本語であり，英語はあってもつけ足し程度という言語ハンディキャップの大きさがある。そして日本人にはさほど違和感がなくても現地人経営幹部にとり大きなフラストレーションになるのが，いつの間にか決まる決算・配当のような不透明な意思決定プロセスである。

　こうした状況下で，耐え難きを耐え，忍び難きを忍んで勤務しているが，本当に優秀で上昇志向の強い現地人は退社して欧米系の現地法人に勤めがちであ

5.3 持続的な成長性・収益性確保のための地域経営機能の強化

る。経営の現地化の問題は，日本企業に特有の問題のようにステレオタイプな取り上げ方がされるが，実は韓国企業の90年代のグローバル展開でも起こったし，21世紀に入り政府の「走出去」の政策[注13]の下，積極的なグローバル展開を図る中国企業にも起こっている。そして欧米企業の中でも業種，企業，事業規模，国際事業経験によっては経営の現地化の格差は大きい。

　以上の優秀な現地人経営幹部をなかなか経営トップに登用しないとかボードメンバーに昇格させないといった問題は，単に現地人のモラルダウンとか転職率の高さという経営課題を突きつけただけでなく，アジアの現地法人社内における日本人出向者数の増加という更に深刻な問題を引き起こしてきた。例えば，経理職能では，"当社の経営システムは特殊だから日本人でないとダメ"という。それぞれの国には独自の会計基準や原則があり，またアジア各国が日本よりも先行した国際会計基準を導入する可能性があるが"当社は特殊だ"という。

　また営業職能では，"日本のお客様が現地に進出したので現地の受発注は日本人のフォローでないとダメ"という。日本でのサプライヤーと顧客の関係を現地で再現するためには，日本人出向者が必要であるという考え方である。地場企業や現地に進出している外資系企業に販路を拡大するよりも日本語しかできない日本の顧客を重視したいという。製造職能では，"モノづくりは，日本の主力工場から日本人の工場長が出ないと現地の品質に責任が持てない"という。擦り合わせの技術や匠の技は日本人にしかできないという感覚であろう。

　さらに人事職能では，"主要なアジアの会社に出向している日本人の数が増えたので，その人事管理が必要だ"と言いながら，実態は，現地で日本の本社人事の通達を中継したり翻訳する程度の仕事になりがちである。そして現地法人に設立時と異なる事業が追加されると，日本側の対応する事業部，事業本部，子会社から更に日本人が派遣されてくる。現地法人の事業コントロールは，人事評価権を持つ日本側から当該事業を熟知した日本人を派遣するのが便利であり，意思が通じるからである。以上のように現地法人の各経営機能のポストがもっともな理由でフル装備で日本人出向者により占拠されると，現地法人の負担する経営コストの急増という新たな課題が発生したのである。

第5章 これまでのアジア戦略，これからのアジア戦略

　これからのアジアの人事戦略で，このような積年の経営の現地化の問題はどのように解決されるべきであろうか。今や経営の現地化の成否が現地法人の成功，失敗に直結する時代を迎えている。各種現地法人の集合体であるアジアの地域経営，ひいてはグローバル経営の成否を握っていると言っても過言ではない。経営の現地化は経営スタイルの"選択の問題"や"好みの問題"や"程度の問題"ではなく，経営に勝ち抜くための必要条件である。その理由は以下の2点である。

　第1点は，日本本国から出向する日本人のコストが現地の経営を大きく圧迫し，現地の収益性の構造的な低迷を引き起こしてきたことである。ボーダレス化が進展し，製品や材料の価格下落が加速化しコスト競争が熾烈化した1990年代から21世紀の初頭にかけて損失を出す現地法人の主たる要因の1つが，右肩上がりで増えた日本人出向者のコストであった。第2章「日本企業のアジアの収益性実態」で詳述したとおり，2007年度のアジアの営業利益額は合計3兆円であり，100億円以上の営業利益額を計上した企業は自動車，電機，化学，機械，商社など計66社である。この中で製造業の61社だけを対象に営業利益率を加重平均で出すと6.4％である。この規模の営業利益を出す企業のASEAN，中国，インドを含むアジアの出向者数は，業種や生産事業規模によって大きく異なるが100人から1,500人程度と推定される。

　企業が負担する日本人出向者の一人当たりの年間平均コストは，かつて筆者が調査した2004年末時点で2,000万円から3,000万円の間にあった。赴任国や赴任者の職位，業種などにより大きく異なるものの，大手企業の管理職のアジア主要都市への派遣コストはおおむね年間約3,000万円である。本人の現地給与，住居費，家族帯同コスト，賞与を含む日本側給与の一部負担，日本と現地給与の合計にかかる合算課税額の一部または全額負担など様々なコストが発生するからである。

　例えば，典型的な電機メーカーのようにASEANとインドに500人，中国に500人，計1,000人の社員をアジアの現地法人，支店，駐在員事務所に派遣している企業にとり，年間の日本人出向者の人件費は300億円という巨額に上

5.3 持続的な成長性・収益性確保のための地域経営機能の強化

る。仮にその半分の計500人を派遣している企業にとっては年間150億円の負担である。前述の各社のアジアの営業利益額と比べても日本人出向者のコストの巨大さが浮かび上がる。経営の現地化により上記の全コストがなくなる訳ではない。それでも優秀な現地経営幹部に置き替わることにより，現状のコストを半分にしたり，長年，日本の労働組合との交渉の中で手厚く積み上げられた海外勤務に伴う福利厚生の付帯コストや税制上の付帯コストが削減できるのである。

　アジア事業において長年，損失や低収益性に悩み，1円単位の材料費削減に日夜取り組む数多くの企業にとり，一人当たり年間3,000万円のコストがかかる出向者の数とその人件費総額はもはや聖域であるはずがないし，また，努力の範囲の経営課題ではない。現地の業績が悪化するたびに現地出向者を五月雨式に，場当たり的に日本に戻すことによってその数を減らし収益を改善する企業が多く見られる。しかし21世紀のこれからのアジアの，そしてひいてはグローバルな人事政策において，経営の現地化は過去の延長線上の改善ではなく，過去とは不連続のパラダイム・シフトやマインドセットの変更を求めている。過去増え続けた日本人出向者の数とその巨額の人件費はますます熾烈化するアジアの競争の中で，もはや許容しえないのである。許容する企業は自然淘汰の波の中に置かれていく。「日本人出向者のいないアジアの現地経営」を人事制度上，いかに作り上げるか喫緊の課題である。

　経営の現地化の第2点は，第1点のオペレーショナルな経営コスト負担の問題ではなく，現地経営の質の高度化である。シンガポール，中国，インドなどアジア各国には経験豊かで優秀な現地人材が豊富にいる。優秀な人材を社内に多数抱える現地法人も多い。日本人出向者が派遣されるがゆえに，現地の社会や同業他社から優秀な人材を採用できなかったり，社内で経営幹部に登用できず，現地経営の質の高度化を行う機会を喪失している。1970年代や80年代のアジアの経営においては，経営のどの分野をとっても日本人出向者が現地人材よりも経験豊かで優秀だというのが現地に派遣する暗黙の前提であった。90年代を通して，アジア各国の高い経済成長と所得向上の中で，日米欧への留学

組を含めて高学歴化も進み，終身雇用よりも実力主義・実績主義を望む労働市場にあって，多様な経験を積んだ若手人材が数多く育った。21世紀に入り，中国やASEAN各国のマーケティングの現場をはじめとする様々な経営の分野で，日本側の内なる国際化の遅れから，現地に派遣されてくる二線級，三線級の日本人人材よりも現地の人材の優位性が顕著に認識され始めたのである。すなわち，優秀な人材の幹部登用という経営の現地化が社内の制度上，構造的にできる仕組みがない企業にとっては，研究開発，製造，マーケティング，販売，ロジスティクス，人事，経理，税務など，どの分野をとっても経営のレベルアップ上，逆にハンディキャップになり始めたのである。21世紀の次の10年，これからのアジアの人事戦略の中で，経営の現地化という課題は，現地法人の経営コストと経営の質の両面で，解決すべき新たな局面を迎えている。

(3) 教育訓練のアジア分業

アジアの地域人事課題の中で前述の経営の現地化に伴い，アジアの事業場における従業員のスキルや専門能力の向上は重要な経営課題である。これまでのアジア人事戦略における現地経営幹部から一般ワーカー，スタッフに至る教育訓練は，これからのアジア戦略ではどのように変化しなければいけないのだろうか。前項でデンソーの連結従業員数の推移および地域別従業員数と豪亜の国別従業員数を取り上げたが，教育訓練の項目ではデンソー同様，長い国際事業展開の歴史を持つパナソニックの事例[注14]を具体的に取り上げ，その実態と今日的な課題を探ってみる。

パナソニックの海外生産金額を歴史的に見てみると，為替が1ドル360円の固定相場制であった1970年には235億円，その後，変動相場制に変わり，80年には3,000億円，85年のプラザ合意を経て急激な円高基調を経験した後の90年には9,000億円，そして2000年にはその規模も2兆円に達している。2007年には約3兆円の海外生産高と推定され，その6割を占めるのが中国を含むアジアである。海外生産規模の増大に呼応して全世界にある海外会社の従業員数も1970年の約1万人，80年3万4,000人，90年9万3,000人，そして

5.3 持続的な成長性・収益性確保のための地域経営機能の強化

2000年15万人と急増し,海外の従業員数と日本国内の従業員数が半々という構成になった。2008年現在,海外55％,国内45％の人員構成となっている。

以上に見られるように,同社の旺盛な海外直接投資,海外会社の設立,海外従業員数の急増,そして海外生産高や海外売上高の増大の中で,当初より「現地人材の育成」には日本側,現地側とも大きな関心が払われてきた。同社の現地人材育成は各国の現地法人が現場において取り組んできたが,やはりその推進の中核となったのは研修所群である。1972年に設立された大阪府枚方市の海外研修所（その後,グローバル経営研修グループへ発展）,ASEANを主な対象としたアジアの地域研修所として1990年にシンガポールのアジア地域統括会社として設立されたアジア松下電器（現・パナソニック・アジアパシフィック）の人材開発センター（シンガポール）,そして各国のニーズに応じて設立されたマレーシア,フィリピン,インドネシア,台湾の人材開発センターである。

これら海外研修所,地域研修所,各国研修所が受け入れた現地人受講生は,1972年から数えて2002年1月現在8万3,000人（海外研修所1万3,000人,5地域研修所推定7万人）に上ると言われる。2002年10月当時,同社の海外事業数229社の内,その半数が中国を含むアジアにあり,しかも海外事業場がこの地域に集中している事を考えると,上記受講者数の6割以上がこの地域の現地法人の従業員数であることが推定される。同社の90年代までの「現地人材育成」の実態や成果を分析して21世紀のますますボーダレス化し,スピードが増す経営環境を考えるとき,以下の3点がアジアにおいては課題となろう。

1つ目は,経営の現地化が経営レベル層においては不十分であったことである。前述のように急成長してきたアジアの事業を人材面から支えてきたのは日本の海外研修所（現・グローバル経営研修グループ）,主にASEANをカバーするシンガポール人材開発センター,加えて各国ごとにある人材開発センターである。いずれも人材育成のニーズに合わせた"分業体制"という意味では充実しており,その成果については社内のみならず社外からの評価も高い。人材育成の中味をよく見ると工場オペレータレベルの技能訓練を中心とした育成,

経理・人事・品質管理・資材などの経営実務管理面の育成，という2つの側面では大きな成果を上げることができた。しかしながらグローバル経営の"経営の現地化"の最大の指標とされる現地会社の経営トップ（社長）の現地化は，遅々として進んでいない状況である。一方，現地法人の役員（取締役）レベルの現地化状況を見ると2002年度でも240名程度の役員中，現地人の割合は32％と低い率にとどまっている。したがって経営トップ，役員の両方の現実を見て分かるとおり，同社の長いアジア事業の歴史の中で，経営者レベルの現地人材の育成，登用という面では欧米の多国籍企業のアジア現地法人と比べるとかなり低い現地化率となっているものと推定される。2000年代は「現地人材の育成」という問題の重要性に加えて「現地人材の登用・活用」や「即戦力のある現地人材のタイムリーな採用」が国際競争上不可欠となったのである。

2つ目の課題は，従来の日本の終身雇用的な雇用形態のコンセプトを多かれ少なかれ導入してきた同社のアジアの現地法人にとって，スピードが要求される国際競争場裡ではゆっくり時間をかけて現地人材を同社らしく育て上げていくことが難しい状況になっている。従業員自身も日本的終身雇用よりは実力主義，実績主義による給与とキャリアパスによる転職を前提とした雇用を望む傾向が一段と強くなっている。特にこの傾向は工場のオペレータではなく経営管理層の従業員ほど強まったのである。こうした雇用慣行の"欧米化"の中で人材の採用の仕方，人材育成のスピード，人材育成のやり方も抜本的に見直しを迫られている。

3つ目の課題は，21世紀の「現地人材の育成」を俯瞰するとき，同社は研修所運営のやり方に相当な変更が必要とされることであろう。岐路に立つ研修所とも言える。研修の規模や質は各々異なるもののアジアの現地法人が各社ごとに持っている研修センター，国ごとに当該現地法人の従業員を対象とする国別研修センター，地域をカバーするアジア松下電器の人材開発センター，世界をカバーする日本のグローバル研修所（大阪）の役割分担である。現在，この研修所運営コスト総額は，かなりの金額に上るものと推定される。受講料で運営

コストを賄う比率は90年代を通しても，2003年時点でもかなり限定されているものと思われる。例えば，アジア松下電器の人材開発センターは，2002年度の総運営コスト約2億円，受講者総数4,200人，受講生の帰属する現地法人が支払う受講料収入による運営コストカバー率は40％台という状況にあった。

以上，パナソニックのこれまでのアジア戦略における現地従業員の教育訓練の経緯と実態を概観した。こうした状況下で研修所間の機能の重複，研修内容の重複を整理することとともに研修内容のアウトソーシングや，ひいては研修所そのもののアウトソーシングについても考えざるを得ない時期が来ている。また，逆に外部企業の研修受入や当該国政府の技能検定の代替機関としての役割受入など，既存研修所の"対外開放"という方向も一方では模索されるであろう。教育訓練の受益者であるアジア事業場の負担のあるべき姿や費用対効果という側面，同社の新しい社内体制や転職率の高い横断的な労働市場の出現や進展などに合わせて，構造的な見直しが必要となろう。以上の経営課題と対応策は同社に特有のものではなく，これからのアジアにおける人事戦略を考える上で日本企業に共通のものであろう。

(4) 事業撤退時における人事施策

これからのアジア人事戦略の中で重要となるのが事業の縮小，撤退，清算時における従業員解雇の問題である。ダイナミックに変化するアジアの経営環境にあって，各国にある現地法人の国際競争力が大きく変化する。事業の撤退や会社清算に伴い，労働組合との交渉や従業員の解雇という人事課題が重要性を増すが，アジア各国の法律や各国政府の対応は様々である。本節ではインドにあるメーカーA社の事例を取り上げる。

インドには"インド参入は容易だが撤退に10年かかる"とさえ言われる撤退の難しさがある。インドの経済成長の高さや中間層の増加に伴う購買力の伸びなどからインドブームの様相を呈している。インドへの積極投資を声高に無邪気に主張する評論家や学者も多い。しかしながらインドにも中国やロシア同

第5章 これまでのアジア戦略，これからのアジア戦略

様，数多くのビジネスリスクが存在し，インドにはインド特有のビジネスリスクがある。その中の1つが外資の事業撤退に伴う従業員の解雇である。債務超過に陥った場合の再建を目指すための法律 Sick Industry Company Act (SICA) が存在し，撤退には時間がかかる。参入（investment）があれば必ず撤退（pull-out / divestment）がある。どのように撤退規制をかわすか，そしてリスクを最小限化できる撤退プラン（exit plan / exit policy）を準備できるかは，インド参入時の重要な検討事項の1つである。

A社（デリー市）やインド松下エアコン（タミルナドゥ州）といった製造業や金融機関のインド撤退事例は数多くある。A社の工場の生産撤退においては細心の注意が払われ，工場が閉鎖された。ワーカーの1人でも解雇に反対すれば工場全体の休止が不可能なインドにおいて，まず企業内労働組合を取り込み，ワーカーが反対するには躊躇する程の魅力的な退職インセンティブのパッケージを提示する必要があった。具体的な対応策をインド人弁護士を入れて検討した結果，48カ月（4年分）の賃金前払いと再就職の斡旋，次の仕事が見つかるまでの医療保険の100％支援などの退職パッケージのプランを作成した。好条件に引かれ従業員全員が早期退職に応じたため，交渉が難しいと思われた州政府から事実上，解雇の許可取得を不要とした。

また，インドでは中央政府が外資の現地法人に解雇を認めても州政府が雇用を守る別の法律を有するなど、複雑な法体系がある。特にラインワーカーの削減や解雇は極めて難しい。解雇の正当性を争い，膨大な時間を費やして勝訴することは論理的には可能であるが，現実的には全ワーカー解雇による事業の休止や会社清算は極めて困難なのがインドである。これまでのアジア人事戦略の中では，採用，登用，離職率などが主たるテーマとなった。しかしこれからのアジア人事戦略の中で，インドや中国[注15]における事業撤退に伴う従業員解雇の巧拙もまた重要性を増す。

5.3 持続的な成長性・収益性確保のための地域経営機能の強化

5.3.5 地域財務戦略

　日本の大手企業にとりアジアにおける地域財務戦略は，日本からアジアへの生産シフトが顕著だった1990年代に大きな進展が見られた。また連結決算上，アジアへの利益依存度が高まった2000年代初頭の10年間は地域財務戦略に取って代わり税務戦略の重要性が新たに認識された。しかしながら財務戦略の重要性は，日本企業の国際事業の高度化の中でますます高まっているのが現実[注16]である。「これまでのアジア戦略」における財務戦略に対して，2010年以降の「これからのアジア戦略」では財務戦略上どのようなテーマが取り上げられるべきであろうか。日本企業の経営視点から，ここではグローバル・キャッシュ・マネジメント・システム（GCMS）の高度化，国際会計基準への対応，新たな資金調達としてのイスラム金融の活用などがあるが，ここでは前者の2点を取り上げる。

(1) グローバル・キャッシュ・マネジメント・システムの高度化

　グローバル・キャッシュ・マネジメント・システムの出現や高度化には様々な背景や要因がある。1990年代から今日に至るまで日本企業のアジアシフトは，大企業のみならず中堅・中小企業の間でも構造的に起こっている。成長市場としてのアジアに対しては販売現地法人が，生産拠点，輸出拠点としてのアジアに対しては製造現地法人が次々と設立されてきた。そして日本と現地法人間および現地法人同士間に国際分業が起こり，その事業規模が急拡大し現地法人間の生産・販売ネットワークが進展した。また，日本企業を取り巻く環境の中にFTAやEPAの進展によるビジネスのボーダレス化が加速化し，事業や資金繰りのスピードアップが喫緊の課題となった。また株式市場での企業評価がますます連結重視になったこと，事業評価が経常利益ベースよりも税引後利益やキャッシュフローが重視されるようになったこと，現地の事業拡大に伴う調達資金の増加や，ますます熾烈化する企業間競争で資金コスト削減のニーズが高まったなど多くの要因が挙げられる。

資金調達面では，大手企業と中堅・中小企業の間でその方法が異なると同時に，アジアへの進出時の出資，進出後の運転資金やその後の事業拡大のための設備投資資金という事業経過に伴う資金調達方法も大きく異なる。ここでは従来アジアの現地法人が取ってきた短期性および長期性資金の調達方法を紹介する。具体的にはグループファイナンス，現地調達，プロジェクト・ファイナンスがある。グループファイナンスは親子ローンやキャッシュ・マネジメント・システム（CMS）がある。

CMSは，アジアとか欧州といった特定地域で活用するケースと，日本，米州，欧州，アジアなど各地域をすべて連動させるグローバルCMSがある。主にソニー，パナソニック，東芝といった電機，三井物産といった商社，そして自動車など広範な国際事業展開を行っている業種で積極的なCMSの活用が見られる[注17]。また建機のコマツや食品のキッコーマンなどにおいても2009年に入りCMSの導入が検討されている。現地調達には親会社保証による邦銀現地支店や地場銀行からの借入やユーロMTN（ミディアム・ターム・ノート），CP（コマーシャルペーパー）プログラムによる債券発行がある。このほか，資源開発などのプロジェクト案件には制度金融やプロジェクト・ファイナンスがある。また一部の企業では，現地証券取引所への株式上場による長期性資金の調達も見られる。

図5.3.11は東証一部上場の日本の製造会社B社のシンガポール現地法人における資金調達先の推移を示している。同社はアジア・オセアニアにある現地法人の資金を一括管理している。アジアの通貨危機が起こった1997年7月頃には，CPが資金調達の半分強を占め，次いでEMTN（ユーロ・ミディアム・ターム・ノート）が4割強を占め，銀行借入はわずか3％という構成であった。CPは短期資金の調達のために発行されるもので，企業が公開市場において割引形式で発行する無担保の約束手形である。1999年にはCPによる調達はなくなり，MTNが8割を占め，残りの2割がグループ企業内の余剰資金を活用するグループ内借入となった。その後，MTNの構成比は減り，逆にグループ内借入が全体の約半分を占めるに至った。銀行借入依存度はこの10年間1割前後で推移

5.3 持続的な成長性・収益性確保のための地域経営機能の強化

図 5.3.11　企業のアジアの資金調達ソース
―製造会社Bの事例―
各年度の調達金額を100（指数）とする

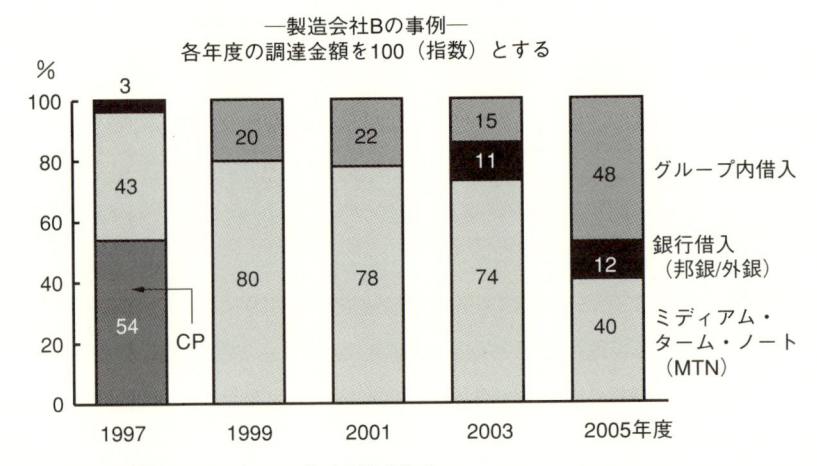

年度	CP	MTN	銀行借入（邦銀/外銀）	グループ内借入
1997	54	43	—	3
1999	—	80	—	20
2001	—	78	—	22
2003	—	74	11	15
2005年度	—	40	12	48

出所：B社への直接インタビューに基づき筆者作成

している。

　次に資金管理面では流動性管理と資本政策の2面がある。前者にはCMSと親子ローンがある。後者には現地留保と配当政策がある。特にグループ企業内の資金を効率的に活用するために，CMSの基本機能であるフローリング，ネッティング，支払集中管理，集中的な資金運用・調達の4つがある。企業はCMSの導入によって，負債の削減と運転資金の圧縮によるバランスシートの改善，支払利息の削減による金融収支の改善，各種銀行手数料の節約，ネッティングによる為替リスクの低減などが可能となる。

　次にGCMSの事例を**図5.3.12**のパナソニックのグローバル財務体制で具体的に見てみる。パナソニックの2008年3月期の連結決算は売上高9兆689億円，営業利益5,195億円であり，海外売上高比率は49.9％である。ASEAN，中国を主力とした海外生産金額は約3兆円と言われる。同社有価証券報告書のセグメントデータによると連結売上高の内，アジアは2兆605億円を占め，その内訳は，中国9,417億円，中国を除くアジアが1兆1,188億円である。同社はグロー

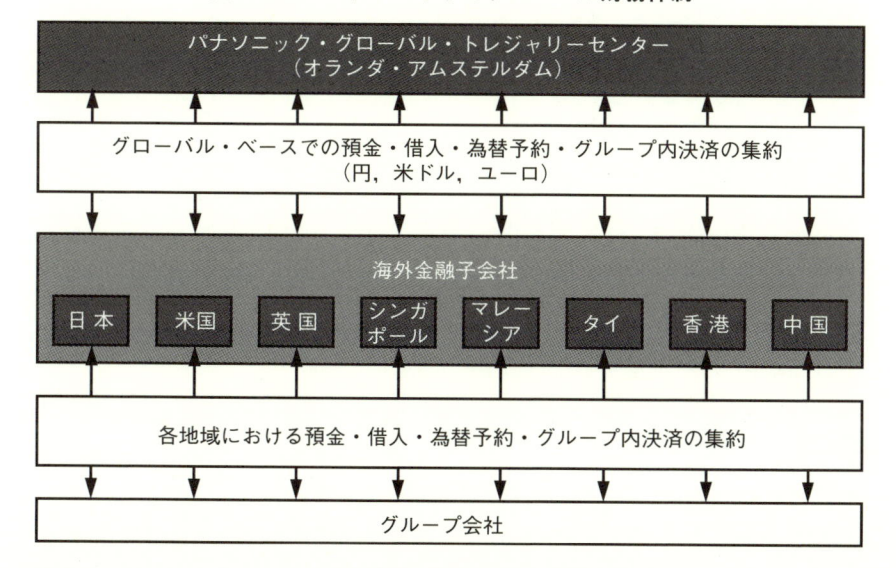

第5章 これまでのアジア戦略，これからのアジア戦略

図 5.3.12　パナソニックのグローバル財務体制

```
┌─────────────────────────────────────────────────────────┐
│         パナソニック・グローバル・トレジャリーセンター          │
│              （オランダ・アムステルダム）                    │
└─────────────────────────────────────────────────────────┘
        ↕
┌─────────────────────────────────────────────────────────┐
│  グローバル・ベースでの預金・借入・為替予約・グループ内決済の集約  │
│              （円，米ドル，ユーロ）                         │
└─────────────────────────────────────────────────────────┘
        ↕
┌─────────────────────────────────────────────────────────┐
│                   海外金融子会社                           │
│  [日本][米国][英国][シンガポール][マレーシア][タイ][香港][中国]  │
└─────────────────────────────────────────────────────────┘
        ↕
┌─────────────────────────────────────────────────────────┐
│    各地域における預金・借入・為替予約・グループ内決済の集約     │
└─────────────────────────────────────────────────────────┘
        ↕
┌─────────────────────────────────────────────────────────┐
│                    グループ会社                           │
└─────────────────────────────────────────────────────────┘
```

出所：パナソニック「Pana」2009年3月号 "Global Financial Operations"

バルベースの連結キャッシュフロー経営を支える財務インフラの構築のため，次の3点に注力してきた。

第1点は，インハウス・バンキング体制の構築である。これは銀行業務の社内化を意味し，グループ内企業の資金や為替取引，決済業務などを集約し，資金の運用や調達，為替予約，決済処理を内部でコスト削減する仕組みである。同図に示すとおり，世界の金融センターの1つであるオランダのアムステルダムにパナソニック・グローバル・トレジャリーセンターを設立し，全世界の資金を集約している。この仕組みには，法規制などで参加できない海外会社を除く約160社が参加している。取引の70～80％を1カ所に集約したことにより2007年度実績ベースで年間約20億円の削減に成功し，今後，横展開が進めば更に5億円程度の削減が見込めるという。

第2点は，このインハウス・バンキングシステムを可能としている財務オペレーションの全社統一・標準化である。同社は2006年度までは地域ごとに資金・為替・決済の業務を集約し，各地域固有の制度にのっとり，独自で開発したシ

5.3 持続的な成長性・収益性確保のための地域経営機能の強化

ステムで業務を行っていた。2007年度からはグローバル連結経営の実現のために全世界の資金残高など財務情報をグローバルでリアルタイムに近い形で把握する財務状況の「可視化」が不可欠と認識し，従来の財務制度をグローバル統一のルールに改訂，オペレーションを標準化した。

第3点は，24時間稼働のグローバル財務統合管理システムの開発・導入である。これは全世界統一の基幹業務システムである。これに加えて，日本の製造業として初めて，金融機関同士の国際決済情報システムであるSWIFTのネットワークに接続し，銀行残高の確認や銀行間の資金移動も自社で行える体制を整えている。

パナソニックのアジア地域のファイナンスの発展を概観すると，最初はアジア各国に設立された各現地法人別のファイナンスでスタートし，次にASEANへの進出が増加する中でシンガポールの地域統括会社の中にあるファイナンス会社をセンターにしてASEAN各国の現地法人のファイナンスを管理・運用する時代を経る。その後，中国での現地法人数が60社になる過程で中国にもファイナンスセンターが設立された。さらに，1997年のアジア通貨危機の影響などから，アジア諸国の中には制度的課題として外為管理制度により同一企業のグループ内であっても国際的な資金移動を規制する国が現れた。このため同社ではシンガポール以外に同一国内に多数の現地法人を有するマレーシアやタイにもファイナンス会社を設立した。このような経緯から同社では今日，アジア地域のファイナンスを，シンガポール，マレーシア，タイ，中国，香港の5カ国のファイナンス会社で管理・運用するに至った。今後は，以上のような地域単位のファイナンスを，図5.3.12が示すようにほかの地域を含むグローバルベースのインハウス・バンキングにより資金・為替・決済をより効率的に行おうとしている。

(2) アジアにおける国際会計基準への対応

長年，欧州中心に検討されてきた国際財務報告基準（International Financial Reporting Standards，略称：IFRS）が米国や日本など世界の主要

第5章　これまでのアジア戦略，これからのアジア戦略

国を巻き込んでその内容と採用が検討されてきた。日本においては，主管の金融庁が2009年に入り「我が国における国際会計基準の取扱いについて」の中間報告案を発表している。この報告案によると，少なくとも上場している日本企業は，2010年代半ばには，IFRSに基づく連結財務諸表の作成を行わなければならなくなる可能性が高い。IFRSは欧州ではすでに2005年から上場企業に強制適用され，同年にはオーストラリアや南アフリカが採用している。自国の会計基準（US GAAP）の下にある米国は2008年にIFRS採用に傾き，2014年から段階的に適用するSECロードマップ案を打ち出した。2009年6月現在，日本，米国を含めて世界で100カ国以上の国や地域がIFRSを採用済みか採用の方針を表明している。

　日本の金融当局同様，アジア各国でもIFRSの導入について検討中である。シンガポール，香港，フィリピンでは2005年に既にIFRS同等基準を採用済みである。2011年にはインドや韓国が，2012年にはマレーシアでの採用が予想されている。中国では2007年に上場企業に対して自国の体系に合わせIFRS基準に近い「新企業会計準則」が適用されたが，IFRSとの相違点がある。

　ASEAN，中国，インドに多数の事業拠点を持つ日本企業にとりアジア各国のIFRS採用への対応は重要な課題である。特定の世界的な公認会計士事務所に世界各国にある自社の事業拠点を横断的に監査依頼をしている大手企業もあれば，地域ごと，国ごとに異なる公認会計士事務所を採用している中小の企業もある。財務・会計・税務・監査などの面でIFRS基準に適確に対応できる公認会計士の確保が必要である。また，基本的な会計原則が変わることからアジアの現地法人における経理・財務部門などのスタッフのIFRS対応の教育訓練も早急に必要となろう。そして現在，連結決算上日本の親会社と子会社間で決算日のズレ（例：3月末決算と12月末決算）のあるケースではIFRS基準では原則同一日が求められるため決算日の変更が起こる。

　以上のように，IFRSの導入と運用は日本の親会社だけの課題でもなく，ま

317

たIFRSを日本より先行して導入を決めているアジア各国の現地法人だけの課題でもない。世界に事業展開する各企業のグループ全体に横たわる不可避の経営課題である。そしてIFRSの導入はコンピュータの会計システム，税務処理や内部統制のやり方の変更などを余儀なくする。その導入コストは日本本国と海外子会社の経理，財務部門などのマンパワーの増大やコンピュータのシステム更新など大きなものになるであろう。2010年代に本格化するIFRSの導入と運用については，国内外のグループ企業間で一貫性と整合性のある対応が求められる。

5.3.6　地域税務戦略

　1990年代中盤より加速化した日本企業のアジアへの生産シフトの流れは，2009年に入っても基本的には変わっていない。日本から中国，ASEAN，インドへの生産シフトを経営視点から見ると，その意味するところは，日本のプロフィットセンターがアジアにシフトすることであり，利益の発生場所が変わり，また法人税をはじめとする様々な税金の支払場所が変わることと言える。日本からアジアに生産シフトすると，利益がアジアにある現地法人に集中・蓄積していくことになる。こうした状況下では，3つの国際税務戦略が重要となる。1つ目は，アジアに多数存在する現地法人の実効税率をいかに合理的かつ合法的に引き下げるかという節税戦略である。2つ目は，法人所得税の節税による純利益の最大化の後，その利益処分としての配当課税をいかに合理的かつ合法的に節約するかという節税戦略である。3つ目は，移転価格税制対策である。本項では前者の2つを取り上げる。

(1)　**法人税の実効税率の戦略的な引き下げ**

　日本企業が直接投資を行っているアジア各国の法人税率は，図 **5.3.13** が示すとおり10％台から30％台と大きく異なる。しかもこれは外資の誘致策の一環として年々低下傾向にある。外資の各現地法人がASEAN各国，中国，インドなど受資国政府に支払う各種税金の中で最大のものは，通常法人税（corporate income tax）である。規定の法人税率に対して，課税所得額（taxable

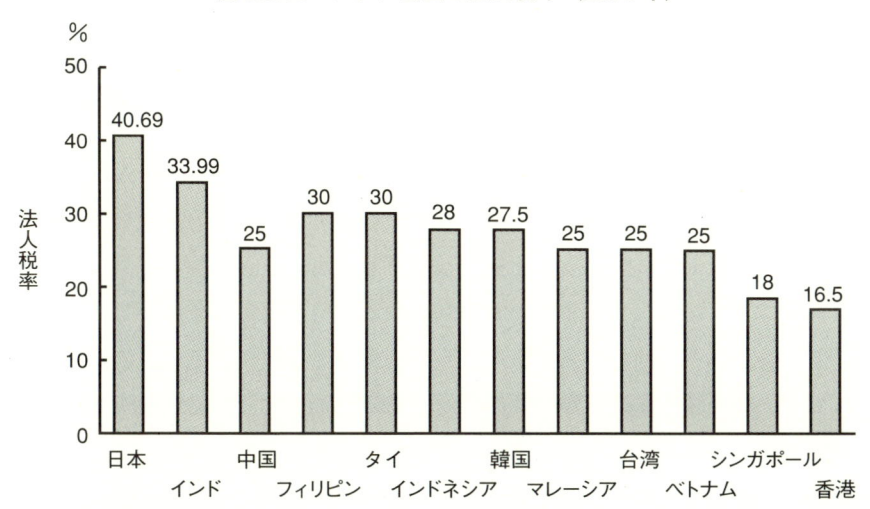

第5章　これまでのアジア戦略，これからのアジア戦略

図 5.3.13　アジア各国の法人税率（2009 年）

法人税率（％）：日本 40.69／インド 33.99／中国 25／フィリピン 30／タイ 30／インドネシア 28／韓国 27.5／マレーシア 25／台湾 25／ベトナム 25／シンガポール 18／香港 16.5

注：日本は実効税率ベース。
出所：JETROのホームページ「ビジネス情報」「図・地域別情報」，アジア各国「税制」より筆者作成

income）を抑え，実効税率（effective tax rate）を引き下げる手法の 1 つに"優遇税制"と言われる税恩典取得[注18]がある。

　日本企業や欧米企業に限らず，外資系企業にとり受資国政府からいかに有利な税恩典を勝ち取るかは企業の勝ち残り上，極めて重要である。例えば，売上高 100 億円，税引前利益 5 億円，法人税率 30％（法人税 1.5 億円）の企業にとり，アジアの熾烈な競争下で純利益やその後のキャッシュフローを 1 億円増やすことは極めて難しい。拡売やコスト引下げに限界がある企業にとって，純利益 1 億円増を実現する手段として優遇税制の戦略的獲得がある。
　筆者が過去行った日米欧の多国籍企業のアジアにおける税恩典取得の考え方，手法の実証的比較調査の中で，日本企業と欧米企業の差が大きいことが判明している。調査対象の現地法人は地域統括会社，製造会社，研究開発会社，ファイナンス会社の 4 事業であるが，投資企業の国籍にかかわらず恩典供与が固定的傾向にあるファイナンス会社を除くと，いずれの事業も日・欧米企業間には

319

5.3 持続的な成長性・収益性確保のための地域経営機能の強化

国際税務の重要性に対する考え方の差異が顕著である。以下は，地域統括会社の事例研究での要約であるが，製造会社，研究開発会社でも同様の結論となっている。

アジアにおける現地法人の出資形態，設立形態の差の原因は，日系企業の経営指標が歴史的には主に売上高（生産高）と経常利益にあるのに対して，欧米企業のそれは売上高（生産高）と純利益，そしてキャッシュフロー，資本コストにあることに起因しているものと推定される。具体的に言えば，日系企業は税引前利益と税引後利益の間にある法人所得税（額と率）やその後の配当税に対しては比較的関心が薄い傾向にあるが，欧米企業にとっては課税所得額に対する実効税率を限りなくゼロに近づけることが"重要課題"であり，かつ"戦略課題"になっている。したがって，地域統括会社の設立に限らず，海外の現地法人を設立する際には，中長期的な国際税務戦略上，最適な出資形態と設立形態にこだわる。いかに受資国（host country）政府から，法人税などの税の減免措置を最大限に獲得し，利益処分後，本国（home country）での配当課税を回避ないし最小限化するかに注力するものと思われる。事業展開そのものはこれらの税務対策と並行して進められるが，優先順位としてはむしろ後位に来る傾向さえ見られる。

一方，日本企業の場合は，当然ながらまず事業展開そのものが先にありきで，企業化調査後，出資形態や設立形態がほぼ確定した後に，受資国の外資に対する恩典のリストとルールを見ながら，その範囲内で最大の減免措置を受けようとする。事業の前に最終のキャッシュフローを最大にするための税務戦略を考えることは本末転倒であり，邪道であるという認識である。欧米企業にとっては，出資形態や設立形態は，事業そのものとは切り離してコーポレートレベルの戦略事項，交渉事項になっている。

また，日本企業にとっては当該事業を担当する日本のビジネスユニットの実務上の戦術事項であり，現地政府への"お願い事項"にとどまっていることが多い。この日本企業と欧米企業の国際税務戦略の差は，経営インパクトとして

は単年度ではなく累積的に表れるため，国際競争力に大きな差として表れる。

　21世紀に入って，日本企業の連結の業績評価が大きく変化するのに連動して，海外現地法人の業績評価も変化した。具体的には，損益計算書（P/L）上の税引後利益や資金繰り表のキャッシュフローが重要視されると，否応なく受資国政府に支払う法人税の大小が重要項目となった。これにより日本からアジアへの構造的な生産シフトによりアジアに利益が積み上がったことと相まって，アジアでの国際税務戦略の重要性が急浮上した。これは，日本企業が熾烈な国際競争の中で生き残り，勝ち残ろうとすれば，現地法人が集中するアジア地域での国際税務戦略が，経営上，従来の選択課目から必須課目にならざるを得ないことを示唆している。さらに前掲の財務戦略と本項の税務戦略を組み合わせ，グローバルな視点から矛盾なく相乗効果を出すかが問われている。21世紀の次の10年（2010～2020年）に眼を据えたこれからのアジア戦略の中で，ASEANにおける節税戦略のひな型を現地での経営実務をベースに以下に紹介する。

　合理的な節税策の1つの事例として，図5.3.14では，法人税の実効税率を戦略的に引き下げた企業と，そうでない企業の差をイメージで示している。同じ売上高と税引前利益を計上したA社とB社では，法人税の実効税率の差により，税引後利益が大きく異なる。したがって，キャッシュフローや配当も大きく異なってくる。同図の中でA社は受資国（例：タイ）の標準法人税30％をそのまま払ったケース，B社は受資国の政府恩典を駆使して実効税率を10％に引き下げた企業のケースである。この差は毎年累積的に発生し，両者の国際競争力に多大な影響を及ぼす。

　次にASEANにおけるA社の実効税率を見てみる。図5.3.15は，イメージ図として，ASEAN6カ国に50社の現地法人を有するA社の10年間の平均実効税率を表している。各国左側の棒グラフが，当該国の10年間の平均法人税率，右側の棒グラフが，同期間におけるA社の平均実効税率をイメージしている

5.3 持続的な成長性・収益性確保のための地域経営機能の強化

図 5.3.14 合理的な節税策

単位：百万ドル

	A 社	B 社
売上高	100	100
営業利益	10	10
営業外利益	2	2
税引前利益	12	12
法人税率	30%	10%
法人税	3.6	1.2
税引後利益	8.4	10.8

差 2.4

出所：筆者作成

図 5.3.15 ASEAN における A 社の実効税率例（イメージ図）

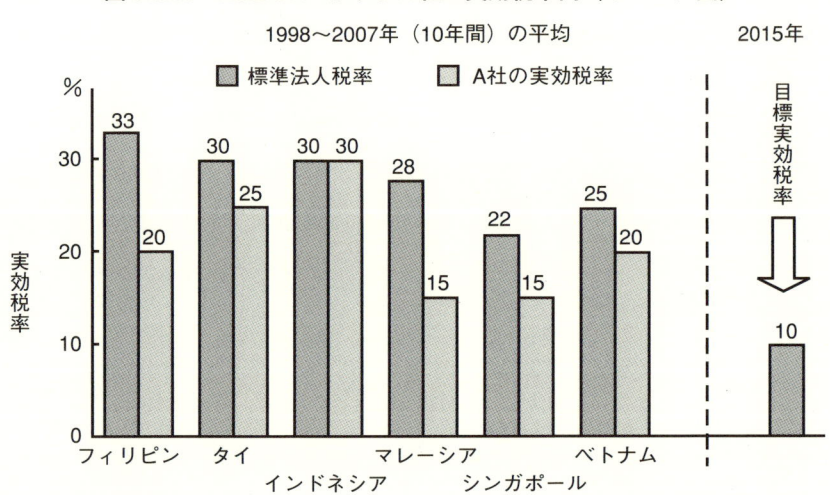

1998～2007年（10年間）の平均　　　2015年

■ 標準法人税率　　□ A社の実効税率

国	標準法人税率	A社の実効税率
フィリピン	33	20
タイ	30	25
インドネシア	30	30
マレーシア	28	15
シンガポール	22	15
ベトナム	25	20

目標実効税率 10

出所：筆者作成

第5章 これまでのアジア戦略，これからのアジア戦略

が,国ごとに大きなバラツキがある。A社は実効税率が極めて高い状況にある。特にインドネシアは免税インセンティブをすべて取れていない状況である。仮にASEAN6カ国における加重平均の実効税率が20%とすると，このままでは大胆な節税戦略を取っている欧米企業に対して純利益率やキャッシュフローで大きな後れを取るおそれがある。同時に国際競争力という観点からもA社は大きなハンディを背負うことになる。したがって，今後政府インセンティブの取得をてこにした各種節税策を講じて，A社は域内実効税率を10%にまで引き下げる計画を策定する必要がある。

図5.3.16は，インセンティブ取得戦略の策定と政府交渉について，具体的に示している。例えば，ベトナムに新たにゼロベースから製造会社の設立を予定している会社については,新規にインセンティブを取得することになるので，当然ながらインセンティブの率，額と期間を最大化する作戦を取る。次に既存の黒字会社で，既に何らかのインセンティブを享受している会社は，5年とか7年の供与期間が切れる1年前には事業拡大，高付加価値製品の新規導入などをてこに政府との再交渉の準備に取りかかる必要がある。既にインセンティブを期間満了などで喪失した会社は，中長期の投資計画を策定して再取得の方策

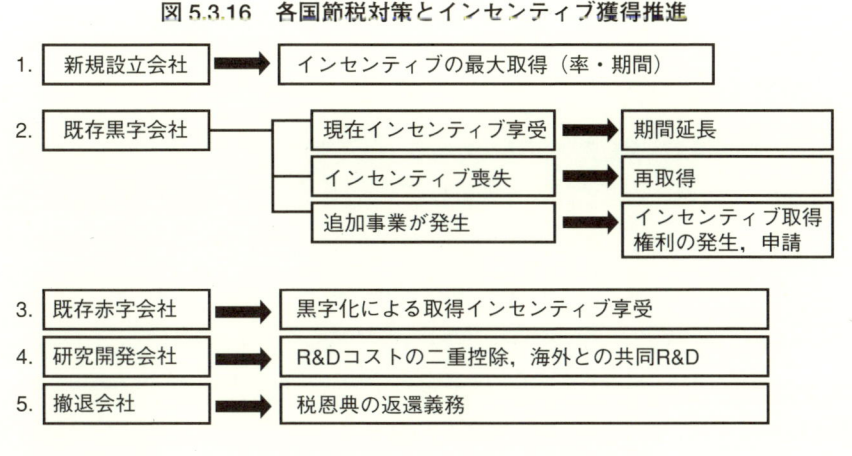

図5.3.16 各国節税対策とインセンティブ獲得推進

1. 新規設立会社 → インセンティブの最大取得（率・期間）
2. 既存黒字会社 →
   - 現在インセンティブ享受 → 期間延長
   - インセンティブ喪失 → 再取得
   - 追加事業が発生 → インセンティブ取得権利の発生，申請
3. 既存赤字会社 → 黒字化による取得インセンティブ享受
4. 研究開発会社 → R&Dコストの二重控除，海外との共同R&D
5. 撤退会社 → 税恩典の返還義務

出所：筆者作成

5.3 持続的な成長性・収益性確保のための地域経営機能の強化

を考え出さなければならない。また，せっかく現地政府より長期の法人税減免措置を付与されているのに，赤字経営のためにその恩典が活用できていない企業は当然ながら早急の黒字化が必要である。

この種の恩典供与の条件は国によって異なるが，「利益を計上した年や累損を解消した年が適用年」とは限らず，「設立年が適用年」のケースがある。赤字決算の期間はいたずらに恩典を喪失するだけである。また研究開発会社は，R&D コストの二重控除（double deduction）や日本や周辺国との共同 R&D による控除制度の活用を考える必要がある[注19]。事業進出や事業拡大に伴う恩典取得とは逆に，事業撤退に伴う恩典の返還もまた重要な税務案件である。当該国へ新規事業として進出したり，設立5年後に第二工場の増設といった当初の経営環境が，日々目まぐるしく変わる世界の経営環境の中で予期せず事業の縮小や撤退を引き起こす。特に事業撤退においては事業の完全閉鎖や，中国やASEANといった第三国への事業拠点のシフトなどのケースがある。2000年代に入ってASEAN各国が外資に供与する恩典には魅力的なものが多いが，同時に，供与の条件が高度かつ詳細になっている。具体的には供与期間，その間の年度別投資金額，産業高度化への貢献期待の大きい投資内容，従業員の学歴別雇用計画，途中撤退へのペナルティなどである。特に途中撤退の際の税恩典（累計節税額）の返還義務について，進出時に関心が薄い日本企業が見られるが税恩典取得と同様重要な事項であり，税務対応策を慎重に練っておく必要がある。

次に，図 5.3.17 は主要 ASEAN6 カ国の投資窓口を示している。シンガポールは通産省傘下にある EDB（Economic Development Board，経済開発庁），マレーシアは MIDA（Malaysia Industrial Development Authority，マレーシア工業開発庁），タイは BOI（Board of Investment，投資委員会），インドネシアは BKPM（Bidan Koodinasi Perdana Modal，投資調整庁），フィリピンは BOI（Board of Investment，投資委員会），ベトナムは MPI（Ministry of Planning & Investment，計画投資省）である。これらの政府窓口に対して，新規，延長，復活などの恩典交渉を行うのが，アジアの地域統括会社であった

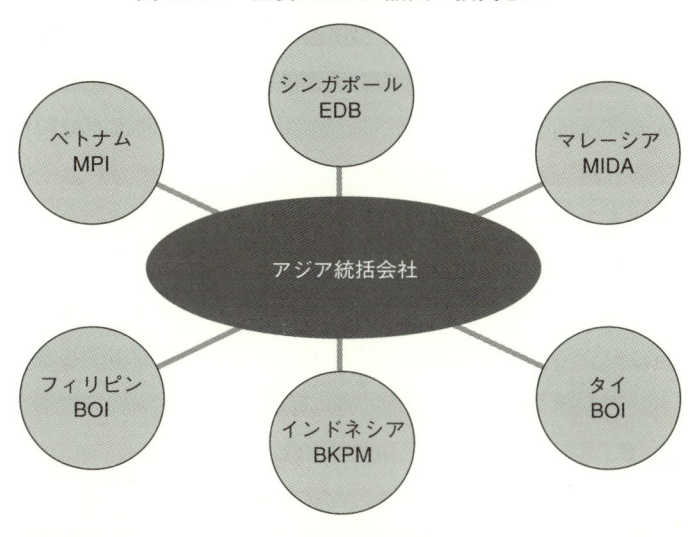

第5章　これまでのアジア戦略，これからのアジア戦略

図 5.3.17　主要 ASEAN 諸国の投資窓口

```
        シンガポール
          EDB
ベトナム           マレーシア
  MPI              MIDA

       アジア統括会社

フィリピン          タイ
  BOI              BOI
        インドネシア
          BKPM
```

出所：筆者作成

り，日本のアジア地域本部であったり，各国の現地法人である。必要に応じて各国の法律事務所や公認会計士事務所とも連携を行う。

　欧米企業，韓国企業，中国企業との熾烈な競争の中で，この国際税務戦略の成否が 21 世紀のアジアにおける日本企業にとり，企業の生命線となる。現地法人の出資形態，設立形態，受資国政府の免税恩典の取得などの検討により，企業の収益性改善は更に可能となろう。

(2)　配当課税とタックスヘイブン対策税制

　これまでのアジア戦略下での税務戦略は，例えばシンガポール，マレーシア，タイなどにおいては，節税の観点から現地法人が受資国政府から法人税減免の恩典（優遇税制）を取得後，利益を極力内部留保したり，配当を低税率のオランダなどの金融持株会社[注20]に集中して一括管理し，日本の配当課税を避けたり，最小限化するというケースが多かった。その背景には，アジアの現地法人から日本本国に配当を送金した場合，日本の実効法人税率 40% を全額課税し，

325

5.3 持続的な成長性・収益性確保のための地域経営機能の強化

当該現地法人が受資国で納税した法人税を控除する「間接外国税額控除制度」の存在があったからである。

この制度は，現地と日本本国での二重課税を回避するのが主旨であるが，海外現地法人から見ると，日本の実効法人税率40%と優遇税率取得後の現地の実効法人税率（例：10%）の差30%が日本で課税されることになる。この結果，海外で稼いだ利益に日本で高率の課税をされることを避ける現地法人は利益を配当という姿で極力日本に送金せず，現地や周辺国での事業拡大に再投資するという流れが強くなった。ただし，売上高や利益の海外依存度が高い一部の大手企業の中には，節税のため海外から日本への配当送金を事実上ストップしたことにより，逆に日本で株主へ支払う配当原資がショートするなどのキャッシュフローの問題を抱えるケースも出てきた。

2009年4月，日本で2009年度税制改正が施行された。これにより日本企業のこれまでのアジアの税務戦略や財務戦略を大きく変更するきっかけとなる可能性が出てきた。この改正には2つの重要な点があり，1つ目は，日本の親会社が海外現地法人（子会社）から受けとる配当が非課税[注21]となることである。これにより現地法人は，自社の利益を必ずしも内部留保しておく必要はなく，配当という姿で日本の親会社の研究開発や設備投資や配当支払いの原資として本国送金がしやすくなった。2つ目は，タックスヘイブン（Tax Haven）対策税制の改正である。シンガポールや香港といった実効税率25%以下の国の現地法人が傘下の子会社から受け取る配当を課税対象外としている。今後，アジアにおける地域統括会社，持株会社，ファイナンス会社の設立形態や出資形態，そしてそれら会社の傘下に設立する子会社の在り方を注意深く検討する必要が出てくる。

なお，2009年度税制改正施行後，海外の現地法人，金融持株会社，海外統括会社などに内部留保した資金の国内還流の動きが出てくるものと予想される。日本での設備投資，研究開発投資，企業買収，社債償還などの資金ニーズの高い企業は，現地にプールした資金を今回の非課税のメリットを生かして一

気に日本に戻すであろう。現地の事業拡大のための資金ニーズの高い企業では，為替リスクも視野に入れながら現地と日本の資金ニーズのバランスを考慮して一部の資金を日本に戻すであろう。そして，従来通り，海外に資金を置いておく各種メリットが受取配当金への非課税メリットより依然大きいと考える企業は，そのまま現地に資金を留保するであろう。今回の改正によって以上の3パターンが出てくるものと推定される。いずれのパターンでも，グローバルに展開している日本企業に新たな税務戦略と財務戦略の構築を突きつけている。とりわけ，上場企業のアジア地域の営業利益が米州，欧州のそれを上回った2007年度以降，ASEAN，中国，インドを含むアジア地域の税務戦略と財務戦略を，本国日本や米州，欧州の事業とのリンケージを考えながら，グローバルな視点からどのように構築するかが喫緊の課題として問われてくる。

5.3.7 地域広報戦略

これまでのアジアの地域経営において，多くの日本企業は，広報機能を各国にある現地法人別に社内広報と社外広報に分けて必要と思われる情報を適宜関係先に発信していく姿を取ってきた。広報機能を様々な経営機能の中で"標準装備機能"の1つとして位置づけてきた。前者の社内広報では，社内の経営方針，事業活動，従業員の各種文化・スポーツ活動などの紹介や伝達が主要な役割であった。社内紙はタイ，マレーシア，中国，インドネシア，インドなどでは現地語のみ，または現地語・英語併記という形で，経営側と従業員間，および従業員同士のコミュニケーションを図る広報紙としての役割を果たしてきた。

例えば日本のパナソニック本社では，1980年代からアジアをはじめ世界各地に設立された現地法人の社内誌を集めた世界コンテスト[注22]を定期的に実施し，優秀な社内誌に表彰を行ってきた。社内誌の取り上げる記事，レイアウト，印刷に至る品質が標準化され，高度化し，従業員およびその家族の経営に対する理解度や親密度，忠誠心を高めてきた。同社の2008年3月現在の連結ベースの従業員は30万5,000人であり，その6割が海外現地法人の従業員であることを考えると，各国で発行される社内誌の果たす役割が極めて大きいことが

5.3 持続的な成長性・収益性確保のための地域経営機能の強化

うかがえる。

　一方，後者の社外広報は，政府関係機関，地域コミュニティ，ディーラー，サプライヤーなどステークホルダー（利害関係者）に行われてきた。これは日本企業の中にあっては定期的に行われるケースと，広報案件が発生する都度，不定期に行われるケースがある。自社の経営方針や経営実態そして各種社会貢献活動などを，企業を取り巻く関係者に理解してもらうことが主旨である。

　21世紀の次の10年間（2010～2020年）を見据えるとき，アジアの経営の中で，広報機能はどのように変化しなければならないのであろうか。アジアの現地法人を取り巻く経営環境が今後，ますますボーダレス化し，市場競争をはじめとする国際競争が熾烈化するとき，これからのアジアの広報戦略として以下の3点が指摘できる。第1点は，個別現地法人ベースの広報からカントリー広報，さらにアジア全体を見渡したリージョナル広報へのシフトであり，第2点は，従来の"標準装備機能"としての広報から"戦略機能"としての広報への変身であり，第3点は，WEB活用の広報や証券広報など広報機能の高度化・多様化である。

(1) 個別現地法人広報からカントリー広報・リージョナル広報へ

　従来，日本企業のアジアにおける社外広報活動は，各現地法人ベースになされてきた。例えば，マレーシア，タイ，インドという国で同一企業グループ内に各々5社，10社といった複数の現地法人があっても，それぞれの設立背景と事業内容が異なるため，各現地法人別に広報活動を行っている傾向が強かった。しかし同じ企業グループであれば，脈絡のない単発打上げ型の広報よりも連携プレーによる広報の方が政府やコミュニティへのインパクトは強い。例えば，当該国の独立記念日を祝うため10社の現地法人が各々100万円ずつ寄付したことをバラバラに広報するよりは，同一企業グループが連名のもと1,000万円寄付した広報をする方が当該国へのコミットメントという意味ではるかに企業イメージは高まる。

同様に，各現地法人がバラバラに単年度の追加設備投資額と雇用人員増を打ち上げるよりは同一企業グループの合計数字を前面に出し，同時に過去から現在までの累計投資金額と累計雇用人員と累計納税額，累計研究開発投資額を打ち出す方が，受資国政府や社会へのアピール度は高い。このように，ほとんどコスト増を伴わず各現地法人の経営トップが連携するだけで，グループ企業の政府との新規恩典交渉や恩典継続交渉，各種協力・支援の取付けが有利になるのである。実施前提としてカントリー広報の主管会社の決定や広報人材の確保が必要である。

カントリー広報に加えて，アジアのリージョナル広報の重要性も増している。ボーダレス化が進むアジアにおいて，商流，物流のみならず人の移動，情報なども日々，国境を越える。ASEAN，中国，インドを中心とする南アジア，あるいはアジア全体を対象とするイベント数は年々増加している。アジアのビジネスサミット，各種コンベンションや展示会，地域スポーツ大会，国際会議などは北京，上海，シンガポール，バンコクなどアジアの主要都市で頻繁に開催されている。これらのスポンサーシップや納品など何らかの形でイベントに参加する当該国の現地法人にとり，単独での広報対応は質・量の面で難しい。担当する広報のカバレッジとその波及効果はアジアの特定地域または全域にかかわるからである。ここにアジアの地域統括会社の広報機能の重要性が浮かび上がる。アジアのリージョナルな広報は中国やシンガポール発で配信することができるが，戦略的には広報インパクトの強い米国ニューヨークからの世界配信網の中でアジア各国をもカバーするという工夫が必要となってくる。

(2) "標準装備機能"から"戦略機能"としての広報へ

従来のアジアの経営において，各現地法人はその事業内容が，製造，販売，サービス，研究開発，ロジスティクス，財務，地域統括かを問わず，何らかの広報機能を有している。その機能のカバレッジや専門性や配置人員数も大きく異なる。また販売現地法人では，宣伝広告と広報のプロモーションミックスを巧みに行っている企業も多い。ただし，大半の現地法人は，"創立20周年"，"新工

場開所式"，"販売台数100万台達成"のように社外広報するネタ（案件）がたまたま生じた時にだけ広報を行っている。社内に起こった重要案件を単に社会の皆様にタイミングよくお知らせするという控え目な広報活動である。

これからのアジア戦略においては，広報活動には戦略性が求められる。この戦略性は，商品広報，企業広報，ブランド・プロモーションといった「攻めの広報」とリスク対応の「守りの広報」の両方に求められる。例えば，産業政策，社会政策，外資政策など受資国政府の方針や国民の強い関心やニーズがある案件への広報対応がある。進出国の政府，コミュニティに対する当該企業の経営理念やそれに基づく具体的行動の広報である。それらは現地への企業の社会的責任（CSR）の遂行である。具体的には，現地での積極的な身障者雇用といった社会貢献活動，商品や技術を通しての環境・省エネ分野でのリーダーシップや植林など社員のボランティア活動を通じての地球環境保護活動である。アジア各国の政府は上記活動の重要性は認識できても，その予算の裏づけは不十分であり，政策としての優先順位も低くなりがちである。日本企業はこれらの分野で今日まで外資系企業の中では積極的なアクションを取り成果を出してきたのであり，今後，現地でのこの取り組みは更に加速化されるべきものと思われる。

日本企業の現地法人であるがゆえにリーダーシップを発揮できる活動は，現地社会の尊敬の対象となり，また，企業のイメージアップ，ブランドイメージの高揚などのソフトマーケティングにもなり得るのである。1974年にジャカルタで発生した対日本企業，対日本人への暴動から2005年の上海で発生した反日暴動に至るまで，現地法人を守ってくれたもの，現地法人の被害を最小限にしてくれたものは，このような企業と現地従業員の社会貢献活動によるところが大きい。欧米の現地法人によるしたたかな広報と比べて控え目な広報活動にとどまっていた日本企業の各種社会貢献活動や環境・省エネ分野でのリーダーシップの発揮は，今後の戦略的広報活動の中心に据えられるべきテーマである。

(3) 広報機能の高度化・多様化—アジアの証券広報

21世紀に入って，アジアの広報機能の高度化・多様化としてWEBの活用とそれに伴うメディアの多様化が取り上げられる。社内向けのイントラネットと社外向けのインターネット広報が進展していく。従来のパソコンを経由する宣伝・広報に加えて，携帯電話向けのモバイル宣伝・広報が進化していく。アジア各国の通信事情が異なるためモバイル広報の進展度合も異なるが，ITの進化の中で広報手段の高度化やそれに伴うメディアの多様化が重要になっていく。

また，アジアの広報機能の高度化・多様化の中で，今後重要となる機能の1つに証券広報（IR：Investors Relations）がある。各社ごとのアナリストミーティングをはじめとする証券広報は米国や欧州では株主に対して定期的または不定期的に開催される。一方，アジア各国での日本企業による証券広報については媒体に取り上げられることは少ない。また欧米の多国籍企業の本社やアジアの現地法人の株式がアジア各国の証券取引所に上場されているが，その上場目的とどの程度の証券広報がなされているかも日本側にはブラインドになっている。筆者が2006年3月に香港，クアラルンプール，ジャカルタ，バンコクなどの各証券取引所を訪問し，実態調査をした時点では，インド[注23]を含むアジア各国の証券取引所に上場している日本企業は約80社であった。2009年に入り，パブリケーション・ベースで上場実態を再調査した結果，上場廃止企業と新規上場企業を加味すると94社がアジアの10カ国に上場していることが判明した。

上場廃止の理由は，各証券取引所での当該企業の株式取引が少なく，上場廃止に伴う株主，投資家への影響が小さいことや資金調達市場としての魅力が薄れ，上場維持費用負担が大きいことなどが挙げられている。上場94社の内訳はタイ25社，インド16社，シンガポール16社，マレーシア10社，インドネシア9社などである。日本の親会社の株式上場のケースも見られるが，大半は日本のアジア現地法人が地場の証券取引所に上場している。また上場現地法人

5.3 持続的な成長性・収益性確保のための地域経営機能の強化

は日本側の完全出資のケースやマジョリティやマイノリティ出資の合弁会社のケースがある。本項では，マレーシア，インドネシア，シンガポール，タイの各証券取引所の上場企業の実態を紹介する。

① マレーシア証券取引所

マレーシアの首都にあるクアラルンプール証券取引所（略称：KLSE）は，1973年に設立された。上場は一部市場に当たる「メインボード」（マレー語：Papan Utama）と二部市場に当たる「セカンドボード」（マレー語：Papan Kedua）がある。取引はすべてコンピュータ化され，証券会社とKLSEをリンクした自動トレードシステムである。2004年4月，KLSEはマレーシア証券取引所と名称を変更した。2009年7月現在，メインボード上場企業は622社，セカンドボード上場企業は217社である。

1994年にはマレーシア店頭株市場MESDAQ（Malaysian Exchange of Securities Dealing and Automated Quotation）が設立された。ハイテク分野で高い技術を持った新興企業が対象であるが，取引が活発化しなかったため2002年にKLSEと合併した。2009年7月現在MESDAQ上場企業は117社である。デリバティブでは，2001年にクアラルンプール金融先物取引所（KLOFFE）とマレーシア商品金融取引所（COMEX）が合併し，マレーシア・デリバティブ取引所（MDEX）が誕生した。

マレーシア証券取引所に上場している日本企業の事例として，**表5.3.3**にマレーシア味の素など9社（上場廃止の1社を含む）をリストアップしている。各社の上場の背景には，マレーシア政府の証券市場の育成や活性化要請に呼応したケース，ブミプトラ政策に呼応して株式公開により日本側の出資比率を下げたケース，ブランドイメージ向上を狙ったケース，純粋に資本調達を図ったケースなど様々である。味の素の上場の歴史は古いが同じ外資系食品会社ではネスレもマレーシアに上場している。なおネスレはマレーシアのほかにインド，パキスタン，スリランカでも上場している。また，米国ユニリーバはインドで

第5章 これまでのアジア戦略，これからのアジア戦略

表5.3.3 日本企業のマレーシア証券取引所への上場事例

	日本の親会社	上場企業	株主（%）	上場区分	ティッカーシンボル	備考
1	味の素	マレーシア味の素	味の素 50.1 / 現地 49.9	メインボード	AJI	
2	イオン	イオンマレーシア	イオン 45.76 / 現地 54.24	メインボード	AEON	
3	きんでん	ビンタイきんでん	きんでん 20.57 / 現地一般株主 35.37	メインボード	BINTAI	
4	KOA（興亜電工）	興亜電工マレーシア	KOA 38.99	メインボード	N.A.	06年4月廃止
5	パナソニック	パナソニック・マレーシア	パナソニック 43.1 / 現地 56.9	メインボード	PANAMY	
6	日本たばこ産業	JTインターナショナル	N.A.	メインボード	JTINTER	
7	東洋インキ	Toyochem Corp.	東洋インキ 51 / パンパシフィック現地一般株主 49	セカンドボード	TOYOINK	
8	サンライズ工業	サンチリン工業マレーシア	サンライズ工業 20.31 / ニチリン 20.31 / 現地 59.38	セカンドボード	SUNCRN	
9	イオン	イオンクレジットサービス	イオングループ 61.85	メインボード	AEONCR	

出所：現地マレー語新聞 Berita Harian 版（2006.03.20）など各種資料より筆者作成

上場している。

② インドネシア証券取引所

インドネシアでは1970年にマネー・マーケットと資本市場が創設され，1976年には資本市場監督庁が設立されている。1980年代は金融自由化がなされ，1987年に外国人投資家の株式市場への参入が認められた。2008年11月末現在，インドネシア証券取引所に上場している企業数は396社である。多国籍企業の親会社の上場はなく，外資系企業のインドネシア現地法人も含めてすべてインドネシア企業である。396社中，国営企業は70社であり，その他はすべて民間企業である。なお，2007年にスラバヤ証券取引所がジャカルタ証券取引所に合併され，名称がインドネシア証券取引所に変更されている。

333

5.3 持続的な成長性・収益性確保のための地域経営機能の強化

表 5.3.4　日本企業のインドネシア証券取引所への上場事例

	親会社	インドネシア現地法人名	ティッカーシンボル	上場年月	備考
1	東レ	P.T.CENTEX TBK	CNTX	1979年 5月	
2	帝人	P.T. TIFICO TBK	TFCO	1980年 2月	
3	住友商事	P.T. SUMMITPLAST TBK	SMPL	NA	07年4月廃止
4	住友電工	P.T. SUMI INDO KABEL TBK	IKBI	1991年 1月	
5	TOTO	P.T. SURYA TOTO INDONESIA TBK	TOTO	1999年10月	
6	旭硝子	P.T. ASAHIMAS FLAT GLASS TBK	AMFG	1995年11月	
7	マンダム	P.T. MANDAM INDONESIA TBK	TCID	1993年 9月	
8	ユニチカ	P.T. UNITEX TBK	UNTX	1982年 6月	
9	コマツ	P.T. KOMATSU INDONESIA TBK	KOMI	1995年10月	05年8月廃止
10	アコム	P.T. BANK NUSANTARA Parahyangan TBK	BBNP	2001年 1月	

出所：ジャカルタ証券取引所（当時名）提供の資料および各社のホームページなどより筆者作成

表 5.3.4 が示すとおり，インドネシア証券取引所に上場している日本企業は全部で 10 社（上場廃止の 2 社を含む）である。いずれも日本の親会社の上場ではなく，インドネシアにある子会社（現地法人）の株式上場である。10 社とも株式市場に公開している株式数は全株式数の 1 割か 2 割であり，大部分を日本の親会社や合弁のパートナーが所有している。上場しているとは言え，流通株（浮動株）が非常に少ないのが特徴的である。10 社の中で建設機械のコマツと住友商事の現地法人も上場していたが，上場を廃止した。コマツは同社の世界的な上場方針の変更により日本（東京・大阪除く），インドネシアや他の国での上場を取り止めた一環である。この他に 2000 年代に入って，ジャカルタで上場を廃止した企業には韓国系の食品会社「ミウォン」，ドイツ系の「バイエル」，米国系の「P&G」がある。

③　シンガポール取引所

シンガポール取引所（SGX）は，1999 年にシンガポール証券取引所（SES）

第5章 これまでのアジア戦略，これからのアジア戦略

とシンガポール国際金融先物取引所（SIMEX）とが合併し設立された。SGXは一部市場に該当する「MAINBOARD」と二部市場に該当する「SESDAQ（セスダック）」の2つの市場より成り立っている。2007年12月，SESDAQに代わって上場条件を緩和した「Catalist（カタリスト）」が創設され「SESDAQ」は解消した。「SESDAQ」に上場していた企業は自動的に「Catalist」に移行した。2009年6月現在，「MAINBOARD」は633社，「Catalist」129社の合計762社が上場している。

762社の内訳は，シンガポールの地場企業が453社，外国企業309社である。ただし，シンガポール企業と言っても，外資系のシンガポール現地法人も，親会社の国籍にかかわらずシンガポール企業として取り扱われているので，実質的には外国企業の数は更に多いと推定される。日本企業は6社であるが，日本の親会社の株式が公開されている分のみがカウントされている。表5.3.5はシンガポール取引所へ上場している現地法人を含む日本企業12社（上場廃止の3社を含む）の事例である。上場主体が日本の親会社かシンガポールに設立した現地法人かを区別してある。

表5.3.5 日本企業のシンガポール取引所への上場事例

	企業名	上場年月	上場区分	上場主体	備　考
1	村田製作所	1976年 8月	一部	親会社	
2	伊勢丹	1981年10月	一部	現地法人	
3	ミネベア	1982年10月	一部	親会社	06年10月廃止
4	日興コーディアル	1990年10月	一部	親会社	08年 1月廃止
5	技研サカタ	1993年 2月	Catalist	現地法人	
6	ポッカ	1994年 9月	一部	現地法人	08年11月廃止
7	野村ホールディングス	1994年 9月	一部	親会社	
8	コナミ	1997年11月	一部	親会社	
9	三吉工業	2000年 9月	一部	現地法人	
10	丸和	2000年12月	一部	親会社	
11	ユニダックス	2001年 5月	Catalist	現地法人	
12	樹研工業	2003年 7月	一部	現地法人	

出所：SGXホームページなどより筆者作成

5.3 持続的な成長性・収益性確保のための地域経営機能の強化

④ タイ証券取引所

1975年にタイ証券取引所（略称：SET）が設立された。市場は，一部市場に該当する「メインボード」と，二部市場に該当する「MAI」（Market for Alternative Investment）がある。MAIは新興企業の資金調達を支援するため1999年に設立され，2001年に取引を開始した。中小企業育成のための市場と言える。2009年6月現在，メインボードは470社を超す企業が上場し，MAIは50社を超す企業が上場している。タイ証券取引所（SET）とシンガポール取引所（SGX）は，2003年に共同開発や情報共有で覚書を締結した。また，両者は2005年12月にデリバティブ（金融派生商品）取引の連携に関する覚書に調印した。

タイ証券取引所に上場している日本企業の数は，25社が判明しているが，その中から表5.3.6に8社の事例を掲げる。この中には親会社が日本では上場していないが，タイの現地法人が上場しているケースとして，村元工作所（本

表5.3.6　日本企業のタイ証券取引所への上場事例

	親会社	上場企業	株　主（％）		上場区分
1	イオン	AEON Thana Sinsap (Thailand) Public Co., Ltd.	イオンG 現地ほか	63.12 36.88	メインボード
2	古河電工	Furukawa Metal (Thailand) Public Co., Ltd.	古河電工 現地ほか	44.0 —	メインボード
3	村元工作所	Muramoto Electron (Thailand) Public Co., Ltd.	村元工作所	67.78	メインボード
4	スタンレー電気	Thai Stanley Electric Public Co., Ltd.	スタンレー電気 現地ほか	30.35 69.65	メインボード
5	野村證券	Capital Nomura Securities Public Co., Ltd.	野村G 現地ほか	38.01 61.99	メインボード
6	中央宣興	Chuo Senko (Thailand) Public Co., Ltd.	中央宣興 現地個人	41.80 51	MAI
7	ミツワ電機工業	Thai Mitsuwa Public Co., Ltd.	ミツワ電機G 現地ほか	67.58 32.42	MAI
8	GSIユアサ	Yuasa Battery (Thailand) Public Co., Ltd.	ジーエス・ユアサ （関係会社経由）	40.69	MAI

出所：Bangkok Post 株式欄などより筆者作成

社・兵庫県神戸市）とミツワ電機工業（本社・大阪府羽曳野市）がある。村元工作所のタイ法人は1987年6月設立，2003年7月に上場，ミツワ電機工業のタイ法人は1987年設立，2003年10月に上場している。村元工作所の主な事業は，金属プレス加工，溶接，表面処理，樹脂成形，金型，メカ組立，基板実装などである。村元工作所はアジアを中心に9カ所に海外拠点がある。

以上，アジア4カ国での日本企業の上場実態を概観したが，これら企業の中で上場会社数が多いのはパナソニックの6社（マレーシア，フィリピン各1社，インド4社）とイオンの5社である。イオンのアジア現地法人の株式上場の経緯を以下に紹介する。

⑤ イオンのアジア現地法人の株式上場

イオンはアジアへの事業展開を図る中で，5回にわたり現地法人の株式上場を行ってきた。第1回目が1994年2月，香港の子会社であるジャスコストアーズ（香港）株式会社（現・イオンストアーズ（香港），2008年2月現在，資本金1億1,515万香港ドル）が香港交易所に株式を上場した。翌年9月，同じく香港の子会社であるイオンクレジットサービス（アジア）株式会社（同・資本金2億6,947万香港ドル）が同交易所に株式を上場した。1996年12月，マレーシアの現地法人であるジャヤ・ジャスコストアーズ（現・イオンマレーシア，同・資本金1億9,610万マレーシアドル）がクアラルンプール証券取引所のメインボードに株式を上場した。

なお，マレーシアに海外1号店であるジャヤ・ジャスコストアーズのダヤグミ店が開店したのは1985年6月である。その後，2001年12月にタイの子会社であるイオンタナシンサップ（タイランド）（同・資本金2億5,000万タイバーツ）がタイ証券取引所に株式を上場した。2007年12月，マレーシアの子会社であるイオンクレジットサービス（マレーシア）（同・資本金1億1,614万マレーシアドル）がマレーシア証券取引所のメインボードに株式を上場した。以上のようにイオンは香港2社，マレーシア2社，タイ1社の計5社の現地法人が上場を果たしている。

日本企業がアジアの証券取引所に上場している背景や目的は国ごと，企業ごとに異なる。例えば，インドでは政府が外資に開放政策を取る1991年以前に進出した企業は，マイノリティ出資の合弁を余儀なくされると同時に，当該企業の上場（株式公開）をほぼ義務づけられた。ヒーロー・ホンダモーターズ，マルチウドヨグ（現・マルチスズキ），パナソニックAVCネットワークス・インディア（2007年12月上場廃止）など多くの日本企業の進出経緯がそれを物語っている。またマレーシアをはじめとするASEAN各国政府が自国の証券取引所育成のため，外資系企業に上場を依頼したり促したりしたケースもある。

　アジアでの上場メリットとしては，以下の7点が考えられる。①株式公開による長期性の資金の調達，②上場による与信効果を狙った邦銀または地場銀行からの借り入れの容易さ，③現地政府・コミュニティ・消費者に対する企業プレゼンス向上，④ブランドイメージの向上，⑤従業員のモラル・誇りの向上，⑥従業員へのストックオプションの実施が可能，⑦経営の透明性確保義務によるコーポレート・ガバナンスの向上である。

　以上の上場メリットに対しては，次の4つのデメリットや留意点がある。①上場している株式の流動性次第では企業買収の脅威が発生すること，②ルールと規則による政府の監督強化，そして，③上場維持コストの負担や，④上場廃止時の難しさである。今後，ASEAN，中国，インドのアジア各国の経済成長の中で，証券市場が拡大し，証券取引所も新設・拡充強化されるなど変貌していくものと思われる。外資系企業のアジアでの上場企業数が長期的に増加する中で，日本企業の本社も現地法人も上場の是非を新たに問われると同時に，それに伴う証券広報の巧拙が問われる。これからのアジア戦略では欧米においてと同様，証券広報の重要性が注目される。

5.3.8　地域統括戦略

(1)　ASEANの地域統括

　2000年代に入り，中国，ASEAN，インドを中心としたアジアの経済ダイナ

第5章　これまでのアジア戦略，これからのアジア戦略

ミズムが脚光を浴びている。一方では，少子高齢化，人口減が始まった世界第2位のGDPを誇る日本の成長余力に制約が出るのではないかと危惧されている。このままでは日本は高付加価値産業に閉じこもる縮小均衡経済に向かうおそれさえ出てくる。こうした中で，グローバルな事業展開を図ろうとする日本の企業は今後，世界のどの地域に自社の持続的な成長性と収益性を求めるかが問われている。その1つの鍵が高成長を続ける中国，ASEAN，インドを中心としたアジア地域での事業展開である。2010年代に向けたアジアの経営戦略とアジア地域の事業統括の成否が日本企業の生き残り，勝ち残りに大きな影響を与える。以下，21世紀のあるべきアジア地域統括を展望してみる。

「地域統括会社」という会社形態や事業形態の定義は国ごと，企業ごとに異なっている。シンガポール，マレーシア，タイ，フィリピン政府は外資を誘致する目的で，外資現地法人に対して「地域本部機能」，「地域統括機能」を定義し，それら法人の満たすべき条件を定め，条件に合致する法人に法人税の減免などの恩典を供与することにしている。

一方，個々の企業のいう「地域統括」の定義も必ずしも明確でなく，当該企業のASEANにおける事業展開の発展段階によって大きく異なる。単に当該地域の現地法人の業績を横断的に集計し，経営を見届け，アドバイスを与える程度の緩い統括から，執行役員が現地に常駐し，傘下にある各国現地法人の投資の権限や回収の責任を有し，その業績評価や経営責任者の人事評価，配置を行う権限を有している本格的な統括まである。

1986年にアジアで初めて地域統括会社に関するコンセプトと恩典を打ち出したシンガポールに続いて，マレーシア，タイ，フィリピンの3カ国の政府が積極的に地域統括会社のコンセプトを導入した。外資の積極的な導入を図り，自国の産業の高度化，高付加価値化を実現するためである。4カ国に共通している地域統括会社認定の条件としては，所在国を中心とした複数国の現地法人を対象に戦略的事業立案・事業開発，全般的な経営および業務，マーケティン

5.3 持続的な成長性・収益性確保のための地域経営機能の強化

グ管理，知的財産権の管理，地域横断的な教育訓練や人事管理，情報システムの構築，研究開発，資材調達，金融アドバイザリーサービスなどを行っていることなどが挙げられる。

一方，1960年代のASEAN創設後からタイ，インドネシア，マレーシア，シンガポール，フィリピンを中心に現地進出を図った日本企業は，各国に複数の製造や販売の現地法人を設立する中で，ASEAN域内またはアジア全体の地域統括のやり方に試行錯誤を重ねた。今日の日本企業，とりわけ製造企業の地域統括会社は，4つの発展段階を経てきたことが分かる。

第1段階は，明確な地域統括会社という形ができる前の段階で，ASEANの事業に共通の支援機能である教育訓練，資金調達の運用，物流などが必要に応じて散発的に単機能として進出した段階である。第2段階は，アジア共通の支援機能をサポートセンターとしてくくり，それを「地域統括会社」とするもので，「地域横断的支援会社」といった色彩が強い。

第3段階は，中国にも複数の事業拠点が設立され，ASEAN，中国，米州，欧州の地域統括会社の役割と権限が拡大する。事業評価，人事評価，地域支援費の獲得と配分などと同時に，投資回収の責任など大幅に権限と責任が委譲されている。この段階では，従来の各国個別最適の事業展開から地域全体最適のため何らかの集中化や効率化が求められ，地域横断的な経営戦略機能が強化された。第4段階は，アジアの地域統括会社の経営スパンは変わらないが，その傘下の現地法人が日本本社の出資からオランダなどに設立された持株会社の迂回出資に代わるといったグローバルな税務戦略の一環の中での発展段階であり，当該地域での経営管理と出資・所有が分離する。地域統括機能の中に国際税務戦略が付加され統括機能が高度化する。

(2) 中国の地域統括

1980年代から本格的に始まった日本企業の中国進出は，短期間に増えた中国内の複数事業拠点をどのように管理・運営していくべきかという課題を突き

第5章　これまでのアジア戦略，これからのアジア戦略

つけた。例えば，パナソニックは，1987年に北京に合弁形態で最初の現地法人を設立してからわずか20年間で60社を設立し，直接投資金額も1,000億円台に上った。その業態も現地法人数の7割を占める製造会社をはじめ，販売会社，研究開発会社，物流会社，ファイナンス会社など様々である。そして出資形態もパートナーが中国政府の意向でその都度決まる合弁や独資（自社の完全出資）がある。またそれら現地法人のロケーションは，広大な中国の土地で北は遼寧省から南の広東省に至るまで幅広く分布している。当然ながら現地法人数が増え続ける中で，これら事業拠点をどのように統括・管理するかが喫緊の経営課題となった。

　外資による中国での複数事業拠点が急増する中で，1995年に中国政府から出てきたのが投資性公司と呼ばれる傘型企業のコンセプトである。これは主に大手多国籍企業の誘致を目的に設立が許可される一種の持株会社である。その後の法整備の進展の中で，傘型企業の位置づけが明確化される一方，日本企業はバラバラに進出した現地法人の管理や各社に共通する機能の集約化や，中国全土への販売チャンネルの拡大，中国全体の統一した事業戦略立案，外資系企業や中国地場企業との熾烈な競争下での現場のスピーディな意思決定が求められた。

　こうした中国事業の統括のニーズの高まりが日本企業による傘型企業の設立を推し進めてきた。1990年代後半は首都北京にパナソニック，日立製作所などの電機，伊藤忠，住友商事などの商社を中心に傘型企業が設立され，第1次設立ブームとなった。第2次設立ブームは2000年代前半に上海に多岐にわたる業種が設立して起こった。商業都市と工業都市の両面を備えた上海の戦略性に注目したからである。当時の第1次，第2次設立ブームで傘型企業を設立した日本企業は50社を超えた。

　2000年代に入って，中国で地域統括会社（RHQ）のコンセプトが打ち出された。最初は2002年に上海市政府が作成した「上海市の多国籍企業の地域本

部設立を奨励する暫定規定」であり条例として公布された。続いて北京市,商務部から地域統括会社の規定が発表されている。前述の傘型企業が外資の中国国内にある複数現地法人を対象にした持株会社のコンセプトであるのに対して,地域統括会社は中国および海外複数国における事業を対象としている。

　それでは外資による地域統括会社の設立実態はどのようになっているのであろうか。筆者が調査した 2004 年時点で設立許可を受けた多国籍企業の数は既に 100 社を超えていた。上海市で設立されたのは,GE,コダックなどの米国企業,アルカテル,ミシュランなどの欧州企業,コマツ,東レなどの日本企業で合わせて 70 社を超す。一方,北京市で設立されたのは,IBM,ヒューレット・パッカードなどの米国企業,エリクソン,ネスレなどの欧州企業,キヤノン,東芝などの日本企業,LG,サムスンなどの韓国企業で合わせて 30 社を超す。2008 年に入り,上海市は「現時点で上海市にある外資系地域統括会社 200 社強を 5 年後までに 3,000 社誘致する計画」を発表している。そのために会社設立時の最低資本金の引き下げや外国人社員の滞在ビザ取得などの優遇措置を打ち出した。さらに,2009 年 7 月に上海市内で在上海多国籍企業地区本部認証式が開催され,新たに 16 社が認証されたが,この時点で「多国籍企業地区本部認定企業数は 240 社」と公表されている。

(3) インドの地域統括

　1991 年以降のインドの高成長の下,日本企業が今日までインドにどれだけ進出したかについて,既に第 1 章第 1.3 節「1990 年代のインド」で詳述したのでここでは重複を避ける。欧米企業はもとより,韓国企業やシンガポール企業など世界の企業がインドを目がけて積極的に事業進出を図っている中で,日本企業の 2008 年 10 月現在の進出企業数 550 社,838 拠点は今後,さらに増え続けるものと推定される。スズキ,ホンダ,デンソー,パナソニック,ソニー,日立製作所,三菱化学などに見られるように,1 社で複数の製造会社や販売会社を持つ企業も増え続けている。企業によっては親会社のインド進出に伴い,その連結子会社や非連結子会社といったグループ企業も多数進出するようにな

第5章　これまでのアジア戦略，これからのアジア戦略

る。今後，1社または1グループ企業で10カ所を超す事業拠点をインド国内に持つ企業が現れる。このことは，1980年代，90年代の日本企業の中国進出において，その後起こった中国の地域統括の問題と同じ問題を想起させる。

　図5.3.18は自動車部品メーカー，デンソーのインド拠点，7カ所を示している。内訳は，製造・販売会社4社，販売会社1社，生産委託先2社であり，5社の現地法人を有している。そしてこの事業拠点の1つデンソー・ハリアナの会社概要を表しているのが表5.3.7である。それぞれの現地法人の設立背景や進出動機が異なる。例えば，図5.3.18のデンソー・インディアは1984年に設立されデンソーの出資比率52.9%の合弁会社である。一方，表5.3.7のデンソー・

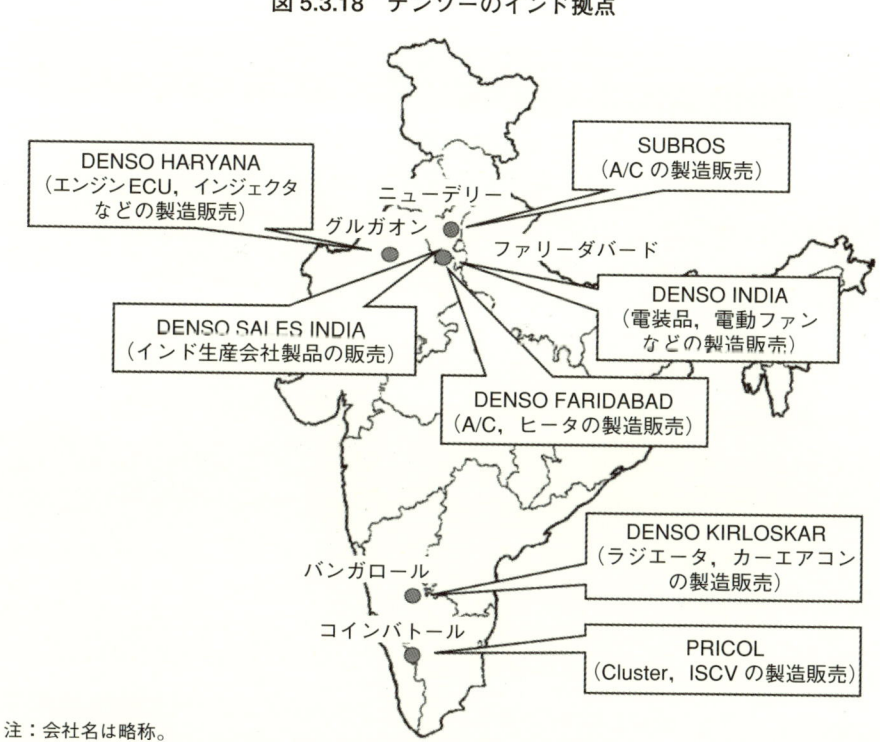

図5.3.18　デンソーのインド拠点

DENSO HARYANA（エンジンECU，インジェクタなどの製造販売）
SUBROS（A/Cの製造販売）
DENSO SALES INDIA（インド生産会社製品の販売）
DENSO INDIA（電装品，電動ファンなどの製造販売）
DENSO FARIDABAD（A/C，ヒータの製造販売）
DENSO KIRLOSKAR（ラジエータ，カーエアコンの製造販売）
PRICOL（Cluster，ISCVの製造販売）

ニューデリー
グルガオン
ファリーダバード
バンガロール
コインバトール

注：会社名は略称。
出所：筆者訪問時の同社提供試料および各種資料に基づき筆者作成

5.3 持続的な成長性・収益性確保のための地域経営機能の強化

表 5.3.7　デンソー・ハリアナの会社概要

会社名	Denso Haryana Pvt. Ltd.
所在地	ハリアナ州　グルガオン市　マネサール工業団地
設　立	1997年8月（FIPB認可 1998年6月）
操業開始	1999年12月
資本金	20億4,900万ルピー（約50億円）
出資比率	（株）デンソー　99.99％、デンソー・インターナショナル・アジア社　0.01％
事業内容	エンジンECU、インジェクタ、フューエルポンプ、ISCV、自動車部品
社　長	近藤　琢磨
従業員数	504人（直接 311人、間接 110人、管理 83人） （2006年8月30日現在）
生産能力	ECU 58,000、インジェクタ189,000、フューエルポンプ59,500 （2直の月産）ISCV 50,000（Pricol　外注）
主要得意先	マルチウドヨグ（スズキ）、トヨタ、ヒンドスタン（三菱）、ホンダ

出所：筆者訪問時の同社提供資料に基づき筆者作成

　ハリアナは1997年に設立され、デンソー側100％出資の完全子会社である。出資者の一人であるシンガポールの地域統括会社デンソー・インターナショナル・アジア（日本のデンソー本社100％出資）が0.01％出資しているのは、デンソー・ハリアナが豪亜地区傘下に入っているためである。デンソー・インディアでの1980年代からの合弁経営の苦労から、デンソー・ハリアナでは100％経営権のある完全子会社を選択したと推測される。

　デンソー・ハリアナは、1982年設立の自動車メーカー、マルチウドヨグ（現・マルチスズキ）の要請に応えるべく進出したもので、同社まで約20kmの便利なロケーションに設立されている。デンソー・ハリアナはマルチウドヨグの要望で2000年4月から排気ガス規制対応に向けたEFI化に対応すべくECU（電子コントロール・ユニット）などを生産している。またデンソー現地子会社の立地もインド北部のデリー市周辺から南部のバンガロール市に広がっているが、主たる納品先のユーザーの立地や合弁パートナーの既存工場の立地を反映している。

以上，デンソーのインド現地法人を概観したが，インドに進出する日本企業は，各々の現地法人の進出動機，進出時期が異なる。また進出形態も日本側のマイノリティ出資やマジョリティ出資の合弁，完全出資に加えて，エーザイ，日本通運，松下電工（現・パナソニック電工）に見られるような現地企業の買収による進出もある。また出資者が日本の親会社とは限らず，節税の観点からシンガポール子会社の場合もある。そして事業拠点の立地は，日本の国土面積の約9倍あるインドにおいて，北はハリアナ州やパンジャブ州から南のタミルナドゥ州やケララ州まで，そして東はウェストベンガル州から西のグジャラート州やマハラシュトラ州まで広範にわたる。

2010年代にインド事業で起こるであろう経営課題は，1990年代や2000年代初頭に中国で起こったそれと同じものが起こる可能性が高い。現地法人ごとに進出動機はあるものの，それぞれ脈絡がなく，個別最適を狙って進出した複数の現地法人において，ファイナンス，為替管理，節税，ナショナルスタッフの採用・教育訓練，情報システム，ブランド戦略，広報，シェアード・サービスなどをインド一国としてどのように相乗効果を出して効率的に地域統括するかという課題が発生する。しかもインド事業がASEANや中国の事業拠点と国際水平分業や垂直分業の中で相互依存度を高めはじめるとき，インド事業統括のスコープと質の転換を余儀なくされる。1990年代の中国での地域統括の試行錯誤の経験を，2010年代のインドにおいて，高い学習効果として，したたかに発揮できるかが問われている。

2008年12月現在，インド政府はインドに投資する外資系企業に対して地域統括会社設立へのコンセプトを打ち出していない。一方，インドに複数の事業拠点を持つ外資系企業には，かつてのASEANや中国の事業展開の際に起きたような，現地法人の管理や統一した戦略立案などの統括機能や各種経営機能の集約化などのニーズが起きている。しかし現状ではインドに持株会社を作ると配当税が二重に課せられるなど，むしろ税制上のデメリットが大きい。今後のインド政府の外資政策と日米欧多国籍企業のインド国内外における節税戦略・財務戦略が注目される。

5.3 持続的な成長性・収益性確保のための地域経営機能の強化

(4) アジアの地域統括展望

　ここで日本企業のアジア戦略の変遷を振り返る。アジア戦略の第1段階は，中国の改革開放政策が始まる以前であり，シンガポール，インドネシア，マレーシア，タイ，フィリピンといったASEAN原加盟国が対象であった。次に第2段階では，そこに開放政策後の中国戦略が追加された。そしてASEANと中国の間で水平分業や垂直分業が起きると既存のASEAN拠点に新たな中国拠点を包含した第3段階の拡大アジア戦略が必要となった。この間，アジアの商流や物流が大きく変化した。そして1991年のインドの対外開放政策が始まると，外資に制限の多かった80年代のインド戦略とは一変した新たな対外開放政策下のインド戦略が第4段階として展開された。そして今，ASEAN，中国，インドをいかに有機的に結びつけるかという第5段階の戦略が経営上，問われている。

　第5段階の戦略を考える上で日本，中国，ASEAN，インドの4つを核としたアジアがどのように変化してきたのか，あるいは変化していくのかを見てみる必要がある。この変化については第5章 5.2節「これからのアジア戦略」で貿易面から詳述したので，ここでは省略をするが，要約すれば，中国・ASEAN間，ASEAN・インド間，インド・中国間の貿易急増の実態である。つまり中国，ASEAN，インドの三極間に貿易，直接投資，人の往来の面で経済ダイナミズムの大きなうねりが起きている。この中国，ASEAN，インドで構成される新たなトライアングルが今後のアジアの成長を牽引する地域になると予想される。日本，ASEAN，中国で構成されるトライアングルと合わせてアジアには2つのトライアングルが出来上がり，日本企業にはこの中にある生産や販売，研究開発の事業拠点をどのように管理統括するかという戦略が求められている。

　ここでもう一度話を日本に戻してみる。東京，大阪，名古屋，福岡など日本に本社を置く企業にとって，日本から見えるアジアは図 **5.3.19** のように日本・

第5章 これまでのアジア戦略, これからのアジア戦略

ASEAN, 日本・中国, 日本・インドという日本から発する3本の放射状の線の先にあるアジアである。この3本の線は日本からODA（政府開発援助）を行うときに見えるアジアと言える。日本を起点にこの単線の視点でアジアを見

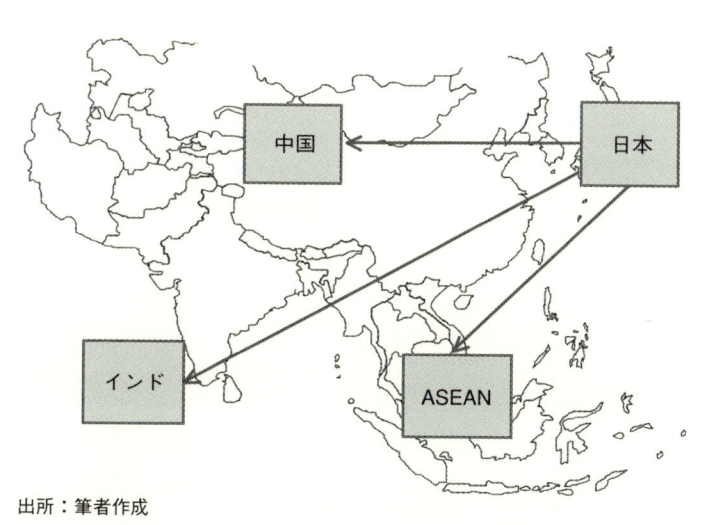

図5.3.19　日本から見えるアジア ― ODAのアジア視点 ―

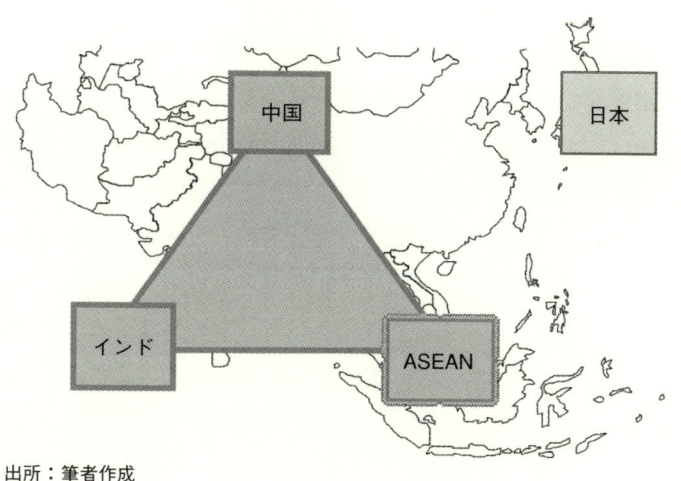

出所：筆者作成

図5.3.20　日本から見えないアジアのダイナミズム

出所：筆者作成

347

5.3 持続的な成長性・収益性確保のための地域経営機能の強化

ると図 5.3.20 の示す中国・ASEAN・インドで構成されるトライアングルの経済圏とそこから沸き起こる経済ダイナミズムが見えにくい，あるいは見えなくなるおそれすら出てくる。さらにインドをゲートウェイとして西に延びていく中東，アフリカは視野にすら入りにくい状況にならないかという懸念が沸き起こる。グローバル展開を図る日欧米の多国籍企業がアジア地域統括会社をシンガポールや上海または北京に置くのは，前述の2つのトライアングルの共通の軸に中国・ASEAN があるからである。

　日本企業の課題と戦略は明らかである。少子高齢化と人口減の日本を中心に事業展開を図ってもその長期的な成長余力には限界がある。アジアのダイナミズムを取り込まずして 21 世紀のアジアにおいて持続的な成長性と収益性を確保する絵は描けない。中長期的な視点から持続的な成長性と収益性の最適化・最大化を戦略的に図るためには，中国と ASEAN とインドのダイナミズムを視野に入れて前掲の2つのトライアングルをどのように地域統括するのかが重要になる。

　図 5.3.21 が示すように，中国，ASEAN，インドのそれぞれの成長市場，生産拠点，研究開発拠点をどのように構築・再編し，この3拠点間の国際水平・垂直分業をどのように行うかが問われる。ASEAN の地域統括，中国の地域統括，そしてかつての中国事業のように今後複数の事業拠点が設立されるインドの地域統括を合理的に行われなければならない。同時に，この3拠点間の分業と相互依存が進展すると，これらの地域全体の事業戦略の立案と統括を誰がどこで行うかという課題が出てくる。アジアのダイナミズムの実態がますます見えにくくなっていく日本の本社にその任を負わせ続けるのか，それともシンガポールか上海にアジア全体の地域統括機能を移転してしまうのか，という課題である。事態は明らかに「これまでのアジア戦略」から「これからのアジア戦略」へのシフトを要求している。このことは取りも直さず「これまでのアジア地域統括のあり方」を 21 世紀の次の 10 年に眼を据えた「これからのアジア地域統括のあり方」へシフトすることの必要性を訴えている。

第5章 これまでのアジア戦略，これからのアジア戦略

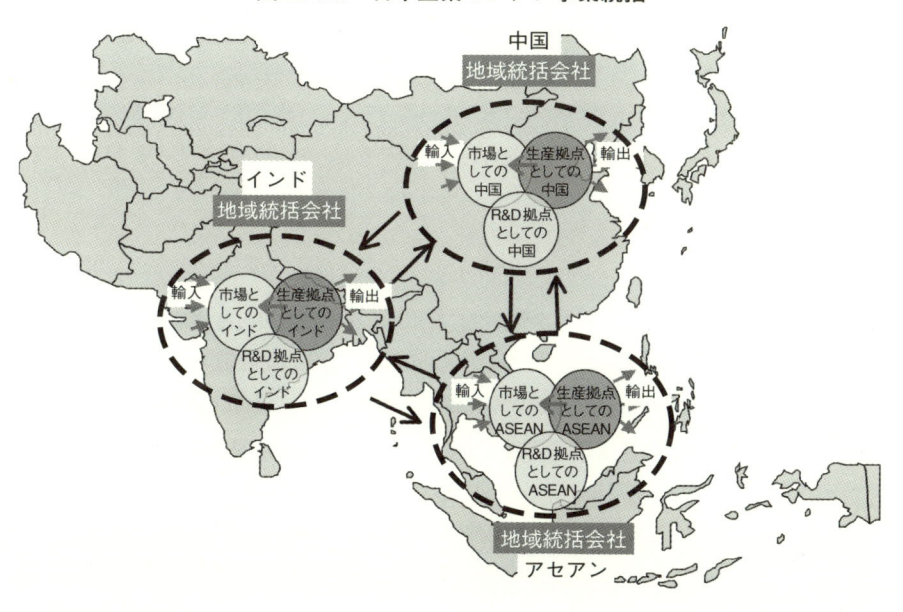

図 5.3.21　日本企業のアジア事業統括

(中国　地域統括会社：輸入／市場としての中国／生産拠点としての中国／輸出／R&D拠点としての中国)

(インド　地域統括会社：輸入／市場としてのインド／生産拠点としてのインド／輸出／R&D拠点としてのインド)

(アセアン　地域統括会社：輸入／市場としてのASEAN／生産拠点としてのASEAN／輸出／R&D拠点としてのASEAN)

出所：筆者作成

注　釈

1) 2004年12月8日，JETROと米・国際経済研究所（IIE）共同主催で東アジア経済セミナー "Japan and East Asia : Economic and Business Strategies" が開催された。JETRO渡辺修理事長，IIEフレッド・バーグステン所長をはじめ米上院議員，下院議員，ワシントンDC在各国大使館，主要日欧米企業，米国内各シンクタンクから総勢220人の出席があった。筆者はこの中の「進む東アジア広域経済圏，拡がるビジネスチャンス」のセッションでスピーカー兼パネリストを務めた。

2) 生産の国内回帰現象の事例として，巨額の投資を伴うパナソニックのプラズマパネルの生産立地が兵庫県尼崎市や姫路市になされたことが取り上げられる。シャープの液晶や太陽電池などの事業と合わせて大阪湾一帯が「パネルベイ」と称されることが多い。その間，パナソニックの海外生産金額は2000年の2兆円（同社公表）から2007年3兆円（筆者推定）と増え，1兆円の海外生産が増加したことになる。なお，この間の同社の

注釈

連結売上高は，グループ企業の連結決算への組み入れなどを除くとほとんど伸びていない。

3）韓国政府が毎年発表する韓国企業の海外業績調査の中で，海外投資回収を配当収入，ロイヤルティ収入，海外現地法人への融資金額に対する本国への金利支払い，韓国人出向者の人件費の4項目の合計で見ている。民間企業の海外直接投資に対する回収に配当以外の項目を入れているのが特徴的である。

4）マルチスズキ・インディア社の事例研究に関する拙稿が社団法人 企業研究会編「グローバル戦略ガイド No.6，インドビジネス実務ガイド」（2007年12月発行，全686頁）の第3部 日本企業のインド進出実態編に掲載されている。この中で，同社の会社概況，業績推移，支払法人税，配当額，ロイヤルティ支払額などがカバーされている。

5）「売りづくり」という概念は，2006年9月に開催された「2006東京国際デジタル会議」（日経エレクトロニクス誌主催）において，講演者兼パネリストを務めた筆者が初めて打ち出したものである。同会議のディスカッション「ものづくりサミット（後半）：海外新興市場に狙いを定めよ」で"日本の電機産業がBRICsといった海外の新興国で勝ち抜くために『モノづくり』でなく『売りづくり』に注力すべきだ"という主張である。この『売りづくり』という概念には後日，各界から多くの反響・問合せがあった。21世紀に入って顕著となってきた日本企業の「泥くさいマーケット・イン型の売りづくり」の弱さについては，筆者が1970年代初頭から実体験してきたアジアの市場だけに起こっている現象ではなく，同様に過去市場調査のため訪問してきたロシア，中東，アフリカの市場でも共通して起こっているというのが筆者の認識である。

6）2000年代に入って筆者は日本やシンガポールでの多くの講演・執筆の機会に「経営視点から見るアジア」を「成長市場としてのアジア」「生産拠点としてのアジア」「研究開発拠点としてのアジア」の3つの側面とその相互関係を解説し，かつこの見方を提唱した。例えば，社団法人企業研究会の月刊誌「BUSINESS RESEARCH」2003年8月号および9月号連載に「経営視点から見る"3つのアジア"」の概念が掲載されている。その後，この見方は，新聞・雑誌・学会誌などにアジア地域に対する見方はもとより，ロシアなどについても，取り上げられ，応用されている。

第 5 章　これまでのアジア戦略，これからのアジア戦略

7）日本，欧米企業の研究開発のアジアへのシフト状況や日本の研究開発のシフトする誘因については，拙著「21c アジア経営戦略ガイド」（グローバル戦略ガイド No.5），社団法人 企業研究会（2005 年 2 月 19 日発行）に詳述されている。

8）2009 年 2 月 27 日の日本経済新聞の記事によると，エーザイは従来，国内と欧米に合計約 2,000 人の研究開発要員を抱え，各地域の研究所がそれぞれ新薬を開発してきたが，2009 年 7 月より研究開発体制を刷新することを発表している。新薬候補品の発掘から実用化まで手掛ける「疑似ベンチャー企業群」として，13 社のビジネスユニットを社内に設立し，癌など分野ごとに国内外の研究員を一体の組織に再編し，開発のスピードを上げる。

9）社団法人 企業研究会編「インドビジネス実務ガイド」（2007 年 12 月 30 日発行）の第 3 部 日本企業のインド進出実態編 第 5 部 ソフトウェアに拙稿「グレープシティ・インディア」がある。同社は 1996 年に設立され，所在地はウッタルプラデシュ州・ノイダである。

10）デンソーの有価証券報告書によると，2007 年度の従業員数は 11 万 8,853 人であり外数の平均臨時雇用者数は 2 万 2,446 人である。同社は平均臨時雇用者数が，従業員数の 100 分の 10 を超えたため，2004 年度より人数を公表している。

11）中国においては外資 100％の独資企業と合弁企業があるが，経営の現地化率を ASEAN におけるそれと同一線上では論じられない。合弁企業では，合弁契約上，董事長は中国側から，総経理は外資側から出すといった規定や出資比率を反映した董事の人数構成の規定があり，固定化された経営陣の現地化率向上を議論する余地は小さい。ただし，独資企業については，"経営の現地化" についての議論は大いにあるであろう。

12）日本企業のインド現地法人の中にはインド人が社長職を務めている企業の事例が見られる。筆者が 2008 年 4 月に訪問したムンバイ市のエーザイ・インディア社は，後発医薬品を主力とするインド大手製薬会社のランバクシー・ラボラトリーズからスカウトされたディーパック・ナイク氏が社長職にあった。

13）走出去政策とは中国政府が推し進める中国企業の積極的な海外進出政策である。2008 年 9 月 23 日の人民日報によると，中国の非金融類（筆者注：製造業・鉱業・建設・不

351

注釈

動産など)の07年の対外直接投資は187億2,000万ドルで,02年の25億ドルのほぼ7倍である。また07年末現在で商務部が承認した海外で合弁投資を行う企業は1万2,000社を超え,事業展開先は世界の172ヵ国・地域である。その投資分野は,鉱物資源,家電,機械,電子,自動車,繊維,化学工業,食品加工,不動産,観光,技術研究開発など多岐にわたっている。

14) パナソニックの「海外事業史」は,2004年に各地域編が稿本として完成した。その中に「アジア・大洋州編」も収められており,同社の「パナソニックミュージアム松下幸之助歴史館」(大阪府門真市)内で,同館の許可の下,閲覧のみ可能である。

15) 2009年2月27日の日本経済新聞によると,北京市にある電子部品製造会社,パナソニック・エレクトロニクスデバイス社で,リストラに反発した従業員600人が日本人社長を6時間軟禁したことを報じている。

16) 2006年11月に経済産業省経済産業政策局産業資金課主催で「グローバル産業金融研究会」(座長:小川英治　一橋大学教授)が発足した。アジアと一体化した産業発展のための金融環境整備およびそれを促進するための必要な施策提言などが主たる研究テーマであった。研究会は,三井物産,日産自動車などの事業会社,三菱東京UFJ銀行,三井住友銀行,HSBCなどの金融機関,国際協力銀行,日本政策投資銀行などの政府系機関,学識経験者等約20名の委員で構成された。筆者もこの研究会の委員の一人を務めた。研究成果の要約版は2007年9月に経済産業省のホームページに掲載されたと同時に,2008年10月に出版された「21世紀の産業と金融－産業と金融の両立に向けて－」の中にも収録されている。

17) 筆者は2003年と2005年の2回にわたり,シンガポールにある日系製造会社および商社の地域ファイナンス会社を訪問し,アジア域内での資金調達および資金管理についてインタビューを行った。外銀と比較して邦銀のGCMSサービスに関する課題への指摘が多かったのが印象的であった。

18) 筆者は2000年代初にシンガポールにあるパナソニックの地域統括会社,アジア松下電器産業に勤務していた時代にASEAN6カ国(シンガポール,マレーシア,タイ,フィリピン,インドネシア,ベトナム)にある数多くの政府恩典取得交渉を行った。製造,

第 5 章　これまでのアジア戦略，これからのアジア戦略

販売，研究開発，ファイナンスなどの各現地法人の法人所得税の減免を中心とした恩典交渉の実務経験をベースに，アジアにおける税務戦略の重要性と実務を詳述したが，その要約は，2005 年 2 月社団法人 企業研究会出版の「21c アジア経営戦略ガイド ～アジア地域統括会社の事例研究と 21 世紀の経営・事業の戦略提言・指針～」に収録されている。

19) 研究開発恩典の取得についても，日本企業と較べて欧米企業は総じて戦略的でしたたかというのが筆者の印象である。例えば，欧州の多国籍企業の事例では，アジアの同一国にあるグループ企業の 4 つの独立した製造会社は過去に既に製造投資の税恩典を取得して設立したにもかかわらず，5 年後に上記製造会社の相互に関連のない開発部門のみを名目的に取り出し 1 つの組織上，研究開発会社に仕立て，政府から新たに打ち出された研究開発投資への恩典を獲得するというしたたかな知恵を見せた。外資の研究開発拠点を積極的に誘致したい現地政府の思いと，当該企業の社名，ブランド力の大きさから研究開発の進出事例の世界へのプロパガンダとして最適なはずという企業側の読みが合致した事例である。これは，各事業部門ごとに同一国にバラバラに進出し，進出した現地法人単位で恩典をこぢんまりと交渉・取得する日本企業に比べて，欧米企業に特有の発想であろう。

20) 2004 年時点でソニーのアジア現地法人の出資形態は，オランダにある持株会社，ソニーホールディングス（アジア）社経由によるものであり，日本のソニー本社からの出資ではない。ソニー ホールディングス（アジア）社 は，1998 年 3 月オランダの Badhoevedorp に設立されている。アジア大洋州，中近東，アフリカなどにあるソニーグループへの出資，ファイナンス，投資などが主要事業である。その主な投資先は 30 数社を超え，シンガポール，タイ，マレーシア，フィリピン，インドネシアなどの ASEAN，韓国，中国，香港，台湾の北東アジア，インド，パキスタンなどの南アジア，オーストラリア，ニュージーランドなどの大洋州，アラブ首長国連邦，南アフリカなどを広範にカバーしている。ソニー同様，グローバルな税務戦略の観点から，松下電器産業（現・パナソニック）も 2003 年に日本本社による海外子会社への出資をオランダ持株会社による出資に切り替えている。HOYA も日本からオランダに財務機能を移管し，アジア，欧州にある傘下の子会社が稼いだ利益を配当の姿でオランダの財務子会社でプールしている。

注釈

21) 2009年度税制改正では，厳密には「非課税」ではなく日本側の受取配当額（例：100億円）の95%（同：95億円）を免税とし，残りの5%（同：5億円）を課税所得金額とし，実効法人税率40%（同：5億円×40%＝2億円）を課税する。税率は受取配当額に対して2%となる。

22) 筆者は1990年代前半に当時勤務先の松下電器産業で本社の実施する海外現地法人全社を対象とする世界広報コンテストの審査員を複数回務めたことがある。毎回，北米，中南米，アジア，欧州，中近東，アフリカなどから100社を超える現地法人が広報事例をエントリーしてきた。国ごとに言語が異なる社内誌には国民性を反映した独自性が色濃く出ており，グローバル経営がまさに異文化経営（trans-cultural management）そのものであるとの印象を受けた。

23) 2009年5月現在，インドには23の証券取引所があるが，代表的なものはボンベイ証券取引所（BSE）とナショナル証券取引所（NSE）の2カ所である。BSEは東京証券取引所（旧・東京株式取引所）の設立より3年早い1875年に設立され，アジアでは最も古い証券取引所である。NSEは1992年に設立された。BSEの上場企業数は約5,292社で，東証の上場企業数より多い。BSEとNSEの両取引所に上場している企業数は約5,700社に上る。売買代金では，BSEが3割，NSEが7割を占める。電子取引システムを導入したNSEの存在がBSE以上に大きい。

—おわりに—

本稿第1章から第5章を踏まえて21世紀の日本企業の経営に対して4つのインプリケーション（示唆）を指摘したい。

まず第1点は，アジアで稼げない日本企業は，今後，生き残れない，勝ち残れないのではないかという危惧である。日本の内需型産業の多くは長期にわたって成長性の点で停滞しており，さらにグローバル連結ベースで高成長の企業にあっても内需の落ち込みを輸出および海外現地生産ベースの外需でカバーした上で高成長を実現している傾向が強いからである。今後の10年スパンの長期ビジョンや3～4年の中期計画策定に当たって，海外，とりわけアジアのダイナミズムを活用せずに，自社の持続的な成長性や収益性確保の絵を描けるのかが問われている。

第2点は，FTA（自由貿易協定）やEPA（経済連携協定）をてこにますますボーダレス化する国際競争の中では，アジアで勝てない企業は日本の"本土防衛"ができないのではないかという危惧である。すでに自国や世界市場で力をつけた中国，インド，ASEANの製造業とサービス業が逆に日本市場へ企業買収（M&A），戦略的企業提携，自前進出で参入して来ているからである。この流れは「走出去政策」の下にある中国企業をはじめとして今後，加速化する。自社のアジアでの国際競争力が本国，日本市場での競争力にリンクするのが今日の姿である。中国，インドでは競争に負けたが，本国日本では強いという状態はそう長く続かないことを覚悟する必要がある。ちなみに2000年代に入って日本へのフローベースの直接投資では米国と並んでシンガポールが上位3カ国に顔を出してきた。大半の日本人は意外とこうした実態に気がついていないかも知れない。

第3点は，アジアのダイナミックな成長を求めて，アジアに進出するにしても，逆に日本にアジアのダイナミズムを呼び込むにしても，アジアにかかわる

おわりに

　事業の経営リスクは個々の企業の体力や経験によって異なる。自社の持続的な成長性と収益性を求めて中長期的な"やらないリスク"と"やるリスク"をバランスよく検討しておく必要がある。また仮に，直接投資や現地でのオペレーションに踏み切るとしても，国際人材の育成・登用や確保が事業成功にとっての喫緊の課題となる。

　第4点は，アジアはもはや日本中心に回転していないのではないかという危惧である。第3章で述べたように世界第2位のGDPを誇り，一人当たりGDPベースでアジアで最も裕福な国，日本の地位は構造的な変化の中にある。2007年にシンガポールの一人当たりのGDP（35,163ドル）は日本のGDP（34,312ドル）を追い抜き，その後を香港が追いかけている。日中の経済成長率から判断すると，中国のGDPは2010年頃には日本を追い抜き米国に次いで世界第2位の経済大国となることが確実視されている。かつてアジアのGDPの3分の2近くを占めた日本が，筆者の予測でも2015年には3分の1を占めるに過ぎなくなる。2015年までのアジアのGDP増分の86％が中国，インド，ASEANから発生し，日本はわずか14％を占めるに過ぎない。

　アジアの基軸国，日本のGDPが中国のそれと逆転する2010年代前半以降，アジア地域のパラダイム・シフトが明確になる。今後のアジアのダイナミズムは，現状のままでは"アジアのゲートウェイ"を標榜する日本から本当に起こるのか，という疑問を生じさせる。アジアは既に日本中心に回転していないし，もはや日本にいるだけではアジアのダイナミズムは見えにくい，いやほとんど見えないと言っても過言ではないであろう。

　以上の4つの示唆が日本企業に突きつける課題は，「21世紀の次の10年（2010年～2020年）における日本本社の役割はどうあるべきか」ということである。自社の持続的な成長性と収益性を求めて"これまでのアジア戦略"から"これからのアジア戦略"へ大きく舵を切り直すときに，日本の本社の役割はどう変わらなければいけないのかという課題である。

おわりに

　前掲4つの示唆の意味するところは，日々の事業経営において，国際競争を肌で感じられる現場で最終の意思決定がスピーディになされなければいけないということであろう。同時に中長期の地域戦略も日本本社の机の上で，実態感覚のない統計や委託調査書を見て，日本人だけで立案するのではなく，アジアの経営の現場で鍛え抜かれた現地の経営陣や優秀なスタッフを入れた衆知を集めた戦略立案が必要である。

　日本本社から後方指揮官のアジア地域担当役員が年に数回，アジアの事情視察や現地法人の前線激励型の出張をするレベルで得た知識と感覚では，今日のダイナミックに変化するアジアの経営は不可能であろう。たとえアジアの現地経営経験の豊富な役員や経営スタッフが日本本社で陣頭指揮を取ったとしても，かつての体験や経験の陳腐化のスピードは速い。ASEAN，中国，インド，中東などで日々スピーディに変化し，かつ過去とは不連続に起こりがちな経営環境の変化の中では，現地事業経験や貴重な体験の陳腐化は本人達が想像する以上に速いものである。

　"これからのアジア戦略"で求められるものは，現地での実際の経営の中で中長期的に変わるものと変わらないものを嗅ぎ取る実践的な洞察力（insight）と先見力（foresight）である。そして過去とは不連続に起こる変化へのしたたかな適応力や対応力であろう。"これからのアジア経営"で求められるものは，地域戦略の立案や経営の意思決定のアジアへの「前線化」と「インサイダー化」である。日本から前線化する国や都市は業種や企業によって，シンガポール，バンコク，上海，北京，ムンバイなどのように異なるであろう。熾烈な国際競争下にあり，ダイナミックに変化するアジア各国に「前線化」し，現地で「インサイダー化」するから現地政府の産業政策や外資政策などの動きが分かり，現地市場や地域市場がよく見え，現地に進出している欧米の多国籍企業，中国，韓国企業，そして地場企業などライバルの動きが見えるのである。

　アジアの現場への「前線化」と「インサイダー化」が帰結するのは，日本本社のアジア組織や機能のリエゾンオフィス化であろう。日本とアジアで屋上屋を重ねる二重の地域・本社機能は，経済合理性と意思決定のスピードから見て

おわりに

不要であろう。また，日本とアジアの地域本社の機能の役割分担は，ファイナンスのような一部の機能を除けば複雑な意思決定につながるおそれがある。アジアへの経営の前線化は対北米や欧州と比べて，日本とアジア各国が距離的に近いから不要だとか，日本との時差がないか，せいぜい2時間程度の国が多いので不要だということではない。また，日本から見てアジアが裏庭（backyard）や後背地（hinterland）という無意識の感覚から，わざわざアジアに意思決定の組織や機関や機能を置く必要はない，という議論が出てくるかも知れない。しかし，ダイナミックに変化するアジアではもはや前線化しないとスピーディかつ的確な経営判断ができないのである。

　アジアの東の端で，徐々に経済的プレゼンスを縮小する日本，そして少子高齢化・人口減少の流れの中で内需が縮小均衡に陥る危機にある日本にあって，今後，アジアのダイナミズムを積極的に取り込まずして，日本企業が持続的な成長性と収益性を確保することは困難と思われる。また，アジアで獲得した事業の果実を，配当，ロイヤルティなど様々な形で日本本国へ還流させることも難しくなる。そういう意味で日本本社のアジアの現場への「前線化」と「インサイダー化」は日本企業の生き残りと勝ち残りの大きな方策の1つであると言えよう。最終的に日本本社には地域本社機能は，残らない。残るのは，各地域に分権化された米州，欧州，アジアといった地域本社を管理統括する軽くて速いグローバル本社機能だけとなろう。

参考文献

第1章

1. 安積敏政:「グローバル経営と世界統合生産システム」，会報誌『JCER』，2005年7月号，No.933，社団法人日本経済研究センター
2. 安積敏政:「ポスト中国は本当にインドか―21世紀初頭のインド戦略」，会報誌『JMC Journal』，2005年9月号，日本機械輸出組合
3. 安積敏政:「日本企業の経営視点からのロシア展望」，会報誌『JCER』，2005年11月号，No.937 "グローバルウォッチNo.73"，社団法人日本経済研究センター
4. 安積敏政:「21世紀の新たな欧州戦略―西欧・中東欧・ロシア間の国際分業を視野に―」，『GLOBAL Angle』，2007年10月号，三菱UFJリサーチ&コンサルティング（株）
5. 安積敏政:「巨大新興成長市場の変遷と日系多国籍企業のグローバル戦略」，『同志社大学ワールドワイドビジネスレビュー』，第7巻第1号，同志社大学ワールドワイドビジネス研究センター（2005）
6. 安積敏政:「第3章ビジネスリスクを読む」，『大解説　中国経済―巨大経済の全容と未来―』，社団法人日本経済研究センター編，日本経済新聞社（2005）
7. 石田正美，工藤年博:『大メコン圏経済協力』，アジア経済研究所（2007）
8. 絵所秀紀:『離陸したインド経済』，ミネルヴァ書房（2008）
9. 大西康雄:『中国・ASEAN経済関係の新展開』，アジア経済研究所（2006）
10. 小田尚也編著:『インド経済：成長の条件』，アジア経済研究所（2009）
11. 木村福成，石川幸一:『南進する中国とASEANへの影響』，日本貿易振興機構（2007）
12. グルチャラン・ダース，友田　浩（訳）:『インド　解き放たれた賢い象』，中国書店（2009）
13. 小島　眞:『タタ財閥』，東洋経済新報社（2008）
14. 財前　宏:『中国ビジネス・香港からの視点』，丸善（2008）
15. ジェトロ編:『インドオフショアリング』，日本貿易振興機構（2008）

参考文献

16. スティーヴン・フィリップ・コーエン，堀本武功（訳）：『アメリカはなぜインドに注目するのか―台頭する大国インド―』，明石書店（2003）
17. 竹内孝之著：『返還後香港政治の10年』，アジア経済研究所（2007）
18. 21世紀中国総研編：『中国進出企業一覧』，上場会社編2009―2010年版，蒼蒼社（2009）
19. 堀本武功：『インド　グローバル化する巨象』，岩波書店（2007）
20. ロビン・メレディス，大田直子（訳）：『インドと中国　世界経済を激変させる超大国』，ウェッジ（2007）
21. William B. Gamble：INVESTING IN CHINA，Quorum Books（2002）

第2章

1. 安積敏政：「日系企業のアジアの収益性と今後の戦略的課題―日系企業15社の事例研究―」，『第13回全国大会報告論集2006年9月15日―17日』，アジア経営学会（2006）

第3章

（自動車）

1. （株）デンソーの有価証券報告書，1998年度〜2007年度版
2. （株）デンソーのホームページ　http://www.denso.co.jp/ja/
3. DENSO in Figures For the Year Ended March 31, 2007，デンソー経営企画部財務企画室編，2007年4月26日発行
4. 2007年3月期　デンソー決算資料，（株）デンソー作成，2007年4月26日
5. 2008年3月期　デンソー決算資料，（株）デンソー作成，2008年4月25日
6. DENSO会社案内（プロダクツ編，資料編2008），（株）デンソー
7. スズキ（株）の有価証券報告書，1998年度〜2007年度版
8. 鈴木　修：『俺は中小企業のおやじ』，日本経済新聞出版社（2009）
9. R・C・バルガバ，島田卓（訳）：『スズキのインド戦略』，中経出版（2006）
10. トヨタ自動車（株）の有価証券報告書，1998年度〜2007年度版

11. 日産自動車（株）の有価証券報告書，1998 年度〜2007 年度版
12. 本田技研工業（株）の有価証券報告書，1998 年度〜2007 年度版
13. 本田技研工業（株）のホームページ　http://www.honda.co.jp/
14. 小林英夫，竹野忠弘：『東アジア自動車部品産業のグローバル連携』，文眞堂（2005）
15. 佐藤百合，大原盛樹編：『アジアの二輪車産業』，アジア経済研究所（2006）
16. 下川浩一：『グローバル自動車産業経営史』，有斐閣（2004）
17. 土屋勉男，大鹿　隆，井上隆一郎：『アジア自動車産業の実力』，ダイヤモンド社（2006）

（電　機）

1. パナソニック（株）の有価証券報告書，1998 年度〜2007 年度版
2. パナソニック（株）のホームページ　http://panasonic.co.jp/
3. 安積敏政：「岐路に立つ松下電器のグローバル経営」，国際ビジネス研究学会年報 2006 年（第 12 号），国際ビジネス研究学会発行
4. 安積敏政：『21c アジア経営戦略ガイド〜アジア地域統括会社の事例研究と 21 世紀の経営・事業戦略提言・方針〜』，社団法人企業研究会（2005）
5. 安積敏政：「最近の中国の競争力について思うこと」，京大上海センターニュースレター第 63 号，京都大学経済学研究科上海センター（2005）
6. 安積敏政：「なぜ強い？韓国の競争力」，『月刊グローバル経営』，7 月号，社団法人日本在外企業協会（2005）
7. 王　曙光：『海爾集団』，東洋経済新報社（2002）
8. 白水和憲：『松下電器　中国大陸新潮流に挑む』，水曜社（2004）
9. 孫　健：『ハイアールの戦略』，かんき出版（2003）
10. 竹内一正，ケニー・タケダ：『松下電器 10 兆円グループ戦略』，ぱる出版（2005）
11. 寺山正一：『決戦—薄型テレビ最終戦争』，日経 BP 社（2005）
12. 吉原英樹，欧陽桃花：『中国企業の市場主義管理—ハイアール—』，白桃書房（2006）
13. ローム（株）の有価証券報告書，1998 年度〜2007 年度版
14. ローム（株）のホームページ　http://www.rohm.co.jp/index.html

参考文献

（化　学）

1. 東レ（株）の有価証券報告書，1998年度～2007年度版
2. 東レ（株）のホームページ　http://www.toray.co.jp/
3. 帝人（株）の有価証券報告書，1998年度～2007年度版
4. 帝人（株）のホームページ　http://www.teijin.co.jp/
5. 住友化学（株）の有価証券報告書，1998年度～2007年度版
6. 住友化学（株）のホームページ　http://www.sumitomo-chem.co.jp/
7. 三菱レイヨン（株）の有価証券報告書，1998年度～2007年度版
8. 三菱レイヨン（株）のホームページ　http://www.mrc.co.jp/
9. （株）三菱ケミカルホールディングスの有価証券報告書，2005年度～2007年度版
10. （株）三菱ケミカルホールディングスのホームページ
　　　　　　　　　　　　　　http://www.mitsubishichem-hd.co.jp/
11. 三井化学（株）の有価証券報告書，1998年度～2007年度版
12. 三井化学（株）のホームページ　http://jp.mitsuichem.com/
13. 旭化成（株）の有価証券報告書，1998年度～2007年度版
14. 旭化成（株）のホームページ　http://www.asahi-kasei.co.jp/
15. 東ソー（株）の有価証券報告書，1998年度～2007年度版
16. 東ソー（株）のホームページ　http://www.tosoh.co.jp/
17. 日立化成工業（株）の有価証券報告書，2007年度版
18. 日立化成工業（株）のホームページ
　　　　　　　　　　　　　http://www.hitachi-chem.co.jp/japanese/index.html
19. 信越化学工業（株）の有価証券報告書，2007年度版
20. 信越化学工業（株）のホームページ　http://www.shinetsu.co.jp/
21. 日本ゼオン（株）の有価証券報告書，2007年度版
22. 日本ゼオン（株）のホームページ　http://www.zeon.co.jp/

（機　械）

1. （株）小松製作所の有価証券報告書，1998年度～2007年度版
2. （株）小松製作所のホームページ　http://www.komatsu.co.jp/

3. （株）小松製作所の決算短信，2004 年度～2008 年度版
4. コマツ 2008 年 3 月期決算の概要および 2009 年 3 月期の業績見通し，2008 年 4 月 30 日，コマツ経営企画室編
5. 日立建機（株）の有価証券報告書，1998 年度～2007 年度版
6. 日立建機（株）のホームページ　http://www.hitachi-kenki.co.jp/
7. 日立建機（株）の決算短信，2000 年度～2007 年度版
8. 日立建機（株）の「地域別市場環境と見通しについて」，2008 年度 4 月 25 日発表
9. 日立建機（株）の「平成 20 年（2008 年）3 月期　決算発表」，プレゼンテーション資料
10. コベルコ建機（株）NEWS RELEASE，2005 年 3 月期，2006 年 3 月期，2007 年 3 月期の各決算概要
11. コベルコ建機（株）のホームページ　http://www.kobelco-kenki.co.jp
12. （株）神戸製鋼所の有価証券報告書，2007 年度版
13. （株）神戸製鋼所のホームページ　http://www.kobelco.co.jp/
14. CNH Global N.V. のホームページ　http://www.cnh.com/wps/portal/cnhportal/
15. （株）牧野フライス製作所の有価証券報告書，1998 年度～2007 年度版
16. （株）牧野フライス製作所のホームページ　　　　　　　　　　　　　　　　　　　　　　http://www.makino.co.jp/jp/index.html
17. 鈴木康二：『アジアビジネスの基礎』，大学教育出版（2007）

（化粧品）

1. 資生堂（株）の有価証券報告書，1998 年度～2007 年度版
2. 資生堂（株）のホームページ　http://www.shiseido.co.jp/
3. （株）マンダムの有価証券報告書，1998 年度～2007 年度版
4. （株）マンダムのホームページ　http://www.mandom.co.jp/index.html
5. コーセー（株）の有価証券報告書，1998 年度～2007 年度版
6. コーセー（株）のホームページ　http://www.kose.co.jp/jp/ja/index.html
7. 産経新聞大阪経済部：『やっぱり　すごい関西の会社』，産経新聞出版（2008）

参考文献

（日用品）

1．ユニ・チャーム（株）の有価証券報告書，1998年度～2007年度版
2．ユニ・チャーム（株）のホームページ　http://www.unicharm.co.jp/
3．花王（株）の有価証券報告書，1998年度～2007年度版
4．花王（株）のホームページ　http://www.kao.com/jp/
5．ライオン（株）の有価証券報告書，1998年度～2007年度版
6．ライオン（株）のホームページ　http://www.lion.co.jp/index2.htm
7．ピジョン（株）の有価証券報告書，1998年度～2007年度版
8．ピジョン（株）のホームページ　http://www.pigeon.co.jp/
9．エステー（株）の有価証券報告書，1998年度～2007年度版
10．エステー（株）のホームページ　http://www.st-c.co.jp/

（食料品）

1．麒麟麦酒（株）の有価証券報告書，1998～2006年版
2．キリンホールディングス（株）の有価証券報告書，2007年～2008年版
3．キリンホールディングス（株）のホームページ　http://www.kirinholdings.co.jp/
4．日経ビジネス，2008.3.3号，「電光石火の買収攻勢：キリンがビールを超える日」
5．味の素（株）の有価証券報告書，1998年度～2007年度版
6．味の素（株）のホームページ　http://www.ajinomoto.co.jp/
7．日清食品（株）の有価証券報告書，1998年度～2007年度版
8．日清食品（株）のホームページ　http://www.nissinfoods.co.jp/
9．日清食品ホールディングス（株）のホームページ
　　　　　　　http://www.nissinfoods-holdings.co.jp/index.html
10．（株）ヤクルトの有価証券報告書，1998年度～2007年度版
11．（株）ヤクルトのホームページ　http://www.yakult.co.jp/
12．（株）マルハニチロホールディングスの有価証券報告書，1998年度～2007年度版
13．（株）マルハニチロホールディングスのホームページ
　　　　　　　http://www.maruha-nichiro.co.jp/index.html
14．日本水産（株）の有価証券報告書，1998年度～2007年度版

15. 日本水産（株）のホームページ　http://www.nissui.co.jp/
16. キッコーマン（株）の有価証券報告書，1998年度～2007年度版
17. キッコーマン（株）のホームページ　http://www.kikkoman.co.jp/
18. 茂木友三郎：『キッコーマンのグローバル経営』，生産性出版（2007）
19. 日清オイリオグループ（株）の有価証券報告書，1998年度～2007年度版
20. 日新オイリオグループ（株）のホームページ　http://www.nisshin-oillio.com/
21. 明治製菓（株）の有価証券報告書，1998年度～2007年度版
22. 明治製菓（株）のホームページ　http://www.meiji.co.jp/
23. 不二製油（株）の有価証券報告書，1998年度～2007年度版
24. 不二製油（株）のホームページ　http://www.fujioil.co.jp/

（医薬品）

1. エーザイ（株）の有価証券報告書，1998年度～2007年度版
2. エーザイ（株）のホームページ　http://www.eisai.co.jp/index.html
3. テルモ（株）の有価証券報告書，1998年度～2007年度版
4. テルモ（株）のホームページ　http://www.terumo.co.jp/
5. 武田薬品工業（株）の有価証券報告書，1998年度～2007年度版
6. 武田薬品工業（株）のホームページ　http://www.takeda.co.jp/
7. 第一三共（株）の有価証券報告書，2005年度～2007年度版
8. 第一三共（株）のホームページ　http://www.daiichisankyo.co.jp/
9. アステラス製薬（株）の有価証券報告書，2005年度～2007年度版
10. アステラス製薬（株）のホームページ　http://www.astellas.com/jp/
11. 大正製薬（株）のホームページ　http://www.taisho.co.jp/
12. 大塚製薬（株）のホームページ　http://www.otsuka.co.jp/
13. 大日本住友製薬（株）のホームページ　http://www.ds-pharma.co.jp/
14. 田辺三菱製薬（株）のホームページ　http://www.mt-pharma.co.jp/
15. 塩野義製薬（株）のホームページ　http://www.shionogi.co.jp/
16. 久保研介編：『日本のジェネリック医薬品市場とインド・中国の製薬産業』，アジア経済研究所（2007）

参考文献

（小売業）

1. イオン（株）の有価証券報告書，1998年度～2007年度版
2. イオン（株）のホームページ　http://www.aeon.info/
3. 梛野順三：『イオンが急加速する流通再編地図』，ぱる出版（2008）
4. 吉城唯史：「イオン・グループの中国進出とCSRへの取り組み」，水野一郎編著：『上海経済圏と日系企業 ―その動向と展望― 』，関西大学出版部（2009）
5. （株）ファミリーマートの有価証券報告書，1998年度～2007年度版
6. （株）ファミリーマートのホームページ　http://www.family.co.jp/index.html
7. （株）セブン＆アイ・ホールディングスの有価証券報告書，2005年度～2007年度版
8. （株）セブン＆アイ・ホールディングスのホームページ　http://www.7andi.com/
9. グローバル経営委員会：「Case 9 お客様第一主義は変えない ～セブン＆アイ～」，『「こだわり，超える」アジアのグローバル企業』，生産性出版（2009）
10. （株）ファーストリテイリングの有価証券報告書，2001年度～2007年度版
11. （株）ファーストリテイリングのホームページ　http://www.fastretailing.com/jp/
12. （株）良品計画の有価証券報告書，1998年度～2007年度版
13. （株）良品計画のホームページ　http://ryohin-keikaku.jp/
14. ミニストップ（株）の有価証券報告書，2000年度～2007年度版
15. ミニストップ（株）のホームページ　http://www.ministop.co.jp/
16. （株）ベスト電器の有価証券報告書，2003年度～2007年度版
17. （株）ベスト電器のホームページ　http://www.bestdenki.ne.jp/
18. カルフールのホームページ　http://www.carrefour.com/
19. ウォルマートのホームページ　http://walmartstores.com/
20. テスコのホームページ　http://www.tescoplc.com/
21. メトロのホームページ　http://www.metro-ag.com/servlet/PB/menu/-1_l2/index.html
22. （合同会社）西友のホームページ　http://www.seiyu.co.jp/

（輸　送）

1. 日本通運（株）の有価証券報告書，1998年度～2007年度版

2. 日本通運（株）のホームページ　http://www.nittsu.co.jp/
3. （株）近鉄エクスプレスの有価証券報告書，1998 年度〜2007 年度版
4. （株）近鉄エクスプレスのホームページ　http://www.kwe.co.jp/
5. 日本郵船（株）のホームページ　http://www.nyk.com/
6. 郵船航空サービス（株）の有価証券報告書，1998 年度〜2007 年度版
7. 郵船航空サービス（株）のホームページ　http://www.yusen.co.jp/index.html
8. （株）日新の有価証券報告書，1998 年度〜2007 年度版
9. （株）日新のホームページ　http://www.nissin-tw.co.jp/
10. 日本梱包運輸倉庫（株）の有価証券報告書，1998 年度〜2007 年度版
11. 日本梱包運輸倉庫（株）のホームページ　http://www.nikkon.co.jp/
12. 辻　久子：『シベリア・ランドブリッジ―日ロビジネスの大動脈―』，成山堂書店（2007）
13. （株）日通総合研究所編著：『中国物流の基礎知識　ロジスティックスの実践に向けて』，大成出版社（2004）

第 4 章

4.1　アジアの新たな注目国・地域

1. A.T. カーニーのホームページ　http://www.atkearney.com/
2. 関　志雄：『中国を動かす経済学者たち』，東洋経済新報社（2007）
3. 木村　汎，袴田茂樹：『アジアに接近するロシア―その実態と意味』，北海道大学出版会（2007）
4. 国際協力銀行のホームページ　http://www.jbic.go.jp/ja/
5. 小島　明：『日本の選択＜適者＞のモデルへ』，NTT 出版（2007）
6. 小林熙直，石川幸一，野副伸一，後藤康浩，木村哲三郎：『中国の台頭をアジアはどうみるか』，亜細亜大学アジア研究所（2007）
7. 小峰隆夫：『超長期予測　老いるアジア』，日本経済新聞出版社（2007）
8. 財団法人関西生産性本部のホームページ　http://www.kpcnet.or.jp/index.php
9. 中津孝司：『ロシアマネー日本上陸―メドベージェフの野望―』，創成社（2008）
10. 平川均，石川幸一，小原篤次，小林尚朗：『東アジアのグローバル化と地域統合』，

ミネルヴァ書房（2007）
11. 丸川知雄，中川涼司：『中国発・多国籍企業』，同友館（2008）
12. 莫　邦富：『中国は敵か，味方か――21世紀最大の市場と日系企業』，角川書店（2007）

4.2　南アジア

1．BIMSTEC のホームページ　http://www.bimstec.org
2．GCC（湾岸協力会議）のホームページ　http://www.gccsg.org/eng/index.php
3．SAARC（南アジア地域協力連合）のホームページ　http://www.saarc-sec.org/
4．International Monetary Fund, World Economic Outlook Database, April 2009.
　　　http://www.imf.org/external/pubs/ft/weo/2009/01/weodata/index.aspx
5．外務省のホームページ「アジア」　http://www.mofa.go.jp/mofaj/area/asia.html
6．日本アセアンセンターのホームページ　http://www.asean.or.jp/ja
7．ファーストリテイリングの 2008 年 11 月 28 日のプレスリリース，「合弁会社設立に関するお知らせ」

4.3　中　東

1. 日揮（株）の有価証券報告書，1998 年度〜 2007 年度版
2. 日揮（株）のホームページ　http://www.jgc.co.jp/jp/index.html
3. 千代田化工建設（株）の有価証券報告書，1998 年度〜 2007 年度版
4. 千代田化工建設（株）のホームページ　http://www.chiyoda-corp.com/index.php
5. トーヨーカネツ（株）の有価証券報告書，1998 年度〜 2007 年度版
6. トーヨーカネツ（株）のホームページ　http://www.toyokanetsu.co.jp/
7. （株）酉島製作所の有価証券報告書，1998 年度〜 2007 年度版
8. （株）酉島製作所のホームページ　http://www.torishima.co.jp/
9. （株）小松製作所の有価証券報告書，1998 年度〜 2007 年度版
10. 三井造船（株）の有価証券報告書，1998 年度〜 2007 年度版
11. 三井造船（株）のホームページ　http://www.mes.co.jp/
12. 三菱重工業（株）の有価証券報告書，1998 年度〜 2007 年度版
13. 三菱重工業（株）のホームページ　http://www.mhi.co.jp/
14. 飯野海運（株）の有価証券報告書，1998 年度〜 2007 年度版

15. 飯野海運（株）のホームページ　http://www.iino.co.jp/kaiun/
16. 共栄タンカー（株）の有価証券報告書，1998 年度〜 2007 年度版
17. 共栄タンカー（株）のホームページ　http://www.kyoeitanker.co.jp/index.htm
18. 新和海運（株）の有価証券報告書，1998 年度〜 2007 年度版
19. 新和海運（株）のホームページ　http://www.shinwaship.co.jp/
20. （株）デンソーの有価証券報告書，1998 年度〜 2007 年度版
21. ユニ・チャーム（株）の有価証券報告書，1998 年度〜 2007 年度版
22. ピジョン（株）の有価証券報告書，1998 年度〜 2007 年度版
23. AOC ホールディングス（株）の有価証券報告書，1998 年度〜 2007 年度版
24. AOC ホールディングス（株）のホームページ　http://www.aochd.co.jp/
25. 安積敏政：「アジアにおける中東戦略の幕開けを探る」，『GLOBAL Angle』，2009 年 10 月号，三菱 UFJ リサーチ＆コンサルティング（株）
26. 在日サウジアラビア王国大使館／サウジアラビア王国情報省／日本サウジアラビア協会，「発展につぐ発展の国　サウディアラビア」（英語原題：Kingdom of Saudi Arabia：The March of Progress），2002 年 5 月
27. 佐藤秀信：「イランの対東アラブ地域政策」，特集＝中東情勢の新展開，『海外事情 2006．5』，拓殖大学海外事情研究所
28. 日本経済新聞社編：『まるごとわかる中東経済』，日本経済新聞出版社（2009）
29. 日本国際問題研究所編：『湾岸アラブと民主主義』，日本評論社（2005）
30. 日本貿易振興機構，「ジェトロ貿易投資白書 2008 年度版」
31. 畑中美樹：『オイルマネー』，講談社現代新書（2008）
32. フォンス・トロンペナールス，ピーター・ウーリアムズ，古屋紀人，古屋紀人（監訳）：『異文化間のビジネス戦略—多様性のビジネスマネジメント—』，白桃書房（2005）
33. 細井　長：『中東の経済開発戦略』，ミネルヴァ書房（2005）
34. 森　伸生：「アブドッラー国王とサウジアラビアの課題」，特集＝中東の内部相克，『海外事情　2005.11 』，拓殖大学海外事情研究所（2005）
35. 吉岡　一：『イラク崩壊』，合同出版（2008）
36. 脇　祐三：『中東激変』，日本経済新聞出版社（2008）
37. 脇　祐三：日本経済新聞 2008.11.02，中外時評「中東にも金融危機の波」（2008）

参考文献

38. 脇　祐三：日本経済新聞 2009.05.10, 中外時評「広がる中東市場への関心」(2009)
39. "Arab seek coherent Chinese strategy", GULF NEWS, February 17, 2007
40. "Dubai Strategic Plan (2015)" speech by His Highness Sheikh Mohammad Bin Rashid Al Maktoum, UAE Prime Minister and Vice President, and Ruler of Dubai, February 3, 2007
41. 「GCC（湾岸協力理事会）諸国との FTA（自由貿易協定）交渉について」, 平成18年4月6日 プレスリリース, 外務省・財務省・農林水産省・経済産業省の4省による発表
42. WHO（世界保健機関）World Population Prospects のホームページ
　　http://www.who.int/pmnch/topics/2008_populationstats/en/

4.4 アフリカ

1. 日揮（株）の有価証券報告書, 1998 年度〜 2007 年度版
2. 日揮（株）のアニュアルレポート 2008
3. 日揮（株）ニュースリリース, 1999 年〜 2008 年
4. 三菱重工業（株）の有価証券報告書, 1998 年度〜 2007 年度版
5. 三菱重工業（株）のアニュアルレポート 2007
6. 三菱重工業（株）の News Flash, 2007 年 8 月 1 日号
7. 三菱重工業（株）の三菱重工グラフ, No.146, 2006/ 夏号, "ワールド MHI レポート",「アフリカ」
8. 三菱重工（株）の「三菱重工ニュース」, 1994 年〜 2008 年各号
9. 佐世保重工業（株）の有価証券報告書, 1998 年度〜 2007 年度版
10. 佐世保重工業（株）のホームページ
　　http://www.ssk-sasebo.co.jp/ssk/jp/home/index.html
11. 佐世保重工業（株）の決算短信, 2002 年度〜 2007 年度版
12. 三井海洋開発（株）の有価証券報告書, 1998 年度〜 2007 年度版
13. 三井海洋開発（株）のホームページ　http://www.modec.com/jp/index.html
14. 三井海洋開発（株）, MODEL アフリカプロジェクト実績, 各年度版
15. 近畿車輛（株）の有価証券報告書, 1998 年度〜 2007 年度版
16. 近畿車輛（株）のホームページ　http://www.kinkisharyo.co.jp/

17. 近畿車輛技報，第 14 号，2007 年 10 月，第 15 号，2008 年 11 月
18. JCCME ホームページ　http://www.jccme.or.jp
19. 近畿車輛（株）のニュースリリース "エジプトで地下鉄向け車両を受注"，2007 年 12 月 10 日
20. 日本工営（株）の有価証券報告書，1998 年度～2007 年度版
21. 日本工営（株）のホームページ　http://www.n-koei.co.jp/index.html
22. 日本工営（株）の英文アニュアルレポート，1999 年度～2006 年度版
23. 日本工営（株）のホームページ，"事業実績コンサルタント海外 2005 年度"
　　　　http://www.n-koei.co.jp/business/jisseki/kaigai_2005.html
24. 東洋インキ製造（株）の有価証券報告書，1998 年度～2007 年度版
25. 東洋インキ製造（株）のホームページ　http://www.toyoink.co.jp/
26. ヴィジャイ・マハジャン，松本　裕（訳）：『アフリカ　動き出す 9 億人市場』，英治出版（2009）
27. NHK アフリカ プロジェクト，『アフリカ 21 世紀―内戦・越境・隔離の果てに』，NHK 出版（2002）
28. 国際自動車工業連合会（OICA）のホームページ　http://oica.net/
29. 外務省編，『政府開発援助（ODA）白書 2008 年版，日本の国際協力』，時事画報社（2009）
30. 小倉充夫：「現代世界におけるアフリカ政治」，拓殖大学海外事情研究所『海外事情 2003．11』
31. 高根　務：『ガーナ ―混乱と希望の国―』，アジア経済研究所（2003）
32. 高林敏之：「『アフリカ連合』の基本的性格と課題」，『アフリカレポート，No.38』，アジア経済研究所（2004）
33. 日経ビジネスオンライントップ，「アフリカ争奪戦，日本の備えは？」，2008 年 5 月 26 日
34. （株）日通総合研究所編：『ロジスティクス用語辞典』，日本経済新聞出版社（2007）
35. 日本自動車工業会（JAMA）のホームページ　http://www.jama.or.jp/index.html
36. 日本貿易振興会　海外調査部，「在アフリカ進出日系企業実態調査― 1999 年度―」（2000 年）
37. 日本貿易振興機構 海外調査部,「在アフリカ進出日系企業実態調査― 2007 年度―」

(2008年)
38. 日本貿易振興機構　海外調査部　中東アフリカ課,「アフリカビジネスの現象を追う」(2007)
39. 服部正也:『援助する国　される国』,中央公論新社 (2001)
40. 平野克己編:『アフリカ比較研究―諸学の挑戦―』,アジア経済研究所 (2001)
41. 平野克己:『図説アフリカ経済』,日本評論社 (2002)
42. 吉田栄一:『アフリカに吹く中国の嵐,アジアの旋風』,アジア経済研究所 (2007)
43. ロバート・ゲスト,伊藤　真 (訳):『アフリカ　苦脳する大陸』,東洋経済新報社 (2008)

第5章

5.1　これまでのアジア戦略

1. 安積敏政:『21c アジア経営戦略ガイド～アジア地域統括会社の事例研究と21世の経営・事業戦略提言・方針～』,社団法人企業研究会 (2005)
2. 安積敏政:「アジアにおける新たな経営戦略の構築と展開―相互依存度を増す ASEAN・中国そしてインド―」,『産業学会研究年報 No.21』,産業学会 (2005)
3. 天野倫文,大木博巳編著:『中国企業の国際化戦略』,日本貿易振興機構 (2007)
4. 今井理之編著:『成長する中国企業　その脅威と限界』,国際貿易投資研究所監修 (2004)
5. 金　柳辰:『なぜ,サムスンは中国で勝てたのか』,彩図社 (2006)
6. 黒田篤郎:『メイド・イン・チャイナ』,東洋経済新報社 (2001)
7. 徐　方啓:『日中企業の経営比較』,ナカニシヤ出版 (2006)
8. 渡辺利夫:『中国の躍進　アジアの応戦』,東洋経済新報社 (2002)
9. 渡辺利夫,向山英彦編:『中国に向かうアジア　アジアに向かう中国』,(株) さくら総合研究所　環太平洋研究センター,東洋経済新報社 (2001)

5.2　これからのアジア戦略

1. 安積敏政:「ASEAN,中国との比較におけるインドビジネスの捉え方」,(株) 東レ経営研究所,『経営センサー』,2009, No.113

2．安積敏政：「中国・インド・アセアン　21世紀の成長市場の現状と今後の行方」，神戸商工会議所，『神戸商工だより』，2009年10月号
3．安積敏政：「国際ビジネス研究学会第14回全国大会ノート（上）　新興市場と国際ビジネス」，社団法人世界経済研究協会，『世界経済評論』，Vol.52　No.2，2008年2月号
4．安積敏政：「企業経営視点からのインド戦略」，社団法人日本経済研究センター，『インド経済の現状と展望—その成長力と制約要因—』（2007）
5．安積敏政：「主要産業における日中間ビジネス関係～日中両国の分業体制の行方を探る～第2節エレクトロニクス産業」，ジェトロ海外調査シリーズ，No.370，『新時代における日中の貿易・投資協力—相互互恵の経済連携をめざして—』，日本貿易振興機構（2007）
6．小島　明『日本の選択＜適者＞のモデルへ』，NTT出版（2007）
7．小峰隆夫，日本経済研究センター編：『超長期予測　老いるアジア』，日本経済新聞出版社（2007）
8．鮫島敬治，社団法人日本経済研究センター編：『2020年の中国』，日本経済新聞社（2000）
9．日本経済研究センター編著：『世界ビジネス　これから10年』，日本経済新聞社（2005）

5.3　持続的な成長性・収益性獲得のための地域経営機能の強化

(1)　地域生産戦略
1．経済産業省経済産業政策局調査統計部・同貿易経済協力局，『第38回我が国企業の海外事業活動—平成20年海外事業活動基本調査』，経済産業統計協会（2009）
2．財務省貿易統計局ホームページ

　　　　　　　　http://www.customs.go.jp/toukei/info/index.htm

(2)　地域マーケティング戦略
1．飯塚幹雄：『市場づくりを忘れてきた日本へ』，しょういん（2009）
2．江上　剛：『戦いに終わりなし　最新アジアビジネス熱風録』，文藝春秋（2008）

3．財前　宏：『中国ビジネス・香港からの視点』，丸善（2008）
4．徐　向東：『中国で売れる会社は世界で売れる』，徳間書店（2006）
5．関　満博：『メイド・イン・チャイナ　中堅・中小企業の中国進出』，新評論（2007）
6．寺嶋正尚，後藤亜希子，川上幸代，洪　緑萍：『よくわかる中国流通業界』，日本実業出版社（2003）
7．矢作敏行：『中国・アジアの小売業革新』，日本経済新聞社（2003）
8．ロス・デービス，矢作敏行編，外川洋子（監訳）：『アジア発　グローバル小売競争』，日本経済新聞社（2001）
9．若林秀樹：『日本の電機産業に未来はあるのか』，洋泉社（2009）

(3)　地域研究開発戦略

1．安積敏政：「アジアへシフトする日本の研究開発―生産につぐ第二の空洞化」，『BUSINESS RESEARCH』，2003年12月号（通巻954号），2004年1月号（通巻955号），同2月号（通巻956号），社団法人企業研究会
2．岡本義行：『日本企業の技術移転―アジア諸国への定着―』，日本経済評論社（1998）
3．三上喜貴：『ASEANの技術開発戦略』，日本貿易振興会（1998）

(4)　地域人事戦略

1．海野素央：『アジア地域と日系企業』，同友館（2008）
2．白木三秀,田籠喜三,米田牧子：「ビジネスのグローバル化と人材のグローバル化」，『世界経済評論 2007年6月号』，社団法人世界経済研究協会
3．古沢昌之：「中国の人材をいかに活用するか」，日中経済協会編，『対中ビジネスと経営戦略』，蒼蒼社（2003）
4．山邑陽一：『国際事業投資の諸局面』，現代図書（2004）

(5)　地域財務戦略

1．イスラム金融検討会：『イスラム金融』，日本経済新聞出版社（2008）
2．大住　昭,工藤裕子：『アドゥー　サバール　プルダニア』，エヌ・エヌ・エー（2008）
3．宿輪純一：『アジア金融システムの経済学』，日本経済新聞社（2006）
4．鈴木隆史，鈴木英夫，小宮義則：『21世紀の産業と金融―産業と金融の両立に向

けて—』，財団法人経済産業調査会（2008）
5．高安健一：『アジア金融再生』，勁草書房（2005）
6．前田匡史：『［詳解］イスラム金融』，亜紀書房（2008）
7．安田隆二：『日本の銀行　進化への競争戦略』，東洋経済新報社（2006）
8．若杉　明：『グローバリゼーションの財務・会計戦略』，ビジネス教育出版社（1994）

(6)　地域税務戦略
1．アーサーアンダーセン，朝日監査法人編：『アジア・太平洋の税務ガイド』，東洋経済新報社（2006）
2．ウィリアム・ブリテェイン・キャトリン，森谷博之（監訳）：『秘密の国　オフショア市場』，東洋経済新報社（2008）
3．金子　宏，中村雅秀編：『テクノロジー革新と国際税制』，清文社（2001）
4．品川克己：「タックスヘイブン対策税制の昨今の論点」，国際税務研究会『International Taxation』，第25巻　第12号（2005）
5．税理士法人トーマツ編：『アジア諸国の税法』（第5版），中央経済社（2007）
6．中村雅秀：『多国籍企業と国際税制』，東洋経済新報社（1995）
7．久野康成監修：『2008年版　図解インドの投資・会計・税務の基本』，出版文化社
8．本庄　資：『国際的脱税・租税回避防止策』，財団法人大蔵財務協会（2004）
9．三宅茂久：『わかりやすい国際ビジネス課税Q&A』，日本法令（2003）
10．八ッ尾順一：『租税回避の事例研究』，清文社（2004）
11．インドネシア投資調整庁　日本事務所のホームページ
　　http://www.bkpm-jpn.com/
12．シンガポール経済開発庁のホームページ
　　http://www.edb.gov.sg/edb/sg/jp_jp/index.html
13．タイ投資委員会のホームページ　http://www.boi.go.th/english/default.asp
14．フィリピン投資委員会のホームページ　http://www.boi.gov.ph/
15．ベトナム計画投資省のホームページ
　　http://www.mpi.gov.vn/portal/page/portal/mpi_en
16．マレーシア工業開発庁のホームページ　http://www.midajapan.or.jp/

(7) 地域広報戦略

1. 安積敏政:「関西活性化のカギはアジアと金融」, 会報誌『JCER』, 2006年12月号, No.950, 社団法人日本経済研究センター
2. 財団法人経済広報センター編,『経営を支える広報戦略』, 日本経団連出版 (2009)
3. 財団法人日本証券経済研究所,『図説 アジアの証券市場』(2004)
4. 高橋正樹:『成功するインド株』, アスペクト (2005)
5. 平田博孝:『まったくはじめてのアジア株入門』, 明日香出版社 (2004)
6. (株)東京証券取引所のホームページ http://www.tse.or.jp/
7. インドネシア証券取引所のホームページ http://www.idx.co.id/
8. シンガポール取引所のホームページ http://www.sgx.com/wps/portal/marketplace/mp-en/home
9. タイ証券取引所のホームページ http://www.set.or.th/en/index.html
10. マレーシア証券取引所のホームページ http://www.klse.com.my/website/bm/
11. ナショナル証券取引所のホームページ http://www.nseindia.com/
12. ボンベイ証券取引所のホームページ http://www.bseindia.com/
13. 香港交易所のホームページ http://www.hkex.com.hk/index.htm

(8) 地域統括戦略

1. 安積敏政:「アセアン, 中国, インドを視野に入れた21世紀のアジア地域統括展望」,『GLOBAL Angle』, No.35, 2009年2月, 三菱UFJリサーチ&コンサルティング(株)国際事業本部
2. あずさ監査法人・KPMG編:『インドの投資・会計・税務ガイドブック』, 中央経済社 (2006)
3. 今井健一:「『持株会社天国』としての中国」, 下谷政弘編著:『東アジアの持株会社』ミネルヴァ書房 (2008)
4. 奥村憙一編著:『日系合弁企業の組織体制と管理システム』, 多賀出版 (2003)
5. 吉原英樹:『国際経営論への招待』, 有斐閣 (2002)

図表一覧

第1章

図 1.2.1　日本の対中国・対米国貿易推移
図 1.3.1　インド進出日系企業
図 1.4.1　BRICsへの期待
図 1.4.2　事業と地域のマトリックス経営
図 1.4.3　経営視点から見た3つのアジア
表 1.1.1　NICsのGDPと一人当たりのGDP（2007年）
表 1.2.1　日本の貿易に占める中国の地位（2008年）
表 1.4.1　BRICsのGDPと一人当たりのGDP（2007年）

第2章

図 2.1.1　上場企業の海外営業利益と地域別営業利益（連結ベース）
図 2.1.2　アジアの業種別営業利益（2007年度）
図 2.1.3　アジアの営業利益ベスト20社（2007年度）
図 2.1.4　アジアの営業利益ベスト21社～40社（2007年度）
図 2.1.5　アジアの営業利益ベスト41社～60社（2007年度）
図 2.2.1　アジアにおける製造業の業種別収益性（2007年度）
図 2.3.1　輸送用機器のアジアの営業利益トップ20社（2007年度）
図 2.3.2　電気機器のアジアの営業利益トップ20社（2007年度）
図 2.3.3　化学のアジアの営業利益トップ20社（2007年度）
図 2.3.4　機械のアジアの営業利益トップ20社（2007年度）
表 2.4.1　アジア地域のセグメント複数国公表企業（2007年度）

図表一覧

第3章

[1] 製造業

1. 自動車

図 3.1.1　スズキの連結売上高と海外売上高比率
図 3.1.2　スズキの連結売上高増分の地域別構成
図 3.1.3　スズキの連結営業利益増分の地域別構成
図 3.1.4　スズキの地域別営業利益
図 3.1.5　デンソーの連結売上高と海外売上高比率
図 3.1.6　デンソーの連結売上高増分の地域別構成
図 3.1.7　デンソーの豪亜の売上高
図 3.1.8　デンソーの連結営業利益増分の地域別構成
図 3.1.9　デンソーの地域別営業利益
表 3.1.1　マルチスズキ・インディアの業績

2. 電　機

図 3.1.10　パナソニックの連結売上高と海外売上高比率
図 3.1.11　パナソニックのアジアと米州の売上高
図 3.1.12　パナソニックの地域別営業利益（連結　出荷所在地ベース）
図 3.1.13　ロームの連結売上高と海外売上高比率
図 3.1.14　ロームの日本とアジアの営業利益
図 3.1.15　ロームの連結売上高・営業利益におけるアジア依存度

3. 化　学

図 3.1.16　主要化学メーカーの連結売上高と海外売上高比率（2007年度）
図 3.1.17　東レの連結売上高と海外売上高比率
図 3.1.18　東レの連結売上高増分の地域別構成
図 3.1.19　東レの連結営業利益増分の地域別構成
図 3.1.20　東レのアジアの営業利益
図 3.1.21　住友化学の連結売上高と海外売上高比率

図 3.1.22　住友化学の連結売上高増分の地域別構成
図 3.1.23　住友化学のアジアの売上高
図 3.1.24　住友化学の連結営業利益増分の地域別構成

4. 機　械
図 3.1.25　コマツの連結売上高と海外売上高比率
図 3.1.26　コマツの日本売上高
図 3.1.27　コマツの連結売上高増分の地域別構成
図 3.1.28　コマツの中国売上高
図 3.1.29　コマツの地域別営業利益
図 3.1.30　主要建設機械メーカーの地域別売上高（2007年度　連結ベース）
図 3.1.31　主要工作機械メーカーの連結売上高と海外売上高比率（2007年度）
図 3.1.32　牧野フライス製作所の連結売上高と海外売上高比率
図 3.1.33　牧野フライス製作所の連結売上高増分の地域別構成
図 3.1.34　牧野フライス製作所の連結営業利益増分の地域別構成
表 3.1.2　MAKINO ASIA PTE LTD の業績

5. 化粧品
図 3.1.35　資生堂の連結売上高と海外売上高比率
図 3.1.36　資生堂の連結売上高増分の地域別構成
図 3.1.37　資生堂の日本の売上高推移
図 3.1.38　資生堂の地域別営業利益率
図 3.1.39　資生堂の地域別営業利益構成
図 3.1.40　世界の国別人口（2007年度）
図 3.1.41　マンダムの連結売上高と海外売上高比率
図 3.1.42　マンダムの連結売上高増分の地域別構成
図 3.1.43　マンダムの地域別営業利益率
表 3.1.3　PT MANDOM INDONESIA Tbk の業績

図表一覧

6. 日用品

図 3.1.44 ユニ・チャームの連結売上高と海外売上高比率

図 3.1.45 ユニ・チャームの連結売上高増分の地域別構成

図 3.1.46 ユニ・チャームの地域別営業利益（所在地ベース）

図 3.1.47 ユニ・チャームの地域別営業利益率

図 3.1.48 ピジョンの連結売上高と海外売上高比率

図 3.1.49 ピジョンの連結売上高増分の地域別構成

図 3.1.50 ピジョンの地域別営業利益率

図 3.1.51 主な日用品企業の海外売上高と海外売上高比率（2007 年度）

7. 食料品

図 3.1.52 日本の食品業界のアジア鳥瞰図

図 3.1.53 日本の主要食品企業の海外売上高と海外売上高比率

図 3.1.54 日本の主要食品会社のアジアの業績（2007 年度　出荷所在地ベース）

図 3.1.55 味の素の連結売上高と海外売上高比率

図 3.1.56 味の素の連結売上高増分の地域別構成

図 3.1.57 味の素の地域別営業利益率

図 3.1.58　味の素のアジアの売上高

図 3.1.59 キリンホールディングスの連結売上高と海外売上高比率

図 3.1.60 キリンホールディングスの連結売上高増分の地域別構成

図 3.1.61 キリンホールディングスの連結営業利益増分の地域別構成

表 3.1.4　日本の食品会社の業績（2007 年度）

8. 医薬品

図 3.1.62 主要製薬会社の連結売上高と海外売上高比率（2007 年度）

図 3.1.63 エーザイの連結売上高と海外売上高比率

図 3.1.64 エーザイの連結売上高増分の地域別構成

図 3.1.65 主要製薬 4 社の地域別売上高構成（2007 年度）

図 6.1.66 エーザイのアジア他の売上高

図 3.1.67　テルモの連結売上高と海外売上高比率
図 3.1.68　テルモの連結売上高増分の地域別構成
図 3.1.69　テルモの連結営業利益増分の地域別構成
図 3.1.70　テルモの地域別連結営業利益率
図 3.1.71　テルモのアジア売上高

[2] 非製造業

<u>1. 小売業</u>

図 3.2.1　イオンの連結売上高と海外売上高比率
図 3.2.2　イオンの連結売上高増分の地域別構成
図 3.2.3　イオンのアジアの売上高と営業利益率
図 3.2.4　欧米小売業 4 社の地域別売上高推移
図 3.2.5　欧米小売業 4 社の世界とアジアの店舗数推移
図 3.2.6　ファミリーマートの連結売上高と海外売上高比率
図 3.2.7　ファミリーマートの連結売上高増分と地域別構成
図 3.2.8　ファミリーマートの中国事業の出資形態
表 3.2.1　主要小売業の海外売上高（2007 年度）
表 3.2.2　ファミリーマートのチェーン全店舗数推移

<u>2. 輸　送</u>

図 3.2.9　日本通運の連結売上高と海外売上高比率
図 3.2.10　日本通運の連結売上高増分の地域別構成
図 3.2.11　日本通運のアジア・オセアニアの売上高
図 3.2.12　日本通運の連結営業利益増分の地域別構成
図 3.2.13　近鉄エクスプレスの連結売上高と海外売上高比率
図 3.2.14　近鉄エクスプレスの連結売上高増分の地域別構成
図 3.2.15　近鉄エクスプレスの連結営業利益増分の地域別構成

図表一覧

第4章

[1] アジアの新たな注目国・地域

表 4.1.1　3年以内の有望な海外投資先（売上高世界トップ1,000社対象）
表 4.1.2　中期的有望事業展開先国・地域（国際協力銀行・開発金融研究所定期調査）
表 4.1.3　有望な海外投資先（関西生産性本部　定期調査）
表 4.1.4　NEXT 11 の国別概要（2007年）

[2] 南アジア

図 4.2.1　SAARC 加盟国
図 4.2.2　BIMSTEC 加盟国
図 4.2.3　インドのSAFTAへの輸出（2008年）
図 4.2.4　インドのSAFTAからの輸入（2008年）
図 4.2.5　インドへの直接投資
図 4.2.6　エアインディアの南アジア域内への航空ルートと便数
図 4.2.7　エアインディア以外の5社の南アジア域内の航空ルートと便数
図 4.2.8　ファーストリテイリングの連結売上高
図 4.2.9　ファーストリテイリングのバングラデシュ合弁会社の概要
図 4.2.10　新たな生産拠点としての南アジア（衣料品，日用品）
表 4.2.1　SAARC 加盟国概要（2007年）
表 4.2.2　パキスタンにおける主な日本企業
表 4.2.3　バングラデシュにおける主な日本企業
表 4.2.4　スリランカにおける主な日本企業

[3] 中東 －アジアにおける中東戦略の幕開けを探る－

図 4.3.1　GCC 加盟国
図 4.3.2　エミレーツ航空のフライト実態
図 4.3.3　ドバイと南アジア間の航空便ルート（エミレーツ航空　2009年）
図 4.3.4　主要エンジニアリング会社の中近東売上高
図 4.3.5　主要プラント用設備会社の中東売上高

図 4.3.6　三菱重工業の中東売上高

図 4.3.7　主要海運会社の中近東売上高

図 4.3.8　コマツの中近東・アフリカ売上高

図 4.3.9　デンソーの中近東・アフリカ売上高

図 4.3.10　ピジョンの中近東売上高

図 4.3.11　中東・北アフリカ諸国（略図）

表 4.3.1　GCC 加盟国の経済規模（2007 年）

表 4.3.2　サウジアラビアの輸入推移

表 4.3.3　UAE の輸入推移

[4] アフリカ －中東の先に続くビジネス－

図 4.4.1　ドバイとアフリカ諸国の航空便ルート（エミレーツ航空　2009 年）

図 4.4.2　主要各社の中近東・アフリカ売上高構成（2007 年度）

図 4.4.3　日揮のアフリカ売上高

図 4.4.4　三菱重工業のアフリカ売上高

図 4.4.5　佐世保重工業のアフリカ売上高

図 4.4.6　三井海洋開発のアフリカ売上高

図 4.4.7　近畿車輛のアフリカ売上高

図 4.4.8　日本工営のアフリカ売上高

図 4.4.9　南アフリカの自動車生産台数推移

図 4.4.10　南アフリカの自動車および同部品輸出（商品別）

図 4.4.11　南アフリカの自動車および同部品輸出（仕向地別）

図 4.4.12　日本の国別自動車輸入台数

図 4.4.13　モロッコの半導体輸出

図 4.4.14　日本の生花輸入（2008 年）

図 4.4.15　日本のアフリカからの生花輸入（2008 年）

第 5 章

図 5.1.1　これまでのアジア戦略

図表一覧

- 図 5.2.1　ASEAN・中国間の貿易
- 図 5.2.2　拡大アジア戦略（Greater Asia Strategy）
- 図 5.2.3　ASEAN・インド間の貿易
- 図 5.2.4　SQ のインド便（2009 年）
- 図 5.2.5　インドの対中国貿易
- 図 5.2.6　更なる拡大アジア戦略（Extended Greater Asia Strategy）
- 図 5.2.7　2008 年のアジアの経済規模
- 図 5.2.8　アジアの GDP 予測
- 図 5.2.9　2015 年のアジアの経済規模
- 図 5.2.10　アジアの GDP 増分構成
- 図 5.2.11　インドをゲートウェイとする更なる拡大アジア戦略
  （Extended Greater Asia Strategy through the Gateway of India）
- 図 5.2.12　アジア戦略の軌跡と展望
- 図 5.3.1　生産拠点の抜本的な再編・統合
- 図 5.3.2　日本の輸出高と海外生産高推移
- 図 5.3.3　マルチスズキのロイヤルティ支払額の推移
- 図 5.3.4　アジアにおける SCM の概念図（イメージ図）
- 図 5.3.5　プロダクト・ライフサイクルの同期化
- 図 5.3.6　プロダクト・ライフサイクルの短縮化
- 図 5.3.7　研究開発のアジアシフト誘因
- 図 5.3.8　日本，ASEAN と連携したソフトウェア開発拠点
- 図 5.3.9　デンソーの連結従業員数
- 図 5.3.10　デンソーの豪亜の国別従業員数
- 図 5.3.11　企業のアジアの資金調達ソース
- 図 5.3.12　パナソニックのグローバル財務体制
- 図 5.3.13　アジア各国の法人税率（2009 年）
- 図 5.3.14　合理的な節税策
- 図 5.3.15　ASEAN における A 社の実効税率例（イメージ図）
- 図 5.3.16　各国節税対策とインセンティブ獲得推進
- 図 5.3.17　主要 ASEAN 諸国の投資窓口

図 5.3.18　デンソーのインド拠点
図 5.3.19　日本から見えるアジア（ODA のアジア視点）
図 5.3.20　日本から見えないアジアのダイナミズム
図 5.3.21　日本企業のアジア事業統括
表 5.2.1　これまでのアジア戦略，これからのアジア戦略の比較
表 5.3.1　アジアの国別ソフトウェア開発の比較優位
表 5.3.2　研究開発のアジア域内分業（イメージ図）
表 5.3.3　日本企業のマレーシア証券取引所への上場事例
表 5.3.4　日本企業のインドネシア証券取引所への上場事例
表 5.3.5　日本企業のシンガポール取引所への上場事例
表 5.3.6　日本企業のタイ証券取引所への上場事例
表 5.3.7　デンソー・ハリアナの会社概要

索 引

（英数は a.b.c 順、カタカナ／平仮名および漢字は五十音順）

企業名・団体名・機関名

- 1st Silicon 251
- A.T. カーニー／A.T.Kearney 170, 171
- Air India 190
- Biman Bangladesh Airlines 190
- BKPM（Bidan Koodinasi Perdana Modal、インドネシア投資調整庁） 324
- BMW 240, 242
- BOI（Board of Investment、タイ、フィリピンの投資委員会） 324
- BSE（ボンベイ証券取引所） 354
- CBC 189
- DIC（旧・大日本インキ化学工業） 188
- EDB（Economic Development Board、シンガポール経済開発庁） 324, 326
- EPZA（Export Processing Zone Authority、ケニア　輸出加工区局） 252
- GE 342
- GM 38, 237, 286
- GS ユアサ 188
- HOYA 353
- HSBC 352
- IBM 342
- IMF（International Monetary Fund、国際通貨基金） 8, 10, 14, 15, 200
- JETRO（日本貿易振興機構） 178, 209, 349
- JICA 236
- LG 232, 279, 342
- MIDA（Malaysia Industrial Development Authority、マレーシア工業開発庁） 251, 324
- MPI（Ministry of Planning & Investment、ベトナム計画投資省） 324
- Nepal Airlines 190
- NSE（ナショナル証券取引所） 354
- NTT コミュニケーションズ 189
- OECD（経済協力開発機構） 3
- P&G 85, 97, 334
  →プロクター・アンド・ギャンブル　も参照
- Pakistan International Airlines 190
- Royal Bhutan Airlines 190
- SGS 243
- Sri Lanka Airlines 190
- ST マイクロエレクトロニクス 243, 252
- T&K TOKA 189
- TDK 275
- X-FAB Semiconductor Foundries 252
- XFAB Silicon Foundries 252
- YKK 189

- アサヒビール 106
- アステラス製薬 121, 126, 365
- アマダ 74
- アルカテル 342
- アルストム 235
- アルビオン 78
- アルプス技研 1889
- イオン 135, 137〜139, 141, 337, 366, 381
- ―イオンタナシンサップ（タイランド） 337
- ―イオンクレジットサービス（アジア） 337
- ―イオンクレジットサービス（マレーシア） 337
- ―イオンストアーズ（香港） 337
- ―イオンマレーシア 138, 337
- ―ジャスコ 138
- ―ジャスコストアーズ（香港） 337

386

索 引

―ジャヤ・ジャスコストアーズ	337
―マイカル	135
―ミニストップ	135, 138, 366
―韓国ミニストップ	138
―上海上実集団	139
―大象流通	138
・イケア	221
・イトーヨーカ堂	196
・イビデン	24
・インドネシア証券取引所	89, 333, 334, 385
・ウォルマート	139, 141, 165, 221, 366
・ウテナ	79
・エアインディア	190, 191, 382
・エーザイ	121~128, 165, 345, 351, 365, 380
―P.T. エーザイ・インドネシア	127
―エーザイ・(シンガポール)	127
―エーザイ・(タイランド)・マーケティング	127
―エーザイ・(マレーシア)	127
―エーザイ・(ホンコン)	127
―エーザイ・アジア・リージョナル・サービス	127
―エーザイ・インディア	351
―エーザイ・クリニカル・リサーチ・シンガポール	127
―エーザイ・コリア・インク	127
―エーザイ・ファーマシューティカルズ・インディア	127
―エーザイ・ファーマテクノロジー・アンド・マニュファクチュアリング	127
―ハイ・エーザイ・ファーマシューティカル	127
―衛采製藥股份有限公司	127
―衛材（蘇州）製藥有限公司	127
―衛材（中国）薬業有限公司	127
―日本衛材	122
・エステー	364
・エミレーツ航空	204, 227, 382, 383
・エリクソン	342
・オリックス	188
・カイロ・ヘリオポリス公団	235
・カイロ・ヘルワン市電	235
・カネボウ化粧品	79
・カルフール	139, 15, 1221, 366
・キッコーマン	104, 108, 109, 313, 365
・キャタピラー	66, 71
・キヤノン	342
・キリンホールディングス	106~109, 114~118, 165, 380
―キリンビール	114
―キリンビバレッジ	114
―キリンファーマ	114
―サンミゲル	117
―ジェイ・ボーグ・アンド・サン	117
―デアリーファーマーズ	116, 117
―ナショナルフーズ	116, 117
―メルシャン	114
―ライオンネイサン	116, 117
―協和発酵	114
―麒麟（中国）投資社	116
―麒麟麦酒	364
・クアラルンプール証券取引所	332, 337
・クボタ	222
・クライスラー	237, 286
・ケニア政府投資促進センター	252
・コーセー	79
・ゴールドマン・サックス	10, 11, 174
・コカコーラ	106
・コスモ石油	214
・コダック	342
・コベルコ建機	65, 71, 72, 214, 363
― CNH Global N.V.	71
―コベルコ・コンストラクション・エクイプメント・インディア	72

387

索引

　　―タイ・コベルコ・コンストラクション・マシーナリー　72
　　―ダヤ・コベルコ　72
　　―杭州神鋼建設機械有限公司　72
　　―神戸製鋼所　71, 363
　　―成都神鋼建設機械有限公司　72
・コマツ　26, 65～67, 70, 71, 159, 163, 214～216, 334, 342, 363, 379, 383
　　―小松製作所　66, 362, 363, 368
・サムスン　279, 342
・サンデン　188
・サントリー　106, 108
・サントリーホールディングス　106
・シャープ　349
・ジャカルタ証券取引所　89, 333
・シンガポール航空　261
・シンガポール取引所　334～336, 385
・スエズ運河庁　233
・スズキ　13, 24, 32～36, 159, 161, 162, 188, 280～282, 342, 360, 378
　　―マルチウドヨグ　36, 161, 281, 338, 344
　　―マルチスズキ　27, 159, 280, 281, 338, 344, 384
　　―マルチスズキ・インディア　36, 350
・スラバヤ証券取引所　333
・スリランカ航空　190, 191
・セブン＆アイ・ホールディングス　134, 139, 366
・ソニー　313, 342, 353
　　―ソニーホールディングス（アジア）　353
・ダイエー　135
・ダイキン工業　25
・ダイムラークライスラー　240, 242
・タイ証券取引所　336, 337, 385
・タタ自動車　280
・ツガミ　73
・テスコ　139, 140, 141, 221, 366

・テルモ　122, 127～130, 132, 165, 365, 381
　　―仁丹テルモ　128
　　―仁丹体温計　128
・デンソー　9, 24, 32, 38～42, 162, 216, 300～302, 307, 342～345, 351, 366, 369, 378, 383～385
　　―P.T. デンソー・インドネシア　42
　　―サイアム・デンソー　42
　　―デンソー・インターナショナル・アジア　344
　　―デンソー・インディア　343
　　―デンソー・タイランド　42
　　―デンソー・ハリアナ　343, 344, 385
　　―デンソー・ベトナム　42
　　―デンソー・マレーシア　42
　　―デンソー豊星　42
　　―天津電装有限公司　42
　　―電装（広州南沙）有限公司　42
・ドバイ・フラワー・センター　248
・トーヨーカネツ　209, 211, 368
・トムソン　243
・トヨタ／トヨタ自動車　18, 24, 32, 38, 39, 188, 216, 242
・トレーディア　147
・ナショナル証券取引所　354
・ナスダック・ジャパン市場（現・ヘラクレス市場）　166
・ネスレ　106, 332, 342
・ネパール航空　190, 192
・バイエル　3334
・パキスタン航空　190, 192
・パナソニック　5, 7, 9, 11, 13, 15, 24, 44, 45, 47～49, 159, 224, 229, 272, 273, 280, 302, 307, 310, 313, 314, 316, 327, 337, 341, 342, 349, 352, 378, 384
　　―アジア松下電器　308, 309
　　―イラン松下電化機器　224

索引

―インド松下エアコン 311
―ナショナルイラン電業 224
―パナソニック AVC ネットワークス・インディア 338
―パナソニック・アジアパシフィック 308
―パナソニック・エレクトロニクスデバイス 352
―パナソニック・グローバル・トレジャリーセンター 315
―パナソニックミュージアム松下幸之助歴史館 352
―パナソニック電工 45, 345
―日本ビクター 45, 46
―松下電器／松下電器産業 5, 46, 224, 280, 353, 354, 361
―松下電工 45, 46, 345
・パラマウントベッド 217
・ビーマンバングラデシュ航空 190, 191
・ピジョン 91, 99～103, 164, 165, 218, 364, 369, 380, 383
　―LANSINOH LABORATORIES 165
　―P.T. PIGEON INDONESIA 103
　―PIGEON (SHANGHAI) 102
　―PIGEON INDUSTRIES (THAILAND) 102
　―PIGEON LAND (SHANGHAI) 102
　―PIGEON MANUFACTURING (SHANGHAI) 102
　―PIGEON SINGAPORE 102
　―SHANGHAI CHANGNING PIGEON LAND EDUCATION TRAINING CENTER 103
　―THAI PIGEON 102
―ピジョン・ミドルイースト 218
・ヒューレット・パッカード 295, 342
・ファースト・シリコン 251
・ファーストリテイリング 135, 193～196, 366, 368, 382
　―CPAT 195

―アナンタグループ 195
―パシフィックテキスタイル・ホールディングス 195
・ファミリーマート 135, 142, 144～146, 165, 366, 381
　―BOKWANG FAMILYMART CO., LTD. 145
　―China CVS (Cayman Islands) Holding 146
　―FamilyMart Hong Kong Limited 147
　―SFM Holding Co., Ltd. 145
　―Siam FamilyMart Co., Ltd. 145
　―サハ・パタナピブル 145
　―ファミリーマート・チャイナ・ホールディングス 146
　―ロビンソン百貨店 145
　―広州市福満家便利店有限公司 146
　―國産汽車股份有限公司 145
　―上海福満家便利有限公司 146
　―全家便利商店股份有限公司 145
　―蘇州福満家便利店有限公司 146
・フィアット 38, 71
・フィリップス 395
・フォーチュン 45
・フォード 237, 286
・フォルクスワーゲン 240, 242
・フジクラ 20
・プロクター・アンド・ギャンブル 85, 97
　→ P&G も参照
・ベスト電器 135, 366
・ホンダ 9, 13, 18, 32, 159, 188, 280, 286, 342
　―ヒーロー・ホンダモーターズ 338
　―本田技研／本田技研工業 24, 38
・ボンベイ証券取引所 354
・マミヤ OP 189
・マルハニチロ 189
・マレーシア工業開発庁 →MIDA 参照

389

索 引

- マレーシア証券取引所　332, 337, 385
- マンダム　79, 86, 88〜91, 363, 379
  - ―P.T. MANDOM INDONESIA Tbk　89, 379
  - ―P.T. TANCHO INDONESIA　89
  - ―TANCHO CORPORATION　89
- ミウォン　334
- ミシュラン　342
- みずほコーポレート銀行　139
- ミツワ電機工業　337
- メトロ　139, 140, 221, 366
- メルセデスベンツ　242
- モトローラ　295
- ヤクルト　104, 108, 364
- ヤマトホールディングス　147
- ユニ・チャーム　91〜93, 95〜98, 103, 164, 218, 220, 222, 364, 369, 380
  - ―Gulf Hygienic Industries Ltd.　95, 98
  - ―PT Uni-Charm Indonesia　95
  - ―Uni-Charm (Thailand) Co., Ltd.　95
  - ―Uni-Charm (Vietnam) Co., Ltd.　95
  - ―Uni-Charm Co., Ltd.　95
  - ―Unicharm Gulf Hygienic Industries　95
  - ―ユニ・チャーム インディア　98
  - ―上海尤妮佳有限公司　95
  - ―尤妮佳生活用品（中国）有限公司　95
  - ―尤妮佳生活用品服務（上海）有限公司　95
  - ―嬌聯股份有限公司　95
- ユニデン　20
- ユニリーバ　106, 332
- ライオン　103, 364
- ランバクシー・ラボラトリーズ　351
- ロイヤル・ブータン航空　190, 192
- ローム　44, 50, 52, 361, 378
- ロレアル　85

- 青山商事　196

- 旭化成　54, 362
- 味の素　104, 106, 108〜110, 112〜114, 332, 364, 380
  - ―アメリカ味の素　114
  - ―アモイ・フード　114
  - ―インドネシア味の素　114
  - ―コンビニエンス・フーズ・インターナショナル　114
  - ―タイ味の素　114
  - ―ダノン　114
  - ―ニューヨーク味の素　114
  - ―フィリピン味の素　114
  - ―ベトナム味の素　114
  - ―マラヤ味の素　114
  - ―マレーシア味の素　114, 332
  - ―ユニオンケミカルズ　114
  - ―味の素（中国）　114
  - ―川化集団公司　114
  - ―川化味の素　114
- 飯野海運　212, 214, 368, 369
- 出光興産　214
- 伊藤忠　142, 341
  - ―伊藤忠タイ会社　145
- 大阪証券取引所　153, 166
- 大塚製薬　188
- 沖電気工業　50
- 小田急　147
- 花王　103, 364
- 上組　147
- 川崎汽船　147
- 関西生産性本部　170, 172, 174, 249, 382
- 企業研究会　161, 350, 351, 353, 361, 372, 374
- 共栄タンカー　212, 214, 369
- 近畿車輛　231, 235, 370, 371, 383
- 近鉄エクスプレス　147, 153〜157, 166, 367, 381

索　引

- —近畿日本ツーリスト　154
- —近畿日本鉄道／近鉄　147, 154
- —近鉄航空貨物　153
- ・楠原輸送　189
- ・京阪　147
- ・計画投資省（ベトナム）　→MPI　参照
- ・経済開発庁（シンガポール）　→EBD　参照
- ・光波　189
- ・国際協力銀行　65, 170, 171, 178, 236, 249, 352, 382
- ・国際経済研究所　177, 250
- ・国際協力機構（JICA）　236
- ・国際石油開発帝石　19
- ・国家統計局　14
- ・佐世保重工業　231, 233, 370, 383
- ・三共　121
- ・山九　147
- ・三洋電機　224
- ・塩野義製薬　121, 122
- ・資生堂　79, 80, 82～86, 159, 164, 363, 379
  - —資生堂ベトナム　85
- ・商船三井　147, 154, 189
- ・信越化学工業　53, 362
- ・新日鉄　214
- ・新日本石油　214
- ・新和海運　212, 214, 369
- ・住友化学　54, 60, 62～65, 162, 209, 222, 362, 378, 379
  - —ザ・ポリオレフィン・カンパニー（シンガポール）　64
  - —サウジ・アラムコ　65, 162
  - —シェブロン・フィリップス・シンガポール・ケミカルズ　64
  - —ペトロケミカル・コーポレーション・オブ・シンガポール　64
  - —ラービグ・リファイニング・アンド・ペトロケミカル（ペトロ・ラービグ）　65, 162
  - —珠海住化複合塑料有限公司　64
  - —住化電子材料科技（無錫）有限公司　64
  - —住友化学アジア　64
  - —住友化学インディア　64
  - —住友化学シンガポール　64
  - —日本シンガポール・ポリオレフィン　64
- ・住友商事　334, 341
- ・住友倉庫　147
- ・西友　196
- ・世界銀行　8, 10, 248
- ・全日本空輸　147
- ・第一三共　121, 126, 368
- ・第一製薬　121
- ・大宇建設　233
- ・大正製薬　121, 122
- ・大日本住友製薬　121, 122
- ・太陽誘電　251
- ・武田薬品工業／武田薬品　121, 125, 126, 365
- ・田辺三菱製薬　121, 122
- ・千代田化工建設　207, 208, 368
- ・帝人　54, 57, 362
- ・東急　147
- ・東京証券取引所　18, 32, 74, 122, 128, 153, 166, 354
- ・投資委員会（タイ、フィリピン）　→BOI　参照
- ・投資調整庁（インドネシア）　→BKPM　参照
- ・東芝　236, 313, 342
- ・東ソー　54, 362
- ・東武　147
- ・東洋埠頭　147
- ・東レ　54, 55, 57, 58, 342, 362, 372, 378
- ・豊田通商　188
- ・西島製作所　209, 210, 368
- ・日揮　188, 207, 208, 210, 231～233,

391

索 引

　　　　368, 370, 383
・日産　　　　　　　　　18, 32, 242, 252, 352
・日産ディーゼル　　　　　　　　　　　　188
・日清オイリオ　　　　　　　　　　　108, 365
・日清食品／日清食品ホールディングス　　104,
　　　　109, 364
・日本ゼオン　　　　　　　　　　　　54, 362
・日本ハム　　　　　　　　　　　　　　106
・日本工営　　　　　　231, 236, 237, 371, 383
・日本航空　　　　　　　　　　　　　　147
・日本水産　　　　　　　　　　　　20, 364, 365
・日本政策投資銀行　　　　　　　　　　352
・日本通運　　　　　147〜153, 166, 345, 366,
　　　　367, 381
　　　—JI Logistics Private Limited　　　153
　　　—インドネシア日本通運　　　　　153
　　　—インド日通　　　　　　　　　153
　　　—オランダ日本通運　　　　　　152
　　　—シンガポール日通　　　　　　152
　　　—タイ日通　　　　　　　　　　152
　　　—ドイツ日本通運　　　　　　　152
　　　—フィリピン日本通運　　　　　153
　　　—ベトナム日本通運　　　　　　153
　　　—英国日本通運　　　　　　　　152
　　　—上海通運国際物流有限公司　　152
　　　—大連日通外運物流有限公司　　152
　　　—天宇客貨運輸服務有限公司　　152
　　　—米国日本通運　　　　　　　　152
　　　—香港日本通運　　　　　　　　152
・日本貿易振興機構（JETRO）　　　178, 369,
　　　　371, 372
・日本郵船　　　　　　　　147, 188, 189, 214
・阪急　　　　　　　　　　　　　　　　147
・日野自動車　　　　　　　　　　　　　188
・日立化成工業　　　　　　　　　　　54, 362
・日立建機　　　　　　　65, 71, 214, 280, 363

　　　—Telcon　　　　　　　　　　　　280
・日立製作所　　　　　　　　　　　5, 341, 342
・福山通運　　　　　　　　　　　　　　147
・富士フイルム・ホールディングス　　　　25
・藤沢薬品　　　　　　　　　　　　　　121
・不二製油　　　　　　　　　　　　108, 365
・船井電機　　　　　　　　　　　　　　275
・香港交易所　　　　　　　　　　　　　337
・牧野フライス製作所　　　65, 73, 74, 77, 363, 379
　　　—MAKINO ASIA　　　　　　　　78
　　　—MAKINO G.m.b.H　　　　　　163
　　　—MAKINO INC.　　　　　　　　163
　　　—MAKINO INDIA PRIVATE LIMITED 79, 163
　　　—MAKINO RESOURCE DEVELOPMENT　78
　　　—PACIFIC PRECISION CASTING　　78
　　　—レブロンド・マキノ・アジア　　78
・丸紅　　　　　　　　　　　　　　　　188
・三井海洋開発　　　　　　231, 234, 370, 383
・三井化学　　　　　　　　　54, 60, 209, 362
・三井住友銀行　　　　　　　　　　　　352
・三井倉庫　　　　　　　　　　　　　　147
・三井造船　　　　　　　　207〜209, 231, 368
・三井物産　　　　　　　　　　　　313, 352
・三菱ケミカルホールディングス　　20, 54, 60,
　　　　162, 362
　　　—三菱ウェルファーマ　　　　　162
　　　—三菱化学　　　　　　　162, 209, 342
・三菱レイヨン　　　　　　　　　54, 222, 362
・三菱重工業　　　　　　211, 231, 232, 368, 370, 383
・三菱商事　　　　　　　　139, 207, 235, 236
・三菱倉庫　　　　　　　　　　　　　　147
・三菱東京UFJ銀行　　　　　　　　　　352
・村元工作所　　　　　　　　　　　　　336
・明治製菓　　　　　　　　　　　　　　106
・明治乳業　　　　　　　　　　　　　　106
・森永製菓　　　　　　　　　　　　　　106

索 引

- 森永乳業　　　　　　　　　　　　106
- 矢崎総業　　　　　　　　　　　　252
- 山之内製薬　　　　　　　　　　　121
- 郵船航空サービス　　　　　　　　166
- 良品計画　　　　　　　　　135, 366

主要都市名・州名

- Badhoevedorp　　　　　　　　　353
- アーメダバード　　　　　　　　　261
- アクラ　　　　　　　　　　　　　228
- アジュマン　　　　　　　　　　　204
- アディスアベバ　　　　　　　　　227
- アビジャン　　　　　　　　　　　228
- アブダビ　　　　　　204, 208, 211, 221, 268
- アムステルダム　　　　　　　　　315
- アムリトサル　　　　　　　　　　261
- アレキサンドリア　　　　　　　　235
- アンドラプラデシュ州　　　　　　127
- イスファハン　　　　　　　　　　224
- イスラマバード　　　　　　181, 188, 206
- イリノイ州　　　　　　　　　　　66
- ウェストベンガル州　　　　　　190, 345
- ウッタルプラデシュ州　　　　　　351
- エンテベ　　　　　　　　　　　　227
- カイロ　　　　　　　　　　　　　235
- カイワイン　　　　　　　　　　　204
- カサブランカ　　　　　　228, 243, 252
- カトマンズ　　　　　　　　179, 191, 192
- カラチ　　　　　　　　188, 191, 192, 206
- カルナータカ州　　　　　　　　　191
- クアラルンプール　　　　　　　　331
- グジャラート州　　　　　　　　　345
- クチン　　　　　　　　　　　243, 251
- グルガオン　　　　　　　　　　　8
- ケープタウン　　　　　　　　　　228
- ケララ州　　　　　　　　　　　　345
- コインバトール　　　　　　　　　261
- コーチ／コーチン　　　　　　206, 261
- コルカタ　　　　　　8, 153, 191, 206, 261
- コロンボ　　　　　　　　　　189, 191
- サマ・ジャヤ　　　　　　　　243, 251
- サラワク州　　　　　　　　　243, 251
- ジッダ　　　　　　　　　　　　　162
- ジャカルタ　　　　89, 95, 103, 330, 331, 334
- シャルジャ　　　　　　　　　204, 268
- ソウル　　　　　　　　　　　　　127
- ダーバン　　　　　　　　　　　　228
- ダッカ　　　　　　179, 189, 191, 192, 194
- タミルナドゥ州　　　　　　191, 311, 345
- ダルエスサラーム　　　　　　　　227
- チェンナイ（旧マドラス）　8, 153, 191, 206, 261
- チッタゴン　　　　　　　　　　　189
- チュニス　　　　　　　　　　　　228
- チョンブリ　　　　　　　　　　　102
- デトロイト　　　　　　　　　237, 302
- デリー　　　　　8, 98, 153, 191, 192, 206, 250, 261, 311, 344
- ドーハ　　　　　　　　　　　　　210
- ドバイ　　　　198, 204, 206, 221, 223, 227, 248, 250, 268, 382, 383
- トリヴァンドラム　　　　　　206, 261
- トリポリ　　　　　　　　　　　　228
- ドンナイ省　　　　　　　　　　　85
- ナイロビ　　　　　　　　227, 248, 252
- ニューヨーク　　　　　　　　158, 329
- ノイダ　　　　　　　　　　　　　351
- ハイデラバード　　　　　　　8, 206, 261
- ハイマ　　　　　　　　　　　　　204
- ハノイ　　　　　　　　　　　　　73
- ハリアナ州　　　　　　　　　　　345

393

索 引

- ハルツーム　228
- パロ　192
- バンガロール　9, 79, 153, 163, 191, 206, 250, 261, 280, 334
- バンコク　329, 331, 357
- パンジャブ州　345
- バンパコン　95
- ビエンホワ　85
- ビオリア　66
- フジャイラ　204
- プネ　8
- プレトリア　251
- ペシャワール　206
- ペタリンジャヤ　127
- ボウスコウラ　243, 251
- ホーチミン（旧サイゴン）　224
- マニラ　89, 127
- マハラシュトラ州　127, 191, 345
- ムンバイ（旧ボンベイ）　8, 64, 153, 191, 206, 261, 351, 357
- ヨハネスブルグ　228
- ラービグ　162
- ラゴス　228
- ラバト　243, 251
- ラホール　188, 192, 206
- リヤド　98, 198, 199, 208, 220, 222
- ロンドン　158
- ワシントンDC　250, 263

- 尼崎　349
- 大阪　45, 86, 173, 209, 249, 308, 309, 334, 337, 346, 349, 352
- 沖縄　144
- 門真　352
- 神奈川　144
- 刈谷　162
- 広東省　64, 91, 138, 275, 341
- 杭州　72
- 広州　11, 145, 146
- 神戸　147, 146
- 山東省　138
- 四川省　72, 114
- 上海　11, 85, 91, 97, 102, 139, 145, 146, 153, 181, 329, 330, 341, 342, 348, 357, 361, 366
- 珠海　64
- 深圳　244
- 成都　72
- 浙江省　72
- 蘇州　145, 146
- 台北　95, 127
- 高槻　209
- 中山　91
- 天津　11
- 東京　64, 71, 144, 158, 211, 249, 250, 334, 346
- 名古屋　346
- 羽曳野　337
- 浜松　32
- 姫路　349
- 枚方　308
- 福岡　346
- 北京　11, 85, 91, 97, 138, 248, 329, 341, 342, 348, 352, 357
- 北海道　144
- 無錫　64
- 横浜　173, 237, 248
- 遼寧省　341

主要国名・地域名

- CIS　26, 69, 163
- UAE（アラブ首長国連邦）　69, 171, 178, 198, 201〜204, 217, 227, 240, 268, 370, 383

索引

・アフガニスタン　　　　　　　179, 190, 192, 251
・アフリカ　　　　　　26, 41, 45, 69, 100, 140, 150, 155～157, 163, 164, 167, 173～175, 177, 178, 187, 198, 204, 208, 215～218, 223, 227～229, 231～243, 245, 246, 248～252, 269, 271, 348, 350, 353, 354, 370～372, 383
・アメリカ　　　　51, 74, 76, 82, 99, 100, 143, 163, 164, 173, 264, 360
・アラブ首長国連邦（UAE）　　88, 100, 178, 198, 200, 201, 208～212, 214, 217, 220～223, 268, 353
・アルジェリア　　　　220, 231～233, 241, 246, 251
・アルゼンチン　　　　　　　　　　　3, 177, 178
・アンゴラ　　　　　　　　　　　　　　234, 241
・イエメン　　　　　　　　　　　208, 211, 219
・イギリス　　　　　　8, 10, 76, 221, 228, 229, 250
・イタリア　　　　　　71, 76, 140, 229, 234, 241, 243
・イラク　　　　　　　204, 209, 215, 219, 224, 369
・イラン　　　　　174, 175, 179, 204, 209, 211, 217, 219, 221, 224, 225, 369
・インド　　　　7～11, 13, 18, 20, 24, 27, 29, 32～36, 38, 41, 42, 44, 48, 50, 54, 64, 65, 72, 75～79, 84, 98, 103, 106, 120, 126, 127, 129, 134, 141, 153, 155, 159～163, 171, 172, 174, 177, 179, 181～183, 185～187, 190～193, 195, 196, 200, 202～204, 206, 219, 221～225, 227～229, 242, 248～250, 255～257, 260～269, 270, 272, 274, 278, 280, 282, 285, 287, 288, 291, 296～300, 303, 305, 306, 310, 311, 317, 318, 327～329, 331, 332, 337～339, 342, 343, 345～348, 351, 353～357, 359, 360, 365, 372, 373, 376, 377, 382, 384, 385
・インドネシア　　　　2, 11, 15, 27, 32, 34, 42, 55, 57～59, 72, 79, 86, 89～91, 94～98, 103, 127, 138, 153, 164, 172, 174, 177, 178, 193, 200, 219, 221, 225, 241, 254, 275, 282, 308, 323, 324, 327, 331, 333, 334, 340, 346, 352, 353, 385
・ウガンダ　　　　　　　　　　　　　　　227
・エジプト　　　　94, 174, 178, 217, 220, 231～233, 235, 238, 246, 251, 371
・エチオピア　　　　　　　　　　227, 246, 249
・オーストラリア　　　41, 42, 47, 82, 116, 138, 149, 161, 165, 240, 272, 317
・オセアニア　　　26, 69, 71, 82, 83, 100, 115～118, 149～151, 155～157, 163, 167, 313, 381
・オマーン　　　　　　　　　　　198～200, 212
・オランダ　　　　94, 234, 246, 248, 278, 315, 325, 340, 353
・ガーナ　　　　　　　　228, 234, 237, 246, 371
・カタール　　　　　　　198, 200, 204, 208～213
・カナダ　　　　　　　　40, 76, 100, 161, 164
・ガボン　　　　　　　　　　　　　　　　234
・カメルーン　　　　　　　　　　　　234, 246
・カンボジア　　　　　　　　　2, 193, 194, 196
・ギリシャ　　　　　　　　　　　　　2, 140, 234
・クウェート　　　164, 198, 200, 201, 208, 210, 221
・ケイマン諸島　　　　　　　　　　　　　146
・ケニア　　　　　　　　　　227, 246～249, 252
・コートジボワール　　　　　　　228, 234, 246
・コロンビア　　　　　　　　　　　　161, 246
・サウジアラビア　　　54, 64, 65, 69, 79, 94, 95, 98, 162, 164, 177, 178, 198～201, 204, 208～211, 213～217, 219～222, 251, 268, 369, 383
・サブサハラ　　　　　　　　　　　　　　228
・ザンビア　　　　　　　　　　　　　　　241
・シリア　　　　　　　　　　　　　　　　219
・シンガポール　　　2, 3, 14, 27, 54, 60, 63～65, 74, 76～79, 89, 100～102, 127, 138, 139, 162, 186, 187, 195, 200, 218, 221, 223, 225, 244, 245, 249, 250, 254, 261, 275, 283, 294, 295, 306, 308, 313, 316, 317, 324～326, 329, 331, 332, 335, 339, 340, 342, 344～346, 348, 350, 352, 353, 355～357, 385
・ジンバブエ　　　　　　　　　　　　　　241
・スイス　　　　　　　　　　　　　　　　106
・スウェーデン　　　　　　　　　　　94, 221

395

索　引

- スーダン　220, 228, 246, 251
- スペイン　3, 229
- スリランカ　179, 181〜183, 185, 187, 189, 191, 206, 297, 332, 382
- タイ　2, 27, 32, 34, 42, 57〜59, 72, 73, 75, 79, 83, 84, 89, 90, 94, 95, 97, 98, 101〜103, 113, 117, 126, 127, 132, 137〜140, 144, 145, 150, 161, 162, 165, 166, 172, 173, 177, 178, 182, 183, 193, 200, 218, 219, 221, 225, 237, 242, 245, 246, 254, 255, 294, 302, 316, 321, 324, 325, 327, 328, 331, 336, 337, 339, 340, 346, 352, 353, 385
- ダス島　208
- タンザニア　227, 229, 246
- チェコ　3
- チャド　220
- チュニジア　220, 228, 237, 251
- ドイツ　10, 76, 139, 140, 163, 171, 201〜204, 221, 225, 234, 241, 242, 252, 334
- トルコ　15, 174, 177, 178, 209, 212, 215〜217, 240, 251
- ナイジェリア　15, 174, 175, 178, 228, 231, 232, 234, 238, 241, 246
- ニジェール　220
- ニュージーランド　353
- ネパール　179, 182, 190〜192, 297
- ノルウェー　200
- パキスタン　34, 161, 174, 175, 178, 179, 181, 185, 187, 188, 190〜193, 196, 206, 212, 221, 225, 268, 282, 332, 353, 382
- バーレーン　198, 200, 212
- バタム島　275
- パナマ　234
- バハマ　234
- ハンガリー　3, 33, 34, 161, 178
- バングラデシュ　174, 179, 181〜183, 185, 187, 189, 190, 192〜196, 206, 221, 268, 282, 382
- ビンタン島　275
- フィリピン　2, 27, 79, 84, 89, 90, 117, 127, 153, 165, 174, 177, 193, 221, 225, 254, 308, 317, 324, 337, 339, 340, 346, 353
- ブータン　179, 180, 182
- ブラジル　3, 10, 11, 32, 40, 48, 69, 88, 171〜174, 177
- フランス　85, 114, 139, 140, 221, 229, 235, 241, 243, 250, 252
- ブルネイ　2, 14
- ベトナム　2, 12, 27, 42, 48, 50, 73, 79, 84, 85, 95, 103, 117, 139, 153, 172〜174, 177, 178, 193, 194, 196, 219, 224, 246, 299, 300, 323, 324, 352
- ベネズエラ　178, 234
- ペルー　178
- ベルギー　229
- ポーランド　178
- ポルトガル　2, 209
- ボルネオ島　243
- マグレブカントリー　220, 252
- マルタ島　244
- マレーシア　2, 27, 42, 55, 57, 58, 79, 89, 90, 127, 137〜139, 141, 193, 221, 225, 243〜246, 249, 251, 254, 294, 308, 316, 317, 324, 325, 327, 328, 331, 332, 337〜340, 346, 352, 353, 385
- マーシャル諸島共和国　234
- ミャンマー　2, 182, 183, 193, 196, 299
- メキシコ　3, 15, 40, 76, 174, 177, 178, 277
- モーリシャス　179, 187, 229, 247
- モザンビーク　241
- モルディブ　179, 181, 191, 192, 206
- モロッコ　220, 228, 236, 238, 243, 244〜246, 249, 251, 252, 383
- モンゴル　299
- ユーゴスラビア　2
- ヨーロッパ　51, 74, 76, 94, 163, 225

索 引

- ラオス　2, 193, 196
- リビア　219, 228, 236, 246, 251
- リベリア　233, 234
- ルーマニア　178
- ルクセンブルグ　200
- レバノン　251
- ロシア　10, 11, 32, 45, 48, 69, 79, 129, 155, 163, 171〜174, 177, 198, 207, 223, 224, 269, 298, 310, 350, 359, 367
- 英国　7, 139, 140, 146, 161, 171, 241, 252
- 欧州　3, 6, 12, 20, 26, 34〜36, 38, 41, 42, 44, 45, 49, 52, 60, 65, 69, 70, 72, 74, 79, 82, 100, 109, 117, 118, 120, 122, 124〜126, 129, 130, 131, 140, 150, 151, 155〜157, 159, 161〜163, 165, 167, 210, 218, 222, 224, 227, 229, 234, 240, 242, 244, 250, 252, 277, 288, 313, 316, 317, 327, 331, 340, 342, 353, 354, 358, 359
- 韓国　2, 3, 11, 20, 27, 42, 44, 57, 59, 62, 75, 76, 79, 82, 83, 89, 90, 94, 95, 100, 124, 127, 137, 138, 140, 145, 156, 157, 162, 166, 172, 174, 176〜179, 198, 200, 202, 210, 222, 233, 245, 246, 248, 249, 257, 272, 279, 287, 304, 317, 325, 334, 342, 350, 353, 357, 361
- 北アフリカ　94, 95, 98, 218〜221, 227, 228, 236, 243, 251, 252, 383
- 赤道ギニア　234
- 大洋州　38, 41, 42, 45, 122, 127, 161, 164, 218, 302, 352, 353
- 台湾　2, 3, 27, 62, 75, 79, 82, 89, 94, 95, 124, 127, 137, 143, 145, 156, 165, 166, 172, 200, 245, 246, 273, 308, 353
- 中近東　26, 41, 45, 69〜71, 100, 157, 163〜165, 167, 206〜208, 213〜218, 231, 240, 251, 353, 354, 382, 383
- 中国　4〜8, 10, 11, 13, 14, 18, 20, 24, 27, 29, 32, 34, 40〜42, 44, 47〜50, 52, 54, 57〜60, 62〜65, 69, 72, 74〜76, 78, 79, 82〜86, 89〜91, 94, 95, 97〜103, 106, 114, 116, 117, 120, 122, 124, 126, 127, 129, 134, 137〜139, 141, 145, 146, 148, 149, 152, 153, 155〜157, 159, 160, 162〜165, 170〜174, 177, 179, 181, 183, 187, 193〜198, 202, 203, 211, 217〜219, 222〜224, 227, 241, 242, 244〜246, 248〜250, 252, 254〜269, 271〜280, 282〜285, 287, 288, 291, 293〜300, 302〜305, 307, 308, 310, 311, 314, 316〜318, 324, 325, 327, 329, 338〜343, 345〜348, 351, 353, 355〜357, 359〜361, 365〜368, 372, 374, 376, 377, 379, 381, 384
- 中東　69, 79, 94, 95, 98, 122, 127, 173〜175, 177, 178, 198, 201, 204, 206, 208〜214, 216, 218〜221, 224, 225, 227, 231, 249〜251, 268, 269, 271, 348, 350, 357, 369, 370, 383
- 中南米　3, 18, 38, 41, 42, 45, 47, 124, 150, 155, 161, 164, 177, 178, 246
- 東欧　69, 129, 140, 163, 277
- 東南アジア　27, 58, 59, 72, 73, 124, 157, 162〜164, 167, 182, 208, 211, 231
- 日本　2〜5, 10, 13, 14, 18〜20, 22, 32, 34〜36, 39, 41, 42, 44, 49, 51, 52, 57, 58, 60, 63, 64, 66, 68〜70, 74〜80, 82, 84, 85, 88, 89, 91〜95, 97〜99, 103, 104, 106〜109, 112, 114, 116〜122, 124, 125, 128, 129, 131, 134, 137, 139, 141, 143, 144, 146, 147, 149〜151, 153, 155, 156, 159〜166, 170, 171, 176, 177, 179, 183, 187, 193, 198, 199, 201〜204, 206, 212, 213, 217, 223〜225, 227, 236, 240〜242, 245, 246, 248, 249, 256〜259, 262〜268, 271, 274〜283, 285〜288, 291〜298, 300〜309, 312, 313, 317, 318, 321, 324〜327, 331, 332, 334〜336, 339, 344〜348, 350, 351, 353, 355〜358, 365, 367, 371, 373〜375, 377〜380, 383〜385
- 東アジア　2, 100, 101, 124, 156, 157, 164, 165, 167, 218, 367, 376

397

索　引

- 東アフリカ　　　198, 221, 227, 228, 237, 269
- 米国　　　2, 5, 10, 18, 19, 32, 40, 44, 47, 52, 66, 69, 70, 72, 85, 86, 97, 112, 117, 118, 120, 122, 134, 139, 144, 145, 159, 161, 165, 166, 170〜174, 241, 242, 244, 250, 251, 288, 291, 316, 317, 329, 331, 332, 334, 342, 349, 355, 356, 377
- 米州　　　6, 12, 18, 20, 26, 41, 47, 49, 60, 69, 129〜131, 150, 151, 155〜157, 163, 165, 313, 327, 340, 358, 378
- 北米　　　18, 34〜36, 38, 42, 44, 45, 47, 88, 94, 96, 100, 124〜126, 137, 150, 155, 161, 162 164, 218, 354, 358
- 香港　　　2, 3, 14, 27, 79, 83, 114, 127, 147, 156, 157, 245, 272, 275, 316, 317, 326, 331, 337, 353, 356, 359, 360
- 南アジア　　　179, 181〜183, 185, 187, 191, 193, 196〜198, 204, 206, 225, 329, 353, 382
- 南アフリカ　　　11, 177, 178, 217, 227, 228〜229, 233, 237〜242, 245, 247, 249, 251, 317, 353, 383

共同体・会議等

- ASEAN（東南アジア諸国連合）　　　2, 3, 18, 24, 27, 29, 41, 42, 44, 47〜50, 52, 72, 74, 79, 82, 84, 89, 90, 97, 106, 113, 114, 124, 132, 134, 138, 139, 141, 149, 152, 153, 157, 159, 160, 177, 183, 185, 187, 193, 200, 219〜222, 224, 225, 227, 248, 254〜269, 271〜274, 276, 278, 282, 287, 289, 291, 294〜298, 300, 303, 305, 307, 308, 314, 316〜318, 321, 323, 324, 327, 329, 338〜340, 345〜348, 351〜353, 355〜357, 359, 372, 374, 384, 385
- BIMSTEC（ベンガル湾多分野技術経済協力イニシアティブ）　　　182, 183, 368, 382
- CECA　　　187
- EAC（East Africa Community、東アフリカ共同体）　　　228
- EC（欧州共同体）　　　3
- EU（欧州連合）　　　3, 173, 179, 185, 198, 204, 240, 244, 251, 169
- GCC（湾岸協力会議）　　　198〜201, 206, 217, 219, 221〜225, 269, 370, 382
- SAARC（南アジア地域協力連合）　　　179, 181, 182, 190, 192, 193, 382
- SAFTA（South Asia Free Trade Area、南アジア自由貿易圏）　　　181, 183, 185, 382
- TICAD（アフリカ開発会議）　　　173, 237, 248, 250

- アフリカ開発会議　　　→TICAD　参照
- インド・アフリカサミット　　　248
- ベンガル湾多分野技術経済協力イニシアティブ　　　→BIMSTEC　参照

- 欧州共同体　　　→EC　参照
- 欧州連合　　　→EU　参照
- 中国・アフリカ協力フォーラム　　　248
- 東南アジア諸国連合　　　→ASEAN　参照
- 東アジア広域経済圏とともに発展する日本　　　263
- 東アフリカ共同体　　　→EAC　参照
- 包括的経済協力協定　　　→CECA　参照
- 南アジア自由貿易圏　　　→SAFTA　参照
- 南アジア諸国首脳会議　　　179
- 南アジア地域協力連合　　　→SAARC　参照
- 湾岸協力会議　　　→GCC　参照

専門用語

- BRICKS　　　11
- BRICs + V　　　11
- BRICs　　　7, 70〜12, 15, 32, 48, 50, 172, 174, 176〜178, 216, 350, 377

索 引

- BRICS　11
- BRIICs　11
- CSR　110, 148, 330, 366
- CMS　313, 314
- CP（コマーシャル・ペーパー）　313
- EMTN（ユーロ・ミディアム・ターム・ノート）　313
- EPA（経済連携協定）　274, 275, 288, 312, 355
- FTA（自由貿易協定）　181, 199, 251, 274, 275, 288, 312, 355, 370
- GCMS　312, 314, 352
- HS コード　201, 203, 241
- IFRS（International Financial Reporting Standards）　316〜318
- IT バブル　49〜51, 58
- JFIC／JFIC 16　178
- JIT（Just in Time）　289
- LEMs　177, 178, 250
- NEXT 11　174〜177, 382
- NICs　3, 4, 13, 377
- NIEs　4
- NRI（Non-Residential Indians、非居住インド人）　29
- ODA（Official Development Assistance、政府開発援助）　173, 231, 236, 237, 348, 347, 371
- SCM（Supply Chain Management）　49, 275, 282, 288, 289, 291, 293, 294, 296, 384
- Sick Industry Company Act（SICA）　311
- TIPs　177
- VISTA　177
- VMI（Vender Management Inventory）　289
- VTICs　177
- アジア通貨危機　42, 66, 113, 150, 208, 316
- アナリストミーティング　158, 331
- アニュアルレポート　370, 371
- インセンティブ　239, 294, 311, 323, 385
- インハウス・バンキング　315, 316
- インプリケーション（示唆）　158, 355
- オイルマネー　198, 369
- カントリー広報　328, 329
- キャッシュ・マネジメント・システム　313
  →CMS も参照
- グローバル・キャッシュ・マネジメント・システム　312
  →GCMS も参照
- グローバル化　32, 39, 100, 130, 194, 360, 367, 374
- ゲートウェイ　227, 249, 268, 271, 348, 356, 384
- コマーシャル・ペーパー　→CP 参照
- サブプライムローン　19
- サプライ・チェーン・マネジメント　49, 275, 277, 288
  →SCM も参照
- シーズ　223
- ステークホルダー　11, 158, 328
- セグメント／セグメント情報　27, 35, 46, 94, 109, 137, 143, 161〜166, 176, 314, 377
- セル生産方式　289
- ダイナミズム　159〜161, 225, 262, 267, 269, 302, 338, 346, 348, 355, 356, 358, 385
- タックスヘイブン（Tax Haven）　325, 326, 375
- トライアングル　259, 262, 267, 346, 348
  →三角形 も参照
- ドライビング・フォース　36
- ナショナル・フラッグ・キャリア　204
- ニーズ　91, 122, 143, 153, 223, 287, 298, 308, 312, 326, 327, 330, 341, 345
- ニッチ市場　284, 285
- のれん代　138

399

索 引

- パースペクティブ　274
- バカロレア　244
- ハブ機能（中継機能）　198, 204
- バブル崩壊　45, 46, 263
- パラダイム・シフト　271, 282, 306, 356
- パワーリーテイラー　139, 140, 141, 221
- ビジネス・プロセス・アウトソーシング　187
- ビジネスモデル　19, 20, 286
- フィージビリティ・スタディ　103
- ブミプトラ政策　332
- ブランド・プレミアム　284
- ブランド力　103, 106, 284, 353
- プロジェクト・ファイナンス　65, 313
- プロダクト・アウト　283, 287
- プロダクト・ライフサイクル　289, 291, 384
- プロモーションミックス　329
- ボーダレス化　39, 176, 275, 305, 308, 312, 328, 329, 350, 355
- ポートフォリオ　117
- ボリュームゾーン　285
- マーケット・イン　287, 350
- マトリックス　12, 22, 29, 108, 300, 377
- ミルクラン方式　289
- モノづくり　40, 282, 285～287, 350
- ユーロ MTN　313
  - →EMTN　も参照
- リージョナル広報　328, 329
- リスク　89, 95, 224, 225
  - ―オペレーショナルリスク　225
  - ―カントリーリスク　172, 224
  - ―ビジネスリスク　5, 172, 198, 224, 225, 255, 311, 359
  - ―やらないリスク　356
  - ―やるリスク　356
  - ―リスク回避　193, 255
  - ―リスク管理　38
- ―リスク分散　255
- ―為替リスク　314, 327
- ―経営リスク　356
- ―投資リスク　225
- ―貿易リスク　225
- ルックイースト政策　260
- 移転価格税制　318
- 失われた10年　264
- 売りづくり　282, 284, 350
- 恩典　187, 195, 276～278, 293, 294, 319～321, 324, 325, 329, 339, 352, 353
- 外貨準備高　8
- 外貨バランス　255, 258
- 傘型企業　341, 342
- 間接外国税額控除制度　326
- 技術立国　279, 285, 286
- 規模の経済（economies of scale）　104, 242, 266, 275, 286
- 金融危機　19, 44, 86, 112, 134, 173, 216, 369
- 経営資源　12, 49, 98, 103, 159, 160
- 経済連携協定　→EPA　参照
- 化粧人口　85
- 決算短信　5, 48, 117, 263, 370
- 減免措置　320, 324
- 後背地　219, 358
- 国際財務報告基準　→IFRS　参照
- 国際人材　120, 356
- 国際通商摩擦　285
- 国際分業　197, 238, 242, 245, 248, 255, 273, 274, 288, 291, 293, 294, 297, 312, 359
- 国内回帰現象／回帰現象　276, 277, 349
- 載貨重量　213
- 差別化　97, 98, 143, 285
- 三角形　262, 263, 265, 266, 268
  - →トライアングル　も参照

索 引

- 資金調達　　　312, 313, 331, 336, 340, 352, 384
- 市場主義的経済　　　8
- 実効税率（effective tax rate）　　　318〜321, 323, 326, 384
- 実効法人税率　　　325, 326, 354
- 資本財　　　221, 258, 282, 297
- 資本集約　　　183, 277
- 社会的責任　　　→CSR　参照
- 自由貿易協定　　　→FTA　参照
- 主戦場　　　52, 98, 99, 116, 138, 139, 159, 209, 282〜285
- 少子高齢化　　　79, 82, 91, 98, 103, 104, 107, 110, 116, 120, 134, 139, 142, 159, 219, 271, 282, 339, 348, 358
- 消費財　　　153, 217, 221〜223, 282, 283, 297
- 新企業会計準則　　　317
- 新興工業経済群／新興工業経済地域　　　→NIEs　参照
- 新興工業国群　　　→NICs　参照
- 新興市場／新興国　　　4, 11, 15, 32, 33, 39, 52, 73, 96, 120, 129, 130, 134, 148, 154, 155, 160, 176〜178, 216, 242, 255, 373
- 人材育成／人材の育成　　　222, 223, 295, 308, 309, 356
- 人材開発　　　249, 308, 310
- 垂直分業　　　257, 259, 273, 291, 345, 346, 348
- 水平分業　　　246, 257, 259, 273, 291, 345, 346
- 製造立国　　　279, 285, 286
- 成長市場／成長国　　　4, 11, 13, 91, 92, 160, 173, 174, 176, 177, 193, 198, 216, 219, 221, 242, 255, 275, 312, 348, 350, 359
- 政府開発援助　　　→ODA　参照
- 世界の工場　　　245, 288
- 鮮度管理　　　282, 283, 291
- 走出去　　　304, 351, 355
- 大規模新興市場経済群　　　→LEMs　参照
- 多国籍企業　　　11, 106, 174, 177, 277, 309, 319, 331, 333, 341, 342, 345, 348, 353, 357, 359, 368
- 知財立国　　　279, 285, 286
- 知的財産権　　　223, 277, 280, 340
- 中間財　　　221, 255, 258, 282, 297
- 駐在員事務所　　　7, 9, 153, 188, 189, 280, 305
- 通貨危機　　　70, 132, 313
- 貿易統計　　　234, 241
- 電子調達（E-procurement）　　　289
- 投資性公司　　　341
- 統計品目番号　　　→HSコード　参照
- 飛び地（enclave）　　　242, 291, 300
- 二重課税　　　229, 326
- 年次報告書　　　176, 256
- 年平均成長率　　　33, 39, 41, 48, 60, 66, 75, 86, 110, 115, 123, 128, 150, 154, 218, 261, 264, 265
- 非居住インド人　　　→NRI　参照
- 一人っ子政策　　　84
- 便宜置籍船（Flag of Convenience Vessel、FOC）　　　234
- 本土防衛　　　355
- 万元戸　　　181, 250
- 持分法適用会社　　　24, 162
- 有価証券報告書　　　27, 93, 149, 159, 162, 164〜167, 256, 314, 351, 360〜371
- 優遇税制　　　319, 325
- 輸入代替工業政策　　　7
- 労働集約　　　183, 193, 196, 258, 275, 294

企業戦略関係等

- ASEAN戦略　　　254, 255, 270
- Extended Greater Asia Strategy　　　260, 262, 263
- Extended Greater Asia Strategy through the Gateway of India　　　227, 268

401

索 引

- Greater Asia Strategy　257, 259, 263
- Green Field　107, 120
- M&A　106, 107, 115, 120, 155, 355
- Strategic Alliance　120

- アジア戦略　109, 170, 198, 249, 254, 255, 259, 270, 271, 283, 284, 291, 346, 384
- アジアのゲートウェイ　356
- アフリカ戦略　227, 248, 249
- インサイダー化　13, 221, 254, 285, 296, 357, 358
- インド戦略　254, 255, 270, 346, 359, 360, 373
- インドをゲートウェイとする更なる拡大アジア戦略　227, 249, 268〜271
- グループファイナンス　313
- グローバル経営　110, 130, 273, 288, 305, 309, 354, 359, 361, 365
- コストセンター　27, 29
- これからのアジア戦略　12, 179, 193, 196, 198, 227, 242, 249, 257, 262, 267, 269〜271, 277, 280, 283, 284, 291, 300, 302, 307, 312, 321, 330, 338, 346, 348, 356, 357, 372, 385
- これまでのアジア戦略　12, 254, 255, 269〜271, 283, 310, 312, 325, 348, 356, 372, 384, 385
- サプライ・チェーン・マネジメント　49, 275, 277, 288
  - →専門用語SCM　も参照
- チャイナ・プラス・ワン　172, 193, 254, 255, 269, 270
- ファイナンスセンター　316
- ブランド戦略　79, 99, 103, 345
- プロフィットセンター　23, 27, 29, 49, 272, 277, 318
- ポストチャイナ　255, 269
- マーケティング戦略　91, 97, 143, 282, 285,
287, 288, 373
- リエゾンオフィス　357
- ロイヤルティ　142, 277〜282, 350, 358, 384

- 海外事業展開　32, 33, 106, 171
- 外資政策　5, 20, 141, 196, 222, 251, 252, 286, 294, 330, 345, 357
- 拡大アジア戦略　257, 259, 263, 269〜271, 346, 384
- 企業提携／企業間提携　120, 160, 355
- 企業買収　106, 107, 116, 121, 153, 160, 326, 338, 355
  - →M&A　も参照
- 技術援助　5, 279〜281
- 技術援助料　277
- 共同研究開発　120, 223, 297
- 経営機能　271, 304, 327, 345
- 経営の現地化　300, 303〜309, 351
- 研究開発拠点としてのアジア　13, 160, 291, 350
- 広報戦略　328, 376
- 国際会計基準　304, 312, 316, 317
- 国際税務戦略　318, 320, 321, 325, 340
- 財務戦略　312, 321, 326, 327, 345, 374
- 産業政策　5, 10, 20, 196, 222, 248, 251, 252, 286, 294, 295, 330, 357
- 更なる拡大アジア戦略　238, 260, 262, 263, 268, 269〜272
- 事業撤退　189, 300, 310, 311, 324
- 資本提携　120
- 自前進出　107, 120, 160, 355
  - →Green Field　も参照
- 集中と選択　293
- 証券広報（Investors Relationship, IR）　328, 331, 338
- 人事戦略　300, 305, 307, 310, 311

索　引

- ・生産拠点としてのアジア　13, 160, 288, 291, 294, 350
- ・成長市場としてのアジア　13, 160, 312, 350
- ・税務戦略　312, 320, 321, 325〜327, 340, 353
- ・節税戦略　318, 321, 323, 345
- ・攻めの広報　330
- ・前線化　296, 357, 358
- ・戦略機能　328, 329
- ・戦略的提携　107, 117, 161
- ・対価回収　272, 275, 277, 279
- ・地域マーケティング戦略　282, 373
- ・地域経営　273, 305, 327
- ・地域経営機能　272, 373
- ・地域研究開発戦略　291, 374
- ・地域広報戦略　327, 376
- ・地域財務戦略　312, 374
- ・地域人事戦略　300, 374
- ・地域生産戦略　272, 373
- ・地域税務戦略　318, 375
- ・地域統括　29, 41, 329, 338, 339, 340, 342, 343, 345, 348, 376
- ・地域統括会社　27, 45, 272, 292, 308, 316, 319, 320, 324, 326, 329, 339〜342, 344, 345, 348, 352
- ・地域統括戦略　338, 376
- ・中期経営課題　55
- ・中期経営計画　58, 64, 72, 86, 90, 96, 99, 100, 116, 154, 158, 161
- ・中期計画　158, 355
- ・中国戦略　254, 255, 270, 346
- ・中東戦略　198, 206, 227, 249, 269
- ・配当　277, 278, 303, 321, 325, 326, 350, 353, 358
- ・守りの広報　330
- ・渡り鳥作戦　255

著者紹介

〈略歴〉

1971 年	東北大学経済学部卒業，松下電器産業入社
1981 年	米国イリノイ大学企業派遣留学
	エグゼキュティブ・デベロプメントセンター PEATA プログラム終了
1994 年	松下電子工業取締役経営企画室長
1996 年	松下電器産業本社経営企画室グローバル企画グループリーダー
1998 年	同社アジア大洋州本部企画部長
2001 年	同社アジア大洋州地域統括会社アジア松下電器副社長
2003 年	同社本社グローバル戦略研究所首席研究員
2007 年	甲南大学経営学部教授に就任（現在に至る）

〈専門分野〉

ASEAN，中国，インドを包含するアジア経営戦略論

〈所属学会〉

国際ビジネス研究学会，アジア経営学会

〈主要業績〉

単著「21c アジア経営戦略ガイド～アジアの地域統括会社の事例研究と 21 世紀の経営・事業の戦略提言・指針～」，社団法人企業研究会，2005 年

共著「大解説　中国経済－巨大経済の全容と未来」，日本経済新聞社，2005 年

論文「日系企業のアジアの収益性と今後の戦略的課題－日系企業 15 社の事例研究－」，アジア経営学会編「アジア経営研究」，2007 年

共著「グローバル戦略ガイド No.6，インドビジネス実務ガイド」，社団法人企業研究会，2007 年

激動するアジア経営戦略
―中国・インド・ASEANから中東・アフリカまで―

NDC335

| 2009年11月30日 | 初版1刷発行 |
| 2011年3月25日 | 初版4刷発行 |

（定価はカバーに表示してあります）

　　　　　ⓒ　著　者　　安積　敏政
　　　　　　　発行者　　井水　治博
　　　　　　　発行所　　日刊工業新聞社
　　　　　　　〒103-8548　東京都中央区日本橋小網町14-1
　　　　　　　電　話　　書籍編集部　03（5644）7490
　　　　　　　　　　　　販売・管理部　03（5644）7410
　　　　　　　ＦＡＸ　　03（5644）7400
　　　　　　　振替口座　00190-2-186076
　　　　　　　ＵＲＬ　　http://pub.nikkan.co.jp/
　　　　　　　e-mail　　info@media.nikkan.co.jp
　　　製　作　　（株）日刊工業出版プロダクション
　　　印刷・製本　新日本印刷（株）

落丁・乱丁本はお取り替えいたします。　　2009 Printed in Japan
ISBN 978-4-526-06362-6　C3034

本書の無断複写は，著作権法上の例外を除き禁じられています。